Aktuelle Probleme des Öffentlichen Rechts
in Deutschland und Russland

Carola Schulze (Hrsg.)

Aktuelle Probleme des Öffentlichen Rechts in Deutschland und Russland

PETER LANG
Frankfurt am Main · Berlin · Bern · Bruxelles · New York · Oxford · Wien

Bibliografische Information der Deutschen Nationalbibliothek
Die Deutsche Nationalbibliothek verzeichnet diese Publikation in der Deutschen Nationalbibliografie; detaillierte bibliografische Daten sind im Internet über http://dnb.d-nb.de abrufbar.

Umschlaggestaltung:
Olaf Glöckler, Atelier Platen, Friedberg

Gedruckt auf alterungsbeständigem, säurefreiem Papier.

ISBN 978-3-631-60543-1

www.peterlang.de

Vorwort

Die in diesem Band versammelten Beiträge sind als erstes Ergebnis aus der wissenschaftlichen Zusammenarbeit zwischen der Juristischen Fakultät der Universität Potsdam (Professur für Rechtsgeschichte, Rechtsphilosophie i.V.m. Öffentlichem Recht, *Prof. Carola Schulze*), der Staatlichen Juristischen Kutafin-Akademie in Moskau (Lehrstuhl Verfassungsrecht und Kommunalrecht Russlands, *Prof. Vladimir Fadejev*) und dem Juristischen Inststitut beim Ministerium der Justiz der Russischen Föderation Samara (Direktor des Juristischen Instituts, *Prof. Roman Romashov*) hervorgegangen.

Behandelt werden in dem Sammelband ausgewählte aktuelle Probleme des Öffentlichen Rechts in Deutschland und Russland. Die Themen der Beiträge wurden von den Autoren selbst bestimmt. Sie geben in ihnen ihre persönliche Auffassung wieder.

Der Sammelband erscheint nicht nur im Peter Lang Verlag in deutscher Sprache, sondern dank der Freigabe des Peter Lang Verlages auch in Russland im Verlag der Staatlichen Juristischen Kutafin-Akademie in Moskau. Er ist dem 80. Jahrestag des Bestehens dieser wissenschaftlichen Einrichtung in Moskau gewidmet.

Der Mühe, die Manuskripte für den Druck vorzubereiten, hat sich Herr stud. iur. *Jan Schulz*, studentische Hilfskraft an der Professur Rechtsgeschichte, Rechtsphilosophie i.V.m. Öffentlichem Recht unterzogen. Ihm gilt mein besonderer Dank.

Es wäre wünschenswert, dass der Sammelband zum Öffentlichen Recht mit Beiträgen deutscher und russischer Autoren nicht ein einmaliges wissenschaftliches Produkt bliebe, sondern regulär alle zwei bis drei Jahre herausgegeben wird.

Potsdam, Frühjahr 2011 Carola Schulze

Inhalt

B. Aktuelle Probleme des Öffentlichen Rechts in Russland

Abkürzungen

a.A. .... andere Ansicht
a.a.O. .... am angegebenen Ort
Abs. .... Absatz
Abschn. .... Abschnitt
AcP .... Archiv für die civilistische Praxis
a.D. .... außer Dienst
a.E. .... am Ende
ALR .... Allgemeines Preußisches Landrecht
Anm. . ... Anmerkung
AP .... Arbeitsrechtliche Praxis
Art. .... Artikel
Ass. .... Assistent
ASSR .... Autonome Sozialistische Sowjetrepublik
Aufl. .... Auflage
Ausg. .... Ausgabe
Autorref. .... Autorreferat

BAG .... Bundesarbeitsgericht
BauGB .... Baugesetzbuch
BayVBl. .... Bayrische Verwaltungsblätter
BBG .... Bundesbeamtengesetz
Bd. .... Band
BeamtStG .... Beamtenstatusgesetz
Bearb. .... Bearbeiter
Beschl. .... Beschluss
betr. .... betreffend
BFH .... Bundesfinanzhof
BGB .... Bürgerliches Gesetzbuch
BGBl. .... Bundesgesetzblatt
BGH .... Bundesgerichtshof
BK .... Bonner Kommentar
BR-Drs. .... Bundesrat-Drucksache
BRD .... Bundesrepublik Deutschland
BSG .... Bundessozialgericht
bspw. .... beispielsweise
BT-Drs. .... Bundestag-Drucksache
BVerfG .... Bundesverfassungsgericht
BVerfGG .... Bundesverfassungsgerichtsgesetz
BVerwG .... Bundesverwaltungsgericht
BWahlG .... Bundeswahlgesetz
bzgl. .... bezüglich
bzw. .... beziehungsweise

ca. .... circa
CCPR .... Covenant on Civil and Political Rights
CDU .... Christlich Demokratische Union
CSU .... Christlich Soziale Union

DBA	Deutsche Bundesakte
DDR	Deutsche Demokratische Republik
ders.	derselbe
d.h.	das heißt
dies.	dieselbe
Diss.	Dissertation
DJT	Deutscher Juristentag
DNotZ	Deutsche Notar Zeitschrift
DÖD	Der Öffentliche Dienst
DÖV	Die Öffentliche Verwaltung
Dr.	Doktor
DVBl.	Deutsches Verwaltungsblatt
ed.	edition
EG	Europäische Gemeinschaft
EGMR	Europäischer Gerichtshof für Menschenrechte
EGV	Vertrag zur Gründung der Europäischen Gemeinschaft
EinigungsV	Einigungsvertrag
Einl.	Einleitung
EKD	Evangelische Kirche in Deutschland
EMRK	Europäische Menschenrechtskonvention
Entsch.	Entscheidung
EU	Europäische Union
EuGH	Europäischer Gerichtshof
EuGH-Slg.	Amtliche Sammlung der Entscheidungen des Europäischen Gerichtshofes
EUV	Vertrag über die Europäische Union
f.	folgende
FAZ	Frankfurter Allgemeine Zeitung
FDP	Freie Demokratische Partei
ff.	fortfolgende
Fn.	Fußnote
FS	Festschrift
GBl. DDR	Gesetzblatt der Deutschen Demokratischen Republik
gem.	gemäß
GG	Grundgesetz
ggf.	gegebenenfalls
GKÖD	Gesamtkommentar Öffentliches Dienstrecht
GmbH	Gesellschaft mit beschränkter Haftung
Grds.	Grundsatz
grds.	grundsätzlich
GVBl.	Gesetzes- und Verordnungsblatt
GVG	Gerichtsverfassungsgesetz
Halbbd.	Halbband
HbVerf.	Handbuch des Verfassungsrechts
Hauptabschn.	Hauptabschnitt
HGR	Handbuch der Grundrechte in Deutschland und Europa

h.L.	herrschende Lehre
h.M.	herrschende Meinung
Hrsg.	Herausgeber
hrsg.	herausgegeben
Hs.	Halbsatz
HStR	Handbuch des Staatsrechts
i.d.F.	in der Fassung
i.d.R.	in der Regel
i.d.S.	in diesem Sinne
insbes.	insbesondere
insg.	insgesamt
IÖD	Informationsdienst Öffentliches Dienstrecht
i.R.	im Ruhestand
i.S.	im Sinne
i.S.d.	im Sinne des
i.S.e.	im Sinne eines / einer
i.S.v.	im Sinne von
i.V.m.	in Verbindung mit
JA	Juristische Arbeitsblätter
Jh.	Jahrhundert
JuS	Juristische Schulung
JZ	Juristenzeitung
Kand. der jurist. Wiss.	Kandidat der juristischen Wissenschaften
Kap.	Kapitel
KPDSU	Kommunisitische Partei der Sowjetunion
KritV	Kritische Vierteljahresschrift für Gesetzgebung und Rechtswissenschaft
KSZE	Konferenz über Sicherheit und Zusammenarbeit in Europa
LKV	Landes- und Kommunalverwaltung
Losebl.	Loseblattsammlung
LT-Drs.	Landtag-Drucksache
LVerfBbg	Brandenburgische Landesverfassung
LVerfG	Landesverfassungsgericht
LVerfG Bbg	Landesverfassungsgericht Brandenburg
MDR	Monatsschrift für Deutsches Recht
Mio.	Millionen
Müko-ZPO	Münchener Kommentar zur Zivilprozessordnung
m.w.N.	mit weiteren Nachweisen
NdsRpfl	Niedersächsische Rechtspflege
NJW	Neue Juristische Wochenschrift
NJW-RR	Neue Juristische Wochenschrift – Rechtsprechungsreport
NordÖR	Zeitschrift für Öffentliches Recht in Norddeutschland
Nr.	Nummer
NS	Nationalsozialismus

NVwZ	Neue Zeitschrift für Verwaltungsrecht
NVwZ-RR	Neue Zeitschrift für Verwaltungsrecht – Rechtsprechungsreport
o.g.	oben genannte
OLG	Oberlandesgericht
OSZE	Organisation für Sicherheit und Zusammenarbeit in Europa
OVG	Oberverwaltungsgericht
Pkt.	Punkt
RF	Russische Föderation
RGBl.	Reichsgesetzblatt
RKP	Kommunistische Partei Russlands
Rn.	Randnummer
RSFSR	Russische Sozialistische Föderative Sowjetrepublik
S.	Satz / Seite
s.	siehe
Sammelbd.	Sammelband
SBZ	Sowjetische Besatzungszone
Sig.	Signatur
sog.	sogenannte
Sovdep	Sowjets der Deputierten
SPD	Sozialdemokratische Partei Deutschlands
StAG	Staatsangehörigkeitsgesetz
StHG	Staatshaftungsgesetz
StHG-DDR	Staatshaftungsgesetz der Deutschen Demokratischen Republik
str.	strittig
st.Rspr.	ständige Rechtsprechung
T.	Teil
ThürOVG	Thüringisches Oberwaltungsgericht
u.a.	unter anderem / und andere
UdSSR	Union der sozialistischen Sowjetrepubliken / Sowjetunion
UN	United Nations
Unterpkt.	Unterpunkt
Urt.	Urteil vom
usw.	und so weiter
u.U.	unter Umständen
v.	vom
Verf.	Verfasser
VerfG RF	Verfassungsgericht der Russischen Föderation
VG	Verwaltungsgericht
VGH	Verwaltungsgerichtshof
vgl.	vergleiche
VwGO	Verwaltungsgerichtsordnung
VwVfG	Verwaltungsverfahrensgesetz

WA	Weimarer Ausgabe der sämtlichen Werke Luthers
WRV	Weimarer Reichsverfassung
WZIK	Allrussisches Zentrales Wahlkomitee
ZAR	Zeitschrift für Ausländerrecht und Ausländerpolitik
z.B.	zum Beispiel
ZBR	Zeitschrift für Beamtenrecht
ZevKR	Zeitschrift für evangelisches Kirchenrecht
ZP	Zusatzprotokoll
ZPEMRK	Zusatzprotokoll zur Europäischen Menschenrechtskonvention
ZPO	Zivilprozessordnung
z.T.	zum Teil
ZUR	Zeitschrift für Umweltrecht
z.Z.	zur Zeit

Kapitel A

Aktuelle Probleme des Öffentlichen Rechts in Deutschland

Das Recht der öffentlichen Ersatzleistungen in Deutschland – Probleme und Entwicklungstendenzen

Carola Schulze *

> *"Die Furcht vor uferloser Ausweitung privater Entschädigung gegen den Staat ist ein beherrschender Faktor des Rechts der öffentlichen Entschädigung. Nur keine Schleusen öffnen. Ja nicht zu viel und ja nichts Unübersehbares diktiert die juristische Vernunft."*
>
> (*Luhmann*, Öffentlich-rechtliche Entschädigung rechtspolitisch betrachtet, 1965, S. 76)

Der Beitrag befasst sich mit dem Recht der öffentlichen Ersatzleistungen in Deutschland. Das Thema hat eine große praktische Bedeutung für den durch staatliches Handeln geschädigten Bürger, weil es die Restitutions- und Kompensations- sowie die Entschädigungs- und Wiedergutmachungspflichten der öffentlichen Gewalt bei Eingriffen in seine subjektiven Rechte behandelt.

Der Aufsatz zeigt, dass das Thema Staatshaftung nach wie vor in der Literatur vielfach kontrovers diskutiert wird und der Bereich des Staatshaftungsrechts durch eine Reihe gravierender rechtspolitischer Mängel und Widersprüche bestimmt ist, die bisher primär durch die Rechtsprechung im Wege der Rechtsfortbildung beseitigt wurden.

Die Verfasserin nimmt zunächst eine Begriffserklärung vor, gibt danach einen Überblick über die historische Entwicklung der Staatshaftung und erläutert schließlich die Säulen des heute geltenden Rechts der öffentlichen Ersatzleistungen. Danach analysiert sie die rechtliche Ausgestaltung und die strukturellen und rechtspolitischen Defizite der Amtshaftung als dem zentralen Institut der Staatshaftung, um dann problemorientiert auf anspruchsübergreifende Mängel des Rechts der öffentlichen Ersatzleistungen einzugehen. Abschließend werden Reformvorschläge zur Neugestaltung des Staatshaftungsrechts unterbreitet. Dabei geht die Autorin auf grundsätzliche Fragestellungen einer umfassenden Neuregelung des Rechtsgebietes ebenso ein wie auf ausgewählte Neuregelungsvorschläge, die sich primär aus den europarechtlichen Vorgaben für das deutsche Haftungsrecht ergeben.

I. Begriffserklärung

Das Staatshaftungsrecht umfasst vielfältige, sehr unterschiedliche Haftungsinstitute, die es erschweren, eine umfassende, aber dennoch knappe Definition dieses

---

* Die Verfasserin ist Dr. iur., Professorin und Inhaberin des Lehrstuhls für Rechtsgeschichte, Rechtsphilosophie i.V.m. Öffentlichem Recht an der Juristischen Fakultät der Universität Potsdam.

Rechtsgebietes zu geben. Gemeinhin werden hierunter diejenigen Ansprüche des Bürgers gefasst, die diesem aufgrund einer Beeinträchtigung seiner Rechte durch hoheitliches Handeln gegen den Staat zustehen.[1] Diese Definition stellt jedoch nur eine erste Annäherung an den Begriff der Staatshaftung dar und bedarf der weiteren Konkretisierung. Nach überkommenem Begriffsverständnis bedeutet Staatshaftung die Haftung für hoheitliches Unrecht. Staatshaftungsrecht wird danach definiert als der Inbegriff der geschriebenen und ungeschriebenen Normen, die die Restitutions- und Kompensationspflichten der öffentlichen Hand bei rechtswidriger Ausübung öffentlicher Gewalt regeln.[2]

Die Beschränkung des Begriffs der Staatshaftung auf rechtswidriges hoheitliches Handeln erscheint indes zu eng. Vielmehr soll von einem weiten Begriff der Staatshaftung ausgegangen werden. Anderenfalls wären die gegen den Staat bestehenden Anspruchsgrundlagen nur unzureichend und nicht umfassend erfasst.[3] Außer Betracht blieben die Entschädigungsansprüche bei rechtmäßigem hoheitlichen Handeln, die ihre rechtliche Grundlage im allgemeinen Aufopferungsgedanken haben. Der Betroffene soll dann eine Entschädigung verlangen dürfen, wenn ihm gegenüber der Allgemeinheit ein Sonderopfer auferlegt wurde. Hier ist vor allem an den Anspruch aus enteignendem Eingriff zu denken. Gleichfalls wären die Ansprüche nicht erfasst, die sich aus der Eigentumsgarantie des Art. 14 GG ergeben können, also die Entschädigungsregelungen bei ausgleichspflichtigen Inhalts- und Schrankenregelungen nach Art. 14 Abs. 1 S. 2 GG sowie die Enteignungsentschädigung aus Art. 14 Abs. 3 S. 2 GG. Außerhalb eines auf hoheitliches Unrecht beschränkten Haftungsrechts blieben auch die Ansprüche unter dem Aspekt der öffentlich-rechtlichen Erstattung, Ansprüche aus öffentlich-rechtlichen Verträgen und aus Gefährdungshaftung.

Staatshaftungsrecht muss daher verstanden werden als das gesamte Recht der öffentlichen Ersatzleistungen i.S. einer generellen Verantwortlichkeit für Rechtsfolgen hoheitlichen Handelns. Somit ist die Bezeichnung Recht der öffentlichen Ersatzleistungen zu privilegieren, mit der die Haftung von Hoheitsträgern infolge ihres hoheitlichen Handelns gemeint ist.[4] Diese Haftung setzt ein Tun oder Unterlassen auf der Grundlage des Öffentlichen Rechts voraus.[5]

Zusammenfassend lassen sich im Recht der öffentlichen Ersatzleistungen zwei Arten der Ersatzleistungen voneinander unterscheiden: die Haftung für hoheitliches Unrecht, die an rechtswidriges Verhalten eines Hoheitsträgers an-

---

1 So *Thiele*, Staatshaftungsrecht, 2008, S. 7.

2 *Ossenbühl*, Staatshaftungsrecht, 5. Aufl. 1998, S. 1; *Jakob*, Rechtswidrigkeit im Staatshaftungsrecht, 2004, S. 17.

3 *Schulze*, Das Recht der öffentlichen Ersatzleistungen, 2008, S. 1.

4 *Baldus/Grzeszick/Wienhues*, Staatshaftungsrecht, 3. Aufl. 2009, Rn. 1.

5 *Baldus/Grzeszick/Wienhues* (Anm. 4), Rn. 1.

knüpft, und der Ausgleich von Nachteilen im Falle rechtmäßiger Ausübung der Staatsgewalt,[6] also bei rechtmäßigen hoheitlichen Eingriffen in geschützte Rechtspositionen des Einzelnen. Die Unrechtshaftung ist dabei nach wie vor die klassische Form und der wesentliche Bereich im System der öffentlichen Ersatzleistungen.[7]

II. Überblick über die historische Entwicklung des Rechts der öffentlichen Ersatzleistungen

Der Gedanke, dass der Staat als solcher überhaupt Unrecht begehen kann, kam im Laufe des 19. Jh. auf.[8] Das heutige Recht der öffentlichen Ersatzleistungen kann somit auf eine über zweihundertjährige Geschichte zurückblicken. Das betrifft primär den Amtshaftungsanspruch, der in den §§ 88, 89, 91 des Zehnten Titels des Zweiten Teils des ALR von 1794[9] und im § 1057 des Sächsischen BGB von 1865[10] geregelt war. Er hatte seine historische Grundlage in der persönlichen Haftung des Beamten, die auf der Mandatstheorie beruht. Danach hat der sein Mandat überschreitende Beamte mit der Verletzung seiner dem Landesherrn gegenüber obliegenden Amtspflicht als Privatperson eine persönliche deliktische Handlung begangen[11] und muss für den einem Dritten zugefügten Schaden persönlich haften.[12] Der Staat hingegen blieb von jeder Verantwortung frei. Die subsidiäre und verschuldensabhängige persönliche Haftung der Beam-

---

6 *Tremml/Karger*, Der Amtshaftungsprozess, 3. Aufl. 2009, Rn. 15 ff.

7 *Tremml/Karger* (Anm. 6), Rn. 16.

8 *Detterbeck/Windthorst/Sproll*, Staatshaftungsrecht, 2000, § 1 Rn. 2.

9 § 88 ALR lautet:
Wer ein Amt übernimmt, muss auf die pflichtmäßige Führung desselben die genaueste Aufmerksamkeit wenden.
§ 89 ALR lautet:
Jedes dabei begangene Versehen, welches bei gehöriger Aufmerksamkeit und nach den Kenntnissen, die bei der Verwaltung des Amtes erfordert werden, hätte vermieden werden können und sollen, muss er vertreten.

10 § 1057 Sächsisches BGB lautet:
Von dem Staate oder von Gemeinden angestellte Verwaltungsbeamte haften für den Schaden, welchen sie bei der Behandlung der ihnen obliegenden Geschäfte absichtlich oder durch grobe Fahrlässigkeit verursachen, ausgenommen, wenn der Beschädigte es unterlassen hat, die gesetzlichen Mittel zu gebrauchen, durch welche er die Schadenszufügung hätte abwenden können.

11 *Bonk*, in: Sachs, GG, Kommentar, 4. Aufl. 2009, Art. 34 Rn. 9.

12 *Ossenbühl* (Anm. 2), S. 7.

ten wurde 1900 auch in das § 839 Abs. 1 BGB[13] übernommen und damit reichseinheitlich geregelt.

Erst durch Art. 131 WRV[14] wurde die grundsätzliche Überleitung der Beamtenhaftung im Falle hoheitlichen Handelns auf den Staat angeordnet, um den Bürger mit dem Staat einen leistungsfähigen Schuldner zu garantieren. Lediglich in besonderen Fällen konnte der Staat bei dem Einzelnen Regress nehmen. Diese Konstruktion mit all ihren Folgeproblemen hat Art. 34 GG[15] übernommen.[16]

Völlig andere Wurzeln als der Amtshaftungsanspruch haben die Entschädigungsansprüche für hoheitliche Eingriffe in das Eigentum und die Aufopferungsansprüche für hoheitliche Eingriffe in nicht vermögenswerte Rechtsgüter des Bürgers. Sie haben naturrechtliche Grundlagen, nach denen der Einzelne bestimmte, auf besonderen Rechtstiteln beruhende wohlerworbene Rechte besitzt, in die der Landesherr nur aus besonderen Gründen des Allgemeinwohls und nur gegen Entschädigung eingreifen darf.[17] Sie beruhen auf der Idee der Konfliktlösung zwischen Gemeinwohl und Individualrechten[18] und sind erstmals in den §§ 74, 75 Einleitung ALR[19] kodifiziert.

Der nach dem Zweiten Weltkrieg von der Rechtsprechung entwickelte Folgenbeseitigungsanspruch schließlich ist in dem Problem der Beseitigung der tatsächlichen Folgen, die durch den Vollzug von inzwischen außer Kraft getrete-

---

13 § 839 Abs. 1 BGB lautet:
Verletzt ein Beamter vorsätzlich oder fahrlässig die ihm einem Dritten gegenüber obliegende Amtspflicht, so hat er dem Dritten den daraus entstehenden Schaden zu ersetzen. Fällt dem Beamten nur Fahrlässigkeit zur Last, so kann er nur dann in Anspruch genommen werden, wenn der Verletzte nicht auf andere Weise Ersatz zu erlangen vermag.

14 Art. 131 WRV lautet:
Verletzt ein Beamter in Ausübung der ihm anvertrauten öffentlichen Gewalt die ihm einem Dritten gegenüber obliegende Amtspflicht, so trifft die Verantwortlichkeit grds. den Staat oder die Körperschaft, in deren Dienste der Beamte steht ...

15 Art. 34 GG lautet:
Verletzt jemand in Ausübung eines ihm anvertrauten öffentlichen Amtes die ihm einen Dritten gegenüber obliegende Amtspflicht, so trifft die Verantwortlichkeit grds. den Staat oder die Körperschaft, in deren Dienst er steht.

16 *Papier*, in: Maunz-Dürig, GG, Stand: 04/2010, Art. 34 Rn. 12.

17 *Maurer*, Allgemeines Verwaltungsrecht, 17. Aufl. 2008, § 27 Rn. 3 f.

18 *Ossenbühl* (Anm. 2), S. 124.

19 § 74 ALR lautet:
Einzelne Rechte und Vorteile der Mitglieder des Staates müssen den Rechten und Pflichten zur Beförderung des gemeinschaftlichen Wohls, wenn zwischen beiden ein wirklicher Widerspruch (Collision) eintritt, nachstehn.
§ 75 ALR lautet:
Dagegen ist der Staat denjenigen, welcher seine besonderen Rechte und Vorteile dem Wohle des gemeinen Wesens aufopfern genötigt wird, zu entschädigen gehalten.

nen Verwaltungsakten entstanden, begründet. Beispielhaft ist hierfür die durch die Wohnungsnot in der Nachkriegszeit vorgenommene rechtswidrige Einweisung von Obdachlosen in Privaträume.[20] Dieser Vollzugsfolgenbeseitigungsanspruch konnte „sich nicht auf die Kassation des behördlichen Gebotes beschränken, sondern musste auch den realen Vollzug dieses Gebotes rückgängig machen“[21]. Im Laufe der Zeit ist der Vollzugsfolgenbeseitigungsanspruch durch die Rechtsprechung auch auf andere Konfliktsituationen ausgedehnt[22] und zu einem allgemeinen Folgenbeseitigungsanspruch entwickelt worden.[23] Er setzt die „Folgenverantwortung des Verwaltungsträgers“[24] und die Wiederherstellung des unrechtslastenfreien Zustandes voraus.

III. Säulen des heute geltenden Rechts der öffentlichen Ersatzleistungen

Wie schon die historische Entwicklung verdeutlicht hat, entstammt das Recht der öffentlichen Ersatzleistungen historisch unterschiedlichen Wurzeln, bildet kein in sich geschlossenes System, ist nur in fragmentarischer Weise kodifiziert[25] und z.T. durch Friktionen zwischen den verschiedenen Haftungsinstituten gekennzeichnet. Dennoch bilden die folgenden Haftungsinstitute die *Säulen (Bereiche) des heute geltenden Rechts der öffentlichen Ersatzleistungen*:[26]

1. Schadenersatzansprüche

Sie stellen Haftungsansprüche des Bürgers wegen rechtswidrigen (und zumeist auch schuldhaften) Verhaltens eines Amtsträgers im Rahmen hoheitlicher Betä-

---

20 Vgl. *LVG Gelsenkirchen*, Urt. v. 03.03.1955 – 2 K 62/55 – ZMR 1955, S. 253; *VG Stuttgart*, Urt. v. 30.04.1948 – I 77/48 – DVBl. 1950, S. 792; *OVG Münster*, Beschl. v. 14.09.1956 – II A 397/56 – MDR 1957, S. 188; *VGH München*, Urt. v. 15.04.1965 – 85 II 64 – BayVBl. 1965, S. 246; *VGH Mannheim*, Beschl. v. 20.01.1987 – 1 S 2718/86 – NVwZ 1987, S. 1101.

21 *Ossenbühl* (Anm. 2), S. 287.

22 *BVerwG*, Urt. v. 25.08.1971 – IV C 23.69 – DÖV 1971, S. 857; Urt. v. 02.11.1973 – IV C 36.72 – DVBl. 1974, S. 239 und Urt v. 29.01.1987 – 2 C 34/85 – E 75, 355; *VGH Kassel*, Urt. v. 20.10.1987 – 9 OE 24/83 – NJW 1988, S. 1683.

23 *VGH München*, Urt. v. 27.10.1998 – 8 B 97.1604 – NVwZ 1999, S. 1237; *VGH Kassel*, Urt. v. 11.11.1993 – 5 UE 441/88 – NVwZ 1995, S. 300.

24 *Detterbeck/Windthorst/Sproll* (Anm. 8), § 12 Rn. 5.

25 *Baldus/Grzeszick/Wienhues* (Anm. 4), Rn. 3.

26 *Erbguth*, Allgemeines Verwaltungsrecht, 3. Aufl. 2009, S. 336 f.; auch *Kemmler*, Folgenbeseitigungsanspruch, Herstellungsanspruch und Unterlassungsanspruch, in: JA 2005, S. 908 (911); *Schulze* (Anm. 3), S. 3.

tigung dar.[27] Gewährt wird grds. Schadensersatz in Geld. Zu den Schadensersatzansprüchen gehören:

- die Amtshaftung gem. § 839 BGB, Art. 34 GG;
- die Staatshaftung nach § 1 Abs. 1 StHG-DDR in ausgewählten neuen Bundesländern wie *Brandenburg*[28] und *Thüringen*;
- die Haftung für Pflichtverletzungen im Rahmen eines verwaltungsrechtlichen Schuldverhältnisses analog §§ 280 ff. BGB[29];
- die gemeinschaftsrechtliche Haftung der nationalen Mitgliedstaaten.[30]

2. Wiederherstellungsansprüche

Sie dienen der Beseitigung der Folgen eines Verwaltungshandelns, das zu einem rechtswidrigen Zustand geführt hat und der Unterlassung eines rechtswidrigen Verwaltungshandelns. Der durch die hoheitliche Gewalt in seinen Rechten beeinträchtigte Bürger kann grds. die Wiederherstellung des früheren, vor der Rechtsbeeinträchtigung bestehenden oder die Herstellung eines gleichwertigen Zustandes verlangen.[31] Zu den Wiederherstellungsansprüchen gehören:

- der öffentlich-rechtliche Folgenbeseitigungsanspruch;
- der öffentlich-rechtliche Unterlassungsanspruch;
- der sozialrechtliche Herstellungsanspruch.[32]

3. Entschädigungsansprüche

Sie sind *zum einen* die auf dem Prinzip der Lastengleichheit aller Bürger basierenden Aufopferungsentschädigungen für rechtswidrige Eingriffe in das Eigentum (Anspruch aus enteignungsgleichem Eingriff) oder in immaterielle Rechtsgüter i.S.d. Art. 2 Abs. 2 GG (allgemeiner Aufopferungsanspruch). Diese Ent-

---

27 *BVerfG*, Urt. v. 19.10.1982 – 2 BvF 1/81 – E 61, 149 (199).

28 § 1 Abs. 1 StHG lautet:
Für Schäden, die einer natürlichen oder juristischen Person hinsichtlich ihres Vermögens oder ihrer Rechte durch Mitarbeiter oder Beauftragte staatlicher oder kommunaler Organe in Ausübung staatlicher Tätigkeit rechtswidrig zugefügt werden, haftet das jeweilige staatliche oder kommunale Organ.

29 § 40 Abs. 2 VwGO setzt Schadensersatzansprüche im Rahmen von verwaltungsrechtlichen Schuldverhältnissen voraus und regelt ihre Zuweisung zu den ordentlichen Gerichten.

30 *EuGH*, Urt. v. 19.11.1991 – C-6/90, C-9/90 (Francovich) – Sig. 1991, I-5357 = NJW 1992, S. 165.

31 *BVerwG*, Urt. v. 26.10.1967 – II C 22.65 – E 28, 155 (165); Urt. v. 19.07.1984 – 3 C 81/82 – E 69, 366 (369); Urt. v. 23.05.1989 – 7 C 2/87 – E 82, 76 (78, 92).

32 *BGH*, Urt. v. 11.02.1988 – III ZR 221/86 – Z 103, 242 (247); *BSG*, Urt. v. 23.03.1972 – 5 RJ 63/70 – E 34, 124 (127); *BVerwG*, Urt. v. 24.03.1988 – 3 C 48/86 – E 79, 192 (194).

schädigungsansprüche bilden den zweiten Bestandteil der hoheitlichen Unrechtshaftung neben den Schadensersatzansprüchen.

Zum anderen umfassen die Entschädigungsansprüche die im Interesse des Allgemeinwohls vorgenommenen rechtmäßigen hoheitlichen Eingriffe in das Eigentum des Einzelnen (so Enteignung gem. Art. 14 Abs. 3 GG, enteignender Eingriff und ausgleichspflichtige Inhalts- und Schrankenbestimmung gem. Art. 14 Abs. 1 S. 2 GG), deren hieraus resultierenden Belastungen regelmäßig durch eine Entschädigung auszugleichen sind. Die Entschädigung ist kein umfassender Schadensersatz, sondern stellt eine Form der Kompensation von erlittenen Nachteilen nach Billigkeitserwägungen dar.

4. Erstattungsansprüche

Sie bezwecken die Rückgängigmachung rechtsgrundlos erfolgter öffentlich-rechtlicher Vermögensverschiebungen.[33] Verlangt wird von dem Einzelnen (auch vom Hoheitsträger) die Rückerstattung einer ohne Rechtsgrund erlangten Geldleistung. Zu den Erstattungsansprüchen gehören:

- der spezialgesetzlich geregelte öffentlich-rechtliche Erstattungsanspruch (z.B. gem. § 49a VwVfG);
- der allgemeine gewohnheitsrechtlich geregelte öffentlich-rechtliche Erstattungsanspruch.

IV. Der Amtshaftungsanspruch als zentrales Haftungsinstitut – rechtliche Ausgestaltung und rechtspolitische Defizite

Das zentrale Haftungsinstitut im Rahmen der Haftung für hoheitliches Unrecht im Besonderen und im System der öffentlichen Ersatzleistungen im Allgemeinen stellt die tradierte Amtshaftung gem. § 839 BGB, Art. 34 GG dar. Deshalb soll im Rahmen des Aufsatzes gesondert darauf eingegangen werden. Die historisch bedingten Besonderheiten der Amtshaftung und ihre strukturellen und rechtspolitischen Mängel[34] sind es auch, die zu einer Reihe von Verwerfungen im deutschen Staatshaftungsrecht geführt haben. Schon kurz nach ihrer gesetzlichen Einführung hat die Amtshaftung den Ruf des „schlechtest konstruierten, dazu für das Volk unverständlichsten aller Rechtssätze“[35] erlangt. Betrachtet man den geltenden Amtshaftungsanspruch, so stellt er eine Kombination der Beamtenhaftung und der Staatshaftung dar. Ihm liegt – wie schon gezeigt – die Eigenhaftung des Beamten nach § 839 BGB zugrunde. Die Haftung wird jedoch durch Art. 34 S. 1 GG auf den Staat verlagert.[36]

---

33 *BVerwG*, Urt. v. 12.03.1985 – 7 C 48/82 – E 71, 85 (87).

34 *Papier* (Anm.16), Art. 34 Rn. 34.

35 *Hofacker*, Ordentlicher Rechtsweg und Verwaltungsrecht, AcP 118 (1920), S. 281 (349).

36 *Ipsen*, Allgemeines Verwaltungsrecht, 6. Aufl. 2009, Rn. 1254.

So gesehen ist die Amtshaftung heute eine übergeleitete persönliche und damit verschuldensabhängige Beamtenhaftung. Charakteristisch für diese Haftung ist, dass der Staat nicht neben dem Amtsträger, sondern an dessen Stelle haftet.[37] D.h. die Haftung wird vom Beamten mit befreiender Wirkung für diesen auf den Staat übergeleitet. Der Beamte selbst kann vom Geschädigten nicht persönlich in Anspruch genommen werden.[38]

Die tragende Grundlage für die Amtshaftung bildet das Rechtsstaatsprinzip. Die Amtshaftung aus Art. 34 GG ergänzt den Grundsatz der Gesetzmäßigkeit gem. Art. 20 Abs. 3 GG und die Rechtsschutzgarantie gem. Art. 19 Abs. 4 GG.[39] I.d.S. enthält Art. 34 S. 1 GG eine Institutsgarantie der Staatshaftung, d.h. eine Mindestgarantie der Haftung des Staates für die schuldhafte Verletzung von Amtspflichten, die dem Schutz des betroffenen Bürgers dienen.[40] So gesehen ist die Amtshaftung die ultima ratio des Rechtsstaates.[41]

Mit dem rechtsstaatlichen Verbot des Handelns eines Amtswalters gegen das Gesetz wird die Verpflichtung verknüpft, einen durch die rechtswidrige Ausübung öffentlicher Gewalt entstandenen Schaden im Wege der Wiedergutmachung auszugleichen.[42] Demzufolge ist Amtshaftung die Haftung des Staates bei rechtswidrigem öffentlich-rechtlichen Verhalten seiner Amtswalter[43] im Interesse des von einer Amtshaftung Betroffenen wie im Interesse des handelnden Amtsträgers.[44]

Ein Anspruch auf Amtshaftung gem. § 839 BGB, Art. 34 GG ist gegeben, wenn

- jemand i.S. eines Amtswalters
- in Ausübung eines öffentlichen Amtes
- eine drittgerichtete Amtspflicht
- schuldhaft verletzt
- und dadurch einen Schaden verursacht,
- wobei ein Amtshaftungsausschluss oder sonstige Haftungsbeschränkungen nicht greifen.[45]

---

37 *Tremml/Karger* (Anm. 6), Rn. 42.

38 *Erbguth* (Anm. 26), S. 338.

39 *Maurer* (Anm. 17), § 26 Rn. 6; *Tremml/Karger* (Anm. 6), Rn. 15.

40 *Papier* (Anm. 16), Art. 34 Rn. 101.

41 *Jellinek*, Verwaltungsrecht, 3. Aufl. 1931, S. 321.

42 *Papier* (Anm. 16), Art. 34 Rn. 82.

43 *BVerfG*, Urt. v. 19.10.1982 – 2 BvF 1/81 – E 61, 149 (199).

44 *Jarass*, in: Jarass/Pieroth, GG, Kommentar, 10. Aufl. 2009, Art. 34 Rn. 1.

45 *Ossenbühl* (Anm. 2), S. 12; *Schulze* (Anm. 3), S. 16.

Die personale, an die Eigenhaftung des Beamten anknüpfende Konstruktion der Amtshaftung – verbunden mit der Schuldübernahmekonstruktion durch den Staat – beinhaltet eine Reihe von Mängeln und Defiziten der Amtshaftung, die das gesamte Recht der öffentlichen Ersatzleistungen durchdringen und zu Widersprüchen zwischen den einzelnen Instituten des Haftungsrechts führen. Im gewissen Umfang konnten diese Defizite der Amtshaftung vor allem durch die in der richterlichen Rechtsfortbildung entwickelten Institute des enteignungsgleichen Eingriffs und des Folgenbeseitigungsanspruchs ausgeglichen werden, dennoch aber bestehen ihre grundlegenden rechtspolitischen und strukturellen Mängel weiter fort.[46]

So sah sich die Judikatur insbes. nicht in der Lage, die Schuldübernahmekonstruktion aufzugeben und durch eine unmittelbare Staatsunrechtshaftung zu ersetzen, weil dadurch nach ihrer Auffassung die Grenzen der Rechtsfortbildung überschritten worden wären.[47]

Zu den grundlegenden strukturellen und rechtspolitischen Mängeln der Amtshaftung gehören:[48]

1. Die Anknüpfung an das persönliche Verhalten des Amtswalters hat zur Folge, dass auch die übergeleitete Haftung das persönliche Verschulden des Amtswalters voraussetzt.[49] Weil es dem Geschädigten angesichts des gewachsenen und anonymen Verwaltungsapparates oft nicht möglich ist, den konkret verantwortlichen Beamten herauszufinden und diesem Verschulden nachzuweisen,[50] hat die Rechtsprechung das Verschulden objektiviert und durch die Figur des Organisationsverschuldens das Verschulden weitgehend von der individuellen Verantwortlichkeit des einzelnen Amtsträgers abgekoppelt.
2. Die ursprünglich auf den persönlich haftenden Amtswalter zugeschnittenen haftungsrechtlichen Privilegierungen werden durch die Überleitungskonstruktion zum Fiskusprivileg. Das gilt trotz schrittweiser Reduzierung der Anwendung der Subsidiaritätsklausel[51] gem. § 839 Abs. 1 S. 2 BGB durch die Rechtsprechung des *BGH*.[52] Nach Auffassung *Ipsens* ist § 839 Abs. 1 S. 2

46 *Papier* (Anm. 16), Art. 34 Rn. 34.

47 *BGH*, Beschl. v. 19.12.1960 – GSZ 1/60 – Z 34, 99 (104 ff.); Urt. v. 12.04.1954 – GSZ 1/54 – Z 13, 88 (100); Urt. v. 16.04.1964 – III ZR 182/63 – Z 42, 176 (181).

48 Hierbei beziehe ich mich insbes. auf *Ossenbühl* (Anm. 2), S. 439 ff. und *Tremml/Karger* (Anm. 6), Rn. 48 ff.

49 *Tremml/Karger* (Anm. 6), Rn. 50.

50 *BGH*, Urt. v. 30.09.1963 – III ZR 83/62 – NJW 1964, S. 41 (44).

51 Nach der Subsidiaritätsklausel ist Beamtenhaftung ausgeschlossen, wenn der Geschädigte auf andere Weise Ersatz zu erlangen vermag und der Beamte nur fahrlässig gehandelt hat.

52 *Ossenbühl* (Anm. 2), S. 80 ff.

BGB nicht nur – wie die h.M. in Politik und Literatur formuliert – als antiquiert anzusehen, sondern ist „vielmehr überwiegend verfassungswidrig (geworden) und deshalb in den Fällen der Haftungsverlagerung auf Verwaltungsträger unanwendbar“[53].

3. Aufgrund der personalen Konstruktion der Amtshaftung kann der Staat nur auf solche Leistungen in Anspruch genommen werden, die der Beamte als Privatperson erfüllen kann, d.h. der Amtshaftungsanspruch kann nur auf Schadensersatz in Geld gerichtet werden.[54] Allein aufgrund dessen, dass der Beamte als Privatperson nicht befugt ist, Amtshandlungen vorzunehmen, scheidet ein Anspruch auf Naturalrestitution aus.[55] Dieses Defizit des Amtshaftungsanspruchs wird weitgehend durch den in der Literatur und Rechtsprechung entwickelten Folgenbeseitigungsanspruch geschlossen, bei dem es dem durch einen hoheitlichen Eingriff in seinen Rechten betroffenen Bürger einfach um die Wiederherstellung des ursprünglichen rechtmäßigen Zustandes durch die Verwaltung geht.[56]
4. Der Amtshaftungsanspruch schließt bislang die Haftung für eine Untätigkeit des Gesetzgebers oder legislatives Unrecht aus.[57] Dies resultiert zum einen aus der schon mehrfach kritisch angemerkten personalen Konstruktion des Amtshaftungsanspruchs, die ein kollektiv handelndes Organ – wie den bundesdeutschen Gesetzgeber – ausschließt. Die Rechtsprechung hat grds.[58] den Ausschluss der Haftung für legislatives Unrecht schließlich damit begründet, dass den Gesetzgeber diesbezüglich keine drittschützenden (drittbezogenen) Amtspflichten treffen. In der Literatur aber mehren sich die Stimmen, die – ausgehend von den europarechtlichen Vorgaben – für eine Amtshaftung im Bereich des legislativen Unrechts eintreten.[59]
5. Die Entwicklung des nationalen Richterspruchprivilegs aus § 839 Abs. 2 S. 1

---

53 *Ipsen* (Anm. 36), Rn. 1282.

54 *BGH* (Anm. 47), Z 34, 99 (105 ff.).

55 *Tremml/Karger* (Anm. 6), Rn. 51.

56 *Maurer* (Anm. 17), § 30 Rn. 1.

57 Nach der Rechtsprechung des *EuGH* haften die nationalen Mitgliedstaaten im Rahmen der gemeinschaftsrechtlichen Staatshaftung auch für legislatives Unrecht, vgl. *EuGH*, Urt. v. 5.03.1996 – C-46/93, C-48/93 (Brasserie du Pêcheur/Factorame III) – EuGH Slg. 1996, I-1029 = NJW 1996, S. 1267 (1269).

58 Die Rechtsprechung bejaht allerdings inzwischen die Haftung für rechtswidrige Bebauungspläne gem. § 10 Abs. 1 BauGB und hält ferner die Haftung für verfassungswidrige Maßnahme- und Einzelfallgesetze für möglich, *BGH*, Urt. v. 24.06.1982 – III ZR 169/80 – Z 84, 292 (301); Urt. v. 26.01.1989 – III ZR 194/87 – Z 106, 323 (332); Urt. v. 29.07.1999 – III ZR 234/97 – Z 142, 259 (263 f.).

59 Bejahend: *Dagtoglou*, Ersatzpflicht des Staates bei legislativem Unrecht?, 1963; *Fetzer*, Die Haftung des Staates für legislatives Unrecht, 1994.

BGB ist durch die Rechtsprechung mit dem Ziel, die Rechtskraft gerichtlicher Entscheidungen zu sichern, ständig erweitert worden. Das hat dazu geführt, dass nach der nationalen Rechtslage Amtshaftungsansprüche aufgrund judikativer Pflichtverletzungen nur innerhalb der engen Grenzen des § 839 Abs. 2 S. 1 BGB möglich sind,[60] sich aber auf europarechtlicher Ebene seit der *Köbler*-Entscheidung des *EuGH*[61] eine divergierende Entwicklung vollzieht. Diese unterschiedliche Entwicklung führt zu Widersprüchen zwischen dem nationalen und dem europarechtlichen Haftungsrecht.

V. Anspruchsübergreifende Mängel und Defizite des Rechts der öffentlichen Ersatzleistungen

Neben den aufgezeigten Mängeln des Amtshaftungsanspruchs bestehen eine Reihe von Verwerfungen zwischen den einzelnen Staatshaftungsansprüchen, die durch Korrekturen der Rechtsprechung nur z.T. behoben werden konnten, und eine Reihe von anspruchsübergreifenden Mängeln und Problemen des geltenden Rechts der öffentlichen Ersatzleistungen. Diese Unzulänglichkeiten werden bereits seit längerem diskutiert.[62] Dazu gehört, dass das bestehende Staatshaftungsrecht vornehmlich von der Rechtsprechung und aus unterschiedlichen Rechtsquellen entwickelt worden ist.[63] Charakteristisch für dieses mehrschichtige und nur unvollkommen aufeinander abgestimmte Geflecht geschriebener und ungeschriebener Rechtssätze ist ihre Unübersichtlichkeit und Lückenhaftigkeit. Hinzu kommt, dass das aus dem 19. Jh. stammende geltende Amtshaftungsrecht nach Rechtsqualität und Grundverständnis dem neuen Verfassungsverständnis nicht mehr voll entspricht (vgl. oben Pkt. IV.). Einheitliche Grundsätze, die für alle Ansprüche Geltung beanspruchen und zu einer inneren Systematik des Staatshaftungsrechts beitragen könnten, existieren nicht.

Ausdruck der anspruchsübergreifenden systematischen Defizite des Staatshaftungsrechts ist schließlich die grundsätzliche Rechtswegespaltung[64] zwischen Primärrechtsschutz aus Art. 19 Abs. 4 GG vor den Verwaltungsgerichten und Sekundärrechtsschutz regelmäßig vor den ordentlichen Gerichten.[65] Auch diese

---

60 *Zantis*, Das Richterspruchprivileg in nationaler und gemeinschaftsrechtlicher Hinsicht, 2009, S. 97.

61 *EuGH*, Urt. v. 30.09.2003 – C-224/01 (Köbler) – Sig. 2003, I-10239, Rn. 34 ff.

62 S. die Begründung des StHG-E, BT-Drs. 8/2079; vgl. auch *Schack*, Gutachten 41. DJT, 1955, S. 48 ff., 56 ff.

63 *Detterbeck/Windthorst/Sproll* (Anm. 8), § 1 Rn. 15.

64 *Detterbeck/Windhorst/Sproll* (Anm. 8), § 11 Rn. 16; auch *Tremml/Karger* (Anm. 6), Rn. 996, 1001 ff.

65 Der Sekundärrechtsschutz steht dem Bürger offen, wenn der primäre Rechtsschutz versagt oder nicht ausreicht. Er ist auf den Ausgleich der Schäden gerichtet, die durch Ver-

Rechtswegespaltung innerhalb des sekundären Rechtsschutzes kann zu Verzögerungen des Rechtsschutzes und damit zu einer faktischen Rechtsschutzbeeinträchtigung zu Lasten des geschädigten Bürgers führen.

VI. Reformvorschläge des Staatshaftungsrechts

1. Grundsätzliches

Obwohl über die Notwendigkeit einer umfassenden Neuregelung des Rechts der öffentlichen Ersatzleistungen zumindest seit dem 47. Deutschen Juristentag im Jahr 1968[66] ein allgemeiner Konsens besteht sowie zahlreiche Gesetz- und Referentenentwürfe vorgelegt wurden, ist die Staatshaftungsreform immer wieder gescheitert. Hauptgründe waren Kompetenzquerelen, die inzwischen ausgeräumt sind[67], und immer wiederkehrende finanzielle Bedenken, die mit einer Neuordnung des Haftungsrechts erörtert wurden.[68] Inzwischen ist das Reformprojekt offiziell zurückgestellt und wird insbes. angesichts der gegenwärtigen finanziellen Situation des Staates derzeit nicht weiter verfolgt.[69] Damit ist das Recht der öffentlichen Ersatzleistungen – wie bereits gezeigt – trotz kontinuierlicher richterlicher Rechtsfortbildung nach wie vor ein normatives Defizitgebiet.[70] Reformbedürftig ist vor allem die dem Amtshaftungsanspruch gem. § 839 BGB, Art. 34 S. 1 GG zugrunde liegende überholte Dogmatik. Die strukturellen und rechtspolitischen Mängel der Amtshaftung sind durch die Rechtsprechung bisher – wie schon erläutert – nur in unzulänglichem Maße behoben wurden.[71] Einer Reform bedürfen darüber hinaus auch das Nebeneinander von Verfassungs-, Gemeinschafts-, Gesetzes-, Gewohnheits- und Richterrecht bei der Ausgestaltung des Rechts der öffentlichen Ersatzleistungen, d.h. in einem zentralen Bereich des Rechtsstaates,[72] sowie das bestehende Haftungsgefälle zwischen alten

---

waltungshandeln entstanden sind. Er räumt zusätzlich zu einer gerichtlichen Überprüfung im Wege des Primärrechtsschutzes die Möglichkeit ein, Ersatz für die erfolgte Beeinträchtigung der materiellen und immateriellen Rechtsgüter zu fordern.

66 Verhandlungen des 47. DJT, Bd. II, 1968, L. 145.

67 Vgl. Art. 74 Abs. 1 Nr. 25 GG, nach dem der Bund befugt ist, im Wege der konkurrierenden Gesetzgebung ein bundeseinheitliches Staatshaftungsgesetz zu erlassen, und Art. 74 Abs. 2 GG, nach dem ein solches Gesetz der Zustimmung des Bundesrates bedarf.

68 *Bonk* (Anm. 11), Art. 34 Rn. 23a.

69 Vgl. BR-Drs. 15/3589.

70 *Bonk* (Anm. 11), Art. 34 Rn. 31.

71 *Papier* (Anm. 16), Art. 34 Rn. 34.

72 *Bonk* (Anm. 11), Art. 34 Rn. 31.

und neuen Ländern, das im Sinne der nationalen Rechtseinheit beseitigt werden sollte.[73]

Bei einem neuen Anlauf zur Neuordnung des Rechtsgebietes des Rechts der öffentlichen Ersatzleistungen wird es nach Auffassung von *Bonk*[74] primär darauf ankommen, rechtliche Systemkonformität, Effektivierung des Rechtsschutzes der Bürger und finanzielle Machbarkeit zu einem vernünftigen Ausgleich zu bringen. Dem ist zuzustimmen.

Denkbar wäre eine Neuordnung des Rechts der öffentlichen Ersatzleistungen in zwei Schritten:

In Zeiten knapper öffentlicher Mittel wäre ein *erster Schritt* in diese Richtung die Kodifizierung des geltenden Gesetzes-, Gewohnheits- und Richterrechts ohne rechtliche und wirtschaftliche Verbesserungen für den Bürger über den derzeitigen status quo hinaus. Dies allein hätte aber enormen rechtsstaatlichen Wert für das bisher zersplitterte und uneinheitliche Rechtsgebiet.

Zugleich könnten im Wege einer teleologisch-systematischen Interpretation des geltenden Rechts durch die zivilgerichtliche Judikatur die gröbsten Mängel der überholten Amtshaftung so z.B.

- Amtspflichtverstoß statt Rechtsverstoß;
- subsidiäre statt primäre Staatshaftung;
- Ausrichtung auf einen spezifischen Amtsträger-Begriff;
- weitere Einengung der Subsidiaritätsklausel

überwunden werden.[75]

Im *zweiten Reformschritt* wären dann unter dem Aspekt der Umstellung des Rechts der öffentlichen Ersatzleistungen – insbes. der Amtshaftung – von der Verankerung im Rechtsstaatsprinzip auf eine Grundrechtseingriffshaftung deutliche Haftungsverbesserungen für den Bürger vorzunehmen.

Die bisher h.M. geht davon aus, dass das Prinzip der Rechtsstaatlichkeit auch die Entschädigung der Bürger als System der finanziellen Verantwortlichkeit staatlicher Organe bei Schadenszufügung oder Rechtsbeeinträchtigung durch staatliches Tun oder Unterlassen umfasst.[76] Insbes. Art. 34 GG enthält nach h.M. in Aufnahme rechtsstaatlicher Anforderungen eine institutionelle Garantie für staatlich zu verantwortendes Unrecht zu Lasten Privater.[77]

---

73 *Bonk* (Anm. 11), Art. 34 Rn. 31.

74 *Bonk* (Anm. 11), Art. 34 Rn. 31.

75 *Papier* (Anm. 16), Art. 34 Rn. 33.

76 *Stern*, Staats- und Verfassungsrecht, in: Stern u.a., Einführung in das deutsche Recht, 1990, S. 28 f.

77 *Klein*, in: Soergel, Kommentar zum Bürgerlichen Gesetzbuch, Bd. 12, 13. Aufl. 2005, § 839, Anhang: Staatshaftung, Rn. 63.

Literatur und Rechtsprechung haben bei der Entwicklung und Ausformung der die Lücken und Mängel der Amtshaftung behebenden Haftungsinstitute wie Ansprüche aus Enteignung, Aufopferungsansprüche und Folgenbeseitigungsanspruch die Grundrechte als subjektiv-rechtliche Voraussetzungen für den Einsatz von Staatsunrechtsreaktionen betrachtet.[78] Primär der Folgenbeseitigungsanspruch wird in Literatur und Rechtsprechung als ein Reaktionsanspruch gegen grundrechtliche Statusverletzungen[79] gesehen und als grundrechtlicher Schutzanspruch bezeichnet. Die Konsequenz der Verankerung der öffentlich-rechtlichen Haftungsinstitute in den Grundrechten besteht in der Subjektivierung des Staat-Bürger-Verhältnisses, das auch den Bereich des einfachen Rechts umfasst.[80] Sie hätte zur Folge, die verschiedenen staatshaftungsrechtlichen Ansprüche – so wie den Folgenbeseitigungsanspruch – als grundrechtliche Schutzansprüche zu betrachten. Damit gewinnt nicht nur die Abstützung der Haftungsansprüche im materiellen Verfassungsrecht weiter an Bedeutung, sondern wird auch die Systematisierung und die Vereinheitlichung der Rechtsgrundlagen des Rechts der öffentlichen Ersatzleistungen gefördert. Zudem würde der Rechtsschutz des geschädigten Bürgers kontinuierlich weiter verbessert.[81]

Die *Ziele* der Reform des Rechts der öffentlichen Ersatzleistungen im Rahmen dieses zweiten Schrittes bestehen in der Begründung einer unmittelbaren, ausschließlichen, originären (primären), verschuldensunabhängigen Staatshaftung, die auf eine umfassende Wiedergutmachung ausgerichtet ist.[82]

Die *Prinzipien* (Grundsätze) dieses reformierten Rechts der öffentlichen Ersatzleistungen ergeben sich aus den Reformzielen:

- das Prinzip der Unmittelbarkeit;
- das Prinzip der Ausschließlichkeit;
- das Prinzip der Originarität und
- das Prinzip der umfassenden Wiedergutmachung.[83]

---

78 *Maurer* (Anm. 17), § 25 Rn. 9.

79 *Ossenbühl* (Anm. 2), S. 300.

80 *Maurer* (Anm. 17), § 25 Rn. 9; auch *Gromitsaris*, Die staatshaftungsrechtliche Dimension der Grundrechte, in: DÖV 2006, S. 288.

81 Dabei soll die Staatshaftung aus Art. 34 GG als institutionelle Garantie nicht in ein Grundrecht auf Staatshaftung auf Bundesebene umgewandelt werden. Das Besondere der landesrechtlichen Regelung in *Brandenburg* besteht im Vergleich zu anderen Bundesländern darin, das Staatshaftungsrecht mit der landesgrundrechtlichen Konzeption verknüpft und die Staatshaftung in Art. 6 Abs. 3 LVerfBbg selbst in den Rang eines Landesgrundrechts erhoben zu haben.

82 *Papier*, in: Isensee/Kirchhof (Hrsg.), HStR, Bd. VI, 2008, § 157, Rn. 76; s. auch: Grundgedanken und Grundsätze des künftigen Staatshaftungsgesetzes, in: Zur Reform des Staatshaftungsrechts, Kommissionsbericht, 1987, S. 46.

83 *Papier* (Anm. 16), Art. 34 Rn. 94-98.

Die genannten Prinzipien (Grundsätze) sollen für alle Haftungsansprüche Geltung beanspruchen und könnten so entscheidend zu einer Vereinheitlichung und inneren Systematik des Staatshaftungsrechts beitragen.

2. Einzelne Neuregelungsvorschläge

Im Folgenden sollen ausgewählte Neuregelungsvorschläge des Rechts der öffentlichen Ersatzleistungen vorgestellt werden, die sich insbes. durch die immer stärkere Einwirkung des Europarechts und der europarechtlichen Rechtsprechung auf die bundesdeutsche Rechtsordnung auch auf dem Gebiet der Staatshaftung ergeben. Sie betreffen die Haftung für legislatives Unrecht, die Staatshaftung für judikatives Unrecht und die Überwindung der Rechtswegespaltung.

a) Haftung für legislatives Unrecht

Wenn der Amtshaftungsanspruch künftig nicht mehr allein aus dem Rechtsstaatsgedanken, sondern wie der Folgenbeseitigungsanspruch und die Entschädigungsansprüche aus dem Abwehranspruch bestimmter Grundrechte abgeleitet wird, führt dies in der Folge zu einer qualitativen Veränderung des Amtshaftungsanspruchs, sodass aus diesem auch eine *Haftung für legislatives Unrecht* interpretiert werden kann. Dies ergibt sich auch aus den europarechtlichen Vorgaben. Nach der Rechtsprechung des *EuGH*[84] haftet ein Mitgliedstaat verschuldensunabhängig für die Folgen legislativen Unrechts, wenn er eine EU-Richtlinie nicht fristgemäß umsetzt, die dem Einzelnen Rechte einräumt.[85]

Streitig ist bei der nationalen Haftung für legislatives Unrecht nach wie vor, ob die Voraussetzungen des Amtshaftungsanspruchs gegeben sind. Zunächst kann nach der h.L. auch das Handeln der Legislative als Ausübung eines öffentlichen Amtes qualifiziert werden.[86] Die Legislative hat zudem die Amtspflicht, keine rechtswidrigen Gesetze zu erlassen.[87] Demzufolge liegt eine Amtspflichtverletzung vor, wenn der Gesetzgeber ein verfassungswidriges Gesetz beschließt. Problematisch ist allein die Drittbezogenheit der Amtspflicht bei der Verabschiedung eines verfassungswidrigen Gesetzes. So geht der *BGH* in seiner Rechtsprechung davon aus, dass der Gesetzgeber bei der Rechtsetzung i.d.R. ausschließlich Aufgaben der Allgemeinheit, nicht aber Aufgaben gegenüber Dritten und zu deren Schutz realisiert. Im Ergebnis wird vom *BGH* eine Drittbe-

---

84 *EuGH* (Anm. 30), NJW 1992, S. 165.

85 *Tremml/Karger* (Anm. 6), Rn. 159.

86 So die h.L.; zum Meinungsstand *Detterbeck/Windhorst/Sproll* (Anm. 8), § 9 Rn. 12, 151.

87 *Detterbeck/Windthorst/Sproll* (Anm. 8), § 9 Rn. 69.

zogenheit der Amtspflicht verneint und ein Amtshaftungsanspruch der Normadressaten gegen die Legislative ausgeschlossen.[88]

In der Literatur wird die strenge Rechtsprechung des *BGH* zum fehlenden Drittbezug vielfach abgelehnt[89] und unter Berufung auf die europarechtliche Rechtsprechung eine Koppelung der Drittbezogenheit mit der Grundrechtsverletzung gefordert. Allerdings wird – wie im Europarecht – die Drittbezogenheit auf einen bloßen Drittschutz reduziert. Damit öffnet sich der Amtshaftungsanspruch auch unter Prüfung dieses Kriteriums für den Schadensersatz bei legislativem Unrecht.[90]

Die Prüfung der Voraussetzungen der Amtshaftung zeigt, dass, obwohl die Amtshaftung historisch gesehen auf das persönliche Fehlverhalten des Beamten zugeschnitten ist und für verfassungswidrige Gesetze eigentlich nicht passfähig ist,[91] sie letztlich auch die Haftung für legislatives Unrecht umfasst. Da diese aber in der Praxis wegen der Breitenwirkung der Gesetze zu weitreichenden Folgen für die Staatsfinanzen führen kann, bedarf die Haftung des Staates für legislatives Unrecht jedenfalls in rechtspolitischer Hinsicht einer besonderen Regelung durch den Gesetzgeber.[92]

b) Staatshaftung für judikatives Unrecht

Die Haftung für judikatives Unrecht ist nach dem deutschen Recht nicht wie die Haftung für legislatives Unrecht grds. problematisch. Amtshaftungsansprüche scheitern allerdings i.d.R. schon am sog. *Richterspruchprivileg*, das im § 839 Abs. 2 BGB statuiert ist.[93]

Mit dem Richterspruchprivileg werden Richter nicht etwa aus dem Kreis der Amtswalter ausgenommen, sondern richterliche Entscheidungen werden vielmehr haftungsrechtlich privilegiert.[94] Beruht die Amtspflichtverletzung auf einer gerichtlichen Entscheidung, haftet der Richter in Ausübung eines öffentlichen Amtes gem. § 839 Abs. 2 BGB nur, wenn er bei der Urteilsfällung eine Straftat (Richterbestechung, Rechtsbeugung) begangen hat.[95] Der Zweck der Vorschrift

---

88 *BGH* (Anm. 58), Z 84, 292 (300); Urt. v. 03.12.1987 – VII ZR 374/86 – Z 102, 306 (367 f.).

89 So *Haverkate*, Amtshaftung bei legislativem Unrecht und die Grundrechtsbindung des Gesetzgebers, in: NJW 1973, S. 442 f.; *Schenke*, Die Haftung des Staates bei normativem Unrecht, in: DVBl. 1975, S. 125; *Maurer* (Anm. 17), § 26 Rn. 51; ablehnend *Ossenbühl* (Anm. 2), S. 105.

90 *Ossenbühl* (Anm. 2), S. 105.

91 *Maurer* (Anm. 17), § 26 Rn. 51.

92 *Maurer* (Anm. 17), § 26 Rn. 51.

93 *Tremml/Karger* (Anm. 6), Rn. 35.

94 *Baldus/Grzeszick/Wienhues* (Anm. 4), Rn. 186.

95 *Tremml/Karger* (Anm. 6), Rn. 227.

besteht in der Sicherung des Rechtsfriedens. Während das nationale Richterspruchprivileg aus § 839 Abs. 2 BGB durch die Rechtsprechung ständig erweitert wird (vgl. oben Pkt. IV.5.), sodass nach der deutschen Rechtslage Amtshaftungsansprüche aufgrund judikativer Pflichtverletzungen nur – wie gezeigt – innerhalb der engen Grenzen und der strengen Anforderungen des Richterspruchprivilegs möglich sind,[96] vollzieht sich auf gemeinschaftsrechtlicher Ebene eine gegenläufige Entwicklung. Diese zeigt sich darin, dass der *EuGH* den Grundsatz der mitgliedschaftlichen Staatshaftung ausdrücklich auf Gemeinschaftsrechtsverletzungen der nationalen letztinstanzlichen Gerichte erstreckt.[97] Eine Haftung erfolgt, wenn ein offenkundiger Gemeinschaftsverstoß durch das Urteil des letztinstanzlichen Gerichts vorliegt. Die Anforderungen an die Haftung für judikatives Unrecht im Gemeinschaftsrecht liegen daher niedriger als nach dem herkömmlichen deutschen Amtshaftungsanspruch.

Diese divergierende Entwicklung zwischen dem nationalen Recht und dem Gemeinschaftsrecht führt aus gemeinschaftsrechtlicher Sicht wegen des Vorrangs des europäischen Gemeinschaftsrechts zu rechtlichen Konsequenzen. Zwar bedarf es weder aus Gründen der Gleichbehandlung noch aufgrund des Erfordernisses eines effektiven Rechtsschutzes der Abschaffung des Richterspruchprivilegs für nationale Sachverhalte,[98] aber es muss gesetzgeberisch ausdrücklich klargestellt werden, dass das nationale Richterspruchprivileg bei Gemeinschaftsrechtsverletzungen nicht angewendet werden darf.[99]

c) Konzentration des Rechtsschutzes

Trotz der Einheitlichkeit des zugrunde liegenden Lebenssachverhalts kann es im Primär- und Sekundärrechtsschutz zu einer Aufspaltung der Rechtswege kommen, die mit Hilfe des § 17 Abs. 2 S. 1 GVG, der dem Gericht des zulässigen eröffneten Rechtsweges eine rechtswegüberschreitende Entscheidungskompetenz einräumt, nur teilweise überwunden werden kann.[100] Diese wenig sachgerechte Rechtswegespaltung ist Ausdruck der Tatsache, dass das Recht der öffentlichen Ersatzleistungen aus unterschiedlichen Rechtsquellen gespeist wird und vornehmlich von der Rechtsprechung entwickelt worden ist. Hinzu kommen die traditionsbedingten Sonderzuweisungen im Bereich der Staatshaftung an die ordentlichen Gerichte,[101] die zu der Dekonzentration des Sekundärrechtsschut-

---

96 *Zantis* (Anm. 60), S. 97.

97 *EuGH* (Anm. 61), Sig. 2003, I-10239, Rn. 34 ff.; Urt. v. 13.06.2006 – C 173/03 (Traghetti del Mediterrano) – Sig. 2006, I-5177, Rn. 24 ff.

98 *Zantis* (Anm. 60), S. 196, 197.

99 *Zantis* (Anm. 60), S. 212.

100 *Tremml/Karger* (Anm. 6), Rn. 996, 1019.

101 *Papier* (Anm. 16), Rn. 301.

zes beigetragen haben. So dürfen über die Amtshaftungsansprüche nur die ordentlichen Gerichte entscheiden.[102] Die Rechtsweggewährleistung zugunsten der Zivilgerichte lässt sich dabei in erster Linie historisch erklären, weil im Zeitpunkt der Schaffung des Art. 34 GG die Verwaltungsgerichtsbarkeit faktisch noch nicht vorhanden war[103] und am bestehenden Zustand nichts geändert werden sollte.

Die Konsequenz der Rechtswegespaltung ist, dass der durch die rechtswidrige Ausübung öffentlicher Gewalt geschädigte Bürger zunächst ein unter Umständen mehrjähriges verwaltungsgerichtliches Klageverfahren wegen der Rechtswidrigkeit des hoheitlichen Handelns durchführen muss (*Primärrechtsschutz*), um dann ein zweites Klageverfahren vor einem anderen Gericht – i.d.R. vor dem Landgericht[104] – zur Wiedergutmachung begangenen Staatsunrechts einzuleiten (*Sekundärrechtsschutz*).[105] Notwendig ist perspektivisch eine Vereinheitlichung und Harmonisierung des Primär- und Sekundärrechtsschutzes. Sie fördern die Prozessökonomie, dienen der Effektivierung des Rechtsschutzes des geschädigten Bürgers[106] und garantieren die Wahrung einheitlicher Rechtsanwendung.[107]

Einfachgesetzlich sollte eine Konzentration des Rechtsschutzes bei den Gerichten erfolgen, die auch im Übrigen für die Rechtskontrolle zuständig sind. Dementsprechend werden Zuständigkeits- und Rechtswegeregelungen gefordert, durch die der sekundäre Rechtsschutz grds. durch die Gerichtsbarkeit des primären Rechtsschutzes gewährt wird.[108]

Zusammenfassend bleibt festzustellen, dass vom Europarecht ein deutlicher Impuls zur Fortentwicklung des deutschen Rechts der öffentlichen Ersatzleistungen in Richtung einer unmittelbaren, originären, verschuldensunabhängigen Haftung des Staates ausgeht.[109]

Die nach wie vor bestehende Blockadehaltung des deutschen Gesetzgebers gegenüber der inzwischen wegen des Art. 74 Abs. 1 Nr. 25 GG kompetenzrechtlich möglichen Reform des Staatshaftungsrechts ist bei konsequenter Beachtung

---

102 Vgl. Art. 34 S. 3 GG, der durch den Grundsatz der umfassenden Prüfkompetenz gem. § 14 Abs. 2 S. 1 GVG unberührt bleibt.

103 *Bonk* (Anm. 11), Art. 34 Rn. 112.

104 § 71 Abs. 2 GVG.

105 *Papier* (Anm. 16), Art. 34 Rn. 309.

106 Begründung zum Regierungsentwurf, BR-Drs. 8/2080, S. 6.

107 *Papier* (Anm. 16), Art. 34 Rn. 311.

108 *Pfab*, Staatshaftung in Deutschland, 1997, S. 153 f.

109 *Kluth*, Die Haftung der Mitgliedstaaten für gemeinschaftsrechtswidrige höchstrichterliche Entscheidungen – Schlussstein im System der gemeinschaftsrechtlichen Staatshaftung, in: DVBl. 2004, S. 403.

der finanziellen Machbarkeit dieser rechtlichen Neuordnung sachlich nicht mehr zu begründen.

Der Bundesrepublik Deutschland würde eine gesetzgeberische Fortentwicklung dieser Materie i.S. einer angemessenen Gewährleistung des Schutzes der Bürger vor den Folgen fehlerhaft ausgeübter Staatsgewalt gut zu Gesicht stehen.

Rechtsschutzdefizite als Folge gesetzlicher Regelung oder richterlicher Gesetzesauslegung – zwei Beispiele

Michael Dawin *

Der Beitrag befasst sich ausgehend von der Garantie des effektiven Rechtsschutzes aus Art. 19 Abs. 4 GG mit Rechtsschutzdefiziten als Folge gesetzlicher Regelung am Beispiel des rechtswidrig übergangenen Bewerbers um ein beamtenrechtliches Amt und als Folge richterlicher Gesetzesauslegung durch gezielte Einschränkung der gerichtlichen Tatsachenermittlung durch § 99 VwGO. Er entwickelt Vorschläge, wie diese Rechtsschutzdefizite behoben werden können.

I. Die Garantie effektiven Rechtsschutzes in Art. 19 Abs. 4 GG

Art. 19 Abs. 4 des GG[1] garantiert wirksamen Individualrechtsschutz gegen belastende Hoheitsakte und bei einer Weigerung staatlicher Stellen, Leistungsansprüche des Bürgers zu erfüllen. Die materiell-rechtlichen Freiheits- und Leistungsansprüche des Bürgers gegen den Staat sollen nicht bloß „auf dem Papier stehen", sondern auch realisiert werden.[2] Zu einem i.d.S. wirksamen Rechtsschutz gehört es, dass der rechtswidrige staatliche Akt, den der Bürger nicht zu dulden braucht, abgewehrt wird. Er unterbleibt oder wird – wenn das nicht erreichbar ist – im Nachhinein wieder beseitigt. Bei einem Leistungsanspruch wird dem Bürger die Leistung tatsächlich verschafft. Der Rechtsschutz muss in einer umfassenden tatsächlichen und rechtlichen Prüfung durch ein verbindlich entscheidendes Gericht bestehen.[3]

---

* Der Verfasser ist Dr. iur. und Honorarprofessor an der Juristischen Fakultät der Universität Potsdam, Vizepräsident des *LVerfG Bbg* und Richter am *BVerwG* a.D.

1 Art. 19 Abs. 4 GG lautet:
Wird jemand durch die öffentliche Gewalt in seinen Rechten verletzt, so steht ihm der Rechtsweg offen. Soweit eine andere Zuständigkeit nicht begründet ist, ist der ordentliche Rechtsweg gegeben. Artikel 10 Abs. 2 Satz 2 bleibt unberührt.

2 St. Rspr., vgl. z.B. *BVerfG*, Beschl. v. 09.07.2007 – 2 BvR 206/07 (effektiver Rechtsschutz) – NVwZ 2007, S. 1178; Beschl. v. 29.03.2006 – 1 BvR 133/06 (Notarstellenbesetzung) – NJW 2006, S. 2395; Urt. v. 20.02.2001 – 2 BvR 1444/00 (Gefahr im Verzug) – E 103, 142 (156).

3 *Schmidt-Aßmann*, in: Schmidt-Aßmann/Schoch/Pietzner, VwGO, Stand: 05/2010, Einl. Rn. 51 mit Hinw. auf *BVerfG*, Beschl. v. 12.02.1992 – 1 BvL 1/89 – E 85, 337 (345).

Zur Effektuierung des Verfassungsgebots des Art. 19 Abs. 4 GG hat der Gesetzgeber die Verwaltungsgerichtsordnung, das Sozialgerichtsgesetz und die Finanzgerichtsordnung geschaffen, sodass ein Kanon von Gerichtsverfahrensordnungen zur Verfügung steht, mit denen jeder nach dem materiellen Recht bestehende oder künftig entstehende öffentlich-rechtliche Freiheits- oder Leistungsanspruch mit Hilfe der Gerichte durchgesetzt werden kann. Der Gesetzgeber braucht sich nur Gedanken über die Voraussetzungen des materiell-rechtlichen Anspruchs oder des Eingriffs zu machen, zu dem er einen Träger öffentlicher Verwaltung zu ermächtigen gedenkt. Das Instrumentarium, mit dem der Bürger seinen Anspruch auf die Leistung durchsetzen oder die Belastung beseitigen kann, ist Sache des Prozessrechts. Dieses ist von dem unter dem Gebot des Art. 19 Abs. 4 GG stehenden Gesetzgeber entsprechend zu gestalten und von den Gerichten entsprechend auszulegen. Art. 19 Abs. 4 GG fordert, dass ein zur Realisierung des Anspruchs tauglicher prozessualer Weg existieren muss.

Schwierigkeiten treten auf, soweit das materielle Recht – wenn auch in seiner Auslegung durch die Gerichte – einen von ihm gewährten Anspruch für gerichtlich nicht einklagbar oder eine geschehene Rechtsverletzung für irreversibel erklärt. Gleiches gilt, wenn das Prozessrecht das überprüfende Gericht daran hindert, Kenntnis von den für seine Entscheidung relevanten Tatsachen zu gewinnen.

Diese Konstellation einer gerichtlich nicht wirksam zu verhindernden und auch nachträglich nicht korrigierbaren Rechtsverletzung besteht nach der Rechtsprechung, wenn entgegen dem verfassungsrechtlichen Gebot der Bestenauslese gem. Art. 33 Abs. 2 GG[4] jemand zum Beamten ernannt oder in ein höheres Amt befördert wird, der weniger geeignet ist als seine Mitbewerber.

Die zweite Konstellation besteht, wenn dem zuständigen Verwaltungsgericht nach § 99 VwGO[5] aus Gründen des Geheimnisschutzes Behördenakten vorenthalten werden, deren Inhalt ihm bekannt sein müsste, um sachgerecht entscheiden zu können. Hier ist das Gericht gehalten, in bewusst herbeigeführter Unkenntnis der wesentlichen Tatsachen zu entscheiden.

Während dem zu Unrecht nicht berücksichtigten Ernennungsbewerber nach der Rechtsprechung effektiver Rechtsschutz weitgehend verweigert wird, sind in den Fällen der Vorenthaltung geheimhaltungsbedürftiger Behördenakten akzeptable Lösungen gefunden worden.

---

4 Art. 33 Abs. 2 GG lautet:
Jeder Deutsche hat nach seiner Eignung, Befähigung und fachlichen Leistung gleichen Zugang zu jedem öffentlichen Amte.

5 Wegen des Wortlauts der Vorschrift s. Anm. 42.

II. Der rechtswidrig übergangene Bewerber um ein beamtenrechtliches Amt

Derjenige, der bei der Auswahl unter mehreren Bewerbern um ein öffentliches Amt rechtswidrig übergangen wurde, muss nach der Rechtsprechung ein einstweiliges Anordnungsverfahren mit dem Ziel anstrengen, dem Dienstherrn die Ernennung des Konkurrenten vorläufig zu verbieten. Denn ist der Konkurrent erst einmal ernannt, ist das begehrte Amt unanfechtbar besetzt. Die Rechtsschutzlücke besteht darin, dass die Ernennung des Konkurrenten nach der bisherigen Rechtsprechung auch dann unanfechtbar ist, wenn der übergangene Bewerber zum Zeitpunkt der Ernennung bereits ein einstweiliges Anordnungsverfahren eingeleitet oder sogar ein vorläufiges Ernennungsverbot erstritten hat. Die Rechtsprechung hat diese Unzulänglichkeit in ihrem Konzept, nach dem der Rechtsschutz in beamtenrechtlichen Konkurrenzverhältnissen zu gewähren ist, bislang nicht mit einer in sich stimmigen und überzeugenden Lösung behoben.

Der Bewerber um ein öffentliches Amt hat einen Anspruch darauf, dass der Dienstherr über die Vergabe des (Beförderungs-)Amtes nur nach den Kriterien der Eignung, Befähigung und fachlichen Leistung entscheidet (sog. Bewerbungsverfahrensanspruch). Basis und Axiom der Konzeption der Rechtsprechung ist der Satz, dass dieser Anspruch unerfüllbar wird und damit untergeht, wenn – vorstehenden Kriterien zuwider – der Ausgewählte ernannt wird.[6] Die Rechtsprechung erklärt die Fähigkeit der beamtenrechtlichen Ernennung, den Bewerbungsverfahrensanspruch des übergangenen Mitbewerbers untergehen zu lassen, mit der besonderen Eigenschaft dieses rechtsgestaltenden Verwaltungsakts. Er soll auch im Falle seiner Rechtswidrigkeit weitgehend endgültig und unveränderlich, d.h. auch vor behördlicher und gerichtlicher Aufhebung geschützt sein. Deshalb befinde sich das vergebene Amt unabänderlich bei dem Ernannten. Eine Korrektur durch eine anderweitige Vergabe, auch an den Berechtigten, sei nicht mehr möglich. Die mangelnde Befugnis der Behörde, eine Ernennung, ebenso wie sonstige Verwaltungsakte nach § 48 des Verwaltungsverfahrensgesetzes (VwVfG) wegen Rechtswidrigkeit wieder zu beseitigen, leitet die Rechtsprechung[7] aus den gegenüber § 48 VwVfG spezielleren Vorschriften der Beamtengesetze[8] her. Nach ihnen ist eine Ernennung (nur) zurückzu-

---

6 *BVerfG*, Beschl. v. 29.03.2006 – 1 BvR 133/06 (Notarstellenbesetzung) – NJW 2006, S. 2395, m.w.N.; Beschl. v. 19.09.1989 – 2 BvR 1576/88 – NJW 1990, S. 501; *BVerwG*, Urt. v. 25.08.1988 – 2 C 62/85 – E 80, 127; Beschl. v. 30.06.1993 – 2 B 64/93 – Buchholz 232 § 8 BBG Nr. 49; *BGH*, Urt. v. 06.04.1995 – III ZR 183/94 – Z 129, 226; *BAG*, Urt. v. 02.12.1997 – 9 AZR 445/96 – E 87, 165.

7 *BVerfG* (Anm. 6), NJW 1990, S. 501; (Anm. 6), E 80, 127; (Anm. 6), Buchholz 232 § 8 BBG Nr. 49; *BGH* (Anm. 6), Z 129, 226; *BAG* (Anm. 6), E 87, 165; *OVG Koblenz*, Urt. v. 30.01.2009 – 10 A 10805/08 – DVBl. 2009, S. 659.

8 Vgl. bspw. § 14 BBG:

nehmen bzw. soll zurückgenommen werden, wenn sie durch Zwang, arglistige Täuschung oder Bestechung herbeigeführt worden ist, wenn dem Dienstherrn nicht bekannt war, dass der Ernannte wegen einer Straftat verurteilt wurde und deswegen für die Berufung in das Beamtenverhältnis unwürdig erscheint, wenn zwingende Ernennungsvoraussetzungen nicht erfüllt sind oder wenn eine schwere Disziplinarstrafe ausgesprochen worden ist.

Dass die beamtenrechtliche Ernennung auch einer Aufhebung durch ein verwaltungsgerichtliches Kassationsurteil entzogen ist, stützt die Rechtsprechung im Wesentlichen auf zwei Argumente:

- Zum einen heißt es, eine Anfechtungsklage des übergangenen Bewerbers gegen die Ernennung des Mitbewerbers richte sich gegen einen ihn nicht betreffenden Verwaltungsakt.[9] Dies bedeutet prozessrechtlich, dass eine derartige Klage mangels Klagebefugnis gem. § 42 Abs. 2 VwGO unzulässig ist. Die Ernennung des rechtswidrig Ausgewählten ist im Ergebnis also vor einer Aufhebung durch ein Gericht sicher.
- Zum anderen argumentiert die Rechtsprechung wie folgt: Würde die Ernennung des rechtswidrig Ausgewählten durch gerichtliches Urteil rückwirkend aufgehoben, müsse es so angesehen werden, dass er sein bisheriges Amt nie verloren habe. Dieses Amt habe aber schon ein anderer inne, dem es, da er es rechtmäßig erlangt habe, nicht wieder genommen werden könne. Zwei in Vollzeit beschäftigte Beamte könnten aber ein und dasselbe Amt nicht gleichzeitig innehaben. Dem Amt sei auch nur eine haushaltsrechtliche Planstelle zugeordnet. Schließlich könnten Ämter, die es nur einmal gibt, z.B. das des Präsidenten eines bestimmten Oberlandesgerichts, nicht doppelt verliehen werden. Im Hintergrund mag auch der Gedanke eine Rolle spielen, dass eine einmal ausgesprochene Ernennung weitreichende und nur schwer rückgängig

---

(1) Die Ernennung ist mit Wirkung auch für die Vergangenheit zurückzunehmen, wenn
1. sie durch Zwang, arglistige Täuschung oder Bestechung herbeigeführt wurde,
2. dem Dienstherrn nicht bekannt war, dass die ernannte Person wegen einer Straftat rechtskräftig verurteilt ist und deswegen für die Berufung in das Beamtenverhältnis als unwürdig erscheint, oder
3. die Ernennung nach § 7 Abs. 2 nicht erfolgen durfte und eine Ausnahme nach § 7 Abs. 3 nicht zugelassen war und eine Ausnahme nicht nachträglich zugelassen wird.
(2) Die Ernennung soll zurückgenommen werden, wenn dem Dienstherrn nicht bekannt war, dass gegen die ernannte Person in einem Disziplinarverfahren auf Entfernung aus dem Beamtenverhältnis oder auf Aberkennung des Ruhegehalts erkannt worden war. Dies gilt auch, wenn die Entscheidung gegen eine Beamtin oder einen Beamten der Europäischen Gemeinschaften oder eines Staates nach § 7 Abs. 1 ergangen ist.
(3) Die oberste Dienstbehörde nimmt die Ernennung innerhalb von sechs Monaten zurück, nachdem sie von ihr und dem Grund der Rücknahme Kenntnis erlangt hat. Der Rücknahmebescheid wird der Beamtin oder dem Beamten zugestellt.

9 *BVerwG* (Anm. 6), Buchholz 232 § 8 BBG Nr. 49; (Anm. 6), E 80, 127.

zu machende Veränderungen im Personaltableau eines Dienstherrn im Gefolge hat. So ist die Stelle, die der Ernannte freigemacht hat, häufig schon wieder besetzt, ebenso die Stelle, die der aufgerückte Nachfolger zuvor innehatte. Personen in dieser Besetzungs- und Beförderungskette sind vielfach schon an einen neuen Dienstort umgezogen, wenn nach Jahr und Tag offenbar wird, dass der am Anfang dieser Kette Stehende zu Unrecht ernannt worden ist.

Wegen dieser in dem Begriff „Ämterstabilität" zusammengefassten Überlegungen hat die beamtenrechtliche Ernennung im Ergebnis die Rechtsqualität eines gerichtlich unangreifbaren Verwaltungsakts erlangt.

Der Untergang des Bewerbungsverfahrensanspruchs des übergangenen Bewerbers als Folge der Ernennung des zum Zuge gekommenen Konkurrenten macht es notwendig, als Kompensation die Rechtsschutzgewährung an den übergangenen Bewerber in die Zeit vor der Ernennung des Konkurrenten zu verlagern. Dieser vorverlagerte Rechtsschutz besteht nach der Rechtsprechung darin, dass auf Antrag des rechtswidrig Übergangenen dem Dienstherrn durch einstweilige Anordnung nach § 123 VwGO die Ernennung des Konkurrenten vorläufig verboten und so die Möglichkeit offengehalten wird, dass der Dienstherr eine erneute Auswahlentscheidung treffen kann, sofern er im anzustrengenden Verfahren zur Hauptsache dazu verurteilt wird.[10]

Zur Stärkung der Rechtsschutzposition des zu Unrecht nicht Berücksichtigten hat die Rechtsprechung aber noch ein Übriges getan: Weil das vorläufige gerichtliche Ernennungsverbot das praktisch einzige Mittel ist, die Vernichtung des Bewerbungsverfahrensanspruchs abzuwehren, hat das *BVerfG* die Anforderungen an die Glaubhaftmachung des – durch die erstrebte einstweilige Anordnung zu sichernden – Bewerbungsverfahrensanspruchs in spezifischer Weise gesenkt:[11] Deutet z.B. die dienstliche Beurteilung aller Bewerber ausnahmslos mit der Spitzennote auf eine mit dem verfassungsrechtlichen Leistungsprinzip nicht zu vereinbarende Beurteilungspraxis hin, braucht der Antragsteller des einstweiligen Anordnungsverfahrens keine – weiteren – Gesichtspunkte aufzuzeigen, aus denen sich die Fehlerhaftigkeit der Einstufung der Bewerber im Auswahlverfahren und damit der Bewerberauswahl insgesamt ergibt.[12] Erst recht braucht er nicht aufzuzeigen, dass in diesem Kreis der Bewerber ohne brauchbare dienstliche Beurteilung er derjenige ist, der als der am besten Geeignete einen Rechtsanspruch auf das Amt hat. Es genügt, dass seine Erfolgsaussichten offen sind, seine Auswahl also möglich erscheint.[13]

---

10 Vgl. *BVerfG*, Beschl. v. 29.07.2003 – 2 BvR 311/03 (Stellenbesetzungsverfahren) – DVBl. 2003, S. 1524; *BVerwG*, Urt. v. 21.08.2003 – 2 C 14/02 – E 118, 370.

11 *BVerfG* (Anm. 10), DVBl. 2003, S. 1524.

12 *BVerfG* (Anm. 10), DVBl. 2003, S. 1524.

13 *BVerwG* (Anm. 10), E 118, 370.

Der übergangene Bewerber kann schließlich den einstweiligen Rechtsschutz durch ein vorläufiges gerichtliches Verbot, den Konkurrenten zu ernennen, nur erlangen, wenn der Dienstherr ihm dessen geplante Ernennung rechtzeitig ankündigt. Denn er muss Zeit haben, die Erfolgsaussichten eines einstweiligen Anordnungsverfahrens zu überdenken, den Antrag zu formulieren und dem Gericht zu übermitteln.[14] Zu dieser rechtzeitigen Information ist der Dienstherr nach der Rechtsprechung ebenfalls verpflichtet.

Indem die Rechtsschutzgewährung in die Phase vor der Ernennung des Ausgewählten verlagert und die Erlangung eines vorläufigen gerichtlichen Ernennungsverbots in der geschilderten Weise erleichtert wurde, schien den Anforderungen des Art. 19 Abs. 4 GG entsprochen zu sein. Dass dies eine nicht gerechtfertigte Erwartung war, zeigte sich, als Dienstherrn den ausgewählten Bewerber auch einem ausdrücklichen gerichtlichen Verbot zuwider ernannten. Ein Teil der Rechtsprechung hielt auch für diese Fälle an der These fest, dass die Erfüllung des Bewerbungsverfahrensanspruchs des im Auswahlverfahren rechtswidrig nicht Berücksichtigten durch die Ernennung des Mitbewerbers objektiv unmöglich geworden ist und nicht mehr mit dem Ziel, selbst ernannt zu werden, weiter verfolgt werden kann.[15] Hieran zeigt sich, dass auf der Basis der herrschenden Rechtsprechung die einstweilige Anordnung ein stumpfes Schwert ist. Sie kann den nach dieser Rechtsprechung auch an die gerichtlich verbotene Ernennung geknüpften Untergang des Bewerbungsverfahrensanspruchs nicht verhindern. Ein den Anforderungen des Art. 19 Abs. 4 GG genügender Rechtsschutz ist das Verfahren der einstweiligen Anordnung bei diesem Verständnis nicht.

Dass eine weitere Suche nach Formen des effektiven Rechtsschutzes in diesen und ähnlichen Fällen geboten ist, hat auch das *BVerfG* in einem Beschluss vom 24.09.2007[16] in einem Verfassungsbeschwerdeverfahren zu erkennen gegeben. Dem lag der folgende Fall zugrunde: Um das Amt des Präsidenten des *OLG Koblenz* hatte sich außer dem vom Minister der Justiz ausgewählten Bewerber u.a. auch der Verfassungsbeschwerdeführer beworben. Ein von diesem eingeleitetes einstweiliges Anordnungsverfahren nach § 123 VwGO mit dem Ziel, dem Land Rheinland-Pfalz die Ernennung des im Anordnungsverfahren beigeladenen, ausgewählten Bewerbers vorläufig zu verbieten, war vor dem *VG Koblenz* und vor dem *OVG Koblenz* erfolglos geblieben. Noch vor Abschluss dieses einstweiligen Rechtsschutzverfahrens hatte der Antragsteller und Beschwerdeführer dem *Land Rheinland-Pfalz* angekündigt, er werde auch um einstweiligen

---

14 *BVerwG* (Anm. 10), E 118, 370, m.w.N.

15 *BGH*, Beschl. v. 28.11.2005 – DNotZ 18/05 – Z 165, 139; *BVerfG* (Anm. 2), NJW 2006, S. 2395 (beide zur Übertragung einer Notarstelle nach verbotswidriger Ernennung eines Mitbewerbers).

16 *BVerfG*, Beschl. v. 24.09.2007 – 2 BvR 1586/07 (effektiver Rechtsschutz) – NVwZ 2008, S. 70.

Rechtsschutz beim *BVerfG* nachsuchen. Ungeachtet dessen hatte der Minister der Justiz dem Beigeladenen etwa eine halbe Stunde nach Ablehnung der einstweiligen Anordnung durch das *OVG Koblenz* die Ernennungsurkunde zum Präsidenten des *OLG Koblenz* ausgehändigt.[17]

Das *BVerfG* hat die Verfassungsbeschwerde des Antragstellers und Beschwerdeführers nicht zur Entscheidung angenommen, weil sie mangels Erschöpfung des Rechtswegs unzulässig sei.[18] Der Verfassungsbeschwerdeführer hätte zuvor das verwaltungsgerichtliche Verfahren zur Hauptsache durchführen müssen; dieses sei nicht aussichtslos gewesen. Denn das *BVerwG* habe am 21.08.2003[19] entschieden, dass die weitere Verfolgung des Bewerbungsverfahrensanspruchs im Verfahren der Hauptsache möglich ist, wenn sich der Dienstherr mit der Ernennung eines Bewerbers über eine einstweilige gerichtliche Anordnung hinweggesetzt hat. Diese vom *BVerwG* behandelte Fallgestaltung stimme sachlich überein mit den Umständen des der Verfassungsbeschwerde zugrundeliegenden Verfahrens, in dem die bereits angekündigte Inanspruchnahme des *BVerfG* durch die Aushändigung der Ernennungsurkunde unmittelbar nach Zustellung des die einstweilige Anordnung ablehnenden Beschlusses des OVG vereitelt wurde. Es sei Aufgabe der Verwaltungsgerichtsbarkeit, effektiven Rechtsschutz zu gewähren und die Folgen des in der verbotswidrigen Ernennung liegenden Verfassungsverstoßes in die Systematik des Verwaltungsprozessrechts und des Beamtenrechts einzufügen.

Vier Jahre vor diesem Beschluss des *BVerfG* hatte das *BVerwG* in der vom *BVerfG* genannten Entscheidung[20], der sich auch das *BAG* angeschlossen hat,[21] eine Lösung zumindest angedeutet. *BVerwG* und *BAG* sind zu dem Ergebnis gelangt, dass der materiell-rechtliche Anspruch des übergangenen Bewerbers gegen den Dienstherrn, seine Auswahlentscheidung allein nach den Kriterien des Art. 33 Abs. 2 GG zu treffen, auch nach der verbotswidrigen Ernennung des Konkurrenten weiterverfolgt werden kann. Zu dem gedanklichen Lösungsweg, der zu diesem Ergebnis führt, haben beide obersten Bundesgerichte indessen nur relativ vage Angaben gemacht.

Das *BAG* führt aus, der rechtswidrig Übergangene habe bei Ernennung des Konkurrenten entgegen einem gerichtlichen Verbot „einen Anspruch auf Wiederherstellung". In der Begründung beider Gerichte findet sich dann die Aussage, nach dem Rechtsgedanken der §§ 162 Abs. 2 sowie 135, 136 BGB könne der Dienstherr einem zu Unrecht übergangenen Bewerber nicht mit Erfolg entge-

---

17 S. zum Sachverhalt im Einzelnen *OVG Koblenz* (Anm. 7), DVBl. 2009, S. 659.

18 *BVerfG* (Anm. 16), NVwZ 2008, S. 70.

19 *BVerwG* (Anm. 10), E 118, 370.

20 *BVerwG* (Anm. 10), E 118, 370.

21 *BAG*, Urt. v. 24.03.2009 – 9 AZR 277/08 – AP Nr. 70 zu Art. 33 Abs. 2 GG.

genhalten, er könne dessen Bewerbungsverfahrensanspruch nicht mehr erfüllen, weil die Stelle schon besetzt sei. Der Betroffene könne vielmehr verlangen, verfahrensrechtlich und materiell-rechtlich so gestellt zu werden, als sei das gerichtliche Verbot beachtet und das Bewerbungsverfahren noch nicht beendet worden.

Was soll damit gesagt werden? Ist der Dienstherr gehalten, dem rechtswidrig Übergangenen ersatzweise ein anderes gleichwertiges Amt zu übertragen, das er, falls er nicht über ein solches Amt verfügt, erst durch entsprechende Änderung des Haushaltsplan schaffen muss?[22] Darf er dieses „Ersatzamt" dann ohne Ausschreibung und ohne Auswahlverfahren dem im früheren Auswahlverfahren rechtswidrig Übergangenen übertragen?[23] Oder steht doch das (Beförderungs-)Amt trotz Ernennung des rechtswidrig Bevorzugten noch zur Vergabe an den Berechtigten zur Verfügung? Ist das wiederum denkbar, ohne die Wirksamkeit und den Fortbestand dieser Ernennung in Frage zu stellen?

BVerwG und *BAG* haben für ihre Auffassung § 162 BGB[24] herangezogen. In der Erkenntnis, dass der durch den Ausfall bzw. durch den Eintritt der Bedingung Beteiligte versucht sein kann, zu entsprechenden Manipulationen zu greifen, ordnet § 162 BGB eine Ergebnisfiktion zu Lasten des jeweils berührten Beteiligten an: Es wird das der Realität entgegen gesetzte Ergebnis fingiert. Es ist anerkannt, dass § 162 BGB Ausdruck des allgemeinen Rechtsgedankens ist, wonach niemand aus einer treuwidrig herbeigeführten Rechtslage Vorteile ziehen soll.[25] Jedoch lässt sich mit der rechtsähnlichen Anwendung des § 162 BGB nicht ohne Weiteres die Frage beantworten, ob die Erlangung des beamtenrechtlichen Statusamts nebst zugehörigem Dienstposten durch den weniger Qualifizierten ein Vorteil auch für den Dienstherrn ist. Denn er war es, der die Rechtslage treuwidrig herbeigeführt hat.

Zu einer stimmigen Lösung führt die rechtsanaloge Anwendung von §§ 135, 136 BGB. Nach § 136 BGB steht ein Veräußerungsverbot, das von einem Ge-

---

22 I.d.S. *BVerwG* (Anm. 10), E 118, 370 und Urt. v. 13.09.2001 – 2 C 39/00 – E 115, 89.

23 Zweifelnd *OVG Koblenz* (Anm. 7), DVBl. 2009, S. 659; *OVG Koblenz*, Beschl. v. 19.12.1996 – 10 B 13120/96 – ZBR 1998, S. 61; ablehnend auch *BGH* (Anm. 15), Z 165, 139 und Beschl. v. 10.08.2004 – DNotZ 28/03 – Z 160, 190 für eine Notarstelle.

24 § 162 BGB lautet:
Verhinderung oder Herbeiführung des Bedingungseintritts
(1) Wird der Eintritt der Bedingung von der Partei, zu deren Nachteil er gereichen würde, wider Treu und Glauben verhindert, so gilt die Bedingung als eingetreten.
(2) Wird der Eintritt der Bedingung von der Partei, zu deren Vorteil er gereicht, wider Treu und Glauben herbeigeführt, so gilt der Eintritt als nicht erfolgt.

25 *BGH*, Urt. v. 22.09.1983 – VII ZR 43/83 – Z 88, 240.

richt oder einer Behörde innerhalb ihrer Zuständigkeit erlassen wir, einem gesetzlichen Veräußerungsverbot der in § 135 BGB[26] bezeichneten Art gleich.

Der *BGH*[27] sieht in der in § 135 Abs. 1 S. 1 BGB[28] umschriebenen „relativen Unwirksamkeit" der Verfügung des verbotswidrig Verfügenden keine derartige Spaltung des Eigentums, dass der Verfügende im Verhältnis zum Geschützten Eigentümer bleibt, gegenüber der Allgemeinheit aber der Erwerber Eigentümer wird. Wegen der relativen Unwirksamkeit der Verfügung, so führt der *BGH* aus, *„verbleibe vielmehr dem Verfügenden die Rechtsmacht, zur Erfüllung seiner Verpflichtung gegenüber dem Geschützten zu dessen Gunsten zu verfügen mit der Folge, dass die erste Verfügung unwirksam und der Geschützte Eigentümer werde"*[29]. Jedoch müsse der verbotswidrig verfügende Schuldner die ihm nach dem Erwerb des Dritten verbliebene Rechtsmacht aufgrund seiner ursprünglichen, durch die Veräußerung geschützten Verpflichtung seinem Gläubiger übertragen.

Zieht man bei der Nutzbarmachung des allgemeinen Rechtsgedankens aus §§ 135, 136 BGB für die gerichtlich verbotene Beamtenernennung diese höchstrichterliche Analyse von Konzeption und Wirkungsweise der Vorschriften heran, so führt das zu folgendem Ergebnis: Dem durch die einstweilige Anordnung geschützten Bewerber steht – nach wie vor – der Bewerbungsverfahrensanspruch zu. Dem mit der Ernennung des bevorzugten Bewerbers gegen das gerichtliche Verbot handelnden Dienstherrn verbleibt zur Erfüllung dieses Anspruchs die Rechtsmacht, dem geschützten Bewerber das Amt zu übertragen, mit der Folge, dass die erste Ernennung unwirksam ist und der Geschützte Inhaber des Amtes werden kann. Wegen der nur relativen Unwirksamkeit der Ernennung des Konkurrenten muss allerdings nach Maßgabe der Entscheidung des *BGH* der Dienstherr die ihm – partiell – verbliebene Rechtsmacht entsprechend seiner ursprünglichen, durch das Ernennungsverbot geschützten Verpflichtung dem übergangenen Bewerber „zuwenden"[30]. Er muss also zum Ausdruck bringen, dass der übergangene Bewerber die Rechtstellung haben soll, die ihm zu-

26 § 135 Abs. 1 S. 1 BGB lautet:
Verstößt die Verfügung über einen Gegenstand gegen ein gesetzliches Veräußerungsverbot, das nur den Schutz bestimmter Personen bezweckt, so ist sie nur diesen Personen gegenüber unwirksam.

27 *BGH*, Urt. v. 07.06.1990 – IX ZR 237/89 – Z 111, 364.

28 § 135 Abs. 1 S. 1 BGB lautet:
Verstößt die Verfügung über einen Gegenstand gegen ein gesetzliches Veräußerungsverbot, das nur den Schutz bestimmter Personen bezweckt, so ist sie nur diesen Personen gegenüber unwirksam.

29 *BGH* (Anm. 27), Z 111, 364 (368).

30 *BGH* (Anm. 27), Z 111, 364 (369).

stünde, wenn nicht verbotswidrig die Ernennung des Konkurrenten ausgesprochen worden wäre. Diese Erklärung des Dienstherrn wird im Weigerungsfall durch seine entsprechende rechtskräftige Verurteilung nach § 167 VwGO i.V.m. § 894 Abs. 1 S. 1 ZPO ersetzt.

Damit ist der bisher eine Lösung scheinbar blockierende Gesichtspunkt der Ämterstabilität jedenfalls bei einer Ernennung, die ein gerichtliches Verbot verletzt, aus dem Felde geschlagen: Das streitige Statusamt braucht dem zu Unrecht Ernannten nicht erst entzogen und diese Ernennung braucht auch nicht durch Gerichtsurteil zuvor aufgehoben zu werden. Der verbotswidrig und deshalb unwirksam Ernannte hat das zu vergebende Amt gar nicht erlangt, sondern ist in seinem bisherigen Amt verblieben. Vertrauensschutz verdient er nicht, denn aufgrund seiner Beiladung im einstweiligen Anordnungsverfahren wusste er um die Mangelhaftigkeit seiner Ernennung.

Die Frage nach der Schutzbedürftigkeit weiterer Personen, denen nach Art einer Kettenreaktion frei gewordenen Ämter übertragen worden sind, dürfte sich nicht stellen. In der kurzen Zeitspanne zwischen der verbotswidrigen und deshalb unwirksamen Ernennung und der Rückkehr des verbotswidrig Ernannten in sein altes Amt wird dieses scheinbar frei gewordenen Amt nicht bereits wieder vergeben worden sein.

In dem bereits erwähnten Beschluss vom 24.09.2007[31] hat sich das *BVerfG* über die Sachverhaltskonstellation,[32] dass die bereits angekündigte Inanspruchnahme des *BVerfG* durch die Aushändigung der Ernennungsurkunde unmittelbar nach Zustellung des Beschlusses über die Ablehnung des beantragten einstweiligen fachgerichtlichen Ernennungsverbots vereitelt wurde, geäußert. Es hat gesagt, sie stimme mit der Fallgestaltung sachlich überein, dass sich der Dienstherr mit der Ernennung des Konkurrenten über eine einstweilige Anordnung des Gerichts hinweggesetzt hat. Diese vom *BVerfG* gesehene sachliche Übereinstimmung besteht jedoch nicht.

Auch das *OVG Koblenz* stellt in seinem Urteil vom 30.01.2009[33] diese Übereinstimmung zu Recht in Abrede, stützt diese Aussage aber auf einen in diesem Zusammenhang nicht überzeugenden Gesichtspunkt. Den wesentlichen, eine sachliche Übereinstimmung ausschließenden Unterschied sieht das *OVG* auch darin, dass es sich dem *Land Rheinland-Pfalz* als Dienstherrn des Klägers und Antragsgegners im einstweiligen Rechtsschutzverfahren „*nach dem Stand der verfassungsgerichtlichen Rechtsprechung im Zeitpunkt der Aushändigung der Ernennungsurkunde keineswegs aufdrängen musste, dass die ihm bekannte*

---

31 *BVerfG* (Anm. 16), NVwZ 2008, S. 70.

32 Wie sie das dem Verfassungsbeschwerdeverfahren zugrunde liegende fachgerichtliche Verfahren des *OVG Koblenz* prägte, vgl. *OVG Koblenz* (Anm. 7), DVBl. 2009, S. 659.

33 *OVG Koblenz* (Anm. 7), DVBl. 2009, S. 659; s. nunmehr auch Anm. 38.

bloße Ankündigung eines einstweiligen Anordnungsantrags gegenüber dem Bundesverfassungsgericht ihn von Verfassungs wegen daran hindern könnte, den Beigeladenen nach der unanfechtbaren Ablehnung des Antrags ... auf Gewährung verwaltungsgerichtlichen Eilrechtsschutzes ... zu ernennen". Im Anschluss an eine Darstellung der einschlägigen Rechtsprechung des *BVerfG* bis in die Zeit der Ernennung des Beigeladenen fährt das *OVG Koblenz* dann fort: „*Unter Berücksichtigung des aufgezeigten Standes der Rechtsprechung des Bundesverfassungsgerichts ... musste sich dem Beklagten zu dem genannten Zeitpunkt nicht die erstmals im Beschluss des Bundesverfassungsgerichts vom 09.07.2007*[34] *(a.a.O.) und sodann in dessen die Verfassungsbeschwerde des Klägers betreffenden Beschluss vom 24.09.2007*[35] *(a.a.O.) zum Ausdruck gebrachte Rechtsauffassung aufdrängen.*" Dass sich dem *Land Rheinland-Pfalz* die Verpflichtung, angesichts der angekündigten Anrufung des *BVerfG* von einer raschen Ernennung des Beigeladenen abzusehen, nicht aufdrängen musste, also nicht oder jedenfalls nicht für das *Land Rheinland-Pfalz* auf Anhieb zu erkennen war, ist für die Frage nach der sachlichen Übereinstimmung oder Andersartigkeit des Dienstherrnverhaltens in der Entscheidung des *BVerwG* vom 21.08.2003[36] einerseits und im Urteil des *OVG Koblenz* vom 30.01.2009[37] andererseits ohne Belang. Entscheidend ist, ob Art. 19 Abs. 4 GG auch dann, wenn der im Verfahren des fachgerichtlichen Eilrechtsschutzes unterlegene Mitbewerber ankündigt, Verfassungsbeschwerde zu erheben, der Ernennung die Wirksamkeit abzusprechen ist.

Das ist nicht der Fall. Die Unwirksamkeit der unter Missachtung eines gerichtlichen Verbots ausgesprochene Ernennung leitet sich aus der rechtsanalogen Anwendung der §§ 135, 136 BGB auf die Ernennung her. Voraussetzung dieser Rechtsanalogie ist das Bestehen eines gerichtlichen Verbots. Daran fehlt es bei der Verletzung der Pflicht, nach Bekanntgabe der für den abgelehnten Bewerber ungünstigen Auswahlentscheidung mit der Ernennung des Ausgewählten noch eine Zeitlang zuzuwarten, damit der Abgelehnte eine alsbaldige Ernennung des Mitbewerbers durch Einlegung eines Rechtsmittels oder durch Anrufung des *BVerfG* verhindern kann. Dieses Verhalten steht einer Ernennung, die ein ausdrückliches gerichtliches Ernennungsverbot missachtet, nicht gleich.

Damit ist an einen Verstoß des Dienstherrn gegen seine Pflicht zur rechtzeitigen Information des unterlegenen Bewerbers über die Auswahlentscheidung und gegen seine weitere Pflicht, die Ernennung des Konkurrenten nicht während eines schwebenden Eilrechtsschutzverfahrens vorzunehmen, als Sanktion nicht

---

34 *BVerfG* (Anm. 2), NVwZ 2007, S. 1178.

35 *BGH*, Urt. v. 19.07.2007 – III ZR 20/07 – NVwZ 2008, 349.

36 *BVerwG* (Anm. 10), E 118, 370.

37 *OVG Koblenz* (Anm. 7), DVBl. 2009, S. 659.

die Unwirksamkeit der Ernennung geknüpft. Dieses Defizit wird nicht durch die Möglichkeit kompensiert, die rechtswidrig vollzogene Ernennung mittels Anfechtungsklage aufheben zu lassen. Diese Möglichkeit besteht nach der bisherigen Rechtsprechung[38] gerade nicht.

Eine Anfechtungsklage hätte keine Aussicht auf Erfolg. Das *BVerwG* sieht den einer solchen Klage anhaftenden Mangel darin, dass die Ernennung des Konkurrenten den rechtswidrig Übergangenen „nicht betrifft".[39] Was mit dieser Aussage genau gemeint ist, legt das Gericht nicht dar. Da die Ernennung des Konkurrenten immerhin den Untergang des Bewerbungsverfahrensanspruchs des Übergangenen herbeizuführen vermag, erscheint ein "Betroffen-Sein" des Inhabers dieses Anspruchs auf den ersten Blick durchaus in Betracht zu kommen. Erfasst werden von der Aussage des *BVerwG* jedoch die Fälle, in denen die abschlägige Entscheidung im Auswahlverfahren bestandskräftig geworden ist.

Die dem Bewerber um ein zu vergebendes Amt mitgeteilte Entscheidung des Dienstherrn, die Bewerbung werde abgelehnt, ist ein – der formellen und materiellen Bestandskraft fähiger – Verwaltungsakt.[40] Die Regelung besteht in der Verneinung eines zum Rechtsanspruch auf das Amt verdichteten Bewerbungsverfahrensanspruchs. Wird die Ablehnung bestandskräftig, steht zwischen Dienstherrn und Bewerber fest, dass dem Bewerber ein Anspruch nicht zusteht. Deshalb, d.h. weil dem im Auswahlverfahren nicht Berücksichtigten bei Unanfechtbarkeit der Ablehnung seiner Bewerbung der Bewerbungsverfahrensanspruch in der Gestalt des in ihm angelegten Ernennungsanspruchs bestandskräftig „aberkannt" worden ist, betrifft ihn die Ernennung eines Mitbewerbers in keinem ihm zustehenden Recht mehr. Eine Anfechtungsklage wäre mangels Klagebefugnis gem. § 42 Abs. 2 VwGO unzulässig.

Wenn aber die Bestandskraft der Ablehnungsentscheidung der Grund ist, dass der Abgelehnte von der Ernennung des Konkurrenten nicht „betroffen" wird, dann folgt daraus auch, dass ihn die Ernennung bei Fehlen der Bestandskraft durchaus betrifft, er also in diesem Fall klagebefugt ist. Das Prinzip der Ämterstabilität – ein Hauptargument der Rechtsprechung – fordert, gleich wie man es versteht, nicht, dass das Amt dem ausgewählten Bewerber auch in dieser Konstellation endgültig und unwiderruflich verbleiben muss. Denn der innerhalb der Rechtsmittelfrist für die Anfechtung der Auswahlentscheidung Ernannte ge-

---

38 Nach einem Bericht der FAZ v. 05.11.2010, der nach Fertigstellung des Manuskripts erschien, hat das *BVerwG* mit Urt. v. 04.11.2010 – 2 C 16/09 das Urteil des *OVG Koblenz* (Anm. 7) aufgehoben.

39 *BVerwG* (Anm. 6), Buchholz 232 § 8 BBG Nr. 49; s. auch *BVerwG* (Anm. 22), E 115, 89.

40 St. Rspr., vgl. *BVerwG*, Urt. v. 09.05.1985 – 2 C 16/83 – DVBl. 1985, S. 1233, m.w.N.

nießt vor Ablauf dieser Frist keinen Schutz seines Vertrauens in einen unwiderruflichen Erwerb des Amtes.

Dennoch wird die Anfechtungsklage in diesen Fällen nur selten zur gerichtlichen Aufhebung der Ernennung des Mitbewerbers führen. Klagt der mit seiner Bewerbung erfolglos Gebliebene nicht auch gegen die Ablehnung seiner Bewerbung, wird die Ablehnung bestandskräftig. Nach dem oben Dargelegten betrifft ihn die Ernennung des Mitbewerbers dann nicht. Seine Klagebefugnis für die Anfechtungsklage entfällt und besteht folglich im maßgebenden Zeitpunkt der mündlichen Verhandlung über diese Klage nicht. Klagt der erfolglose Bewerber auch gegen die Ablehnungsentscheidung, ist der Streitgegenstand dieser Klage, nämlich der behauptete Anspruch des Klägers auf das Amt oder zumindest auf eine erneute Auswahlentscheidung, vorgreiflich für die Entscheidung im Anfechtungsprozess, sodass dieser i.d.R. nach § 94 VwGO ausgesetzt werden wird. Würde die Verpflichtungsklage auf Übertragung des Amtes oder auf Neubescheidung rechtskräftig abgewiesen und die Ablehnungsentscheidung damit bestandskräftig, müsste auch die Anfechtungsklage mangels Klagebefugnis als unzulässig abgewiesen werden. Nur wenn der Verpflichtungsklage stattgegeben wird, müsste im Anfechtungsrechtsstreit die Ernennung des Mitbewerbers aufgehoben werden.

III. Zusammenfassung zu II.

Der Rechtsschutz, der nach der Rechtsprechung dem erfolglosen Bewerber um ein beamtenrechtliches Amt eröffnet ist, genügt nicht den Anforderungen des Art. 19 Abs. 4 GG, wenn der Dienstherr einen Mitbewerber ernennt, obwohl

- ein Eilrechtsschutzverfahren nach § 123 VwGO oder § 32 BVerfGG mit dem Ziel, den Bewerbungsverfahrensanspruch des Antragstellers zu sichern, anhängig ist;
- die dem abgelehnten Bewerber zustehende Zeitspanne für Überlegungen, ob er ein Eilrechtsschutzverfahren nach § 123 VwGO einleiten soll, noch nicht verstrichen ist oder
- der Dienstherr den Bewerber, für den er sich im Auswahlverfahren nicht entschieden hat, darüber nicht informiert hat.

Das Rechtsschutzdefizit kann behoben werden, wenn man anerkennt, dass die verbotswidrige Ernennung in rechtsanaloger Anwendung der §§ 135, 136 BGB unwirksam ist. Da wegen der Relativität dieser Unwirksamkeit beim Dienstherrn noch Rechtsmacht zur Erfüllung seiner Verpflichtung gegenüber dem Geschützten verblieben ist, „wendet“ der Dienstherr diese Rechtsmacht dem Geschützten in der Weise „zu“, dass er zum Ausdruck bringt, der Geschützte solle die Rechtstellung haben, die er ohne die verbotswidrige Ernennung hätte.

Das Rechtsschutzdefizit kann ferner dadurch verringert werden, dass man die Anfechtungsklage gegen die Ernennung des Konkurrenten im Falle einer noch nicht bestandskräftigen Ablehnungsentscheidung als zulässig ansieht.

Die Rechtsschutzlücke wird auch geschlossen, wenn die Gesetzesvorschrift über die Nichtigkeit einer Ernennung in den Beamtengesetzen ergänzt wird um die Nichtigkeitsgründe der Ernennung des aus einem Bewerberkreis ausgewählten Bewerbers:

- während der Anhängigkeit eines von einem abgelehnten Bewerber eingeleiteten Eilrechtsschutzverfahrens;
- vor Verstreichen einer bestimmten Zeitspanne nach Bekanntgabe der Ablehnungsentscheidung an den nicht zum Zuge gekommenen Bewerber und
- vor der Information des nicht berücksichtigten Bewerbers über das Ergebnis des Auswahlverfahrens.

IV. Gezielte Einschränkung der gerichtlichen Tatsachenermittlung durch § 99 VwGO

Die Regelung des § 99 Abs. 1 S. 2 VwGO kann insoweit in einen Widerspruch zu Art. 19 Abs. 4 GG geraten, als sie vorsieht, dass dem Gericht die Kenntnisnahme von Tatsachen, die für seine Entscheidung erheblich sind, unmöglich gemacht und es auf diese Weise gezwungen werden kann, seine Entscheidung auf einer ihm nur unvollständig bekannten Tatsachengrundlage zu treffen.

Im Verwaltungsprozess sind Behörden grds. verpflichtet, Urkunden und Akten vorzulegen, elektronische Dokumente zu übermitteln und Auskünfte zu erteilen. Diese Vorlage-, Übermittlungs- und Auskunftspflicht wird durch § 99 VwGO[41] geregelt.

---

41 § 99 VwGO lautet:
(1) Behörden sind zur Vorlage von Urkunden oder Akten, zur Übermittlung elektronischer Dokumente und zu Auskünften verpflichtet. Wenn das Bekanntwerden des Inhalts dieser Urkunden, Akten, elektronischen Dokumente oder dieser Auskünfte dem Wohl des Bundes oder eines Landes Nachteile bereiten würde oder wenn die Vorgänge nach einem Gesetz oder ihrem Wesen nach geheim gehalten werden müssen, kann die zuständige oberste Aufsichtsbehörde die Vorlage von Urkunden oder Akten, die Übermittlung der elektronischen Dokumente und die Erteilung der Auskünfte verweigern.
(2) Auf Antrag eines Beteiligten stellt das Oberverwaltungsgericht ohne mündliche Verhandlung durch Beschluss fest, ob die Verweigerung der Vorlage der Urkunden oder Akten, der Übermittlung der elektronischen Dokumente oder der Erteilung von Auskünften rechtmäßig ist. Verweigert eine oberste Bundesbehörde die Vorlage, Übermittlung oder Auskunft mit der Begründung, das Bekanntwerden des Inhalts der Urkunden, der Akten, der elektronischen Dokumente oder der Auskünfte würde dem Wohl des Bundes Nachteile bereiten, entscheidet das BVerwG; Gleiches gilt, wenn das BVerwG nach § 50 für die Hauptsache zuständig ist. Der Antrag ist bei dem für die Hauptsache zuständigen Gericht zu stellen. Dieses gibt den Antrag und die Hauptsacheakten an den nach § 189 zu-

Die Vorschrift steht in engem Zusammenhang mit dem im Verwaltungsprozess herrschenden Amtsermittlungsprinzip nach § 86 Abs. 1 VwGO, das vom Gericht die erschöpfende Aufklärung des Sachverhalts fordert und das Ausfluss des Rechtsstaatsprinzips nach Art. 20 Abs. 3 GG und der Rechtsschutzgarantie des Art. 19. Abs. 4 GG ist. Danach ist im öffentlich-rechtlichen Prozess u.a. eine tatsächlich und rechtlich umfassende Prüfung des Streitfalls durch das Gericht geboten.

Ein enger Zusammenhang des § 99 VwGO besteht ferner mit dem Grundrecht auf rechtliches Gehör vor Gericht, das in Art. 103 Abs. 1 GG garantiert ist, weil § 99 VwGO mit dem in diesem Grundrecht enthaltenen Recht auf Einsicht in die Akten, auf Übermittlung elektronischer Dokumente und auf Auskunft nach § 100 VwGO[42] eng verbunden ist. Existenz und Wahrnehmung dieses

---

ständigen Spruchkörper ab. Die oberste Aufsichtsbehörde hat die nach Absatz 1 Satz 2 verweigerten Urkunden oder Akten auf Aufforderung dieses Spruchkörpers vorzulegen, die elektronischen Dokumente zu übermitteln oder die verweigerten Auskünfte zu erteilen. Sie ist zu diesem Verfahren beizuladen. Das Verfahren unterliegt den Vorschriften des materiellen Geheimschutzes. Können diese nicht eingehalten werden oder macht die zuständige Aufsichtsbehörde geltend, dass besondere Gründe der Geheimhaltung oder des Geheimschutzes der Übergabe der Urkunden oder Akten oder der Übermittlung der elektronischen Dokumente an das Gericht entgegenstehen, wird die Vorlage oder Übermittlung nach Satz 5 dadurch bewirkt, dass die Urkunden, Akten oder elektronischen Dokumente dem Gericht in von der obersten Aufsichtsbehörde bestimmten Räumlichkeiten zur Verfügung gestellt werden. Für die nach Satz 5 vorgelegten Akten, elektronischen Dokumente und für die gemäß Satz 8 geltend gemachten besonderen Gründe gilt § 100 nicht. Die Mitglieder des Gerichts sind zur Geheimhaltung verpflichtet; die Entscheidungsgründe dürfen Art und Inhalt der geheim gehaltenen Urkunden, Akten, elektronische Dokumente und Auskünfte nicht erkennen lassen. Für das nichtrichterliche Personal gelten die Regelungen des personellen Geheimschutzes. Soweit nicht das BVerwG entschieden hat, kann der Beschluss selbständig mit der Beschwerde angefochten werden. Über die Beschwerde gegen den Beschluss eines Oberverwaltungsgerichts entscheidet das BVerwG. Für das Beschwerdeverfahren gelten die Sätze 4 bis 11 sinngemäß.

42 § 100 VwGO lautet:
(1) Die Beteiligten können die Gerichtsakten und die dem Gericht vorgelegten Akten einsehen.
(2) Beteiligte können sich auf ihre Kosten durch die Geschäftsstelle Ausfertigungen, Auszüge, Ausdrucke und Abschriften erteilen lassen. Nach dem Ermessen des Vorsitzenden kann der nach § 67 Abs. 2 Satz 1 und 2 Nr. 3 bis 6 bevollmächtigten Person die Mitnahme der Akten in die Wohnung oder Geschäftsräume, der elektronische Zugriff auf den Inhalt der Akten gestattet oder der Inhalt der Akten elektronisch übermittelt werden. § 87a Abs. 3 gilt entsprechend. Bei einem elektronischen Zugriff auf den Inhalt der Akten ist sicherzustellen, dass der Zugriff nur durch die nach § 67 Abs. 2 Satz 1 und 2 Nr. 3 bis 6 bevollmächtigte Person erfolgt. Für die Übermittlung von elektronischen Dokumenten ist die Gesamtheit der Dokumente mit einer qualifizierten elektronischen Signatur nach § 2 Nr. 3 des Signaturgesetzes zu versehen und gegen unbefugte Kenntnisnahme zu schützen.

Rechts setzen voraus, dass sich bei dem Gericht Unterlagen befinden, in die Einblick genommen werden kann. Ob und unter welchen Voraussetzungen das Gericht in den – zeitweiligen – Besitz von Behördenakten usw. gelangt, bestimmt sich nach § 99 VwGO.[43]

Schließlich besteht eine Verbindung zu § 108 VwGO[44]. § 108 VwGO enthält den Grundsatz der freien Beweiswürdigung, legt die Grundlagen der Entscheidung des Gerichts fest und begrenzt den Prozessstoff auf die Tatsachen und Beweisergebnisse, die Gegenstand des Verfahrens waren und zu denen den Beteiligten rechtliches Gehör gewährt worden ist.

Die Rechtsprechung hat die Gefahr gesehen, die einem den Anforderungen des Art. 19 Abs. 4 GG entsprechenden Rechtsschutz droht, falls die Zurückhaltung behördlicher Akten nach § 99 Abs. 1 S. 2 VwGO nicht die Ausnahme bleibt. Sie hat u.a. durch die Verdeutlichung eines ungeschriebenen, d.h. im Text des § 99 Abs. 1 S. 2 VwGO nicht genannten – weiteren – Umstandes, der für die Entscheidung der Behörde und diejenige des nach § 99 Abs. 2 überprüfenden Gerichts bedeutsam ist, dazu beigetragen, dass die Beeinträchtigung des effektiven Rechtsschutzes durch § 99 Abs. 1 S. 2 VwGO letztlich begrenzt bleibt. Dazu hat es auch die Unterschiedlichkeit der Interessen herausgearbeitet, die bei den von einer Vorlage oder einer Zurückhaltung der Akten betroffenen Personen bestehen.

Da die nach § 99 Abs. 1 S. 2 VwGO zugelassene Verweigerung der Aktenvorlage dem Schutz der im ersten Halbsatz der Vorschrift genannten Schutzgüter dient, eine Offenlegung der Akten folglich diese Schutzgüter gefährdet oder beeinträchtigt, muss eine Offenlegung, wenn es denn zu ihr kommt, durch die Bewahrung, Förderung oder Stärkung eines anderen gleichwertigen Rechts- oder Schutzguts veranlasst sein. Dieses eine Offenlegung rechtfertigende Schutzgut besteht in einer Gerichtsentscheidung, die – wie vom Rechtsstaatprinzip gefordert und im Interesse der Prozessbeteiligten liegend – auf einer umfassenden Kenntnis des Gerichts vom Sachverhalt gegründet ist. Da hiernach aber nur die Offenlegung geheimhaltungsbedürftiger Vorgänge geboten ist, die rechtserheblich für die anstehende Entscheidung sind, kann die Verweigerung

---

(3) In die Entwürfe zu Urteilen, Beschlüssen und Verfügungen, die Arbeiten zu ihrer Vorbereitung und die Dokumente, die Abstimmungen betreffen, wird Akteneinsicht nach Absatz 1 und 2 nicht gewährt.

43 *Rudisile*, in: Schmidt-Aßmann/Schoch/Pietzner (Anm. 3), § 99 Rn. 4.

44 § 108 VwGO lautet:
(1) Das Gericht entscheidet nach seiner freien, aus dem Gesamtergebnis des Verfahrens gewonnenen Überzeugung. In dem Urteil sind die Gründe anzugeben, die für die richterliche Überzeugung leitend gewesen sind.
(2) Das Urteil darf nur auf Tatsachen und Beweisergebnisse gestützt werden, zu denen die Beteiligten sich äußern konnten.

der Aktenvorlage eine Art. 19 Abs. 4 GG zuwiderlaufende Behinderung des Gerichts, sich Kenntnis vom Sachverhalt zu verschaffen, nur sein, wenn der Inhalt der zurückgehaltenen Vorgänge rechtserheblich ist. Diese Rechtserheblichkeit muss durch das Gericht der Hauptsache förmlich verlautbart werden.

Ferner scheint die Vorschrift des § 99 Abs. 1 S. 2 Hs. 2 VwGO auf den ersten Blick eine inkonsistente Regelung zu sein. Ihr Gegenstand sind Vorgänge, also Akten, elektronische Dokumente und Auskünfte, die u.a. *nach einem Gesetz geheim gehalten werden müssen*. Gemeint sind spezielle gesetzliche Vorschriften, durch die den Behörden die Geheimhaltung bestimmter Informationen zur Pflicht gemacht wird. Das sind z.B. die Finanzbehörden, denen nach § 30 der Abgabenordnung die Geheimhaltung wirtschaftlicher, finanzieller, u.a. Verhältnisse einschließlich der Betriebs- und Geschäftsgeheimnisse der Steuerbürger auferlegt wird. Ungeachtet einer die Behörde treffenden gesetzlichen *Pflicht* zur Geheimhaltung sieht § 99 Abs. 1 S. 2 Hs. 2 VwGO jedoch eine behördliche *Befugnis zur Offenlegung* der Information nach *Ermessen* vor. Je nachdem, wie man das Konkurrenzverhältnis zwischen der spezialgesetzlichen Norm über die Geheimhaltungspflicht einerseits und § 99 Abs. 1 S. 2 VwGO[45], andererseits bestimmt, beurteilt sich, ob in Fällen, in denen kraft eines Gesetzes geheim zu haltende Tatsachen entscheidungserheblich sind, die Behörde die Ermittlung dieser Tatsachen durch das Gericht generell blockieren kann, oder ob sie in sachgerechter Ausübung eines ihr eingeräumten Ermessens dazu beizutragen hat, dass Gericht und Prozessbeteiligte diese für den Rechtsstreit wesentlichen Tatsachen erfahren.

Zu Recht haben Rechtsprechung und Literatur die den Anwendungsvorrang begründende Spezialität nicht in der Besonderheit der Materie gesehen, die das die Geheimhaltungspflicht statuierende Fachgesetz regelt, sondern in der von der behördlichen Tätigkeit auch auf den besonderen Fachgebieten grundverschiedenen Rechtsprechungstätigkeit der Gerichte.[46]

Schließlich ist nach der Rechtsprechung die Möglichkeit der obersten Aufsichtsbehörde, die Vorlage von Akten, die von dem anfordernden Gericht als rechtserheblich qualifiziert worden sind, zu verweigern, zusätzlich eingeschränkt in Fällen, in denen zu dem für eine Offenlegung der Akten streitenden öffentlichen und individuellen Interesse an einer Gerichtsentscheidung auf gesicherter Tatsachengrundlage ein weiteres individuelles, insbes. grundrechtlich geschütztes Interesse hinzu tritt. Das ist etwa der Fall, wenn im Rechtsstreit eines in der Nähe eines Truppenübungsplatzes wohnenden Klägers gegen die

---

45 § 99 Abs. 1 S. 2 VwGO regelt die Ermächtigung, nach Ermessen dem Gericht die Vorgänge vorzulegen und den Inhalt so auch den Prozessbeteiligten zugänglich zu machen.

46 *BVerwG*, Beschl. v. 05.02.2009 – 20 F 3/08 – Juris; Beschl. v. 26.08.2004 – 20 F 16/03 – NVwZ 2005, S. 334; Beschl. v. 13.06.2006 – 20 F 5/05 – DVBl. 2006, S. 1245; *Rudisile* (Anm. 43), § 99 Rn. 25.

Bundesrepublik Deutschland auf Erteilung einer detaillierten Auskunft über emittierende Stoffe, die auf dem Truppenübungsplatz freigesetzt werden, die Vorlage der einschlägigen Akten unter Hinweis auf militärische Tatsachen verweigert wird, der Kläger die Angaben aber benötigt, um sich gezielt gegen ein Leiden mit unbekannter Ursache behandeln zu lassen. In derartigen Fällen ist das Ermessen stark in die Richtung auf Vorlage der Akten als der allein rechtmäßigen Entscheidung eingeschränkt.

Vorläufiger Rechtsschutz in Deutschland: Zu den Grundsätzen eines verwaltungsgerichtlichen Eilrechtsschutzes

Matthias Dombert *

Die Begriffe meinen das Gleiche: Ob die Rede vom „einstweiligen Rechtsschutz", dem „vorläufigen Rechtsschutz" oder dem „Eilrechtsschutz" ist, stets geht es um jene Gerichtsverfahren, bei denen eine rasche Klärung und Entscheidung notwendig ist. Derartige Verfahren werden durch Sachverhalte ausgelöst, bei denen der Antragsteller deswegen auf unverzügliche Hilfe des Gerichts angewiesen ist, weil die Entscheidung im üblichen Klageverfahren zu spät käme. In der Praxis sind dies die Fälle, in denen die Behörde – aus Sicht des Antragstellers zu Unrecht – die sofortige Beseitigung des angeblich illegalen Bauvorhabens verlangt, der Ausländer abgeschoben zu werden droht oder das Semester, für das der Student die behördliche Zulassung begehrt, längst vorbei ist, wenn die Entscheidung im herkömmlichen Verwaltungsprozess ergeht.[1]

Die Rechtsfragen, die mit dem System des vorläufigen Rechtsschutzes zusammenhängen, haben schon deswegen Bedeutung, weil der Verwaltungsprozess in Deutschland dauert. Auch wenn sich hier in den letzten Jahren in den Bundesländern Fortschritte eingestellt haben, bleibt es dabei, dass Kläger in Verwaltungsprozessen mit teilweise mehrjährigen Wartezeiten zu rechnen haben. Je länger sich die Entscheidung des Richters aber hinauszögert, umso dringlicher wird in vielen Fällen die Notwendigkeit, eine rasche Entscheidung zu erhalten. Ob und inwieweit dies möglich ist, bestimmt sich nach den Vorschriften der Verwaltungsgerichtsordnung, im konkreten Fall nach den §§ 80 Abs. 5 und 123 VwGO.

I. Das Grundgesetz als Grundlage einstweiligen Rechtsschutzes

Der einstweilige Rechtsschutz ist Bestandteil jeder deutschen Verfahrensordnung. Er ist kein rechtspolitischer Luxus und kein Geschenk des Gesetzgebers, das dieser nach Belieben gewähren, einschränken oder wieder entziehen kann.[2] Er ist verfassungsrechtlich geschuldet und durch Art. 19 Abs. 4 S. 1 GG vorgeschrieben. Nach Art. 19 Abs. 4 S. 1 GG steht jedem, der sich durch die öffentli-

---

* Der Verfasser ist Rechtsanwalt und Fachanwalt für Verwaltungsrecht, Dr. iur., Honorarprofessor an der Juristischen Fakultät der Universität Potsdam und Richter am LVerfG Bbg a.D.

1 Beispiele nach *Finkelnburg*, in: Finkelnburg/Dombert/Külpmann, Vorläufiger Rechtsschutz im Verwaltungsstreitverfahren, 5. Aufl. 2008, S. 2.

2 *Finkelnburg* (Anm. 1), Rn. 1.

che Gewalt in seinen Rechten verletzt fühlt, der Rechtsweg offen. Der Begriff der öffentlichen Gewalt ist nach der Rechtsprechung des *BVerfG* nicht nur auf die Exekutive, also Behörden im organisatorischen Sinne, beschränkt, sondern weit zu verstehen. Im Interesse eines lückenlosen Schutzes des Einzelnen vor der „Selbstherrlichkeit des Staates"[3] erfasst er außerhalb der Rechtsprechung alle Tätigkeiten staatlicher Organe, sodass Rechtsschutz zu gewähren ist gegenüber Anordnungen der Staatsanwaltschaft im Rahmen der Strafverfolgung[4], gegenüber selbstständigen Entscheidungen von Ausschüssen des Parlamentes[5] oder gegen Rechtsverordnungen und Satzungen einzelner Behörden.[6]

Aus Art. 19 Abs. 4 S. 1 GG folgt also für den Bürger ein grundrechtlicher Anspruch auf eine möglichst wirksame gerichtliche Kontrolle, auf möglichst lückenlosen richterlichen Rechtsschutz gegenüber den Akten der vollziehenden Gewalt.[7] Diesen Rechtsschutz gewähren Verwaltungs-, Sozial- und Finanzgerichtsbarkeit – er wäre freilich unvollständig, wenn er nicht verhindern könnte, dass durch behördliche Maßnahmen irreparable Tatsachen geschaffen werden, bevor die behördliche Maßnahme einer umfassenden tatsächlichen und rechtlichen richterlichen Prüfung unterzogen worden ist.[8] Art. 19 Abs. 4 S. 1 GG enthält damit auch das verfassungsrechtliche Gebot der Gewährung vorläufigen Rechtsschutzes – es soll verhindert werden, dass für den Bürger schwere und unzumutbare, anders nicht abwendbare Nachteile entstehen könnten, deren nachträgliche Beseitigung auch nach einem Obsiegen in der Hauptsache nicht oder kaum noch möglich wäre.[9] Dies wäre der Fall, wenn die behördlich angeordnete Abrissverfügung längst vollzogen ist, ehe sich der Richter mit der Sache befasst, dies wäre so, wenn der Ausländer längst abgeschoben ist, ehe sich in Folge gerichtlicher Entscheidung herausstellt, dass er einen Anspruch auf Verbleib in der Bundesrepublik hat.

---

3 Vgl. *BVerfG*, Entsch. v. 12.01.1960 – 1 BvL 17/59 (Kostenvorschuss) – E 10, 264 (267).

4 *BVerfG*, Urt. v. 20.02.2001 – 2 BvR 1444/00 (Wohnungsdurchsuchung) – E 103, 142 (156).

5 *Schmidt-Aßmann*, in: Maunz/Dürig, GG, Stand: 04/2010, Art. 19 Rn. 91.

6 Vgl. *Schmidt-Aßmann* (Anm. 5), Rn. 70.

7 *BVerfG*, Urt. v. 18.07.2005 – 2 BvR 2236/04 (Auslieferungshaftbefehl) – E 113, 273 (310).

8 *Finkelnburg* (Anm. 1), Rn. 3.

9 *BVerfG*, Beschl. v. 19.10.1977 – 2 BvR 42/76 (vorläufiger Rechtsschutz des Sozialgerichts) – E 46, 166 (177 f.).

II. Formen verwaltungsgerichtlichen Eilrechtsschutzes in Deutschland

Wie verwaltungsgerichtlicher Eilrechtsschutz zu gewähren ist, entscheidet der Gesetzgeber. Aus Art. 19 Abs. 4 S. 1 GG lassen sich hierzu keine Vorgaben entnehmen. Entscheidend ist allein, dass die Möglichkeit als solche vorgesehen ist, in welcher Form auch immer. Die Verwaltungsgerichtsordnung – als das Normenwerk, das hier betrachtet werden soll – hat sich für ein „gemischtes System" entschieden, nämlich ein System des vorläufigen Rechtsschutzes aus sog. aufschiebender Wirkung (§§ 80, 80a, 80b VwGO) und einstweiliger Anordnung (§§ 123, 47 Abs. 6 VwGO).

1. Das Rechtsinstitut der „aufschiebenden Wirkung"

In dem „gemischten System" des vorläufigen Rechtsschutzes kommt in Deutschland der Rechtsfigur der „aufschiebenden Wirkung" zentrale Bedeutung zu. Der Begriff ist § 80 Abs. 1 VwGO entnommen. § 80 Abs. 1 VwGO bestimmt, dass Widerspruch und Anfechtungsklage aufschiebende Wirkung haben. § 80 Abs. 1 S. 2 VwGO legt fest, dass dies auch für rechtsgestaltende und feststellende Verwaltungsakte sowie Verwaltungsakte mit Doppelwirkung (§ 80 a VwGO) gilt. Wenn man das System des verwaltungsrechtlichen Eilrechtsschutzes in Deutschland skizziert, ist festzustellen, dass abseits der prozessualen Erscheinungsformen in den §§ 80, 80a, 80b VwGO und § 123 VwGO sich bereits die aufschiebende Wirkung nach § 80 Abs. 1 S. 1 VwGO als Ausprägung eines „vorläufigen Rechtsschutzes" darstellt. Denn will ein Betroffener den an ihn gerichteten Verwaltungsakt einer Behörde nicht hinnehmen, hat er die Möglichkeit, ihn mit dem Widerspruch oder – falls der Widerspruch ausgeschlossen ist (§ 68 Abs. 1 S. 2 VwGO) – unmittelbar mit der Anfechtungsklage anzugreifen. Die Folge ist die aufschiebende Wirkung nach § 80 Abs. 1 VwGO. Die VwGO also gewährt dem Betroffenen durch § 80 Abs. 1 schon einen von ihm selbst zu bewirkenden vorläufigen Rechtsschutz: Allein dadurch, dass er gegen die behördliche Anordnung Widerspruch oder Anfechtungsklage erhebt, wird jedermann kraft Gesetzes verboten, den Verwaltungsakt zu vollziehen oder in anderer Weise zu verwirklichen.[10]

Dabei definiert § 80 VwGO den Begriff der aufschiebenden Wirkung nicht. Ihr Begriff und ihre Bedeutung sind umstritten. Die Rechtsprechung vertritt die Auffassung, die aufschiebende Wirkung hemme nur die Vollziehung des angefochtenen Verwaltungsaktes, nicht aber seine Wirksamkeit;[11] die Literatur ist der Auffassung, mit der aufschiebenden Wirkung würde die Wirksamkeit des

---

10 Wie hier *Külpmann*, in: Finkelnburg/Dombert/Külpmann (Anm. 1), Rn. 683

11 *BVerwG*, Urt. v. 12.05.1966 – II C 197.62 – E 24, 92 (98); Urt. v. 17.08.1995 – 3 C 17/94 – E 99, 109.

Verwaltungsaktes jedenfalls zeitweilig gehemmt.[12] Gleich, wie man sich zu dieser Frage stellt, steht fest, dass der Adressat des Verwaltungsaktes in Folge der aufschiebenden Wirkung zunächst davon befreit ist, den an ihn gerichteten Verwaltungsakt umzusetzen. Bedenkt man, dass der belastende Verwaltungsakt dadurch gekennzeichnet ist, dass er seinem Adressaten ein Tun, Dulden oder Unterlassen auferlegt, das dieser grds. zu befolgen hat und das nach Maßgabe der Verwaltungsvollstreckungsgesetze des Bundes oder der Länder mit den Mitteln des Verwaltungszwanges durchgesetzt werden kann[13], wird der Betroffene durch den Rechtsbehelf von diesem Behördengehorsam befreit. Er ist während der Dauer der aufschiebenden Wirkung nicht verpflichtet, dass ihm auferlegte Gebot oder Verbot zu befolgen: Der ausgewiesene Ausländer braucht nicht auszureisen[14]; der Abgabenschuldner braucht die Abgabe während der Dauer der aufschiebenden Wirkung nicht zu entrichten[15].

§ 80 Abs. 1 VwGO ist damit das Korrektiv für die behördliche Gestaltungsmacht, die der Behörde mit der Rechtsfigur des Verwaltungsaktes nach § 35 Abs. 1 VwVfG zukommt. Wenn Behörden die Möglichkeit haben, mittels behördlicher Anordnung – dieser Begriff wird hier synonym zu dem des Verwaltungsaktes i.S.d. § 35 Abs. 1 VwVfG verwandt – Ansprüche gegenüber dem Bürger durchzusetzen, bedeutet dies, dass es in ihre Hand gelegt ist, sich die Grundlagen für das Vorgehen gegenüber dem Bürger selbst zu schaffen. Während der private Gläubiger seine Ansprüche nur dadurch zwangsweise durchsetzen kann, dass er staatliche Gerichte anruft, um nach entsprechender Klärung eine Grundlage auch für die zwangsweise Durchsetzung seiner Ansprüche zu haben, privilegiert der Staat sich selbst: Die Befugnis zum Erlass von Verwaltungsakten bedeutet gleichzeitig, dass er sich seine Ermächtigungsgrundlagen für die Durchsetzung seiner Ansprüche gegenüber dem Bürger selbst schafft. Der Verwaltungsakt konkretisiert/individualisiert die gesetzliche Regelung nicht nur für den Einzelfall, sondern schafft gleichzeitig auch die Grundlage für eine möglicherweise später erfolgende Vollstreckung.[16] Diese Titelfunktion wirkt zugunsten der Verwaltung und hat besondere Bedeutung für die Eingriffsverwaltung, bspw. auch dann, wenn es um die Rückforderung gewährter Leistungen geht. Zahlungsansprüche, die aufgrund Verwaltungsaktes tituliert werden,

---

12 Dazu etwa *Kopp/Schenke*, VwGO, 16. Aufl. 2009, § 80 Rn. 27; *Puttler*, in: Sodan/ Ziekow, VwGO, 3. Aufl. 2010, § 80 Rn. 35.

13 Näher *Külpmann* (Anm. 10), Rn. 633.

14 *OVG Schleswig*, Beschl. v. 09.02.1993 – 4 M 146/92 – NVwZ-RR 1993, S. 437.

15 *OVG Lüneburg*, Urt. v. 14.03.1989 – 9 A 57/88 – NVwZ 1990, S. 270.

16 Ausführlich dazu *Stelkens*, in: Stelkens/Bonk/Sachs, VwVfG, 7. Aufl. 2008, § 35 Rn. 38.

können unter Umstände sogar im Falle der Insolvenz von der Behörde selbst festgesetzt werden.[17]

Die Systematik des § 80 Abs. 1 VwGO muss man im Auge behalten, wenn es bei gerichtlichem Eilrechtsschutz um die Frage geht, welcher der zur Verfügung gestellten Wege der §§ 80, 80a, 80b VwGO oder § 123 VwGO in Anspruch zu nehmen ist.

2. § 123 Abs. 5 VwGO als Weichenstellung für den Eilrechtsschutz im Verwaltungsprozess

Die Grundstruktur des vorläufigen Rechtsschutzes gegenüber Behörden gibt es in der Bundesrepublik bereits seit 1960. Trotz vielfacher gesetzlicher Änderungen der §§ 80 ff., 123 VwGO ist die Struktur im Wesentlichen gleich geblieben. Danach ist es vor allem die „Schlüsselnorm" des § 123 Abs. 5 VwGO, die darüber bestimmt, welche Art des vorläufigen Rechtsschutzes einschlägig ist: § 123 Abs. 5 VwGO legt fest, dass die Vorschriften über die einstweilige Anordnung nach § 123 VwGO nicht für die Fälle der §§ 80, 80 a VwGO gelten, also nicht für jene Fälle zur Anwendung kommen, in denen der Widerspruch oder die Anfechtungsklage bereits aufschiebende Wirkung hat. Nur dann, wenn kraft Gesetzes oder infolge Einzelanordnung der Eintritt der aufschiebenden Wirkung ausgeschlossen ist, kann das Gericht nach §§ 80 Abs. 5, 80a Abs. 3 VwGO die aufschiebende Wirkung des eingelegten Rechtsbehelfs anordnen. Hieraus ergibt sich die Funktion des vorläufigen Rechtsschutzes gegenüber belastenden, rechtsgestaltenden und feststellenden Verwaltungsakten: Der vorläufige Rechtsschutz ist darauf gerichtet, vor Eintritt der Bestandskraft der behördlichen Anordnung, i.d.R also vor Abschluss des Hauptsacheverfahrens, eine Vollziehung des Verwaltungsaktes zu verhindern – es sollen irreversible Tatsachen verhindert werden.[18] Geht es nicht um belastende, rechtsgestaltende oder feststellende Verwaltungsakte, ist einstweiliger Rechtsschutz durch das Gericht nach § 123 VwGO zu gewähren. Seine äußere Gestalt findet in diesem Fall der einstweilige Rechtsschutz durch eine einstweilige Anordnung. Die Vorschrift des § 123 VwGO gleicht damit den Bestimmungen über die einstweilige Verfügung im Zivilprozess.[19] Zwei Arten von Anordnungen werden dabei unterschieden, einmal die § 935 ZPO nachgebildete Sicherungsanordnung (§ 123 Abs. 1 S. 1 VwGO), daneben die in § 123 Abs. 1 S. 2 angesprochene und § 940 ZPO nachempfundene Regelungsanordnung. In der Praxis werden beide Fälle durchaus einheitlich gehandhabt, systematisch werden sie vom Gesetzgeber getrennt gesehen.

---

17 Allerdings nicht als Leistungsbescheid wie hier: *Stelkens* (Anm. 16), § 35 Rn. 38.

18 S. hier ausführlich *Finkelnburg* (Anm. 1), Rn. 3.

19 §§ 935, 940 ZPO.

Mit der einstweiligen Anordnung soll die aus Art. 19 Abs. 4 GG resultierende Verpflichtung des Gesetzgebers zu einer tatsächlich wirksamen Rechtskontrolle für all jene Fälle umgesetzt werden, bei denen der einstweilige Rechtsschutz nicht durch §§ 80, 80 a VwGO gewährleistet wird. § 123 VwGO hat damit eine Komplementärfunktion. Hier geht es nicht um Anfechtung, sondern um die „Unterlassung oder Ablehnung einer beantragten Amtshandlung".[20] Der Bürger möchte von der Behörde eine Handlung vorgenommen oder unterlassen sehen. Nicht eine „Anfechtungssache", sondern eine „Vornahmesache" steht im Mittelpunkt des Verfahrens nach § 123 VwGO.[21]

3. Die Anordnung oder Wiederherstellung der aufschiebenden Wirkung

Mit § 80 Abs. 5 VwGO kann der Adressat eines Verwaltungsaktes also die Vollziehung der behördlichen Anordnung vor Bestandskraft vorläufig abwehren. Das Gesetz unterscheidet zwei Fälle: In den Fällen, in denen die aufschiebende Wirkung durch gesetzliche Anordnung von vornherein ausgeschlossen ist – bei Geldforderungen des Staates etwa –, kann das Gericht die aufschiebende Wirkung anordnen; in den Fällen, in denen die Behörde kraft Einzelfallentscheidung die aufschiebende Wirkung ausgeschlossen hat, kann das Gericht sie wiederherstellen.

Auch wenn in der rechtlichen Struktur wie der rechtlichen Praxis zwischen beiden Fällen unterschieden wird, ist in beiden Fällen ein Antrag nach § 80 Abs. 5 VwGO nur statthaft, wenn sich der Antragsteller gegen das Handeln einer Behörde wendet, das einen sog. belastenden Verwaltungsakt darstellt und damit mit der Anfechtungsklage angegriffen werden kann. Schlichte Handlungen der Behörde, die nicht darauf gerichtet sind, Rechtsfolgen zu erzeugen, sind kein Verwaltungsakt und können damit auch nicht Gegenstand eines Verfahrens nach § 80 Abs. 5 VwGO sein. Nur behördliche Maßnahmen, die darauf gerichtet sind, gegenüber dem Bürger verbindliche Regelungen zu treffen, können Gegenstand eines einstweiligen Rechtsschutzverfahrens nach § 80 Abs. 5 VwGO sein. Nur dann können sie als Verwaltungsakt qualifiziert werden:

Der Polizist, der auf der Kreuzung den Fahrzeugführer anweist, zu halten, will insofern Rechtsfolgen erzielen, als er dem Verkehrsteilnehmer gegenüber die Fahrtunterbrechung ggf. zwangsweise durchsetzen will; der Polizist, der nach dem Unfall die Scherben auf der Kreuzung mit dem Besen beseitigt, vollzieht nur eine schlichte Handlung, trifft aber insoweit keine gegenüber dem Bürger wirkende Anordnung. Wer sich, aus was für Gründen auch immer, gegen die Aufräumarbeiten der Polizei wehren will, kann dies mangels Verwaltungsaktes nicht nach § 80 Abs. 5 VwGO tun.

---

20 *BVerfG* (Anm. 9), E 46, 166 (178).

21 *Dombert*, in: Finkelnburg/Dombert/Külpmann (Anm. 1), Rn. 17.

4. Struktur der einstweiligen Anordnung nach § 123 VwGO

Einstweiliger Rechtsschutz nach § 123 VwGO kommt – wie dargelegt – nur dann in Betracht, wenn kein Eilrechtsschutz über § 80 VwGO zu erlangen ist. Da § 80 VwGO als Anwendungsvoraussetzung das Vorliegen eines Verwaltungsaktes erfordert, bedeutet dies, dass es beim Verfahren auf Erlass einer einstweiligen Anordnung nicht um eine bereits vorliegende behördliche Anordnung geht. Die einstweilige Anordnung ist verwaltungsaktunabhängig. Dies wirkt sich auch verfahrensrechtlich aus. Während bei § 80 VwGO immer ein Rechtsbehelf vorliegen muss, um dessen aufschiebende Wirkung es geht, hängt das Verfahren nach § 123 VwGO nicht vom Vorliegen eines – gerichtlichen oder außergerichtlichen – „Hauptsacheverfahrens" ab.[22] Aus dem Zusammenspiel und dem Verhältnis zwischen § 80 Abs. 5 VwGO und § 123 VwGO wird deutlich, dass das System des Verwaltungsrechtsschutzes in Deutschland vom nachträglichen Rechtsschutz geprägt ist. Dem Bürger wird zugemutet, erst das behördliche Handeln abzuwarten und dann die hiergegen eröffneten Rechtsbehelfe und Rechtsmittel auszuschöpfen. Hat die Behörde gehandelt, greifen die aufschiebende Wirkung und – ggf. – der Eilrechtsschutz über § 80 Abs. 5 VwGO. Für den einstweiligen Rechtsschutz nach § 123 VwGO bedeutet dies, dass er sich immer gegen eine Maßnahme ohne Verwaltungsaktqualität richtet. Hauptanwendungsbereich der einstweiligen Anordnung sind die Fälle der vorläufigen Verpflichtung, der Leistung, der Unterlassung oder der Feststellung. Dies kann in der Praxis teilweise zu schwierigen Abgrenzungsproblemen führen, was der Blick in die umfangreiche und außerordentlich „bunte" Rechtsprechung zeigt. Fälle, bei denen es um den Ausschluss aus einer Ratsfraktion geht, um die Schließung einer Kindertagesstätte, die Schließung eines Postamtes, die Einrichtung einer Schulklasse oder die Einweisung in eine Obdachlosenunterkunft setzen stets die Abgrenzung voraus, ob der Streit um eine Maßnahme mit Verwaltungsaktcharakter geht: Nur wenn dies zu verneinen ist, ist § 123 VwGO die richtige –soll heißen: statthafte – Antragsart.

III. Zur Entscheidungsstruktur des einstweiligen Rechtsschutzes

1. § 80 VwGO

Nach dem Wortlaut des § 80 Abs. 5 VwGO „kann" das Gericht auf Antrag die aufschiebende Wirkung anordnen oder wiederherstellen. Aus dem Umstand, dass nach dem Wortlaut der Bestimmung das Gericht dies tun „kann", wird geschlussfolgert, dass das Gericht bei der Entscheidung nach § 80 Abs. 5 VwGO eine Abwägungsentscheidung trifft. Abzuwägen ist das Interesse des Antragstellers, die behördliche Anordnung nicht eher vollziehen zu müssen, bis deren

---

22 S. hier *Dombert* (Anm. 21), Rn. 55.

Rechtmäßigkeit endgültig geklärt ist. Auf der anderen Seite steht das Interesse der Behörde, den Verwaltungsakt so schnell wie möglich umzusetzen, also nicht so lange warten zu müssen, bis nach langwierigem Instanzenzug eine rechtskräftige Entscheidung vorliegt. Es stehen sich also das sog. Verschonungsinteresse des Betroffenen und das Vollzugsinteresse der Behörde gegenüber. Freilich ist das Ermessen, das dem Gericht ausweislich des Vorschriftenwortlautes eingeräumt ist, beschränkt. Das Gericht hat sein Ermessen nach den verfassungsrechtlichen Vorgaben des Art. 19 Abs. 4 S. 1 GG und den Zwecken des § 80 Abs. 5 VwGO auszurichten. Eingebürgert hat es sich, dass die Gerichte ihre Abwägungsentscheidung vorrangig an den Erfolgsaussichten der Hauptsache orientieren. Sie sind gerade zur Rechtskontrolle berufen und befähigt, sodass sich aufgrund dieses Vorgehens in der Praxis ein stufenweises Abwägungsmodell durchgesetzt hat.[23]

Ergibt die gerichtliche Prüfung, dass der eingelegte Rechtsbehelf in der Sache offensichtlich Erfolg hat, obsiegt der Antragsteller. Sein Interesse, die behördliche Anordnung vor abschließender gerichtlicher Klärung umsetzen zu müssen, geht vor. Ergibt die gerichtliche Prüfung, dass der Rechtsbehelf in der Sache offensichtlich erfolglos bleibt, bleibt auch sein Antrag nach § 80 Abs. 5 erfolglos, es sei denn, es fehlt – ausnahmsweise – ein besonderes Vollzugsinteresse der Behörde. Führen die vorgenannten Überlegungen nicht zu einer Entscheidung über den Antrag nach § 80 Abs. 5 VwGO, wägt das Gericht die betroffenen Interessen ab – ein solcher Fall ist bspw. dann anzunehmen, wenn aufgrund der Eilbedürftigkeit oder der Komplexität der anstehenden Rechts- wie Tatsachenfragen dem Gericht eine abschließende Prüfung nicht möglich ist, man denke nur an den Fall, dass der in seinem Heimatland mit Todesstrafe bedrohte Asylbewerber abgeschoben zu werden droht, noch ehe über die Berechtigung seines Asylantrages entschieden ist.

2. Zur Entscheidungsstruktur bei § 123 VwGO

Bei Erlass einer einstweiligen Anordnung prüfen die Gerichte zwei Kriterien: Eine einstweilige Anordnung ergeht, wenn dem Antragsteller ein Anordnungsanspruch und zusätzlich ein Anordnungsgrund zur Seite steht.

Beim Anordnungsanspruch geht es um die Rechtsposition, die der Antragsteller durchgesetzt sehen will, beim Anordnungsgrund geht es um die Eilbedürftigkeit der begehrten vorläufigen Regelung. Dass die Verwaltungsgerichte – der Wortlaut der Vorschrift gibt hierzu wenig her – die Gewährung vorläufigen Rechtsschutzes vom Vorliegen eines solchen Anordnungsanspruches wie Anordnungsgrundes abhängig machen, ist verfassungsrechtlich unbedenklich

---

23 Dazu ausführlich *Külpmann* (Anm. 10), Rn. 964.

und vom *BVerfG* mehrfach gebilligt worden.[24] Für die Verwaltungsgerichte bedeutet dies unter Umständen eine umfassende Prüfung der Sach- und Rechtslage: Gerade die Prüfung des geltend gemachten Anspruches kann eine erhebliche Prüfungstiefe mit sich bringen, die zudem vielfach unter Zeitdruck erfolgt. Denn Voraussetzung für die Gewährung des einstweiligen Rechtsschutzes ist in diesem Zusammenhang, dass der Antragsteller den Anordnungsgrund und zudem glaubhaft macht, dass und warum es ihm nicht zugemutet werden kann, einen oft jahrelang dauernden Verwaltungsprozess zu führen. Droht dem Antragsteller bei Versagung des einstweiligen Rechtsschutzes eine erhebliche Verletzung in seinen Grundrechten, die durch eine der Klage stattgebende Entscheidung in der Hauptsache dann nicht mehr beseitigt werden kann, so ist einstweiliger Rechtsschutz zu gewähren, wenn nicht ausnahmsweise wichtige Gründe entgegenstehen. Nur wenn der Sachverhalt oder die aufgeworfenen Rechtsfragen vor dem Hintergrund der bestehenden Eilbedürftigkeit eine solche Prüfung nicht ermöglichen, kann das Gericht in eine Interessenabwägung eintreten. Bei der dann vom Verwaltungsgericht zu treffenden Abwägung sind auf der einen Seite die öffentlichen Interessen einzustellen, auf der anderen Seite die privaten Interessen sowie die Folgen der gerichtlichen Entscheidung zu berücksichtigen.

IV. Ausgewählte Probleme und Besonderheiten des einstweiligen Rechtsschutzes

Es liegt auf der Hand, dass nachstehend nur einzelne Probleme vorgestellt und bewertet werden können. Deutlich zu machen sind aber die Besonderheiten, die die einstweiligen Rechtsschutzverfahren im Verwaltungsprozess in der Bundesrepublik kennzeichnen.

1. Das zuständige Gericht

Geht es beim vorläufigen Rechtsschutz darum, den Vollzug eines Verwaltungsaktes zu verhindern, entscheidet nach § 80 Abs. 5 VwGO das Gericht der Hauptsache. Dies ist das sachlich und örtlich für die Hauptsache zuständige Gericht. Ist das angerufene Gericht sachlich oder örtlich unzuständig, verweist es den Rechtsstreit an das zuständige Gericht. Hieraus folgt, dass die gerichtliche Zuständigkeit für das Eilverfahren der Zuständigkeit für das Hauptsacheverfahren folgt. Ist die Anfechtungsklage erhoben, ist damit das Gericht für den Antrag nach § 80 Abs. 5 VwGO zuständig, das über die Klage zu entscheiden hat. Dabei kann es vorkommen, dass der einstweilige Rechtsschutzantrag – aus was für Gründen auch immer – zu einem Zeitpunkt gestellt wird, in dem die Hauptsache entschieden werden soll oder entschieden ist. Ist über einen Antrag nach § 80

24 *BVerfG*, Beschl. v. 12.03.2003 – 2 BvR 996/02 – Juris; Beschl. v. 27.10.1995 – 2 BvR 384/95 – DVBl. 1996, S. 196.

Abs. 5 VwGO bis zum Wechsel der Instanz in der Hauptsache nicht entschieden, geht nach dem Grundsatz der Verfahrenseinheit die Zuständigkeit für das Eilverfahren auf das Gericht der nächsten Instanz als dem neuen Gericht der Hauptsache über. Auch das *BVerwG* kann als höchstes deutsches Verwaltungsgericht mit Rechtsfragen des Eilrechtsschutzes befasst werden. Dies ist bspw. in allen Sachverhalten der Fall, in denen das *BVerwG* nicht wie sonst als Revisionsgericht nach § 49 Abs. 1 Nr. 1 VwGO, sondern als erstinstanzliches Gericht entscheidet. Dies ist nach § 50 Abs. 1 Nr. 6 VwGO in sämtlichen Streitigkeiten der Fall, „die Planfeststellungsverfahren und Plangenehmigungsverfahren für Vorhaben betreffen, die in dem Allgemeinen Eisenbahngesetz, dem Bundesfernstraßengesetz, dem Bundeswasserstraßengesetz, dem Energieleitungsausbaugesetz oder dem Magnetschwebebahnplanungsgesetz bezeichnet sind“. Es geht – kurz gesagt – um Verkehrsinfrastrukturvorhaben, bei denen zum einen wegen der Komplexität der Vorhaben, zum anderen wegen der Notwendigkeit beschleunigter Entscheidung der Rechtsweg durch die Konzentration auf die Alleinzuständigkeit des *BVerwG* verkürzt worden ist.[25]

Auch in Verfahren des einstweiligen Rechtsschutzes nach § 123 VwGO ist die Zuständigkeit des Gerichtes der Hauptsache zu beachten. Zuständig i.d.S. ist das Gericht, das für die Durchführung des Klageverfahrens sachlich und örtlich zuständig ist, auf dessen Streitgegenstand sich also die vorläufige Regelung bezieht. Allerdings ist im Vergleich zum Verfahren nach § 80 Abs. 5 VwGO eine Besonderheit zu beachten: Eine Zuständigkeit des *BVerwG* kann nicht begründet werden. Dies folgt abweichend von § 80 Abs. 5 S. 1 VwGO aus § 123 Abs. 2 S. 2 VwGO, der die Zuständigkeit für den Erlass von einstweiligen Anordnungen auf das Gericht des ersten Rechtszuges und das Berufungsgericht begrenzt. Wird das Revisionsverfahren beim *BVerwG* anhängig, fällt damit die Zuständigkeit für Regelungen nach § 123 Abs. 1 VwGO an das Verwaltungsgericht zurück.[26]

2. Prüfungs- und Beurteilungsgrundsätze im Verfahren des einstweiligen Rechtsschutzes

Es ist in der Bundesrepublik eine gesicherte Erkenntnis, dass in Verfahren des einstweiligen Rechtsschutzes eine „summarische Prüfung“ stattzufinden hat. Gemeint ist damit eine lediglich kursorische, um nicht zu sagen: oberflächliche Prüfung, bei der das Gericht wegen der Eilbedürftigkeit des Verfahrens nur überschlägig und weiterhin nur vorläufig, d. h. unter dem Vorbehalt des Aus-

---

25 *BVerwG*, Beschl. v. 11.01.2001 – 11 VR 16/00 – NVwZ 2001, S. 566.

26 Näher dazu *Dombert* (Anm. 21), Rn. 48.

gangs der Hauptsache prüft.[27] Zu dieser Prüfungspraxis sind drei Anmerkungen notwendig:

Obwohl sich der Begriff der „summarischen Prüfung" schlagwortartig eingebürgert hat, ist der größte Teil der vom zuständigen Gericht angestellten Prüfungen in der Prüfungstiefe und im Prüfungsumfang keineswegs „überschlägig", sondern steht der Sachbearbeitung im ordentlichen Klageverfahren in nichts nach. In den meisten Fällen unterscheiden sich Prüfungsgang und Genauigkeit der juristischen Prüfung im einstweiligen Rechtsschutzverfahren nicht von der des Hauptsacheverfahrens. Dies hat auch etwas mit der tatsächlichen Dauer von Eilverfahren zu tun. Die Verfahren sind zwar als „Eilverfahren" gekennzeichnet, hieraus kann allerdings nicht geschlussfolgert werden, dass sie binnen weniger Tage entschieden würden. Ein umweltrechtliches Beispiel mag das belegen: Entschließt sich die zuständige Umweltbehörde dazu, einem Unternehmen wegen einer möglichen Bodenverunreinigung des Betriebsgrundstücks die Durchführung näher bezeichneter Untersuchungsmaßnahmen aufzugeben, ist bereits dieser Sachverhalt so komplex, dass schon die Behörde nicht von einem Tag auf den anderen tätig wird. Das Verwaltungsverfahren, das seinen Abschluss in der Untersuchungsanordnung findet, dauert vielfach Monate. Kommt es dann zu einer Anordnung, mit der die Behörde dem Unternehmen die Durchführung näher bezeichneter Untersuchungsmaßnahmen aufgibt, wird regelmäßig wegen des Grundwasserbezuges auch der Sofortvollzug angeordnet. Einstweiliger Rechtsschutz wäre demgemäß über § 80 Abs. 5 VwGO zu erlangen: Im Regelfall wissen aber Richter und Verfahrensbeteiligte, dass auch bei einer Einleitung des Verfahrens nach § 80 Abs. 5 VwGO in jedem Falle die Kenntnis der Verwaltungsakte unabdingbar ist. Das Gericht muss Gutachten, Stellungnahmen sowie fachliche Einschätzungen der Behörde und des Grundstückseigentümers zur Kenntnis nehmen und bewerten. Schon dies kostet Zeit. Wenn daher der Sachverhalt es rechtfertigt, wird der Verwaltungsrichter in Kenntnis der Komplexität des Sach- und Streitstandes die Sache gleich so bearbeiten, dass er sich nicht mit einer bloß oberflächlichen Prüfung begnügt.

Ein verfahrensökonomischer Aspekt kommt hinzu: Da es gerade in Verfahren nach § 80 Abs. 5 VwGO um die Feststellung der Rechtswidrigkeit des beanstandeten Behördenhandelns geht, also mit der Feststellung der Rechtswidrigkeit auch der Erfolg des Eilantrages steht und fällt, weiß der Verwaltungsrichter, dass mit dem Ergebnis des Eilverfahrens auch der Ausgang des Hauptsacheverfahrens vorprogrammiert ist. Erweist sich der Verwaltungsakt als rechtswidrig, steht damit nicht nur der Ausgang des einstweiligen Rechtsschutzverfahrens, sondern auch der Ausgang des Klageverfahrens fest. Der Verwaltungsakt ist aufzuheben. Steht umgekehrt fest, dass das Behördenhandeln nicht zu kritisieren

27 Dazu nur *BVerfG*, Beschl. v. 25.07.1996 – 1 BvR 638/96 – NVwZ 1997, S. 479.

ist, ist klar, dass nicht nur der Eilantrag, sondern auch der Klageantrag abgewiesen wird. Anders ausgedrückt: Das, was der Richter an Genauigkeit und Prüfungstiefe in das einstweilige Rechtsschutzverfahren investiert, braucht er im Hauptsacheverfahren nicht mehr aufzuwenden.

Obwohl die geltend gemachte „summarische Prüfung" die Verwaltungsrechtspraxis kennzeichnet, findet sie im Gesetzeswortlaut keine Stütze. Gerade § 123 VwGO lässt sich hierzu nichts entnehmen. Man verweist zwar darauf, die summarische Prüfung sei geboten, weil es um die „Notwendigkeit einer raschen Entscheidung" gehe[28], doch lässt sich diese Auffassung nicht mit der Rechtsprechung des *BVerfG* vereinbaren. Das *BVerfG* hält den Verwaltungsrichter in ständiger Rechtsprechung geradezu für verpflichtet, in eine umfassende Prüfung der Sach- und Rechtslage einzutreten. Dies folgt aus Art. 19 Abs. 4 GG. Nur dann, wenn wegen der Eilbedürftigkeit und der Besonderheit des Sachverhaltes keine Möglichkeit zu einer derartigen Prüfung bleibt, kann das Gericht – wie dargelegt – in eine reine Abwägungsentscheidung eintreten.

3. Die Tatsachenfeststellung im einstweiligen Rechtsschutzverfahren

Im einstweiligen Rechtsschutzverfahren ist zu beachten, dass ein wichtiges Prinzip des Verwaltungsprozesses durchbrochen wird. Im Verwaltungsprozess ist es grds. das Gericht, das die Sache von Amts wegen aufzuklären hat. Es gilt der sog. Untersuchungsgrundsatz. Weitgehend unabhängig vom Sachvortrag der Parteien muss der Richter selbst die notwendigen Feststellungen in der Sachverhaltsaufklärung treffen – sei es, dass er sich die Verwaltungsakte der Behörde vorlegen lässt, sei es, dass er Ortstermin anberaumt oder Zeugen lädt. Im einstweiligen Rechtsschutzverfahren trifft den Antragsteller allerdings eine Darlegungs- und Nachweislast. Ähnlich wie im Zivilprozess muss er im Verfahren nach § 123 VwGO den von ihm geltend gemachten Anordnungsanspruch und Anordnungsgrund glaubhaft machen. Mit dem Mittel der sog. Glaubhaftmachung wird zum einen der Grad der richterlichen Überzeugung von der Richtigkeit des entscheidungserheblichen Sachverhaltes verringert, zum anderen aber der Kreis der verwendbaren Beweismittel erweitert. Glaubhaftmachung bedeutet, dass sich aus dem Vortrag des Antragstellers sowie den vorgelegten Beweismitteln eine überwiegende Wahrscheinlichkeit für das Bestehen von Anordnungsanspruch und -grund ergeben muss. Verkürzt formuliert: Der Richter kann sich mit einem geringeren Grad von Wahrscheinlichkeit zufrieden geben. Allerdings reicht es nicht aus, wenn sich der Antragsteller mit der schlichten Darlegung von Tatsachen begnügt. Geht es etwa um die Anordnung von Lärmschutzmaßnahmen, ist der bloße Hinweis auf „Lärmexzesse" nicht ausreichend, um den Erlass einer einstweiligen Anordnung zu rechtfertigen. Der Antragsteller

---

28 *Dombert* (Anm. 21), Rn. 313, m.w.N.

muss vielmehr das „objektivierte Ausmaß der Lärmimmissionen" in seinem Antrag belegen.[29] Will der Antragsteller einen Studienplatz in einem Fach zugewiesen haben, das Zulassungsbeschränkungen aufweist, trifft ihn die Darlegungsverpflichtung, dass der Hochschule Berechnungsfehler unterlaufen sind, die zu einer höheren Aufnahmekapazität führen. Im Umfang der Darlegungslast tritt die Aufklärungspflicht des Gerichtes zurück. Mittel der Glaubhaftmachung ist vor allem die Versicherung an Eides statt (§ 123 Abs. 3 VwGO, §§ 920 Abs. 2, 294 Abs. 1 ZPO). Der Antragsteller kann mit ihr die Richtigkeit seiner Angaben bestätigen – Sorgfalt ist geboten und eine fehlerhafte Erklärung risikoreich. Die Abgabe einer unzutreffenden Versicherung an Eides statt ist auch dann strafbar, wenn sie nicht vorsätzlich, sondern (lediglich) in fahrlässiger Weise erfolgt.

4. Das Rechtsbehelfsverfahren im einstweiligen Rechtsschutz

Wie aus §§ 80 Abs. 7, 123 Abs. 4 VwGO abzuleiten ist, entscheidet das Gericht über Anträge in einstweiligen Rechtsschutzverfahren nicht durch Urteil, sondern durch Beschluss. Dies gilt auch dann, wenn die Entscheidung aufgrund mündlicher Verhandlung getroffen worden ist.[30] Der Beschluss ist stets – schriftlich[31] – zu begründen (s. nur § 122 Abs. 2 S. 2 VwGO). Er ist mit einer Rechtsmittelbelehrung zu versehen, da er rechtsmittelfähig ist. Einziges Rechtsmittel gegen Beschlüsse des Verwaltungsgerichts nach §§ 80, 123 VwGO ist die Beschwerde (§ 146 VwGO), über die regelmäßig das OVG entscheidet. Das Beschwerdeverfahren hat im Rahmen des vorläufigen Rechtsschutzes die Aufgabe einer zweiten Tatsacheninstanz und dient daher der Überprüfung der angefochtenen Entscheidung in tatsächlicher und rechtlicher Hinsicht.[32] Die Kontrollbefugnis des OVG ist allerdings durch die Maßgabe des § 146 Abs. 6 S. 6 VwGO eingeschränkt. Es werden nur die Gründe geprüft, die der Beschwerdeführer in seiner Begründung dargelegt hat.

V. Die einstweilige Anordnung im Normenkontrollverfahren

Eine Sonderrolle im System des einstweiligen Rechtsschutzes nimmt § 47 Abs. 6 VwGO ein. § 47 Abs. 6 VwGO bestimmt, dass einstweilige Anordnungen auch in Verfahren nach § 47 VwGO ergehen können. Nach § 47 VwGO

---

29 S. die Nachweise bei *Dombert* (Anm. 21), Rn. 326.

30 Statt vieler *Schoch*, in: Schoch/Schmidt-Aßmann/Pietzner, VwGO, Stand: 05/2010, § 123 Rn. 131

31 *OVG Münster*, Beschl. v. 03.06.1985 – 11 B 1576/84 – NVwZ 1988, S. 370 (Ls.); *Clausing*, in: Schoch/Schmidt-Aßmann/Pietzner (Anm. 30), § 122 Rn. 7

32 *BVerfG*, Beschl. v. 31.03.2004 – 1 BvR 356/04 (Hochschulzugangsberechtigung) – NVwZ 2004, S. 1112; *VGH Mannheim*, Beschl. v. 08.11.2004 – 9 S 1536/04 – NVwZ-RR 2006, S. 74.

entscheidet das OVG im Rahmen seiner Gerichtsbarkeit über die Gültigkeit baurechtlicher Satzungen und Rechtsverordnungen und, sofern das Landesrecht dies bestimmt, über die Gültigkeit von anderen im Range unter dem Landesgesetz stehenden Rechtsvorschriften. Die Vorschrift regelt damit die sog. abstrakte Normenkontrolle.

Das Instrument der Normenkontrolle unterscheidet sich vom typischen Verwaltungsstreitverfahren. Nicht behördliche Einzelakte schaffen den Prüfungsgegenstand, sondern abstrakt-generelle Regelungen, also Rechtsvorschriften, können angegriffen werden. Beim Rechtsschutz gegenüber Normen übernimmt § 47 Abs. 6 VwGO die Funktion der einstweiligen Anordnung, die bei Einzelakten ansonsten § 123 VwGO wahrnimmt. Da der Normenkontrollantrag nach § 47 VwGO keine aufschiebende Wirkung besitzt, soll durch die Möglichkeit der einstweiligen Anordnung die Effektivität der Normenkontrolle erheblich verstärkt werden, indem infolge der mit ihr verbundenen Sicherungsfunktion die Entscheidungsfähigkeit des Hauptsacheverfahrens offen gehalten und verhindert wird, dass die nachfolgende Entscheidung des Normenkontrollgerichts durch Zeitablauf entwertet wird.

§ 47 Abs. 6 VwGO ist von lapidarer Kürze. Das Gericht kann auf Antrag eine einstweilige Anordnung erlassen, wenn dies zur Abwehr schwerer Nachteile oder aus anderen wichtigen Gründen dringend geboten ist. Der Erlass einer einstweiligen Anordnung wird im Normenkontrollverfahren dem Wortlaut der Norm nach nur an das Vorliegen von Gründen geknüpft, die nach dem Normverständnis des § 123 VwGO als Anordnungsgründe zu bezeichnen wären. Welche Voraussetzungen neben den abzuwehrenden schweren Nachteilen oder den geforderten „anderen wichtigen Gründen" ansonsten noch für die Gewährung einstweiligen Rechtsschutzes gegenüber Normen vorliegen müssen, sagt § 47 Abs. 6 VwGO nicht. Die Vorschrift schweigt sowohl zu Zulässigkeitsvoraussetzungen als auch zu Fragen nach dem anzuwendenden Verfahren oder gerichtlichen Entscheidungsformen. Die Lücke wird – im Ergebnis – durch die allgemeine Verweisungsnorm des § 173 VwGO geschlossen, die soweit die VwGO keine Bestimmung über das Verfahren enthält, eine entsprechende Anwendung von GVG und ZPO und damit auch der §§ 935 ff. ZPO gebietet, sofern nicht grundsätzliche Unterschiede des Verfahrens der Normenkontrolle einerseits und des zivilprozessualen Verfahrens andererseits dem entgegenstehen. Auch § 123 Abs. 3 VwGO verweist auf zahlreiche zivilprozessuale Vorschriften aus dem Recht der einstweiligen Verfügung, so dass in Bezug auf Zulässigkeitsfragen viel dafür spricht, die allgemeinen Grundsätze des § 123 VwGO anzuwenden.

Gegenstand von einstweiligen Rechtsschutzverfahren in Verfahren der Normenkontrolle sind untergesetzliche Normen des Landes- oder Ortsrechts, insbes. die Satzungen, die – wie der Bebauungsplan – auf der Grundlage des BauGB erlassen worden sind.

Ob eine einstweilige Anordnung im Normenkontrollverfahren zu erlassen ist, wird herkömmlich in einer gestuften Schrittfolge geprüft. Sie orientiert sich an der einstweiligen Anordnung im verfassungsgerichtlichen Verfahren und damit an der Praxis des *BVerfG* zu § 32 BVerfGG.[33] Kennzeichnend für die Entscheidungsfindung ist es, dass die Erfolgsaussichten des Hauptsacheverfahrens regelmäßig außer Betracht bleiben sollen. Stattdessen wird in einem ersten Schritt die Zulässigkeit des im Hauptsacheverfahren gestellten oder zu stellenden Normenkontrollantrags geprüft.[34] Ist der Normenkontrollantrag offensichtlich unzulässig, wird der Antrag auf Erlass einer einstweiligen Anordnung abgelehnt. Auf der zweiten Stufe wird geprüft, ob der im Hauptsachverfahren gestellte oder zu stellende Normenkontrollantrag offensichtlich unbegründet ist. Ergibt die summarische Prüfung die offensichtliche Unbegründetheit des Normenkontrollantrages, ist die Tatbestandsvoraussetzung des § 47 Abs. 6 VwGO zu verneinen, denn dann stellt es weder einen „schweren Nachteil" noch einen „anderen wichtigen Grund" dar, wenn auch insoweit die Rechtsvorschrift während der Anhängigkeit des Hauptverfahrens weiter angewandt oder vollzogen wird. Ist der Normenkontrollantrag weder offensichtlich unzulässig noch offensichtlich unbegründet, ist – drittens – zu prüfen, ob die Anwendung der angegriffenen Rechtsvorschrift in der Zeit bis zur Entscheidung des Normenkontrollgerichts in der Hauptsache für den Antragsteller einen „schweren Nachteil" bedeutet oder andere wichtige Gründe den Erlass der Anordnung gebieten. Während der Anordnungsgrund der schweren Nachteile dem Individualrechtsschutz dienen soll, geht es bei der zweiten Tatbestandsalternative um das öffentliche Interesse an der Wirksamkeit der Normenkontrolle, die nicht durch die zwischenzeitliche Schaffung vollendeter Tatsachen ihrer rechtsstaatlichen Funktion beraubt werden soll. Die Abwägung wird anhand der Folgen vorgenommen, die voraussichtlich eintreten würden, wenn eine einstweilige Anordnung nicht erginge, der Normenkontrollantrag aber Erfolg hätte.[35] Ergibt dies einen „schweren Nachteil" für den Antragsteller, sind dem die Nachteile gegenüber zu stellen, die entstünden, wenn die einstweilige Anordnung erlassen würde, der Normenkontrollantrag aber im Hauptsacheverfahren ohne Erfolg bliebe.

---

33 Dazu etwa *OVG Frankfurt (Oder)*, Beschl. v. 13.01.2004 – 3 B 274/03.NE – NVwZ-RR 2005, S. 386.

34 S. etwa *OVG Greifswald*, Beschl. v. 06.01.2005 – 4 M 332/04 – NordÖR 2005, S. 163; *OVG Magdeburg*, Beschl. v. 07.09.2004 – 2 R 240/04 – Juris; *OVG Frankfurt (Oder)* (Anm. 33), NVwZ-RR 2005, S. 386.

35 So die nach wie vor verwandte Formel, s. dazu *OVG Lüneburg*, Beschl. v. 24.11.2003 – 2 MN 334/03 – NdsRpfl 2004, S. 111; *OVG Münster*, Beschl. v. 15.12.2005 – 10 B 1668/05.NE – ZUR 2006, S. 209; *OVG Berlin-Brandenburg*, Beschl. v. 14.10.2005 – 2 S 111.05 – Juris; *OVG Frankfurt (Oder)* (Anm. 33), NVwZ-RR 2005, S. 386; *VGH Mannheim*, Beschl. v. 18.12.2000 – 1 S 1763/00 – NVwZ 2001, S. 827.

Evangelische Kirche und Demokratie

Joachim Gaertner *

Wenn man sich dem Thema „Evangelische Kirche und (freiheitliche) Demokratie" nähert, wird man mit der Beobachtung konfrontiert, dass es stark divergierende Auffassungen darüber gibt, ob die Lehren und Ansichten der Reformatoren einen nachhaltigen Beitrag zum Werden der modernen Demokratie geleistet haben oder in dieser Beziehung eher als neutral einzustufen sind.

Versucht man das Thema „Evangelische Kirche und Demokratie" im Folgenden zu entfalten, bietet sich an, in einem ersten Abschnitt zu untersuchen, ob es Äußerungen der Reformatoren zur Frage der Staats- und Regierungsformen gibt, aus denen sich eine Haltung zur Staatsform der Demokratie ablesen lässt, um dann – vor allem wenn die zuerst behandelte Frage zu einem negativen Ergebnis führt – in einem zweiten Abschnitt zu prüfen, ob die grundlegenden Lehren der Reformatoren die Entwicklung zur freiheitlichen Demokratie westlicher Prägung vielleicht indirekt gefördert haben. Dabei sollen in erster Linie die Denkanstöße der Reformatoren *Luther* und *Calvin* in den Blick genommen werden. Nachdem in der rheinisch-westfälischen Kirchenordnung von 1835 der Durchbruch zu presbyterial-synodalen Kirchenverfassungen auf breiterer Ebene – jedenfalls in Ansätzen – gelungen war, soll in der zeitlichen Abfolge der Blick dann wieder auf das Verhältnis von Kirche und Staat gelenkt werden, um zu beleuchten, wie die evangelische Kirche die Entwicklung im staatlichen Bereich zu demokratischen Regierungsformen begleitet hat, um mit der Würdigung der EKD-Denkschrift „Evangelische Kirche und freiheitliche Demokratie" und zusammenfassenden Schlussbemerkungen zu enden.

I. Äußerungen der Reformatoren zu Staats- und Regierungsformen

Wird das Werk *Luthers* daraufhin angesehen, welche Aussagen er zum Staat gemacht hat, werden wir feststellen, dass er das Wort „Staat" überhaupt nicht verwendet, sondern stattdessen von „weltlicher Gewalt", „weltlicher Obrigkeit" oder „weltlichem Regiment" spricht.[1] Als Beispiel seien *Luthers* Schriften „An den christlichen Adel deutscher Nation von des christlichen Standes Besserung"

---

* Der Verfasser ist Dr. iur., Oberkirchenrat i.R. und Vorstandsmitglied des Evangelischen Instituts für Kirchenrecht e.V. an der Juristischen Fakultät der Universität Potsdam.

1 *Link*, Luther und das deutsche Staatsverständnis, JZ 1983, S. 869 (870).

von 1520[2] und sein Sermon „Von den guten Werken“ ebenfalls aus dem Jahre 1520[3] genannt. In den Schriften *Luthers* kommt seine hohe Wertschätzung der weltlichen Ordnung bspw. darin zum Ausdruck, dass er in einer Auslegung des 82. Psalms die Ausübung der weltlichen Obrigkeit als den nach dem Predigtamte höchsten Gottesdienst und als das nützlichste Amt auf Erden bezeichnet.[4]

Machiavelli kann als derjenige gelten, der in dem Einleitungssatz zu seinem Principe „das Wort ‚Staat‘ in der frühen Neuzeit in die wissenschaftliche Literatur eingeführt hat“[5]. Wenn die Römer von ihrem Gemeinwesen sprachen, verwendeten sie nicht das Wort „status“, von dem sich der Begriff „Staat“ herleitet, sondern die Worte „populus romanus“ oder „res publica“.[6]

Natürlich ist es nicht unproblematisch, das Werk *Luthers* daraufhin zu befragen, welche Vorstellungen er über den Staat hatte, weil das eine Frage ist, die ihn nicht in erster Linie beschäftigte.[7] Ihn beschäftigte vielmehr neben der für ihn zentralen Frage, wie bekomme ich einen gnädigen Gott, die weitere theologische Frage nach der Ordnungsfunktion der Obrigkeit „angesichts der immer drohenden Gefahr des Bösen in der Welt, ihrem ‚Amt‘ und damit ihrer Stellung in Gottes Heilsplan“[8].

Für *Luthers* Staatsverständnis und damit für unsere Fragestellung wichtig ist jedoch seine Absage an eine „kirchlich-staatliche Machtverflechtung“, also an eine „Respublica christiana“. Mit der von *Luther* entwickelten Lehre von den beiden Reichen, der Vorstellung, dass sich ein „Reich Gottes zur Rechten“ und ein „Reich der Welt zur Linken“ gegenüberstehen, ist die Vorstellung einer Zusammenfassung dieser beiden Reiche und ihres Rechts „in einer gemeinsamen äußeren Organisation“, also in einer Respublica christiana, nicht vereinbar, zumal nach *Luthers* Auffassung „das ‚Christliche‘ an der christlichen Obrigkeit, Schule, Ehe usw. ... nicht am Amt und Beruf“ hängt, sondern darin liegt, „dass in ihnen der Mensch seinen Christenstand erweist, d.h. aus dem Glauben heraus handelt“.[9] Es ist daher auch noch heute gut lutherisch zu sagen, dass nicht die

---

2 Weimarer Ausgabe der sämtlichen Werke Luthers, 1883 ff. (im Folgenden: WA), Bd. VI, S. 381 ff.

3 WA, Bd. VI, S. 196 ff.

4 WA, Bd. XXXI/1, S. 189 (198).

5 *Jellinek*, Allgemeine Staatslehre, 3. Aufl. 1959, S. 132.

6 Vgl. *Krüger*, Allgemeine Staatslehre, 2. Aufl. 1966, S. 9.

7 Vgl. *Link* (Anm. 1), S. 870.

8 *Link* (Anm. 1) unter Hinweis auf Luthers Schrift „Von der weltlichen Obrigkeit, wie weit man ihr Gehorsam schuldig sei“ aus dem Jahre 1523 (WA, Bd. XI, S. 246 ff.).

9 *Heckel*, Naturrecht und christliche Verantwortung im öffentlichen Leben nach der Lehre Martin Luthers, in: *ders.*, Das blinde undeutliche Wort „Kirche“, Gesammelte Aufsätze, hrsg. von Siegfried Grundmann, 1964, S. 243 (264 f.); vgl. auch *Link* (Anm. 1), S. 870.

Institution „Kirche“, sondern „der christliche Laie in seinem Beruf und in seinem politischen Engagement ... die eigentliche gesellschaftliche und politische Verantwortung der Kirche“ wahrnimmt.[10]

Mit der Absage *Luthers* an eine kirchlich-staatliche Machtverflechtung wird der staatlich-politische Bereich „aus kirchlicher Bevormundung“ entlassen.[11] Einige wenige Jahrzehnte später kam es dann – wie *Heckel* darlegt – im Heiligen Römischen Reich deutscher Nation, also auf der Ebene des Reichs, zu einer „ersten, dauernden Abschichtung und Verselbständigung der politisch-rechtlichen Existenz des Reichs von dem kirchlich-theologischen Absolutheitsanspruchs beider Seiten“[12]. Der erste Schritt zur „Entsakralisierung der Politik und ihrer Träger, vor allem des Kaisers“, war jedoch bereits im Investiturstreit (1057-1122) getan worden.[13] *Böckenförde* hat bzgl. des Investiturstreites hervorgehoben, , dass in dieser „von päpstlicher wie von kaiserlicher Seite mit äußerster Entschiedenheit geführten geistig-politischen Auseinandersetzung um die Ordnungsform der abendländischen Christenheit ... die alte religiös-politische Einheitswelt des orbis christianus in ihren Fundamenten erschüttert und die Unterscheidung und Trennung von ‚geistlich’ und ‚weltlich’, seither ein Grundthema der europäischen Geschichte, geboren“ wurde.[14]

Ungeachtet seiner Absage an eine kirchlich-staatliche Machtverflechtung richtet *Luther* an die im weltlichen Bereich Verantwortlichen den Appell, als christliche Obrigkeit, als „Amtmann Gottes“, dem Unfrieden zu wehren und für die Untertanen zu sorgen.[15] In seiner Schrift „Wider die räuberischen und mörderischen Rotten der Bauern“ aus dem Jahre 1525 ermahnt *Luther* die Fürsten und Herren, dass sie „Gottes amptmann und seyns zorns diener“ sind.[16] Für *Link* ist es daher auch kein Zufall, dass „die europäischen Staaten mit einer besonders ausgeprägten sozialstaatlichen Ordnung historisch durch das Luthertum geprägt“[17] sind.

---

10 *Kalinna*, Evangelisches Soziallexikon, 7. Aufl. 1980, Stichwort „Gesellschaftliche und politische Verantwortung der Kirche“, Spalte 708.

11 *Link* (Anm. 1), S. 872; vgl. auch *Nipperdey*, Luther und die Bildung der Deutschen, in: Löwe/Roepke (Hrsg.), Luther und die Folgen, 1983, S. 13 (23 f.).

12 *Heckel*, Deutschland im konfessionellen Zeitalter, 2001, S. 52; vgl. auch *Stolleis*, Religion und Politik im Zeitalter des Barock, in: Breuer (Hrsg.), Religion und Religiosität im Zeitalter des Barock, 1995, S. 23 (26).

13 *Stolleis* (Anm. 12) unter Bezug auf Böckenförde.

14 *Böckenförde*, Die Entstehung des Staates als Vorgang der Säkularisation, in: *ders.*, Recht, Staat, Freiheit, 1992, S. 92 (94).

15 Vgl. *Link* (Anm. 1), S. 872 f.

16 WA, Bd. XVIII, S. 360.

17 *Link* (Anm. 1), S. 873 Fn. 45.

Naturgemäß ist das Bild der Obrigkeit als eines Amtmannes Gottes ein eher patriarchalischer Ansatz. Es hat mit dem Gedanken der Demokratie wenig zu tun, beinhaltet aber immerhin eine Absage an totalitäre Vorstellungen. So stellt *Link* denn auch fest, dass *Luther* gewiss nicht „zu den Ahnherren des demokratischen Gedankens“ gezählt werden dürfe.[18] In seinen Predigten über das 5. Buch Mose spricht *Luther* sich immerhin dafür aus, dass „weise, verständige und erfahrene Leute“ als Regenten eingesetzt werden, was eine Präferenz für aristokratische Regierungsformen deutlich werden lässt. Wichtig ist *Luther* vor allem, dass „ein junger Regent wohl erzogen werde“, um für seine Aufgaben gerüstet zu sein.[19] Bildung, um vor allem die Heilige Schrift lesen zu können, hatte für *Luther* in jeder Beziehung eine zentrale Bedeutung. Er appellierte daher an die weltliche Obrigkcit, Schulen einzurichten, und an die Eltern, ihre Kinder auch zur Schule zu schicken.[20] Daran kann man gewiss einen indirekten Beitrag zur Förderung von Regierungsformen sehen, die auf eine stärkere Beteiligung der Bevölkerung abzielen.

Auch bei *Calvin*, diesem prominenten Vertreter des „zweiten Zweiges“ der Reformation[21], wird eine Präferenz für die Regierungsform der Aristokratie deutlich. In seinem Hauptwerk, der Institutio Christianae Religionis, finden wir eine Auseinandersetzung mit den unterschiedlichen Regierungsformen, wobei er der Aristokratie oder einer Regierungsform, die sich aus Elementen der Aristokratie und der „bürgerlichen Gewalt“ zusammensetzt, klar den Vorzug gibt.[22] Das mag mit seiner Erziehung in einem adeligen Hause[23] und auch mit seinen Erfahrungen im Stadtstaat Genf zusammenhängen, wo es neben den „einfachen Einwohnern ... den privilegierten Bourgeois mit seinen aristokratisch-demokratischen Ratskollegien und Ratsversammlungen“ gab.[24] Inhaltlich sind in diesem Punkt also Übereinstimmungen mit *Luther* festzustellen.

Für *Calvin* stand allerdings die Feststellung im Vordergrund und Mittelpunkt, dass jede Obrigkeit von Gott eingesetzt ist und dass es daher die Pflicht der Bürger ist, sich „allen denen gegenüber, die er über die Orte eingesetzt hat“,

---

18 Vgl. *Link* (Anm. 1), S. 873 mit Bezug auf Luthers Predigten über das 5. Buch Mose.

19 WA, Bd. XXVIII, S. 509 (525).

20 Vgl. *Nipperdey* (Anm. 11), S. 16.

21 Vgl. *de Wall*, in: de Wall/Muckel, Kirchenrecht, 2. Aufl. 2010, § 4 Rn. 7.

22 *Calvin*, Unterricht in der christlichen Religion. Institutio Christianae Religionis. Nach der letzten Ausg. von 1559 übersetzt und bearbeitet von Weber. Im Auftrag des Reformierten Bundes bearbeitet und neu hrsg. von Freudenberg, 2009, Abschn. IV, Kap. 20.8.

23 Vgl. *Kampschulte*, Johannes Calvin. Seine Kirche und sein Staat in Genf. Bd. I, 1869, S. 418 f.

24 Vgl. *Bohatec*, Calvins Lehre von Staat und Kirche mit besonderer Berücksichtigung des Organismusgedankens 1937, 1961, S. 157.

an denen er lebt, „gehorsam und untertänig zu erweisen“[25]. Er unterstreicht, dass er die Aussage, dass die Obrigkeit einen Auftrag von Gott hat und mit göttlicher Autorität ausgestattet ist, sich „nicht selbst ausgedacht“ habe, sondern dass es sich hierbei um „Christi Auslegung“ handele.[26] Als Beleg verweist er auf Texte aus dem Alten und aus dem Neuen Testament, wie z.B. auf das 2. Buch Mose Kap. 22, Vers 8; Psalm 82, Verse 1 und 6 sowie auf den Römerbrief Kap. 12, Vers 8.

Einen Vorzug der Aristokratie oder einer Mischform aus Aristokratie und bürgerlicher Gewalt, also von kollektiven Regierungsformen, gegenüber der Alleinherrschaft eines Monarchen sieht *Calvin* darin, dass „die Gebrechlichkeit und Mangelhaftigkeit der Menschen“ es mit sich bringe, „dass es sicherer und erträglicher (sei), wenn mehrere das Steuerruder halten, sodass sie also einander gegenseitig beistehen, sich gegenseitig belehren und ermahnen, und wenn sich einer mehr als billig erhebt, mehrere Aufseher und Meister da sind, um seine Willkür im Zaume zu halten“[27]. Dabei beruft sich *Calvin* auf einen Text aus dem Alten Testament, wenn er ausführt, dass „der Herr mit seiner Autorität“ bei den Israeliten die Aristokratie eingerichtet habe, um das Volk Israel „in dem bestmöglichen Zustand“ zu halten, „bis er in David das Ebenbild Christi hervortreten ließ“[28]. Dabei denkt *Calvin* offensichtlich in erster Linie an diejenige Epoche in der Geschichte der Israeliten, die man als Zeit der Richter zu bezeichnen pflegt, die der Zeit der Monarchie vorausging und mit König Saul begann, dem dann ca. um 1000 vor Christi Geburt König David folgte.[29]

Die ausdrückliche Präferenz für die Aristokratie hindert *Calvin* allerdings nicht daran, sich auf den Boden der Realität zu stellen und mit der Tatsache abzufinden, dass es in den unterschiedlichen Staaten unterschiedliche Regierungsformen gibt. Er sieht darin auch keineswegs einen Nachteil, sondern einen Vorteil. In seiner Institutio Christianae Religionis führt er aus, dass es Gottes Vorsehung und heiliger Anordnung gefallen habe, „dass die Angelegenheiten der Menschen auf diese Weise geleitet werden“, denn sie stehe ihnen zur Seite und gehe „ihnen leitend voran, wenn sie Gesetze geben und die Billigkeit der Urteile handhaben“[30]. Für *Calvin* lässt sich das Vorhandensein unterschiedlicher Regierungsformen gut mit seiner Grundannahme vereinbaren, dass alle weltliche Gewalt von Gott eingesetzt ist. Er führt aus, die „göttliche Vorsehung“ habe es nicht ohne Grund so eingerichtet, „dass die verschiedenen Gebiete nach ver-

---

25 *Calvin* (Anm. 22), IV.20.8 a.E.

26 *Calvin* (Anm. 22), IV.20.4.

27 *Calvin* (Anm. 22), IV.20.8.

28 *Calvin* (Anm. 22), IV.20.8.

29 Vgl. *Bohatec* (Anm. 24), S. 130.

30 *Calvin* (Anm. 22), IV.20.4.

schiedenen bürgerlichen Ordnungen regiert werden, denn wie die Elemente nur durch ungleiche Mischung untereinander zusammenhängen, so werden auch diese verschiedenen Gebiete gewissermaßen durch ihre Ungleichheit aufs Beste zusammengehalten".[31]

Deshalb haben nach *Calvin* – wie bereits oben erwähnt – die Untertanen die Pflicht, die jeweilige Regierungsform zu akzeptieren und nicht gegen sie aufzubegehren. Da alle Obrigkeit von Gott eingesetzt sei, sei es die Pflicht der Bürger, sich „allen denen gegenüber, die er über die Orte eingesetzt hat", an denen man lebt, „gehorsam und untertänig zu erweisen"[32].Wenn *Calvin* die Untertanen in dieser Weise auffordert, die jeweilige Regierungsform zu akzeptieren, betrachtet er das durchaus nicht als ein einseitiges Pflichtenverhältnis. Er sieht die Obrigkeit in der Pflicht, die Freiheit zu wahren und es nicht zuzulassen, „dass die Freiheit, zu deren Beschützerin sie eingesetzt ist, in irgendeinem Stück gemindert, geschweige denn verletzt wird"[33].

Bei seinen diesbezüglichen Aussagen beruft sich *Calvin* auf den 82. Psalm sowie auf das Buch des Alten Testaments, das nach dem Propheten Jeremia benannt ist. Dort heißt es im 22. Kap. Vers 3: „Schaffet Recht und Gerechtigkeit und errettet den Bedrückten von des Frevlers Hand und bedränget nicht die Fremdlinge, Waisen und Witwen und tut niemand Gewalt an und vergießt nicht unschuldiges Blut an dieser Stätte". *Calvin* steht voll in der christlichen diakonisch-karitativen Tradition, wenn er die Fürsten und Obrigkeiten dazu auffordert, – eingedenk der Ermahnung im 82. Psalm – „dem Armen und Elenden Recht (zu) verschaffen ... und sie aus der Hand des Bedrückers" herauszureißen.[34] Wenn die Herrscher bei dieser Aufgabe versagen, indem sie „zu nachlässig sind oder zu wenig Sorgfalt walten lassen", dann sind sie in seinen Augen „treulos in ihrem Amte und Verräter an ihrem Vaterlande".[35]

An erster Stelle der Amtspflichten der weltlichen Obrigkeit steht für *Calvin* allerdings nicht die soziale Fürsorge, sondern die Pflicht, „die äußere Verehrung Gottes zu fördern und zu schützen, die gesunde Lehre der Frömmigkeit und den (guten) Stand der Kirche zu verteidigen, unser Leben auf die Gemeinschaft der Menschen hin zu gestalten, unsere Sitten zur bürgerlichen Gerechtigkeit heranzubilden, uns miteinander zusammenzubringen und den gemeinen Frieden wie die öffentliche Ruhe zu erhalten"[36]. Dabei beruft sich *Calvin* auch auf den Pro-

---

31 *Calvin* (Anm. 22), IV.20.8; vgl. auch *Bohatec* (Anm. 24), S. 116 f.

32 *Calvin* (Anm. 22), IV. 20.8 a.E.

33 *Calvin* (Anm. 22), IV.20.8.

34 *Calvin* (Anm. 22), IV.20.9.

35 *Calvin* (Anm. 22), IV.20.8.

36 *Calvin* (Anm. 22), IV.20.2.

pheten Jesaja.[37] *Luther* sah das ähnlich, wenn er bspw. in seiner Auslegung des 82. Psalms als königliche, fürstliche Tugenden bezeichnet hat, den Pfarrer, der das Reich Gottes mehre, zu nähren oder zu schützen („neeret odder schützt").[38]

Für *Calvin* folgt diese Verpflichtung der weltlichen Obrigkeit aus ihrer Stellung als Statthalter Gottes, „durch dessen Wohltat sie ihre Herrschaft innehaben" und denen „diese Aufgabe von Gott in besonderer Weise auferlegt" ist.[39] In einem Brief an König Eduard VI. von England führte er im Februar 1552, nach anderen Angaben am 04.07.1552, aus: „So ist es ein unschätzbarer Vorzug, den Gott Ihnen, Sire, verliehen hat, ein christlicher König zu sein, das heißt ihm als Statthalter dienen zu dürfen zur Aufrechterhaltung des Reiches Jesu Christi in England" („C'est donc un privilege inestimable, que Dieu vous a faict, Sire, que vous soyez Roy Chrestien, voyre que luy serviez de lieutenant, pour maintenir le royaume de Jésus Christ en Angleterre"[40]). Gedanklich knüpft *Calvin* hier an die im Corpus Iuris Civilis tradierte Gesetzgebung der christlichen Kaiser der Spätantike an. Da die Obrigkeit ihre Autorität allein Gottes Anordnung verdankt, hat sie auch die Pflicht, wahre Gottesverehrung zu fördern.[41]

Diese Verpflichtung der weltlichen Obrigkeit zur Förderung der Verehrung Gottes und zur Verteidigung der Stellung der Kirche fließt nach Auffassung *Calvins* aus einer Zusammenschau von religiöser und politischer Lebensgemeinschaft, die sich gegenseitig durchdringen.[42] Der Gedanke eines geordneten Gegenübers von weltlicher Obrigkeit auf der einen Seite und den Religionsgemeinschaften auf der anderen Seite war ihm jedoch noch völlig fremd. Weltliche Obrigkeit und Kirchengemeinde waren für ihn nur zwei Seiten der einen christlichen Gemeinschaft. Das Verhältnis von Staat und Kirche in Genf war daher im Grunde genommen eine Theokratie, allerdings in der Form, dass zwar nicht die Kirche die Staatsgewalt von Genf in den Händen hatte, jedoch sehr wohl das private wie das öffentliche Leben „unter die Herrschaft des göttlichen Wortes" gestellt wurde. *Calvins* Idealvorstellung für das Gemeinwesen war „die Herstellung des Gottesstaates, der civitas Dei in Genf"[43].

---

37 Vgl. Jes 49,23, worauf auch *Rieker*, Grundsätze reformierter Kirchenverfassung, 1899, S. 174 f. hinweist.

38 WA, Bd. XXXI/1, S. 199, Zeile 3 mit Zeile 35; vgl. auch *Heckel*, Lex charitatis. Eine juristische Untersuchung über das Recht in der Theologie Martin Luthers, 2. Aufl. 1973, S. 307 ff. mit Fn. 1501.

39 *Calvin* (Anm. 22), IV.20.9.

40 *Calvini*, Opera quae supersunt omnis, Volumen XIV, 1875, S. 342; deutsche Übersetzung von Rudolf Schwarz, Johannes Calvins Lebenswerk in seinen Briefen, 2. Bd., 1962, S. 601; vgl. auch *Rieker* (Anm. 37), S. 174 f.

41 Vgl. *Strohm*, Calvinismus und Recht, 2008, S. 116 f. und 119 f.

42 Vgl. *Stolleis*, Geschichte des Öffentlichen Rechts in Deutschland, Bd. 1, 1988, S. 107.

43 Vgl. *Rieker* (Anm. 37), S. 177 f.

Ein wichtiges Dokument ist in diesem Zusammenhang die von *Calvin* maßgeblich beeinflusste Ordnung der Kirche von Genf vom 20.11.1541. Den „Ordonnances ecclésiastiques de l'Église de Genève" von 1541 ist zu entnehmen, dass einer der vier Bürgermeister der Stadt Genf die Sitzungen des Konsistoriums präsidierte und sogar seinen Amtsstab (son baston) mit in die Versammlung brachte, bis – wie *Sprengler-Ruppenthal* berichtet – „ein Ratsedikt vom 01.02.1560 dagegen entschied"[44]. Das Konsistorium in Genf war also kein rein innerkirchengemeindliches Gremium, sondern bestand aus Predigern und aus Mitgliedern des Rates der Stadt Genf.

Wenn somit weder *Luther* noch *Calvin* als Väter der demokratischen Regierungsform, wie sie sich heute zumindest in Westeuropa durchgesetzt hat, in Anspruch genommen werden können, so bleibt doch festzuhalten, dass zumindest *Calvin* sich deutlich gegen monokratische Herrschaftsstrukturen und für kollektive Regierungsformen ausgesprochen hat. Er ließ auch eine deutliche Sympathie für Rechtsstaatlichkeit erkennen, wenn er die Gesetze als „die kräftigsten Sehnen der Gemeinwesen" bezeichnet und auch als „Seelen" charakterisiert hat, „ohne welche die Obrigkeit nicht bestehen kann".[45]

II. Die Entwicklung presbyterial-synodaler Strukturen in den reformierten Gemeinden

In gleicher Weise hat *Calvin* monokratische Strukturen in der Kirche abgelehnt. Seine kirchliche Ämterlehre legt davon ein beredtes Zeugnis ab. In ihr kommt eine Frontstellung gegen traditionelle kirchliche Strukturen zum Ausdruck sowie die Überzeugung, dass es gut ist, Verantwortung nicht in einer Person zu bündeln, sondern auf mehrere Schultern zu verteilen. Bei *Calvin* spielte dabei auch der Gesichtspunkt eine tragende Rolle, durch die Beteiligung nichtgeistlicher Gemeindeglieder an der kirchlichen Verwaltung geistliche Willkür zu verhüten.[46] Die Beteiligung von Ältesten und Diakonen an der Kirchenregierung sollte „ein Gegengewicht gegen den bisher allein herrschenden und allmächtigen Stand der Geistlichkeit in der Kirche bilden und die Aufrichtung einer neuen Hierarchie unmöglich machen"[47]. Das bedeutete, dass *Calvin* an dem in der rö-

---

44 *Sprengler-Ruppenthal*, Zur reformatorischen Kirchenrechtsbildung in Ostfriesland, in: dies., Gesammelte Aufsätze. Zu den Kirchenordnungen des 16. Jh., Jus Ecclesiasticum Bd. 74, S. 29 ff. (S. 42, Fn. 72); vgl. auch *Sehling* (Hrsg.), Die evangelischen Kirchenordnungen des XVI. Jh., Bd. VII Niedersachsen, II. Hälfte, 1. Halbbd., 1963, S. 323 Fn. 9 und den Text der vorerwähnten Ordonnances, abgedruckt bei Richter, Die evangelischen Kirchenordnungen des 16. Jh., Bd. 1, 1846, S. 342 (352 f.).

45 *Calvin* (Anm. 22), IV.20.14.

46 Vgl. *Lüttgert*, Evangelisches Kirchenrecht in Rheinland und Westfalen, 1905, S. 34.

47 *Rieker* (Anm. 37), S. 124.

misch-katholischen Kirche bestehenden Gegenüber eines geistlichen und eines weltlichen Standes zwar festhielt, jedoch dadurch, dass er den Laien die „eigentliche Regierung der Kirche" übertrug, ein Übergewicht des geistlichen Standes und eine Unterordnung der Laien unter die Geistlichkeit unterband.[48]

In seiner Institutio zählte *Calvin* die verschiedenen kirchlichen Ämter auf und beschrieb sie. Es handelt sich um das Amt des Hirten und Lehrers (also das Amt des Pastors) sowie um die Ämter der Ältesten und der Diakone,[49] wobei den Ältesten die Aufgabe zufällt, die Gemeinde zusammen mit den Pastoren und Lehrern zu leiten.[50] In der Genfer Kirchenordnung von 1541 finden wir die in der Institutio Christianae Religionis vorgezeichnete Ämterlehre umgesetzt. Die Genfer Kirchenordnung kennt sogar vier Ämter, da der Dienst des Hirten (des Pastors) und des Lehrers getrennt genannt werden. Dort erscheinen folglich die Ämter der Pastoren (les Pasteurs), der Doktoren (les Docteurs), also das Amt des kirchlichen Lehrers, das Amt der Ältesten (les Anciens) und schließlich (quartement) das Amt der Diakone (les Diacres).[51]

Diese auf *Calvin* zurückgehende kirchliche Ämterordnung unterscheidet sich deutlich von den entsprechenden Regelungen der lutherischen Kirchenordnungen, da diese als kirchliches Amt nur das Predigtamt kennen. Zwar ist die Kirche *Luthers* eine „Kirche des allgemeinen Priestertums", die dem „heilsvermittelnden Priester seine Sonderstellung genommen" und den Laien zu einem gleichberechtigten Glied der Kirche gemacht hat; sie ist aber andererseits stärker eine Pastorenkirche als diejenige *Calvins*.[52] Eine Dominanz der Geistlichkeit wurde in den lutherisch geprägten Territorien dadurch verhindert, dass das Kirchenregiment an die weltliche Obrigkeit übertragen wurde oder von dieser, indem sie als „Notbischof" in eine Lücke sprang, usurpiert wurde. Eine Anbindung der Ämter an die Gemeinde, die ein quasi-demokratisches Element wäre, ist in der Genfer Kirchenordnung von 1541 jedoch nicht vorgesehen. Sie legt aber fest, dass die für ein kirchliches Amt Ausgewählten der Gemeinde der Gläubigen vorgestellt und von dieser bestätigt werden müssen („afin qu'il soit receu par consentement commun de la compagnie des fidèles").[53]

Eine ähnliche Regelung finden wir in der Kirchenordnung der niederländischen Fremdengemeinde in London aus den Jahren 1550-1554. Diese Kirchenordnung, die knapp zwei Jahrzehnte nach der im Jahre 1534 erfolgten Abspal-

48 Vgl. *Rieker* (Anm. 37), S. 125.

49 Vgl. *Calvin* (Anm. 22), IV.4.1.

50 *Calvin* (Anm. 22), IV.3.8.

51 Vgl. Les Ordonnances ecclésiastiques , abgedruckt bei Richter (Anm. 44), S. 342.

52 Vgl. *Nipperdey* (Anm. 11), S. 18 und S. 21.

53 Les Ordonnances ecclésiastiques de l'Èglise de Genève von 1541, Abschn. „Sensuit à qui il appartient d'instituer les pasteurs, abgedruckt bei Richter (Anm. 44), S. 342 f.

tung der englischen Kirche von Rom unter Heinrich VIII. (1509-1547) erlassen wurde, ist insofern bemerkenswert, als sie von einem Landesherrn anderer Konfession, nämlich von König Eduard VI. von England, für eine reformierte Kirchengemeinde erlassen wurde, der dieser Kirchengemeinde „ein Gemeinde- und Ordnungsleben unabhängig von der englischen Staatskirche und ohne obrigkeitliche Eingriffe“ zugestand.[54] Diese Fremdengemeinde war die einzige Gemeinde Englands, die vom Act of Uniformity von 1549, der den Gebrauch des „Book of Common Prayer“ vorschrieb, ausgenommen war.[55] Gemeindeglieder waren vorwiegend Flüchtlinge aus den südlichen Niederlanden, die aus Glaubensgründen – angesichts der Verfolgung durch Kaiser Karl V. – ihre Heimat verlassen und bei dem britischen König Eduard VI., der weltliches Oberhaupt der englischen und irischen Staatskirchen war, Aufnahme gefunden hatten.

In dieser Londoner Kirchenordnung finden wir nicht nur wichtige Ämter aus der Institutio *Calvins* wieder, nämlich das Amt der Ältesten und das Amt des Diakons, sondern auch die bereits in der Genfer Kirchenordnung getroffene Regelung, dass die in kirchliche Ämter Berufenen von der ganzen Gemeinde bestätigt werden müssen.[56]

Bemerkenswert ist, dass sich die Besetzung der Ämter unter starker Beteiligung der Gesamtgemeinde vollzog.[57] Die Amtsträger wurden jeweils nach dem Gottesdienst gewählt, wobei die gesamte männliche Gemeinde wahlberechtigt war. Aus der Vorrede zur Kirchenordnung der niederländischen Fremdengemeinde in London geht hervor, dass der erste Superintendent dieser Gemeinde (es war der Reformator polnischer Herkunft Baron *a Lasco*, der das Amt des Superintendenten bereits seit 1543 in Emden ausgeübt hatte[58]) und die ersten Prediger (Diener des Worts) noch von König Eduard VI. eingesetzt wurden. Diese Amtsträger erhielten dann jedoch das Recht, weitere Amtsträger sowie ihre Nachfolger selbst auszusuchen und zusammen mit der Gesamtgemeinde zu bestimmen. Allerdings mussten die Superintendenten und Prediger nach ihrer Wahl dem König vorgestellt und von diesem bestätigt werden. In der Vorrede des Königs zur Kirchenordnung, die vom Inhalt her ein Privilegiumsbrief war und auch ausdrücklich als solcher bezeichnet wurde (‚privilegiumsbrief‘), hieß

---

54 *Sprengler-Ruppenthal* (Anm. 44), S. 45; vgl. auch den Text der Londoner Kirchenordnung für die niederländische Flüchtlingsgemeinde von 1554, abgedruckt bei Sehling (Anm. 44), S. 579 (582).

55 Vgl. *Becker*, Gemeindeordnung und Kirchenzucht, 2007, S. 262 Fn. 17.

56 Vgl. Londoner Kirchenordnung für die niederländische Flüchtingsgemeinde von 1554, Kap. V, abgedruckt bei Sehling (Anm. 44), S. 579 (593).

57 Vgl. *Sprengler-Ruppenthal* (Anm. 44), S. 55 f. unter Bezug auf Kap. II der Londoner Kirchenordnung; *Sehling* (Anm. 44), S. 588 ff.

58 Vgl. *Rieker* (Anm. 37), S. 33 f.

es für das Amt des Superintendenten wörtlich: „... das die person, also ernennet und erwehlet, gepresentiret werde vor uns, unsere erben und nachkomen und durch uns, unsere erben und nachkomen in den obgemelten dienst der superintendens eingesetzt und bestettiget werde“[59]. Die Wahl in andere Ämter, also diejenigen der Ältesten und Diakone, bedurfte dieser königlichen Bestätigung offensichtlich nicht.[60]

Da *a Lasco*, der als Vater der Londoner Kirchenordnung gilt, in diese Regelungen aus der Emder Kirchenordnung übertragen hat[61], lohnt es sich an dieser Stelle, die Emder Kirchenordnung von 1571 bzw. von 1594 in die Betrachtung einzubeziehen. In Emden ist – im Unterschied zu den Genfer Verhältnissen – das Presbyterium als ein rein innerkirchengemeindliches Organ ausgebildet, das gegenüber dem Magistrat der Stadt selbständig ist. Es setzt sich aus den Pastoren, den Ältesten und den Diakonen zusammen, was die Frage beantwortet, welche kirchlichen Ämter die Emder Synode kannte.[62] Es tagt unter dem Vorsitz eines Predigers.[63] Am 10.11.1623 beschloss das Presbyterium sogar eine Inkompatibilität zwischen der Mitgliedschaft im Kollegium des Rates der Stadt und einer Mitgliedschaft im Presbyterium, was allerdings mit „Machtkämpfen zwischen Magistrat und Kirchenrat“ zusammenhing.[64]

Bei der Bestellung der Amtsträger galt in der Emder Kirchenordnung unter dem Einfluss *a Lascos* zunächst eine Regelung, nach der die Prüfung der Pfarramtsbewerber in den Händen der Versammlung der Prediger, des Cötus, lag, sodass diese die Möglichkeit hatten, über ihre künftigen Kollegen selbst zu entscheiden.[65] Später nahm der Landesherr jedoch das Bestellungsrecht für die Prediger in Anspruch und übte es unter Beteiligung des Kirchenrats aus. Das galt jedoch nicht für die Wahl der Ältesten und Diakone. Bei diesen Wahlen hatte die weltliche Obrigkeit kein Mitspracherecht. Hier lag die Entscheidung beim Kirchenrat, der sich selbst durch Zuwahl in einem Verfahren der Kooptation ergänzte und die kirchliche Gemeinde gelegentlich durch Einräumung eines Vorschlagsrechts beteiligte.[66]

Die Emder Kirchenordnung ist für die weitere kirchenrechtliche Entwicklung in den protestantischen Kirchen vor allem deshalb wichtig geworden, weil

---

59 Vgl. *Sehling* (Anm. 44), S. 581 f.

60 Vgl. *Becker* (Anm. 55), S. 262.

61 Vgl. *Sprengler-Ruppenthal* (Anm. 44), S. 46 f. und 53 sowie *Sehling* (Anm. 44), S. 553.

62 Vgl. Evangelisch-reformierte Kirche in Nordwestdeutschland (Hrsg.), 1571 – Emder Synode – 1971, 1973, S. 50 und *Sprengler-Ruppenthal* (Anm. 44), S. 40 ff.

63 Vgl. *Sprengler-Ruppenthal* (Anm. 44), S. 40 ff.

64 *Sprengler-Ruppenthal* (Anm. 44), S. 42 Fn. 72.

65 Vgl. *Weerda*, Das ostfriesische Experiment, ZevKR 5 (1956), S. 159 (180).

66 Vgl. *Sehling* (Anm. 44), S. 498 mit Fn. 88 ff.

sie – in der Tradition *Calvins* stehend – mit der Dreiämterordnung presbyterial-synodale Strukturen festgelegt und den Vorrang eines Amtsinhabers gegenüber einem anderen aus grundsätzlichen Erwägungen abgelehnt hat. Art. 1 der Kirchenordnung von 1571 bestimmte, dass „keine Gemeinde ... über andere Gemeinden, kein Pastor über andere Pastoren, kein Ältester über andere Älteste den Vorrang oder die Herrschaft beanspruchen“ soll.[67] In der lateinischen Urfassung wurde das wie folgt ausgedrückt: „Nulla Ecclesia in alias, nullus minister in ministros, nullus Senior in Seniores, Diaconus in Diaconos primatum seu dominationem obtinebit“[68]. Der weitere Kirchenaufbau gestaltete sich in der Weise, dass mehrere Gemeinden – nach französischem Vorbild – eine Klasse, mehrere Klassen eine Provinz und mehrere Provinzen die Nationalkirche bildeten.[69]

Interessant ist die Emder Kirchcnordnung aber auch deshalb, weil sie deutlich durch das Subsidiaritätsprinzip geprägt ist. Es wurde ausdrücklich festgelegt, dass nur diejenigen Fragen auf höherer Ebene, also auf Classicalversammlungen oder bei Provinzialsynoden behandelt und entschieden werden sollen, die auf der örtlichen Gemeindeebene bzw. in Classicalversammlungen nicht gelöst werden können oder die alle Gemeinden angehen.[70] Darin hat der damalige Bundespräsident *Heinemann* bei seiner Ansprache anlässlich des Festaktes zum 400-jährigen Jubiläum der Emder Synode von 1571 eine „bündige Absage an jede Autorität in der Kirche lediglich kraft Amtes“[71] gesehen.

Die Emder Kirchenordnung von 1571 bedeutet zwar keine Weichenstellung für demokratische Strukturen in der Kirche, wohl aber für einen Gemeindeaufbau von unten, also für eine kirchliche Verfassung, die von der Gemeinde als Grundeinheit des kirchlichen Lebens ausgeht. Danach sollte jede Gemeinde ihre eigenen Angelegenheiten durch ihr Presbyterium selbst regeln.

Die in dieser Kirchenordnung verwirklichte presbyterial-synodale Ordnung hat sich in den anderen protestantischen Kirchen nur allmählich durchgesetzt. Wegweiser und Meilensteine waren die Regelungen am Niederrhein. In diesen geographischen Raum waren reformierte Flüchtlinge aus den Niederlanden eingeströmt, die ihre calvinistischen Anschauungen von einem Gemeindeaufbau von unten und von presbyterial-synodalen Kirchenleitungsstrukturen mitbrachten. Ihre am Niederrhein gebildeten reformierten Ausländergemeinden waren

---

67 Vgl. 1571 – Emder Synode – 1971 (Anm. 62), S. 49.

68 Zitiert nach: *Lüttgert*, (Anm. 46), S. 36 Fn. 5.

69 Vgl. *Lüttgert* (Anm. 46), S. 36.

70 Vgl. die Regelungen zu den Classicalversammlungen und den Provinzialsynoden in den Akten der Emder Synode von 1571, abgedruckt in: 1571 – Emder Synode – 1971 (Anm. 62), S. 62 f.

71 *Heinemann*, Das Verhältnis von Synode und Parlament, in: 1571 – Emder Synode – 1971 (Anm. 62), S. 285 (286).

„Teil des Verbandes der niederländischen reformierten Kirchen“[72]. Die anderen reformierten Gemeinden der jülich-klevischen Lande organisierten sich ebenfalls nach calvinischem Muster presbyterial-synodal. Viele der lutherischen Gemeinden übernahmen dies Kirchenordnungsmodell.[73]

Dabei kam es zu interessanten Unterschieden. In den Gemeinden, wie denjenigen von Köln und Aachen, die unter katholischer Obrigkeit nur heimlich existieren konnten, weil der geistliche Monarch sich auf den Satz „cuius regio, eius religio“ als Grundlage seiner Herrschaft berief und folglich eine Distanzierung von Religion und Politik nicht akzeptieren konnte[74], setzte sich die Presbyterialverfassung schnell durch. Dagegen setzte sich in Gemeinden, die in aller Öffentlichkeit existieren konnten, bspw. in den Kirchengemeinden von Duisburg und in der Grafschaft Mark (letztere gehörte zeitweise zum Herrschaftsbereich von Kurbrandenburg), die Presbyterialverfassung nur schwer durch, „weil man hier die bürgerliche Obrigkeit oder die Pfarrer als ausreichende Wächter auch für die Kirchenzucht ansah“[75].

Der Freiraum, den diese Gemeinden am Niederrhein hatten, ließ sich allerdings im 18. Jh. angesichts der zunehmenden Machtansprüche der weltlichen Obrigkeit nicht in seiner Gänze verteidigen. Als *Kurfürst Friedrich Wilhelm von Brandenburg* im Jahre 1662 die von der Generalsynode der Reformierten in Duisburg verabschiedete Kirchenordnung zur Bestätigung vorgelegt wurde, versah er diese Bestätigung mit einer Klausel, „die die von dem Kurfürsten beanspruchte Episkopalgewalt andeutete“[76]. Der Kurfürst behielt sich vor, die Rechtsvorschriften der Kirchenordnung „jederzeit (zu) vermindern, vermehren und nach Gelegenheit ändern oder aufheben zu wollen“[77].

Die Inanspruchnahme dieses Rechts durch *Kurfürst Friedrich Wilhelm von Brandenburg* irritierte die reformierten Kirchengemeinden. Für den Kurfürsten war dies jedoch bloßer Ausdruck seiner fürstlichen Souveränität, hatte doch schon *Bodin* die „Machtvollkommenheit, Gesetze für alle und für jeden einzelnen zu erlassen“ („la puissance de donner loy à tous en général & à chacun en particulier“) als „das hervorragendste Merkmal der fürstlichen Souveränität“(„la première marque du prince souveraine“) bezeichnet[78] und die Gesetzgebungs-

72 *Rieker* (Anm. 37), S. 29.

73 Vgl. *Lüttgert* (Anm. 46), S. 34 f.

74 Vgl. *Stolleis*, (Anm. 42), S. 33.

75 *Lüttgert* (Anm. 46), S. 34 f.

76 *Lüttgert* (Anm. 46), S. 41.

77 Zitiert nach *Lüttgert* (Anm. 46), S. 41.

78 Vgl. *Bodin*, Les Six Livres de la République, 2. Aufl. 1577, Buch I, Kap. XI („Die wahren Attribute der Souveränität“ – „Des vrayes marques de souverainité“), S. 300 f. (in

macht des Fürsten dadurch zu einem „Kernstück der Souveränität" gemacht. Das umschloss – wie *Stolleis* ausführt – die Befugnis, ein „Gesetz aufzuheben oder zu ändern, zu korrigieren oder zu interpretieren, je nach Lage der Fälle, der Zeit und der Personen"[79]. Ein kirchlicher Autonomiebereich, geschweige denn ein Selbstbestimmungsrecht einer Religionsgemeinschaft nach heutigem Verständnis war mit dieser Souveränitätslehre naturgemäß nicht vereinbar.

Die französische Herrschaft im Rheinland, die am linken Rheinufer bereits im Jahre 1793 mit der Besetzung durch französische Truppen begonnen hatte und bis 1814 dauerte, veränderte die kirchliche Lage. Die Protestanten in dem nunmehr französischen Gebiet kamen ganz allgemein in den Genuss der Religionsfreiheit und wurden aus der Bedrängnis befreit, nur heimlich existieren zu können oder nur widerwillig geduldet zu sein. Sie konnten Gottesdienste fortan überall in aller Öffentlichkeit durchführen. Es galt nun auch im linksrheinischen Gebiet, was die französische Nationalversammlung am 26.08.1789 in ihrer Erklärung der Menschenrechte festgelegt hatte, nämlich Meinungsfreiheit auch in religiöser Hinsicht, solange nicht die öffentliche Ordnung gestört wurde. Kirchenverfassungsrechtlich wurden die reformierten und lutherischen Gemeinden am linken Rheinufer den organischen Artikeln vom 18 Germinal X (08.04.1802) unterworfen, was eine staatliche Kontrolle und Überwachung zur Folge hatte.[80] Allerdings blieb wie am rechten Rheinufer im Großen und Ganzen der „presbyterial-synodale Organismus" erhalten.[81]

Als nach dem Ende der französischen Herrschaft das Rheinland Bestandteil von Preußen wurde, stellte der preußische Staat sich der Aufgabe, in diesem geographischen Raum eine einheitliche Kirchenordnung einzuführen. Es ist nachvollziehbar, dass er sich dabei an der in den älteren preußischen Staatsgebieten eingeführten Konsistorialverfassung (mit Konsistorien als „geistlichen Staatsbehörden") orientierte und danach trachtete, diese auch in den neu erworbenen Gebieten im Rheinland und in Westfalen in Geltung zu setzen. Dies hätte allerdings bedeutet, dass der preußische Staat sich über „den eigentlichen Kern der niederrheinischen Kirchenverfassung, nämlich das Zusammenwirken von Predigern und Ältesten auf den Synoden," hinweggesetzt hätte.[82]

---

anderen Aufl. auch Buch I, Kap. X mit anderer Seitenzählung) – auszugsweise deutsche Übersetzung bei: Bodin, Über den Staat, Reclams Universal Bibliothek Nr. 9812, S. 42).

79 *Stolleis* (Anm. 42), S. 173 f.; vgl. auch *Bodin* (Anm. 78), Buch I, Kap. IX („Über die Souveränität" – „De la souverainité"), S. 210 und 213 (in anderen Aufl. auch Kap. VIII mit anderer Seitenzählung) und Reclams Universal-Bibliothek (Anm. 78), S. 31 ff.

80 Vgl. *Schön*, Das evangelische Kirchenrecht, Bd. 1, 1903, S. 61 f. und S. 62 Fn. 1.

81 *Rieker* (Anm. 37), S. 31; vgl. auch *Lüttgert* (Anm. 46), S. 62 f.

82 Vgl. *Lüttgert* (Anm. 46), S. 65 f.

Das Vorhaben musste daher zu einem Konflikt führen. In Eingaben an die vom preußischen Kultusministerium bzw. vom preußischen König alsbald gebildeten Konsistorien beriefen sich bspw. die reformierte Kirche in den jülich-clevischen Landen und die lutherische Kirche in Jülich und Berg auf ihre Presbyterialverfassungen und äußerten die Erwartung, dass diese von staatlicher Seite respektiert werden. Das Kultusministerium erinnerte jedoch seinerseits an die von Kurfürst Friedrich Wilhelm im Jahre 1662 anlässlich der Genehmigung der von der Generalsynode in Duisburg verabschiedeten Kirchenordnung hinzugefügte Klausel, die Kirchenordnung jederzeit abändern oder aufheben zu können, was auch das Recht umfasse, eine andere Kirchenverfassung in Kraft zu setzen.[83]

Nach langjährigen Auseinandersetzungen kam es zu einem Kompromiss zwischen staatlicher und kirchlicher Seite, der in der Kirchenordnung für die evangelischen Gemeinden der Provinz Westfalen und der Rheinprovinz (Rheinisch-westfälische Kirchenordnung) seinen Niederschlag fand, die König Friedrich Wilhelm durch Kabinettsorder vom 05.03.1835 in Kraft setzte. Sie versuchte, die presbyterial-synodalen Strukturen, die sich am Niederrhein in der Tradition der Emder Kirchenordnung bei den reformierten und lutherischen Gemeinden herausgebildet hatten, mit der Kirchenverfassung der älteren preußischen Staatskirche zu verbinden.

Der Kompromiss bestand darin, dass entsprechend der niederrheinischen synodalen Tradition die Bildung von unten her aufbauender presbyterial-synodaler Vertretungsorgane (Presbyterium – Kreissynode – Provinzialsynode) vorgesehen wurde, denen dann jedoch Organe des landesherrlichen Kirchenregiments in Gestalt des Ministeriums für geistliche Angelegenheiten als Aufsichtsbehörde, auf Provinzialebene vom König bestellte Generalsuperintendenten und Provinzialkonsistorien als konsistoriales Korrektiv gegenübergestellt wurden.[84] Da die getroffene Wahl der Superintendenten der Bestätigung durch das Ministerium für geistliche Angelegenheiten bedurfte, die Staatsaufsicht über das Kirchenwesen in § 148 der Kirchenordnung umfassend geregelt wurde und die Kirchenordnung durch Kabinettsorder Gesetzeskraft erhielt und in den Regierungsamtsblättern der beiden Provinzen bekannt gemacht wurde, ohne dass eine Verabschiedung durch Gemeinden und Synoden vorgesehen war, ist die Schlussfolgerung von *Lüttgert* nicht abwegig, dass die rheinisch-westfälische Kirchenordnung vor allem in der praktischen Umsetzung zeigte, „dass der preußische Territorialismus in allem, was über die Ortsgemeinde hinausging, damals noch unbeugsam war", da „der Staat ... die eigentliche Kirchenregierung ... für

---

83 Vgl. *Lüttgert* (Anm. 46), S. 71 f. Fn. 1.

84 Vgl. *Link*, Kirchliche Rechtsgeschichte, 2009, § 21 Rn. 7.

die königlichen Behörden in Anspruch“ nahm und die „Synoden, genau genommen, nur die Stellung von beratenden Körperschaften“ hatten.[85]

So war auch *Rieker* der Meinung, die rheinisch-westfälische Kirchenordnung sei „ein Beweis dafür, wie wenig geneigt der Geist der Zeit einer auf dem Prinzipe der Selbständigkeit aufgebauten Kirchenverfassung war“[86]. Gleichzeitig hebt er jedoch hervor, dass diese Kirchenordnung „mehr presbyteriale und synodale Elemente enthielt als irgendeine andere“ und dass sie „für die neueren Kirchenordnungen das Vorbild abgab“[87]. In seinem sechs Jahre später erschienenen Werk „Grundsätze reformierter Kirchenverfassung“ stellte *Rieker* dann auch fest, dass es bei der in dieser Kirchenordnung erfolgten Kombination der lutherischen Konsistorialverfassung und der reformierten Presbyterial- und Synodalverfassung zu einem „unverkennbaren Übergewicht der reformierten Verfassungselemente“ kam.[88]

Ohnehin sollte nicht verkannt werden, dass diese Kirchenordnung – verglichen mit der Rechtslage im übrigen Preußen – einen erheblichen Fortschritt in Richtung kirchlicher Selbstverwaltung brachte, zumal es – wie *Link* hervorhebt – „breiten Kreisen der evangelischen Kirche nicht um eine Abschaffung, sondern um eine Modifizierung des landesherrlichen Summepiskopats (ging), um eine Entbürokratisierung und Ergänzung durch kirchliche Vertretungskörperschaften“[89].

Die rheinisch-westfälische Kirchenordnung führte zu einer erheblichen flächenmäßigen Ausdehnung des in der Emder Kirchenordnung vorgebildeten und in den reformierten sowie lutherischen Gemeinden am Niederrhein gelebten presbyterial-synodal ausgestalteten kirchenverfassungsrechtlichen Prinzips. Sie wurde dadurch „zum Vorbild für das evangelische Deutschland“[90].

III. Der Aufbruch zu demokratischen Staatsformen und dessen Begleitung durch die evangelischen Landeskirchen

Was das Verhältnis zum Staat anging, so waren die kirchlichen Kräfte fortan offensichtlich eher weiter darauf konzentriert, die Fesseln des Staatskirchentums zu lockern, als sich Gedanken über die Organisationsform des weltlichen Staates zu machen. Allerdings gab es Stimmen – auch solche mit erheblicher Breiten-

---

85 *Lüttgert* (Anm. 46), S. 86 f.

86 *Rieker*, Die rechtliche Stellung der evangelischen Kirche Deutschlands in ihrer geschichtlichen Entwicklung bis zur Gegenwart, 1893, S. 366 f.

87 *Rieker* (Anm. 86), S. 366 f.

88 *Rieker* (Anm. 37), S. 31.

89 *Link* (Anm. 84), § 21 Rn. 7.

90 *Link* (Anm. 84), § 21 Rn. 7.

wirkung und großem Einfluss – die ausdrücklich vor einer Herrschaft der Majorität und vor der Demokratie warnten. Hierfür soll exemplarisch *Stahl* genannt werden, der nicht nur Bedenken gegen synodale Strukturen jenseits und oberhalb der Ortsgemeinde erhob, sondern auch gegen die Staatsform der Demokratie. Eine Gefahr von synodalen Strukturen auf der Ebene der Landeskirche bestand seiner Ansicht darin, dass in einer Zeit, in der der christliche Glaube nicht mehr unangefeindet sei, Kräfte in den kirchlichen Gremien Macht und Einfluss gewinnen könnten, denen es nicht um die wahre christliche Lehre gehe, sondern darum, in der Kirche ihre eigene „Lehre und Weltanschauung, ihre Leugnung oder ihre Falschmünzerei zur Herrschaft zu bringen“[91]. Die Gefahr der Entchristianisierung verkörperte sich für ihn in einer „herrschenden Stimmung, namentlich in den Städten“[92].

Den Staat betrachtete *Stahl* als normativ vom Christentum bestimmt. Zweck des Staates sei „die Verwirklichung des sittlichen Reiches“[93]. Für *Stahl* waren Rechtsstaatlichkeit und bürgerliche Freiheiten unverzichtbar.

Hinsichtlich der Staatsverfassung stellte sich *Stahl* jedoch klar gegen das parlamentarische Prinzip und bezog eindeutig Stellung für das monarchische Prinzip.[94] Die Demokratie war für ihn „die schwächste, bürgschaftsloseste unter allen Verfassungen“[95]. Er vertrat die Ansicht, dass die Volksherrschaft „alle Leidenschaften und unedlen Triebfedern der Masse“ entfessele und ihnen den Staat preisgebe.[96] Stahl hielt es für einen „demokratischen Irrtum der Revolution“, dass „die Form der Verfassung und die Zuständigkeit der Gewalt aus den Menschenrechten“ hervorgehen „und nach ihnen sich bestimmt“[97] und er betrachtete die Revolution von 1848 als eine „Katastrophe“ und als „ein göttliches Gericht“, und zwar „ein Gericht nicht bloß über die Sünden des Volks, sondern auch über die Sünden der Obrigkeit“[98]. *Stahl* warb daher unverdrossen für die Idee eines christlichen Staates, auch um „der zunehmenden Säkularisierung des öffentlichen Lebens Einhalt zu gebieten“[99]. Wichtig war für ihn folglich die Christlichkeit der öffentlichen Institutionen, wie sie in Art. 14 der (revidierten)

---

91 Vgl. *Stahl*, Die Kirchenverfassung nach Lehre und Recht der Protestanten, 2. Aufl. 1862, S. 345 (351).

92 *Stahl* (Anm. 91), S. 351.

93 *Stahl*, Rechts- und Staatslehre auf der Grundlage christlicher Weltanschauung, 2. Abteilung, 5. Aufl. 1878, S. 144.

94 *Stahl* (Anm. 93), S. 372 (insbes. 413 ff.).

95 *Stahl* (Anm. 93), S. 484 f.

96 *Stahl* (Anm. 93), S. 484 f.

97 *Stahl* (Anm. 91), S. 99.

98 *Stahl* (Anm. 93), Vorrede zur 3. Aufl., S. IX.

99 *Link* (Anm. 84), § 20 Rn. 6.

Preußischen Verfassung vom 31.01.1850 vorgesehen war. Nach diesem Art. 14 war „die christliche Religion ... bei denjenigen Einrichtungen des Staats" zugrunde zu legen, „welche mit der Religionsausübung im Zusammenhange" stehen.[100]

Der Sturz der Monarchie nach dem Ende des Ersten Weltkrieges war ein einschneidendes Ereignis für die evangelischen Landeskirchen, weil die evangelischen Kirchen vor eine für sie völlig neue kirchenverfassungsrechtliche Situation gestellt wurden. Sie verloren, wie *Rieker* ausführte, „ein wichtiges Stück ihrer ganzen Organisation, das landesherrliche Kirchenregiment"[101]. Das „Grundmuster ihrer Verfassungen", das landesherrliche Kirchenregiment, „das nahezu vierhundert Jahre in Geltung gestanden hatte", war weggebrochen.[102] Zwar wiesen einige, wie bspw. *Rieker*, darauf hin, dass „die Trennung von Staat und Kirche nicht die Entchristlichung des Staates, seine Abkehr von den Grundsätzen des Christentums bedeuten" müsse.[103] Dies konnte die durch den Sturz der Monarchie aufgeschreckte evangelische Kirche jedoch nicht beruhigen.

Die Verunsicherung in der evangelischen Kirche war umso größer, als mit dem Umsturz nicht nur ihr Anker im protestantisch geprägten Kaiserreich weggefallen war, sondern der Staat zudem durch soziale und politische Unruhen gefährdet wurde, in denen sich Kräfte artikulierten, die mit starker antikirchlicher Programmatik auf eine strikte Trennung von Staat und Kirchen bzw. Religionsgemeinschaften drängten.[104] Diese Kräfte konnten zwar letztlich – wenn auch zeitweise nur mit Mühe – eingefangen oder durch andere Mehrheiten neutralisiert werden, und es gelang, in der WRV eine Regelung für das Verhältnis von Staat und Religionsgemeinschaften zu treffen, die nicht dem französischen Modell einer feindlichen Trennung folgte. Man versuchte nicht, wie in Frankreich, die Kirchen aus der Öffentlichkeit zu verdrängen und in den privaten und privatgesellschaftlichen Bereich zu verbannen. Man beließ ihnen Entfaltungsmöglichkeiten auch im öffentlichen Bereich, was u.a. in den Regelungen zum Religionsunterricht als ordentliches Lehrfach an den Schulen und auch darin zum Aus-

---

100 Vgl. *Link*, Friedrich Julius Stahl. Christlicher Staat und Partei der Legitimität, in: Heinrichs/Franzki/Schmalz/Stolleis, Deutsche Juristen Jüdischer Herkunft, München 1993, S. 59 ff. (S. 72 f.), vgl. auch *Heckel*, Säkularisierung, in: *ders.*, Gesammelte Schriften, hrsg. von Klaus Schlaich, Jus Ecclesiasticum Bd. 38, S. 773 (805 ff.).

101 *Rieker*, Zur Neugestaltung der protestantischen Kirchenverfassung in Deutschland, 1919, S. 11 f.

102 *Scholder/Pacelli/Barth*, Politik, Kirchenpolitik und Theologie in der Weimarer Republik, in: von Aretin/Besier (Hrsg.), Klaus Scholder. Die Kirchen zwischen Republik und Gewaltherrschaft. Gesammelte Aufsätze, 1988, S. 98 (104).

103 Vgl. *Rieker* (Anm. 101), S. 5.

104 Vgl. *Link* (Anm. 84), § 26 Rn. 1.

druck kam, dass die Kirchen ihren Status als Körperschaften des Öffentlichen Rechts behielten.[105]

Das reichte jedoch nicht aus, um der evangelischen Kirche zu einem unbefangenen Verhältnis zu der neuen Staatsform zu verhelfen. Sie hat mit weiten Teilen der Bevölkerung die republikanische Staatsform abgelehnt und sich überwiegend – wie es am 22.06.1995 der damalige Vorsitzende des Rates der EKD, Landesbischof *Engelhardt*, beim Johannisempfang des Bevollmächtigten des Rates der EKD in Bonn ausgedrückt hat – in eine „schmollende nationalkonservativen Ecke“[106] zurückgezogen. Dabei mag neben der Fremdheit gegenüber den neuen staatlichen Strukturen auch ein abgrundtiefes Misstrauen gegenüber einem Staat eine Rolle gespielt haben, der den Ursprung der Staatsgewalt nicht mehr in Gott sah, sondern – wie es in Art. 1 WRV hieß – „vom Volke“ ableitete. Vermutlich haben auch Vorstellungen eine Rolle gespielt, die Freiheit in erster Linie „als innere Freiheit und Einstimmung in den Willen Gottes“ verstanden haben, und für die als religiöse Patrioten politische Freiheit nicht Freiheit vom Staat, sondern Freiheit für den Staat bedeutete.[107]

So kam es dazu, dass die Kirchenleitungen der evangelischen Landeskirchen überwiegend „ihr Heil in der Stärkung der Rechten“[108] suchten. Gegenüber der Demokratie wurde eine eher kritische Haltung eingenommen, der Monarchie wurde nachgetrauert und es wurde vielfach eine Vorliebe für monarchische Staatsformen bekundet. So vertrat bspw. der Theologe *Althaus* die Ansicht: „Eine demokratische Verfassung, die der Mehrheit der jetzt lebenden Staatsbürger den politischen Willen zu bilden gäbe, wäre im tieferen Sinne unsittlich.“[109]

Dem standen zwar andere gegenüber, wie *von Harnack*, der nachdrücklich für eine Unterstützung der Weimarer Republik warb, sich zur ihr als einer „sozialen Republik“ bekannte und die ablehnende Haltung, die die evangelische Kirche gegenüber der Weimarer Republik einnahm, als verhängnisvoll betrachtete.[110] Auch *Dibelius*, der damalige Generalsuperintendent der Kurmark, der im Nachkriegsdeutschland von 1945-1966 Bischof der Evangelischen Kirche von Berlin-Brandenburg und von 1949-1961 Vorsitzender des Rates der EKD war, hatte im Jahre 1927 für ein positives Verhältnis zum Staat und eine „vertrauens-

---

105 Vgl. *Link* (Anm. 84), § 26 Rn. 13.

106 *Engelhardt*, Ansprache am 22.06.1995 in Bonn, nicht veröffentlichtes Manuskript S. 1 f.

107 *Kaiser*, Pietismus und Patriotismus im Literarischen Deutschland. Ein Beitrag zum Problem der Säkularisation, 1973, S. 227.

108 *Scholder*, Die Kirchen und das Dritte Reich, Bd. 1, Vorgeschichte und Zeit der Illusionen 1918-1934, 1986, S. 22.

109 *Althaus*, Staatsgedanke und Reich Gottes, 3. Aufl. 1926, S. 42 f.

110 Vgl. dazu *Nottmeier*, Adolf von Harnack und die deutsche Politik 1890-1930, 2004, S. 462 (490, 502).

volle Zusammenarbeit zwischen Staat und evangelischer Kirche" geworben. Im Unterschied zu *Asmussen*, den „das ganze Parteigetriebe" anekelte,[111] hat sich *Dibelius* zumindest indirekt zur Rolle der politischen Parteien in einer Demokratie bekannt, indem er zwar einerseits betonte, dass die Kirche „jenseits aller Parteipolitik" zu stehen habe und „die Leitung der Kirche ... im öffentlichen Leben aller Parteipolitik fern bleiben" solle, gleichzeitig aber meinte, dass „Mitglieder und Diener der Kirche ... möglichst in jede Partei" gehörten.[112]

Diese Stimmen blieben jedoch eine Minderheit; die Mehrheit wachte erst auf, als es zu spät war, und die evangelische Kirche die Repression eines totalitären Staates zu spüren bekam und sich „die Hoffnung auf eine Symbiose der Kirchen mit dem totalitären NS-Staat ... als eine verhängnisvolle Illusion" erwiesen hatte.[113]

IV. Die EKD-Denkschrift aus dem Jahre 1985

Nachdem der Rat der EKD am 19.10.1945 in der „Stuttgarter Erklärung" die Mitschuld der evangelischen Christen an dem Leid bekannt hatte, das durch das nationalsozialistische Deutschland „über viele Völker und Länder gebracht worden" [114] war, hat die evangelische Kirche in der Nachkriegszeit „ihre öffentliche Verantwortung im demokratischen Rechtsstaat bewusst wahrgenommen"[115].

Davon legt bereits die Botschaft Zeugnis ab, die die in der Kirchenkonferenz versammelten Vertreter der evangelischen Landeskirchen im August 1945 von Treysa aus an die Gemeinden richteten. In diesem Wort der Kirchenkonferenz der EKD wurde an die (evangelischen) Christen appelliert, „in der Tiefe der Not" öffentliche Verantwortung zu übernehmen. Es hieß dort, dass nach dem Ende der nationalsozialistischen Zeit „die Tür wieder aufgegangen" sei, und es wurde ausgeführt: „Wer nun als Christ öffentliche Verantwortung übernimmt, will Dienst und nicht Macht".[116]

Im Jahre 1985 veröffentlichte die EKD die Denkschrift „Evangelische Kirche und freiheitliche Demokratie. Der Staat des Grundgesetzes als Angebot und Aufgabe", in der „die Staatsform der liberalen Demokratie" eine „eingehende

---

111 *Asmussen*, Das vierte Gebot und die Politik, Deutsches Volkstum 1932, S. 1001 (1008).

112 *Dibelius*, Das Jahrhundert der Kirche, 1927, S. 232 (239 f.).

113 *Link* (Anm. 84), § 29 Rn. 34.

114 Vgl. die Stuttgarter Erklärung vom 19.10.1945, abgedruckt bei: Merzyn (Hrsg.), Kundgebungen, Worte und Erklärungen der Evangelischen Kirche in Deutschland, Bd. 1: 1945-1959, 2. Aufl. 1993, S. 14.

115 Vorwort des Vorsitzenden des Rates der EKD Landesbischof Lohse zur Denkschrift der Evangelischen Kirche „Evangelische Kirche und freiheitliche Demokratie. Der Staat als Angebot und Aufgabe", 1985, S. 6.

116 Vgl. Merzyn (Hrsg.) (Anm. 114), S. 6 f.

positive Würdigung“ erfuhr.[117] Zuvor hatte bereits der hannoversche Landesbischof *Lohse*, der von 1979 bis 1985 Vorsitzender des Rates der EKD war und in dessen Amtszeit die vorerwähnte Denkschrift erarbeitet und veröffentlicht wurde, im Jahre 1975 in 14 Thesen unter dem Titel „Die evangelische Kirche und der demokratische Rechtsstaat“ den „demokratischen Rechtsstaat“ „als relativ beste Staatsform“ gewürdigt, „weil er insbes. individuelle Entfaltung, freie Meinungsäußerung, Schutz der Schwachen, Herstellung von Chancengerechtigkeit und Förderung des Wohls aller Menschen ermöglicht“[118]. Die vorerwähnten Thesen dienten als Gesprächsgrundlage für eine Begegnung des Rates der Konföderation evangelischer Kirchen in Niedersachsen mit der Niedersächsischen Landesregierung.

In der Denkschrift wird die Demokratie als diejenige Verfassungsform gewürdigt, „die die unantastbare Würde der Person als Grundlage anerkennt und achtet“[119]. Dabei wird besonders hervorgehoben, „dass die Grundgedanken, aus denen heraus ein demokratischer Staat seinen Auftrag wahrnimmt, eine Nähe zum christlichen Menschenbild aufweisen“[120]. Aus der „Einsicht in die Sündhaftigkeit und Fehlbarkeit des Menschen“ werden als „Grundelemente einer demokratischen Verfassung“ die „Begrenzung der Macht und die Kontrolle der Machtausübung“ ebenso positiv gewürdigt wie die Partizipationsmöglichkeiten der Bürgerinnen und Bürger. In der Denkschrift heißt es wörtlich: „Die politische Verantwortung ist im Sinne *Luthers* ‚Beruf‘ aller Bürger in der Demokratie.“[121]

In der Reaktion auf die Denkschrift wurde interessanterweise nicht oder kaum erörtert, ob nicht vielleicht gerade von den Kirchen der Reformation Anstöße für demokratische Entwicklungen ausgegangen sind, ist es doch auffällig, dass die ersten demokratisch verfassten Staaten im 19. Jh. protestantisch geprägte Länder waren. Eher wurde darauf hingewiesen, dass demokratische Entwicklungen nicht selten gegen den Widerstand der christlichen Kirchen durchgesetzt werden mussten, was durchaus der historischen Wahrheit entspricht.

---

117 Vgl. das Vorwort zur Denkschrift des Vorsitzenden der Kammer der EKD für Öffentliche Verantwortung Rendtorff (diese Kammer hatte die Denkschrift für den Rat der EKD erarbeitet) (Anm. 115), S. 7.

118 *Lohse*, Die relativ beste Staatsform, Lutherische Monatshefte 14. Jahrgang (1975), S. 218 (219).

119 Vgl. EKD-Denkschrift (Anm. 115), S. 12.

120 Vgl. EKD-Denkschrift (Anm. 115), S. 14.

121 Vgl. EKD-Denkschrift (Anm. 115), S. 15 f.

V. Zusammenfassende Schlussbemerkungen

In diesem Beitrag wurde versucht aufzuzeigen, dass die Reformatoren zwar gewiss nicht zu den Förderern der demokratischen Staatsform gerechnet werden können. Gleichwohl haben sie durch ihr Lehrgebäude, zu nennen ist hier in erster Linie *Luthers* Zwei-Reiche-Lehre, und durch die von ihnen eingeführten Kirchenleitungsstrukturen Anstöße gegeben, die die Entflechtung von Staat und Kirche vorangebracht und den Gedanken gefördert haben, dass es sinnvoll ist, Leitungsverantwortung auf mehrere Schultern zu verteilen und diese an die ihr zugeordneten Gemeinden zurück zu binden, auch wenn letzteres zunächst nur zaghaft geschah. Interessant ist, dass sich diese Strukturen vor allem dort ausgebildet haben, wo der Landesherr einer anderen Konfession angehört hat. Wenn sich die Synoden auch damals fast allein aus Amtsträgern zusammensetzten, also Gremien waren, in denen die Personen zusammen saßen, die in den Gemeinden Leitungsverantwortung trugen, so waren es doch Institutionen, in denen durch die Erörterung von Argument und Gegenargument quasiparlamentarische Usancen gelernt und eingeübt werden konnten.

Dass diese Schulung im Reden und Debattieren eine gute Vorbereitung für das parlamentarische Leben in einer Demokratie ist, weil die Selbstverwaltung das Verantwortungsbewusstsein für die anvertrauten Belange schärft, hat nicht nur das Freikirchentum in England (als Gegenüber zur Church of England) gezeigt, wo zahlreiche „Abgeordnete durch ihre religiösen Tätigkeiten die Voraussetzung ihrer politischen Laufbahn schufen“[122]. Die gleiche Beobachtung konnte man in der DDR und in der Nachwendezeit machen. Dort waren die Synoden der evangelischen Landeskirchen und die Synode des Bundes der evangelischen Kirchen praktisch die einzigen Gremien, in denen man die Kunst des Debattierens lernen und üben sowie sich mit parlamentarischen Regeln und Gebräuchen vertraut machen konnte. „In den Kirchengemeinden und kirchlichen Verbänden“ wurde „eine Wahl- und Gesprächskultur“ gelebt, wie man „sie in den staatlichen Gremien, in den Parteien und Massenorganisationen“ der DDR nicht einmal in Ansätzen kannte.[123] Es war daher kein Zufall, dass vielen Persönlichkeiten aus den evangelischen Kirchen der DDR in der Zeit der Wende und nach der Wende politische Verantwortung anvertraut wurde. Auch darin kann man einen Beitrag der evangelischen Kirche zur Förderung der Demokratie sehen.

---

122 Vgl. *Linden*, Sozialismus und Religion. Konfessionssoziologische Untersuchung der Labour Party 1929-1931, 1932, S. 154 (155), s. auch S. 64 f.; vgl. auch *Schöffler*, Wirkungen der Reformation. Religionssoziologische Folgerungen für England und Deutschland, 1960, S. 364 f.

123 *Israel*, Freie Wahlen. Demokratie, in der Kirche schon lange Praxis, ist erst seit zwanzig Jahren in Ostdeutschland Wirklichkeit, in: Die Kirche 18.01.2009, S. 1.

Schadensersatzpflicht des unterlegenen Bewerbers in beamtenrechtlichen Stellenbesetzungsverfahren nach erfolglosem Antrag auf einstweilige Anordnung

Karsten Hoof *

Der Beitrag befasst sich mit der Frage, ob der unterlegene Bewerber in beamtenrechtlichen Stellenbesetzungsverfahren dem ausgewählten Konkurrenten schadensersatzpflichtig ist, wenn er dessen Ernennung durch einen – im Ergebnis erfolglosen – Antrag auf einstweiligen Rechtsschutz verzögert. Eine solche Verpflichtung könnte sich aus § 945 ZPO i.V.m. § 123 Abs. 3 VwGO ergeben. Nach der am baurechtlichen Nachbarstreit entwickelten Rechtsprechung ist der Antragsteller aus § 945 ZPO jedoch nur gegenüber dem Antragsgegner – hier also dem Dienstherrn – nicht jedoch gegenüber Dritten – hier also dem ausgewählten Konkurrenten als Beigeladenem – ersatzpflichtig. Der Autor untersucht einerseits, ob diese Auslegung in der Konstellation des beamtenrechtlichen Konkurrentenstreits zwingend ist und andererseits, ob rechtspolitische Erwägungen eine legislatorische Korrektur des gefundenen Ergebnisses rechtfertigen.

I. Einführung

Rudek[1] hat mit Blick auf die von *Landau* und *Christ*[2] angegebenen Zahlen der Konkurrentenstreitigkeiten in der hessischen Justiz die umstrittene Problematik der Schadenshaftung in mehrpoligen Verwaltungsrechtsverhältnissen im Rahmen des Beamtenrechts aufgeworfen. Konkret stellt er die Frage, ob der in einem Stellenbesetzungsverfahren vom Dienstherrn ausgewählte Konkurrent von einem unterlegenen Bewerber Schadensersatz verlangen kann, wenn sich die Stellenbesetzung durch dessen letztendlich erfolgloses Bemühen um einstweiligen Rechtsschutz nach § 123 VwGO verzögert. *Rudek* hält einen dahinge-

---

* Der Verfasser ist Ass. iur., wissenschaftlicher Mitarbeiter am Lehrstuhl für Rechtsgeschichte, Rechtsphilosophie i.V.m. Öffentlichem Recht (*Prof. Dr. Carola Schulze*) an der Juristischen Fakultät der Universität Potsdam und Doktorand bei Herrn *Prof. Dr. Matthias Dombert.*

1 *Rudek*, Schadensersatz für den Beigeladenen nach erfolglosem Antrag auf einstweilige Anordnung im beamtenrechtlichen Konkurrentenverfahren, in: NJW 2003, S. 3531.

2 *Landau/Christ*, Die Konkurrentenklage im Spannungsfeld der Justiz, in: NJW 2003, S. 1648: Hiernach kam es im Zeitraum von 1999 bis 2001 in der hessischen ordentlichen Gerichtsbarkeit bei 118 Beförderungen zu 35 Konkurrentenstreitverfahren.

henden Schadensersatzanspruch für erforderlich. Nach seiner Ansicht lässt sich dieser Anspruch bereits aus § 945 ZPO, auf den § 123 Abs. 3 VwGO verweist, herleiten. Da Rechtsprechung[3] und herrschende Literaturmeinung[4] dem allerdings entgegenstehen, fordert er den Gesetzgeber dazu auf, eine ausdrückliche Anspruchsgrundlage zu schaffen, um den beim ausgewählten Konkurrenten „unausweichlich entstehenden Vermögensschaden" zu kompensieren. Dabei drängt sich der Eindruck auf, *Rudek* wolle mit der Schaffung eines zusätzlichen finanziellen Risikos für den Antragsteller die mit der steigenden Anzahl beamtenrechtlicher Konkurrentenklagen verbundenen Probleme „lösen", auch wenn er vermeidet, diese Konsequenz ausdrücklich zu ziehen.[5] Die Ausführungen geben Anlass, die aufgeworfene Problematik sowohl im Hinblick auf die Auslegung des § 945 ZPO als auch auf die Notwendigkeit legislatorischer Maßnahmen einer eingehenden Erörterung zu unterziehen.

II. Ausgangssituation

1. Stellenbesetzungsverfahren und Rechtsschutz nach Art. 33 Abs. 2, 19 Abs. 4 GG

Art. 33 Abs. 2 GG gewährt jedem Deutschen ein *grundrechtsgleiches Recht*[6] auf gleichen Zugang zu jedem öffentlichen Amt nach Eignung, Befähigung und fachlicher Leistung. Es gilt sowohl für Einstellungs- als auch Beförderungsämter. Daraus resultiert zwar zunächst kein Anspruch auf ein bestimmtes Amt[7], aber der *subjektiv-rechtliche Anspruch* jeden Bewerbers, dass der Dienstherr

---

3 *BGH*, Urt. v. 07.11.1961 – II ZR 47/61 – DVBl. 1962, S. 217; bestätigt in *BGH*, Urt. v. 23.09.1980 – VI ZR 165/78 – NJW 1981, S. 349.

4 *Schoch*, in: Schoch/Schmidt-Aßmann/Pietzner, VwGO, Losebl., Stand: 05/2010, § 123, Rn. 200; *Puttler*, in: Sodan/Ziekow, Kommentar zur VwGO, 3. Aufl. 2010, § 123, Rn. 148; *Funke-Kaiser*, in: Bader/Funke-Kaiser/Kuntze/v. Albedyll, VwGO, 5. Aufl. 2010, § 123, Rn. 78; *Eyermann*, VwGO, 11. Aufl. 2000, § 123, Rn. 85; *Schenke*, in: Kopp/Schenke, VwGO, 15. Aufl. 2009, § 123, Rn. 44; *Drescher*, in: Rauscher/Wax/Wenzel (Hsrg.), Münchener Kommentar zur Zivilprozeßordnung, 3. Aufl. 2007, § 945, Rn. 34 und *Redeker*, in: Redeker/v. Oertzen, VwGO, ab 10. Aufl. 1991, § 123 Rn. 35; zweifelnd *Uechtritz*, Nachbarrechtsschutz bei der Errichtung von Wohngebäuden im Freistellungs-, Anzeige- und vereinfachten Verfahren, in: NVwZ 1996, S. 640 (645); a.A. *Pietzner/Ronellenfitsch*, Das Assessorexamen im Öffentlichen Recht, 12. Aufl. 2010, § 59, Rn. 30.

5 Insoweit belässt er es bei einer vagen Andeutung: „Über die sonstigen Auswirkungen der empfohlenen Gesetzesänderung kann nur spekuliert werden", *Rudek* (Anm. 1), S. 3534.

6 Vgl. *BVerfG*, Urt. v. 20.03.1952 – 1 BvR 267/51 – E 1, 167 (184).

7 Abgesehen vom (seltenen) Fall der Ermessensreduzierung auf Null, vgl. hierzu *Schnellenbach*, Beamtenrecht in der Praxis, 6. Aufl. 2005, Rn. 27 ff.

über seine Bewerbung ermessens- und beurteilungsfehlerfrei entscheidet (sog. *Bewerbungsverfahrensanspruch*).[8] Diesen Anspruch muss der Bewerber als unmittelbaren Ausfluss der Rechtsschutzgarantie des Art. 19 Abs. 4 GG auch gerichtlich durchsetzen können.[9] Dazu kann er Klage auf Wiederholung des Auswahlverfahrens unter Beachtung des Art. 33 Abs. 2 GG erheben (Bescheidungsklage).

Die Besonderheiten des Beamtenrechts setzen der Wirksamkeit gerichtlichen Rechtsschutzes jedoch enge zeitliche Grenzen. Das *BVerwG*[10] hält prinzipiell am *Grundsatz der Ämterstabilität* fest. Danach kann eine einmal erfolgte Ernennung außerhalb der §§ 13 f. BBG bzw. §§ 11 f. BeamtStG nicht mehr rückgängig gemacht werden. Ein auf die Neubescheidung seiner Bewerbung gerichteter anhängiger Rechtsstreit des unterlegenen Bewerbers erledigt sich – im Regelfall[11] – mit der Ernennung des Konkurrenten[12], da der Bewerber seine eigene Ernennung dann nicht mehr erreichen kann.

Gerichtlicher Primärrechtsschutz kann daher nur durch einen Antrag im einstweiligen Rechtsschutzverfahren erreicht werden. Um diesen zu ermöglichen, muss der Dienstherr die unterlegenen Bewerber rechtzeitig vor der beabsichtigten Ernennung des erfolgreichen Konkurrenten über seine Auswahlentscheidung informieren.[13] In diesen Negativmitteilungen sieht die Rechtsprechung[14] vom Fortgang des übrigen Auswahlverfahrens losgelöste Verwaltungsakte mit der Regelung, die Mitteilungsempfänger nicht ernennen zu wollen. Widerspruch und Klage gegen die Mitteilung der Auswahlentscheidung haben hinsichtlich des Fortgangs des Auswahlverfahrens – also die Amtsübertragung an den ausgewählten Konkurrenten durch dessen Ernennung – keine aufschiebende Wirkung. Will ein unterlegener Bewerber gegen die Auswahlentscheidung vor-

---

8 Vgl. *BVerfG*, Beschl. v. 09.07.2002 – 2 BvQ 25/02 – NVwZ 2002, S. 1367; Beschl. v. 24.09.2002 – 2 BvR 857/02 – NVwZ 2003, S. 200 (201).

9 St. Rspr., vgl. z.B. *BVerwG*, Urt. v. 21.08.2003 – 2 C 14/02 – E 118, 370 (373 f.), m.w.N.

10 *BVerwG* (Anm. 9), E 118, 370 (372 f.).

11 Der Rechtsschutzanspruch des unterlegenen Bewerbers soll sich nach neuer Auffassung des *BVerwG* (Urt. v. 04.11.2010 – 2 C 16/09 – Juris, Rn. 29 ff.) allerdings gegen den Grundsatz der Ämterstabilität durchsetzen, wenn der unterlegene Bewerber keine Möglichkeit hatte, im Wege des einstweiligen Rechtsschutzverfahrens wirksamen gerichtlichen Rechtsschutz zu erhalten. In diesem Fall sei die Anfechtung der Ernennung des Konkurrenten möglich.

12 *BVerwG*, Urt. v. 25.08.1988 – 2 C 62/85 – E 80, 127 (129 f.).

13 *BVerfG*, Beschl. v. 19.09.1989 – 2 BvR 1576/88 – NJW 1990, S. 501.

14 *BVerwG* (Anm. 12), E 80, 127 (130); kritisch zu dieser Dogmatik *Wieland*, Konkurrentenschutz bei Beamtenernennungen, in: Festschrift für Blümel, 1999, S. 647 (651); ausführlich unten IV.1.c.

gehen, so muss er zusätzlich die Ernennung des ausgewählten Konkurrenten vorläufig verhindern. Nach der Dogmatik der höchstrichterlichen Rechtsprechung kommt dazu nur das einstweilige Anordnungsverfahren nach § 123 VwGO in Betracht.[15]

2. Verzögerungsschaden des verhinderten Konkurrenten

Zwischen der Auswahlentscheidung des Dienstherrn und der beabsichtigten Ernennung des ausgewählten Konkurrenten liegt i.d.R. nur eine sehr kurze Zeitspanne, zumeist nur die *geforderte Mindestfrist* von ca. 2 Wochen[16]. Beantragt der unterlegene Bewerber (Antragsteller) in dieser Zeit den Erlass einer einstweiligen Anordnung, so darf der Dienstherr (Antragsgegner) die Ernennung des Konkurrenten (notwendig Beizuladender gem. § 65 VwGO) nicht vornehmen, bis über den Antrag abschlägig entschieden worden ist und er auch davon ausgehen kann, dass die Einlegung zulässiger Rechtsmittel unterbleibt.[17] Dies folgt aus seiner grundrechtsunmittelbaren Verpflichtung nach Art. 33 Abs. 2 GG i.V.m. Art. 19 Abs. 4 GG, den Rechtsschutz des unterlegenen Bewerbers nicht zu vereiteln.

Selbst die erstinstanzliche Entscheidung wird jedoch kaum vor dem ursprünglich geplanten Ernennungstermin vorliegen. Bis zu einer zweitinstanzlichen Entscheidung des jeweils zuständigen OVG (Beschwerdeinstanz gem. §§ 146 ff. VwGO) kann bis zu einem Jahr vergehen.[18] Damit wird die Ernennung des ausgewählten Konkurrenten, wenn sie schließlich doch erfolgen kann, zumindest erheblich verzögert. Für diesen Zeitraum kommt der ausgewählte Konkurrent nicht in den Genuss der mit der zu besetzenden Stelle verbundenen

---

15 Wenn man in der Ernennung hingegen einen Verwaltungsakt mit Doppelwirkung sähe, käme man über § 80 a Abs. 3 VwGO im Fall der Anordnung der sofortigen Vollziehung nach § 80 a Abs. 2 VwGO in das Verfahren nach § 80 Abs. 5 VwGO.

16 Für 2 Wochen z.B. *Schnellenbach*, Konkurrenzen um Beförderungsämter – geklärte und ungeklärte Fragen, in: ZBR 1997, S. 169 (174 f.); *BVerwG* (Anm. 11), Juris Rn. 34; für 3 Wochen *OVG Schleswig-Holstein*, Beschl. v. 16.04.1993 – 3 M 15/93 – DÖV 1993, S. 962; eine individuell zu bestimmende „ausreichende Zeitspanne" fordert *Wittkowski*, Ansätze zur Lösung praktischer Probleme bei beamtenrechtlichen Konkurrentenanträgen, NVwZ 1995, S. 345 (346); a.A. z.B. *Martens*, Wettbewerb bei Beförderungen, ZBR 1992, 129 (131f.) und *Schenke* (Anm. 4), § 42, Rn. 50, die das Abwarten der Widerspruchsfrist des § 70 VwGO fordern, was aber in der Praxis selten geschieht.

17 Die Meinung, die oben (Anm. 16) das Abwarten der Widerspruchsfrist für erforderlich hält, verlangt konsequenter Weise hier das Abwarten des Ablaufs der Rechtsmittelfrist.

18 Vgl. z.B. *OVG Münster*, Beschl. v. 23.04.2004 – 1 B 42/04 – IÖD 2004, S. 171 (VG: 2 Monate [nicht abgedruckt], OVG: 7 Monate); *ThürOVG*, Beschl. vom 31.03.2003 – 2 EO 545/02 – NVwZ-RR 2004, S. 52 (VG: 3 Monate, OVG: 8 Monate); *OVG Bremen*, Beschl. v. 14.01.2002 – 2 B 157/01 – NordÖR 2002, S. 214 (VG: 3 Monate, OVG: 11 Monate).

(höheren) Besoldung. Er erleidet mithin kausal durch den Antrag des unterlegenen Bewerbers eine wirtschaftliche Einbuße, die mit der Dauer des gerichtlichen Verfahrens wächst. Außerdem wird er in seinem beruflichen Fortkommen behindert, denn sofern er die mit dem angestrebten Amt verbundene Tätigkeit noch nicht ausübt, kann er sich auch noch nicht für eine (weitere) Beförderung bewähren. Diese hypothetischen Karriereschäden sind jedoch weder berechenbar noch sinnvoll zu schätzen. Sie müssen daher außer Betracht bleiben.

Berücksichtigt man nun, dass die beantragten einstweiligen Anordnungen nach den vorliegenden Zahlen zumeist entweder gar nicht erst erlassen oder doch zweitinstanzlich wieder aufgehoben werden,[19] ist die Frage nach einer entsprechenden Schadensersatzpflicht des Antragstellers gegenüber dem ausgewählten Konkurrenten jedenfalls nicht ganz fernliegend.

III. Schadensersatzpflichten des unterlegenen Bewerbers

1. Verschuldensabhängige Haftung

Sofern die Position des Antragstellers – für diesen erkennbar – ganz aussichtslos ist und der Antrag nur dem Zweck dient, die Ernennung des ausgewählten Konkurrenten zu verzögern, ist an eine Haftung aus § 826 BGB zu denken.[20] Eine Schädigungsabsicht dürfte sich aber nur selten beweisen lassen.[21] In der Einlegung eines dem Anspruchsteller zustehenden Rechtsmittels ist nicht allein deshalb eine unzulässige Rechtsausübung zu sehen, weil ihm der Erfolg letztendlich versagt bleibt.[22] Der Schutz vor unberechtigten Anträgen ist im Allgemeinen dem jeweils einschlägigen Prozessrecht anheim gegeben.[23]

2. Verschuldensunabhängige Haftung

a) Haftung gegenüber dem ausgewählten Konkurrenten

(i) Anspruch direkt aus § 945 ZPO i.V.m. § 123 Abs. 3 VwGO

Das Prozessrecht sieht in § 945 ZPO i.V.m. § 123 Abs. 3 VwGO eine Haftung des Antragstellers vor, wenn sich die Anordnung als von Anfang an ungerecht-

---

19 Nach *Landau/Christ* (Anm. 2) scheitern jedenfalls bei Besetzungsverfahren in der hessischen ordentlichen Gerichtsbarkeit letztinstanzlich ca. 90 % der Anträge auf einstweiligen Rechtsschutz.

20 Zur Haftung aus § 826 BGB wegen unredlichen Prozessverhaltens vgl. *Wagner*, in: Rebmann/Rixecker/Säcker (Hrsg.), Münchener Kommentar zum Bürgerlichen Gesetzbuch, 5. Aufl. 2009, § 826 Rn. 139; *BVerfG*, Beschl. v. 25.02.1987 – 1 BvR 1086/85 – E 74, 257 (260 f.); *BGH*, Urt. v. 23.05.1985 – IX ZR 132/84 – Z 95, 10 (19).

21 Im Ergebnis ebenso *Wittkowski* (Anm. 16), S. 347f.

22 *Wagner* (Anm. 20), Rn. 138; *BGH* (Anm. 20).

23 *BVerfG* (Anm. 20); *BGH* (Anm. 20).

fertigt erweist. Die Vorschrift setzt also zunächst voraus, dass überhaupt eine Anordnung erlassen wurde. Damit ist jener Schaden, der allein dadurch entsteht, dass der Dienstherr die gerichtliche Entscheidung abwarten muss, von vorn herein vom Anwendungsbereich der Norm ausgenommen. Für § 945 ZPO bleiben damit nur Fälle, in denen es zu einer (weiteren) Verzögerung dadurch kommt, dass das Verwaltungsgericht oder die Beschwerdeinstanz die beantragte Anordnung tatsächlich erlassen.

Von Anfang an ungerechtfertigt ist die Anordnung nur dann, wenn Anordnungsgrund oder Anordnungsanspruch zum Zeitpunkt des Anordnungserlasses fehlten.[24] Sofern sich der Hauptsacheantrag nur auf eine Neubescheidung richtet, kommt es für den Anordnungsanspruch nicht darauf an, ob die Auswahlentscheidung des Dienstherrn bei einer ordnungsgemäßen Wiederholung des Verfahrens letztendlich zugunsten des Antragstellers ausfällt.

Anspruchsberechtigt nach § 945 ZPO ist jedoch nur der *Gegner*. Die Norm definiert nicht, wer als Gegner anzusehen ist. Schon der natürliche Sprachgebrauch legt aber nahe, dass *Gegner* derjenige ist, gegen den sich die einstweilige Anordnung unmittelbar richtet. Das ist vorliegend also der Dienstherr, dem die Ernennung des Konkurrenten untersagt werden soll.

Diese Feststellung schließt aber nicht grds. aus, dass weitere Beteiligte ebenfalls Gegner i.S.d. § 945 ZPO sein können. Das gilt, zumal die Problematik mehrpoliger Verwaltungsrechtsverhältnisse z.Z. der Entstehung des § 945 ZPO noch weitestgehend unbekannt war. Als weiterer Gegner im materiellen Sinn könnte damit durchaus auch der auf Seiten des Antragsgegners nach § 65 VwGO notwendig Beigeladende angesehen werden. Aber – und das ist entscheidend – es darf nicht verkannt werden, dass die für den Schädiger besonders risikoreiche verschuldensfreie Schadenshaftung des § 945 ZPO auch in Anbetracht der §§ 302 Abs. 4, 600 Abs. 2, 717 Abs. 2 ZPO die gesetzliche Ausnahme ist, bei deren Ausdehnung über die vom Wortlaut intendierte Bedeutung hinaus äußerste Zurückhaltung geboten sein muss. Rechtspolitische Wünschbarkeiten dürfen hier nicht vorschnell zu dem Schluss verleiten, der Gesetzgeber habe bei Normerlass eine inzwischen eingetretene Konstellation noch nicht bedacht, weshalb nunmehr der Gesetzesanwender zum Ausgleich veranlasst wäre.

Der *BGH*[25] hatte sich – soweit veröffentlicht – zweimal[26] mit dieser Problematik zu befassen und legte sich auf die Begrenzung des nach § 945 ZPO Scha-

---

24 *Vollkommer*, in: Zöller, ZPO, 28. Aufl. 2009, § 945 Rn. 8.

25 Zur Begründung des ordentlichen Rechtswegs vgl. *BGH* (Anm. 3), NJW 1981, S. 349 (349 f.); dazu ablehnend *Grunsky*, Schadensersatzklage nach Aufhebung einer einstweiligen Anordnung im Verwaltungsprozess, in: JuS 1982, S. 177, der den Verwaltungsrechtsweg für gegeben hält, wenn § 945 ZPO über § 123 Abs. 3 VwGO zur Anwendung gelangt.

26 *BGH* (Anm. 3).

densersatzberechtigten auf den Antragsgegner im prozessualen Sinn fest. In beiden entschiedenen Fällen ging es um den Ersatz der Schäden von Bauherren, die diese dadurch erlitten, dass Nachbarn einstweilige Baustopps erwirkt hatten. In seinem ersten Urteil hat der *BGH* ausgeführt, dass „Gegner" nur derjenige sein könne, „gegen den sich nach der Absicht des Antragstellers und des Gerichts die Verfügung richtet", nicht jedoch ein Dritter, der „durch die einstweilige Anordnung in seinen Rechten berührt wird"[27]. Es sei für den Antragsteller nicht absehbar, wer als Drittbetroffener in Frage komme und welche Schäden dieser erleiden könne. Dieses ausufernde Haftungsrisiko habe der Gesetzgeber im Wortlaut nicht zum Ausdruck gebracht und dem Antragsteller damit nicht aufbürden wollen. Zwar war dem Antragsteller in dem der Entscheidung zugrundeliegenden Anordnungsverfahren wohl bekannt, dass nur und gerade der Nachbar einen Schaden erleiden könnte. Dies könne aber die grundsätzlichen Bedenken an einer Ausdehnung des § 945 ZPO nicht ausräumen.[28]

Da der Kreis der nach § 65 Abs. 2 VwGO notwendig Beizuladenden aber naturgemäß eng ist, ist die Argumentation allerdings für diese Gruppe möglicher „Gegner" angreifbar. Auch im beamtenrechtlichen Konkurrentenstreit weiß der Antragsteller, dass nur der für die Stelle ausgewählte Konkurrent als drittbetroffen notwendig beizuladen sein wird. Allerdings kann die Durchsetzung des Bewerbungsverfahrensanspruchs auch die vorläufige Freihaltung mehrerer Stellen erforderlich machen.[29] In diesem Falle ergibt sich die Anzahl der notwendig Beizuladenden aus der Anzahl der freizuhaltenden Stellen. Zwar besteht auch insofern für den Antragsteller keine Ungewissheit hinsichtlich des Personenkreises, wohl aber droht hier das Haftungsrisiko auszuufern. Sieht man jedoch von diesem Sonderfall ab, bliebe das Haftungsrisiko jedenfalls absehbar.

Nach anhaltender Kritik in der Literatur sah sich der *BGH* in seinem zweiten Urteil[30] zu dieser Problematik veranlasst, seine restriktive Auslegung des § 945 ZPO auf weitere rechtssystematische Erwägungen zu stützen. So stellte er in dem entschiedenen Fall den Antrag auf Baustopp einem Vollstreckungsschutzbegehren gleich, das in der ZPO gerade nicht mit einem Schadensersatzrisiko

---

27 *BGH* (Anm. 3), DVBl. 1962, S. 217 (219); gegen das Wortlautargument Anm. *Redeker*, DVBl. 1962, S. 220 f.

28 *BGH* (Anm. 3), DVBl. 1962, S. 217 (220).

29 Dies kann bei der Besetzung mehrerer gleichartiger Stellen der Fall sein, solange der unterlegene Bewerber nicht abschätzen kann, gegen welchen der erfolgreichen Konkurrenten er bei einer Wiederholung des Auswahlverfahrens die besseren Chancen hat; angedeutet von *BVerwG*, Beschl. v. 10.11.1993 – 2 ER 301/93 – DVBl. 1994, S. 118 (120); konkret *VGH Kassel*, Beschl. v. 18.02.1991 – 1 TG 85/91 – NVwZ-RR 1992, S. 34 (35) (obiter dictum: 10 Stellen) und Beschl. v. 19.04.1995 – 1 TG 2801/94 – NVwZ-RR 1996, S. 49 (obiter dictum: 26 Stellen).

30 *BGH* (Anm. 3), NJW 1981, S. 349 (350 f.).

bewehrt ist. Der Antragsteller wehre sich lediglich dagegen, dass dem Beigeladenen durch die sofortige Vollziehbarkeit der Baugenehmigung die Veränderung des bisherigen Zustandes gestattet worden ist, bevor über die vom Antragsteller bestrittene Rechtmäßigkeit der Baugenehmigung entschieden worden ist. Der Argumentation liegt die Erwägung zugrunde, dass die Beibehaltung des status quo im vorläufigen Rechtsschutz von der ZPO generell als weniger risikoreich als dessen Veränderung angesehen wird.[31]

Darüber hinaus führte der *BGH* aus, dass eine Haftung gegenüber dem Bauherrn im entschiedenen Fall gerade deshalb ausscheide, weil der Antragsteller nicht auf vorläufiger Rechtsgrundlage in die Rechtsstellung des Dritten eingreifen, sondern nur verhindern wollte, dass Letzterer auf vorläufiger Grundlage durch die Baumaßnahmen in seine Rechtsstellung eingreife.[32] So gesehen, wäre der Haftungsgrund des § 945 ZPO in dem letztendlich ungerechtfertigten Übergriff in die Rechtssphäre eines anderen zu sehen.[33] Gegenüber einem Dritten hinge die Haftung somit davon ab, ob die in der Hauptsache angegriffene Entscheidung erst ein Recht begründen soll, oder ob dem Dritten bereits ein Recht zusteht, das nur noch der formellen Feststellung (hier durch die Baugenehmigung) bedurfte. Nur in letzterem Fall läge ein Eingriff in die Rechtssphäre des Dritten vor.

Dieser Argumentation stimmt auch die *Gegenansicht*[34] im Prinzip zu. Was allerdings die Abgrenzung der Rechtssphären angeht, kommen *BGH* und die Vertreter der Gegenansicht für den baurechtlichen Nachbarstreit zu unterschiedlichen Ergebnissen. Der *BGH* stellt auf die formelle Gestattungswirkung der Baugenehmigung ab. Das Recht des Nachbarn werde durch die Baugenehmigung erst originär begründet. Demgegenüber hält insbes. *Grunsky*[35] das materielle Baurecht für maßgeblich. Insofern sei darauf abzustellen, dass die Baufreiheit bereits aus Art. 14 GG resultiere und nur im Interesse der Nachbarn, der Bausicherheit und einer sinnvollen Raumordnung begrenzt werde. Die Baugenehmigung begründe das Recht somit nicht erst, sondern stelle nur präventiv das Fehlen von Begrenzungen fest, deren Vorliegen das konkrete Vorhaben ausschließen würde.

---

31 Vgl. *Schoch*, Vorläufiger Rechtsschutz und Risikoverteilung im Verwaltungsrecht, 1988, S. 900 f., m.w.N.

32 *BGH* (Anm. 3), NJW 1981, S. 349 (350).

33 Am deutlichsten herausgearbeitet von *Grunsky* (Anm. 25), S. 180; vgl. auch *Kopp*, Die Anordnung des Vorgehens gegen Dritte im Rahmen des vorläufigen Rechtschutzes nach § 80 V VwGO, in: JuS 1983, S. 673 (677); angedeutet bei *Redeker* (Anm. 27), S. 221; auch *BGH* (Anm. 20), Z 95, 10 (14 f.).

34 Insbes. *Grunsky* (Anm. 25), S. 180.

35 *Grunsky*, ebenda.

Die hier interessierende Konstellation des beamtenrechtlichen Konkurrentenstreits weicht jedoch maßgeblich von der des baurechtlichen Nachbarstreits ab. Vorliegend ist es nämlich gerade der Staat, der im Rahmen seiner Personalhoheit Beamtenstellen zur Verfügung stellt, um seine Aufgaben bestmöglich zu erfüllen.[36] Allein über deren Vergabe hat er nach Art. 33 Abs. 2 GG zu entscheiden. Der ausgewählte Bewerber kann seine Ernennung nicht als Ausfluss eines ihm originär zugewiesenen Rechts (wie dem des Eigentums) geltend machen, sondern nur als Konkretisierung seines Anspruchs auf eine ermessensfehlerfreie Auswahlentscheidung herleiten. Der Staat tritt hier nicht als präventive Kontrollinstanz zwischen zwei Private, sondern vergibt die zu besetzende Stelle aus eigenem Recht. Erst die Auswahlentscheidung selbst bringt den ausgewählten Konkurrenten seiner Ernennung näher, ist also selbst nur rechtsstärkend[37]. Der im Baurecht geführte Streit kann hier somit dahinstehen. Selbst wenn man mit *Grunsky* meint, einen Schadensersatzanspruch notwendig Beigeladener entgegen dem *BGH* auf § 945 ZPO stützen zu können, sofern die einstweilige Anordnung in deren Rechtssphäre eingreift, scheitert ein solcher Anspruch im beamtenrechtlichen Konkurrentenstreit, weil die Anordnung gerade nicht bereits bestehende Rechte des ausgewählten Konkurrenten verletzt. Dies übersieht *Rudek*[38], indem er das von *Grunsky* zum Baurecht gefundene Ergebnis ohne fallbezogene Prüfung auf den beamtenrechtlichen Konkurrentenstreit überträgt.

(ii) Drittschadensliquidation über den Dienstherrn

Da bzgl. des Verzögerungsschadens des ausgewählten Konkurrenten somit Anspruchs- und Schadensinhaberschaft auseinander fallen, stellt sich die Frage, ob der Dienstherr den Schaden des ausgewählten Konkurrenten im Wege der Drittschadensliquidation ersetzt verlangen kann.[39] Eine grundlegende Voraussetzung der Drittschadensliquidation ist jedoch, dass der geltend gemachte Schaden typischerweise beim Anspruchsinhaber entsteht und nur durch Zufall auf einen anderen verlagert wird.[40] Hieran fehlt es vorliegend. Die durch die Verzögerung entstandene Einkommenseinbuße entsteht typischerweise beim ausgewählten Konkurrenten und niemals beim Dienstherrn. Es liegt also gar keine Schadens-

---

36 Vgl. *BVerwG*, Urt. v. 25.04.1996 – 2 C 21/95 – E 101, 112 (114); Urt. v. 22.07.1999 – 2 C 14/98 – NVwZ-RR 2000, S. 172 (173).

37 Noch nicht rechtsbegründend i.S.d. Vermittlung eines subjektiven Rechts auf Ernennung, vgl. hierzu unten IV.1.c.

38 *Rudek* (Anm. 1), S. 3533.

39 Die Frage wird z.B. von *Heinze*, in: Müko-ZPO, 2. Aufl. 2001, § 945 Rn. 15 erwogen; ohne nähere Begründung *Reichold*, in: Thomas/Putzo, ZPO, 31. Aufl. 2010, § 945 Rn. 13; dagegen *Grunsky*, in: Stein/Jonas (Hrsg.), Kommentar zur Zivilprozeßordnung, 22. Aufl. 2002, § 945, Rn. 13; *Drescher*, Müko-ZPO, 3. Aufl. 2007, § 945 Rn. 20.

40 Vgl. *Oetker*, in: Rebmann/Rixecker/Säcker (Anm. 20), § 249, Rn. 277.

verlagerung vor. Die Drittschadensliquidation ist somit schon deshalb nicht geeignet, den engen Kreis der nach § 945 ZPO Anspruchsberechtigten zu erweitern. Zudem ist es gerade nicht der Sinn des Rechtsinstituts der Drittschadensliquidation, vom Gesetzgeber vorgegebene Haftungsbeschränkungen zu umgehen.

b) Haftung gegenüber dem Dienstherrn

Üblicherweise erleidet der Dienstherr keinen bezifferbaren Schaden. Zwar steht ihm bei einer Neueinstellung die Arbeitskraft des ausgewählten Bewerbers vorläufig noch nicht zur Verfügung, dafür muss er für diesen Zeitraum aber auch die entsprechenden Personalkosten nicht tragen, sodass ein eventueller Schaden jedenfalls durch die ersparten Aufwendungen kompensiert sein dürfte.

In besonderen Konstellationen kann sich allerdings die Frage stellen, ob der Dienstherr den Verzögerungsschaden des ausgewählten Bewerbers als eigenen Schaden über § 945 ZPO beim Antragsteller geltend machen kann. Hieran ist zu denken, wenn der Dienstherr dem ausgewählten Bewerber bereits zugesichert hat (§ 38 VwVfG), ihn zu einem bestimmten Zeitpunkt zu ernennen[41], daran aber durch eine vom unterlegenen Bewerber erwirkte, aber von Anfang an ungerechtfertigte einstweilige Anordnung vorläufig gehindert wird. Sofern man dem ausgewählten Bewerber analog § 48 Abs. 3 bzw. § 49 Abs. 5 VwVfG einen Anspruch auf Schadensausgleich gegen den Dienstherrn zugesteht[42], würde der Dienstherr einen eigenen Schaden in entsprechender Höhe erleiden. Für diesen könnte er den Antragsteller dann über § 945 ZPO in Anspruch nehmen.[43] Allerdings ist im Rahmen des § 945 ZPO ein mitwirkendes Verschulden des Geschädigten gem. § 254 BGB zu berücksichtigen.[44] Erteilt der Dienstherr aber eine entsprechende Zusicherung vor Bestandskraft der Auswahlentscheidung, ist sein Mitverschulden wohl als überwiegend anzusehen, sodass er den Schaden allein tragen muss. Rein praktisch dürfte eine solche Zusicherung aber ohnehin kaum vorkommen[45], sodass die Frage allein akademischer Natur ist.

---

41 Hierzu auch unten IV.2.c.

42 Dafür *Ramsauer*, in: Kopp/Ramsauer, VwVfG, 11. Aufl. 2010, § 38, Rn. 45; str.; dagegen *Ule/Laubinger*, Verwaltungsverfahrensrecht, 4. Aufl. 1995, § 49, Rn. 115.

43 I.d.S. auch *Schenke*, Probleme des vorläufigen Rechtsschutzes gem. § 80 Abs. 5 VwGO, in: DVBl. 1986, S. 9 (15, dort Fn. 38).

44 *BGH*, Urt. v. 01.04.1993 – I ZR 70/91 – Z 122, 172 (179); *Vollkommer* (Anm. 24), Rn. 13; *Grunsky* (Anm. 39), Rn. 9.

45 *Günther*, Über Einstellungs- und Beförderungskonkurrenzen, in: ZBR 1982, S. 193; zustimmend *Schnellenbach* (Anm. 7), Fn. 117; ähnlich *Lemhöfer*, in: Plog/Wiedow/Lemhöfer/Bayer, BBG, Losebl., Stand: 06/2010, § 6, Rn. 28.

IV. Angemessenheit der gesetzlichen Risikoverteilung im beamtenrechtlichen Konkurrentenstreit

Das geltende Recht gewährt dem notwendig Beigeladenen somit keinen Schadensersatzanspruch gegen den Antragsteller im einstweiligen Anordnungsverfahren, obwohl in beamtenrechtlichen Konkurrentenstreitigkeiten die Anträge auf einstweiligen Rechtsschutz überdurchschnittlich häufig scheitern.[46] Aus legislatorischer Sicht erscheint deshalb bedenkenswert, ob nicht ein Ausgleich der durch dieses Verfahren beim obsiegenden Konkurrenten entstehenden Schäden durch die Gewährung eines entsprechenden Schadensersatzanspruches angemessen ist.

Rudek[47] hat daher vorgeschlagen, den Kreis der Anspruchsberechtigten des § 945 ZPO generell um notwendig Beigeladene zu erweitern und außerdem die Haftung nicht mehr an den Erlass der beantragten Anordnung zu knüpfen, sondern den Haftungsbeginn auf den Zeitpunkt der Antragstellung vorzuverlegen. Der Anspruch soll sich auf eine „billige Entschädigung in Geld" richten. Ob diese Lösung gerade im Bereich des beamtenrechtlichen Konkurrentenstreits zu einem gerechteren Risikoausgleich zwischen ausgewähltem Konkurrent und unterlegenem Bewerber führt, ist jedoch zweifelhaft.

1. Interessenkonflikt zwischen ausgewähltem Konkurrenten und unterlegenem Bewerber

a) Entschädigungsanspruch und Art. 19 Abs. 4 GG

Der unterlegene Bewerber kann sein Vorgehen im einstweiligen Anordnungsverfahren auf Art. 19 Abs. 4 GG stützen. Nach Art. 19 Abs. 4 GG muss jedem, der durch die öffentliche Gewalt in seinen Rechten verletzt wird, der Rechtsweg offenstehen. Der Weg zu den Gerichten darf weder in unzumutbarer Weise – etwa nach Maßgabe wirtschaftlicher Leistungsfähigkeit – erschwert[48] noch mit unkalkulierbaren Risiken verbunden werden. Andererseits wird der Rechtsschutz auch nicht schrankenlos gewährt. Auch Art. 19 Abs. 4 GG wird durch die übrige Verfassungsordnung begrenzt. In mehrpoligen Verwaltungsrechtsverhältnissen steht Art. 19 Abs. 4 GG in Konkurrenz mit den materiellen Rechtsdurchsetzungsansprüchen Privater.[49] Insofern ist es dem Gesetzgeber grds. nicht verwehrt, die berechtigten Interessen privater Dritter über Entschädigungsregeln

---

46 Ca. 90 %, vgl. Anm. 19. Dies dürfte in anderen Rechtsgebieten bei weitem nicht der Fall sein, wenngleich dem Autor hier keine konkreten Zahlen vorliegen.

47 *Rudek* (Anm. 1), S. 3533 f.

48 Vgl. *BVerfG*, Beschl. v. 06.02.1979 – 2 BvL 5/76 – E 50, 217 (231).

49 So *Schmidt-Aßmann*, in: Maunz/Dürig, GG, Losebl., Stand: 04/2010, Art. 19 Abs. 4 Rn. 275.

zum Ausgleich zu bringen. Allerdings darf das hieraus resultierende Haftungsrisiko des Rechtsschutzsuchenden kein unvertretbares, prohibitiv wirkendes Ausmaß erreichen.[50]

Die bisherige Schadensersatzregelung nach § 945 ZPO ist insofern unproblematisch, als dass der Dienstherr – wie bereits ausgeführt – üblicherweise keinen bezifferbaren Vollzugsschaden erleidet. Das Ausmaß des möglicherweise entstehenden Verzögerungsschadens des ausgewählten Konkurrenten ist jedoch ganz unterschiedlich. Geht es „nur" um eine Beförderung, mit welcher der Aufstieg in die nächsthöhere Besoldungsgruppe verbunden ist, dürfte der mögliche Schaden in jedem Fall überschaubar sein. Bei einer Einstellungskonkurrenz kann er jedoch das Vielfache einer Monatsbesoldung betragen. Bei der Freihaltung mehrerer Stellen multipliziert sich der Betrag nochmals. Wann eine prohibitive Wirkung erzielt wird, lässt sich nicht an einem fixen Höchstbetrag festmachen.[51] Was im Einzelfall als absolute Obergrenze zu betrachten ist, hängt zunächst ganz maßgeblich von den persönlichen finanziellen Verhältnissen des Antragstellers ab. Er wird abwägen, ob ihn ein mögliches Unterliegen finanziell ruinieren kann. Der Gesetzgeber hat diesem Zusammenhang im Kostenrecht dadurch Rechnung getragen, dass Prozesskostenhilfe nach der individuellen finanziellen Leistungsfähigkeit des Verfahrensbeteiligten gewährt wird. Zu einer ähnlich individuellen Lösung käme man hier, wenn der Anspruch – wie von *Rudek* vorgeschlagen – der Höhe nach in das Ermessen des Gerichts gestellt wird. Dies dürfte den Antragsteller jedenfalls vor einer unerträglichen Schadensersatzlast bewahren. Danach dürfte auf das Verhältnis des bestehenden Schadensersatzrisikos zum Wert des mit dem Verfahren verfolgten Gegenstandes abzustellen sein. Ein Schadensersatzrisiko erschwert den Rechtsweg umso mehr, je größer es im Verhältnis zu dem mit dem Verfahren erreichbaren Vorteil ist. Insofern ist zu berücksichtigen, dass es dem Antragsteller i.d.R. nur darum geht, die Voraussetzungen für eine Wiederholung des Auswahlverfahrens zu erhalten, während sich das Schadensersatzrisiko für die Zeit der Verzögerung bereits auf die volle Höhe des mit der Ernennung erreichbaren Vorteils beliefe. Im Fall der notwendigen Freihaltung mehrerer Stellen wäre das Verhältnis von Risiko zu erreichbarem Erfolg noch ungünstiger. Zwar mag auch insofern das Ermessen des Gerichts zu einem Ausgleich führen, letztendlich bleibt das tatsächliche Risiko damit aber doch unkalkulierbar.

Unzweifelhaft erschwert ein Schadensersatzrisiko den Rechtsweg nach Art. 19 Abs. 4 GG ganz erheblich.[52] Eine Erschwerung ist aber umso weniger zu

---

50 *Schmidt-Aßmann*, ebenda.

51 So aber *Busch*, Nochmals – Vorläufiger Rechtsschutz und materielles Verwaltungsrecht, in: DÖV 1983, S. 623 (628 f.); zustimmend *Schmidt-Aßmann* (Anm. 49).

52 *Schenke* (Anm. 43), S. 12 spricht bildhaft vom „Damoklesschwert drohender Schadensersatzansprüche".

rechtfertigen, je weniger sie zum Schutz anderer Verfassungsgüter erforderlich ist. Letztendlich ist die Frage, ob eine Entschädigungsregelung gemessen an Art. 19 Abs. 4 GG unzulässig ist, damit eine Frage der verfassungsmäßigen Gewichtung der kollidierenden Interessen von Antragsteller und Geschädigtem. Diese Gewichtung ist im Kontext der von der höchstrichterlichen Rechtsprechung entwickelten Dogmatik zum beamtenrechtlichen Konkurrentenstreit vorzunehmen.

b) Position des unterlegenen Bewerbers

Eine Interessenabwägung geht zweckmäßiger Weise von der Situation aus, in welcher sich der unterlegene Bewerber nach Mitteilung des Ergebnisses des Auswahlverfahrens durch den Dienstherrn befindet. Er muss sich innerhalb kürzester Zeit entscheiden, ob er Rechtsmittel einlegen will.[53] Dabei begibt er sich keineswegs so freiwillig in die Rolle des die Stellenbesetzung blockierenden Konkurrenten, wie teilweise behauptet wird. Zwar ist es formal richtig, dass es allein bei ihm liegt, ob ein Anordnungsverfahren durchgeführt wird oder nicht.[54] Nur bleibt dem unterlegenen Bewerber aufgrund der Rechtsprechung des *BVerwG* gar keine andere Wahl, wenn er überhaupt gerichtlichen Rechtsschutz erlangen will. Das *BVerwG*[55] verwehrt dem unterlegenen Bewerber sogar alle Sekundäransprüche, wenn er nicht wenigstens versucht hat, sich den Primärrechtsschutz durch das einstweilige Anordnungsverfahren offen zu halten. Von Freiwilligkeit kann aber keine Rede sein, wenn nicht einmal die Alternative eines den erfolgreichen Konkurrenten nicht schädigenden selbständigen Hauptsacheverfahrens besteht. Das *BVerwG* macht die Durchführung des Eilverfahrens somit zur Sachentscheidungsvoraussetzung eines auf Sekundäransprüche gerichteten Hauptsacheverfahrens. Drängen die Gerichte den unterlegenen Bewerber jedoch in das einstweilige Anordnungsverfahren, wiegt dessen Belastung mit Schadensersatzrisiken im Lichte des Art. 19 Abs. 4 GG weitaus schwerer, als wenn ein alternativer Hauptsacherechtsschutz zur Verfügung stände.

Aus Sicht des unterlegenen Bewerbers stellt jede Erschwerung des Zugangs zum einstweiligen Rechtsschutz damit eine Erschwerung des Zugangs zum Rechtsweg im Ganzen dar. Würden Entschädigungsregelungen im einstweiligen Rechtsschutzverfahren im Einzelfall prohibitiv wirken, so würde diese Wirkung keine Einschränkung gerichtlichen Rechtsschutzes, sondern eine Totalverweigerung des Rechtsweges darstellen.

---

53 Vgl. oben II.2.

54 Dies betont *Rudek* (Anm. 1), S. 3532.

55 *BVerwG*, Urt. v. 09.12.1999 – 2 C 38/98 – DÖV 2000, S. 602; kritisch *Roth*, Die Obliegenheit zur Inanspruchnahme primären Rechtsschutzes insbes. bei beamtenrechtlichen Beförderungsstreitigkeiten, in: ZBR 2001, S. 14.

c) Position des ausgewählten Konkurrenten

Dem Interesse des unterlegenen Bewerbers an der Freihaltung der Stelle steht das Interesse des ausgewählten Konkurrenten an seiner Ernennung als Vollzug der streitbefangenen Auswahlentscheidung entgegen. Im Laufe des Stellenbesetzungsverfahrens konkretisiert sich die Rechtsposition des letztendlich ausgewählten Bewerbers im Hinblick auf seine Ernennung in dem Maße, wie ihn der Dienstherr in die engere Wahl zieht, bis er ihn schließlich ernennt.[56] Anfangs ist die Möglichkeit, dass dieser Ablauf verzögert wird, dem allgemeinen Bewerbungsrisiko zuzuordnen und vom Konkurrenten ohne Weiteres selbst zu tragen. Je weiter der Konkretisierungsprozess jedoch voranschreitet, umso schutzwürdiger ist das Interesse des ausgewählten Konkurrenten, für materiell ungerechtfertigte Verzögerungen eine Entschädigung vom „Verursacher" zu erlangen. Die insofern stärkste denkbare Position hat der ausgewählte Konkurrent erreicht, wenn er einen Anspruch auf seine Ernennung erlangt hat.

Art. 33 Abs. 2 GG gewährt grds. nur das Recht auf eine ermessens- und beurteilungsfehlerfreie Auswahlentscheidung. Mit der Auswahlentscheidung konkretisiert der Dienstherr das Besetzungsverfahren auf den ausgewählten Konkurrenten und teilt ihm seine Entscheidung mit. Dies geschieht üblicherweise in Form einer Absichtserklärung: „Ich beabsichtige, Sie am ... zum ... zu ernennen." Ob der ausgewählte Konkurrent damit jedoch einen Anspruch auf seine Ernennung erlangt, ist fraglich.

Teilweise wird in dieser Mitteilung ein Verwaltungsakt gesehen, der ein subjektives Recht auf die Ernennung begründet.[57] Es würde sich also um eine Zusicherung i.S.d. § 38 VwVfG handeln. Eine Zusicherung setzt jedoch einen entsprechenden Bindungswillen des Dienstherrn voraus, der in der Erklärung auch zum Ausdruck kommen muss. Der Dienstherr muss die Ernennung gerade dieses Bewerbers ohne Wenn und Aber gewollt und ihm zugleich das Recht auf diese Maßnahme zu verschaffen beabsichtigt haben.[58]

Mit dem Abschluss des Auswahlverfahrens legt sich der Dienstherr zwar fest, den erfolgreichen Bewerber vor allen anderen zu ernennen. Die Entscheidung, ob eine Stelle besetzt wird oder nicht, obliegt jedoch grds. bis zur Ernennung eines Kandidaten seinem pflichtgemäßen Ermessen. Er kann das Auswahlverfahren aus sachgerechten Gründen auch jederzeit ganz abbrechen und die Stelle unbesetzt lassen.[59] Sachliche Gründe dürften auch dann noch eintreten können, wenn er sich bereits auf einen bestimmten Kandidaten festgelegt hat.

---

56 Ähnlich *Günther* (Anm. 45), S. 194 f.

57 So *Rudek* (Anm. 1), S. 3532, allerdings ohne Begründung.

58 *Günther* (Anm. 45), S. 194.

59 Vgl. *BVerwG* (jeweils Anm. 36), NVwZ-RR 2000, S. 172; E 101, 112 (115), m.w.N.

Um sich nicht selbst ggf. schadensersatzpflichtig zu machen[60], wird der Dienstherr jede verbindliche Zusicherung der Ernennung vermeiden. Teilweise wird er die Absichtserklärung auch ausdrücklich unter bestimmte Vorbehalte z.B. haushaltsrechtlicher Natur stellen. Zudem besteht für den Dienstherrn weder eine Verpflichtung[61], noch ein Bedürfnis, die beabsichtige Ernennung verbindlich zuzusichern. Gerade weil die Ernennung praktisch kaum noch rücknehmbar ist, ist es sein legitimes, dem Bewerber bekanntes Interesse, diese Bestandskraftwirkung nicht unnötig auf vorausgehende Akte vorzuverlegen. Daher kann der Bewerber von einer Zusicherung nur ausgehen, wenn der Dienstherr diesen Willen ausdrücklich erklärt. Im Zweifel ist stets von einer unverbindlichen Absichtserklärung auszugehen. Insofern genügt es auch noch nicht, wenn der Dienstherr mitteilt, der Bewerber solle sich zwecks beabsichtigter Ernennung zu einer bestimmten Zeit bei ihm einfinden.[62]

In der Negativmitteilung an den unterlegenen Bewerber sieht die höchstrichterliche Rechtsprechung allerdings einen Verwaltungsakt mit der Regelung, der Bewerbung des unterlegenen Bewerbers nicht stattzugeben.[63] Daraus lässt sich jedoch nicht schließen, dass die Positivmitteilung an den ausgewählten Konkurrenten ebenfalls ein Verwaltungsakt sein müsse. Die Annahme, die Negativmitteilung sei ein Verwaltungsakt, beruht nämlich allein auf der insofern ergebnisorientierten Dogmatik des *BVerwG*.[64] Nüchtern betrachtet stellt die Auswahlentscheidung einen einheitlichen Vorgang dar, der in die Ernennung des ausgewählten Konkurrenten mündet, die dann den Ernannten begünstigt und den Nichternannten belastet. Um eine Drittanfechtung der Ernennung jedoch zu vermeiden, spaltet das *BVerwG* die drittbelastende Wirkung von der Ernennung ab und weist sie einem eigenständigen Verwaltungsakt zu, der die Negativmitteilung darstellen soll. Die Begünstigungswirkung der Ernennung bleibt freilich erhalten, sodass kein Grund besteht, auch in der Positivmitteilung an den ausgewählten Konkurrenten einen vorgelagerten weiteren Verwaltungsakt zu sehen.

---

60 S. oben III.3.

61 Vgl. *Günther* (Anm. 45), S. 196.

62 Vgl. *BGH*, Urt. v. 13.12.1978 – 6 C 56/76 – ZBR 1979, S. 331 (333); zustimmend *Summer*, in: Fürst u.a., GKÖD, Bd. 1, T. 2 a, Losebl., Stand: 2010, K § 5, Rn. 24; mit Vorbehalten *Günther* (Anm. 45), S. 195.

63 Statt aller *BVerwG* (Anm. 12) E 80, 127 (129); *BVerfG* (Anm. 13), NJW 1990, S. 501.

64 Das *BVerwG* erkennt die Negativmitteilungen an die unterlegenen Bewerber nur deshalb als Verwaltungsakt an, um in der Ernennung des ausgewählten Bewerbers einen Verwaltungsakt sehen zu können, der Dritte „nicht betrifft“. Damit vermeidet das Gericht im Interesse des als vorrangig erachteten Prinzips der Ämterstabilität die verwaltungsgerichtliche Drittanfechtung des Ernennungsakts; instruktiv hierzu *Wieland* (Anm. 14), S. 651; anders in der Argumentation, nicht im Ergebnis das *BVerwG*, Urt. v. 04.11.2010 (Anm. 11), Juris Rn. 25.

Damit erlangt der ausgewählte Konkurrent durch die Mitteilung der Auswahlentscheidung jedenfalls im Regelfall kein subjektives Recht auf seine Ernennung.

d) Interessenausgleich

Vergleicht man nunmehr die Situation des nur verzögert zum Zuge kommenden ausgewählten Konkurrenten mit der des erfolglos um Rechtsschutz ersuchenden unterlegenen Bewerbers anhand obiger Darstellung, so erscheint die Lage gar nicht so unausgeglichen. Der unterlegene Bewerber macht lediglich sein Recht aus Art. 19 Abs. 4 GG geltend. Dafür zwingt ihn die Rechtsprechung in das schadensträchtige einstweilige Anordnungsverfahren. Zwar würde eine begrenzte Entschädigungsregel nicht zwingend mit Art. 19 Abs. 4 GG unvereinbar sein. Auf der anderen Seite ist die Position des ausgewählten Konkurrenten aber auch noch nicht so weit erstarkt, dass eine Entschädigungsregelung unabweisbar ist.

Entscheidend ist vielmehr, dass es gerade das Prinzip der Ämterstabilität ist, was den unterlegenen Bewerber zur Blockade der Stellenbesetzung drängt und beim ausgewählten Konkurrenten einen Verzögerungsschaden verursacht. Auf der anderen Seite ist es aber auch gerade die Ämterstabilität, aus der dem ausgewählten Konkurrenten, wenn er schließlich doch ernannt wird, der nicht zu bestreitende Vorteil einer kaum noch entziehbaren Rechtsposition erwächst. Scheitert der unterlegene Bewerber im einstweiligen Anordnungsverfahren endgültig, kann der ausgewählte Bewerber ernannt werden. Für seine Rechtsstellung ist der Ausgang eines u.U. Jahre dauernden Hauptsacheverfahren dann ohne Belang. Ohne die Ämterstabilität könnte der ausgewählte Bewerber zwar ohne jede Verzögerung durch ein einstweiliges Anordnungsverfahren ernannt werden. Ihm entstände insofern kein Schaden. U.U. wäre er dann aber jahrelang dem Risiko einer seine Ernennung aufhebenden Hauptsacheentscheidung ausgesetzt. Insofern erscheint es gerade billig, wenn derjenige, der schließlich in den Genuss der Ämterstabilität kommt, den bei ihm entstehenden Verzögerungsschaden auch selbst tragen muss.

V. Rechtspolitische Erwägungen

Da die Einführung eines Schadensersatzanspruches des ausgewählten Konkurrenten somit aus Gründen einer materiell gerechten Risikoverteilung nicht erforderlich ist, soll abschließend noch der Frage nachgegangen werden, ob eine entsprechende Gesetzesänderung durch rechtspolitische Erwägungen motiviert werden kann.

Der zu verzeichnende Anstieg beamtenrechtlicher Konkurrentenstreitigkeiten kann ohne Zweifel zu einigen Problemen führen. So verliert der Dienstherr die zeitliche Kontrolle über die Besetzung vakanter Planstellen, die bis zum Abschluss gerichtlicher Verfahren blockiert sind.[65] Die Dauer des Verfahrens kann er jedoch kaum beeinflussen. Um seine Aufgaben zu bewältigen, muss er – soweit möglich – andere Bedienstete mit überobligatorischer Mehrarbeit belasten. Auf der anderen Seite beansprucht die steigende Klagebereitschaft der unterlegenen Bewerber die ohnehin vielfach überlastete Verwaltungsgerichtsbarkeit weiter, sodass selbst die Dauer der einstweiligen Anordnungsverfahren weiter zunimmt. Auch aufgrund dieser Umstände scheint *Rudek*[66] die Einführung eines Schadensersatzanspruches des ausgewählten Konkurrenten zu befürworten.

Allerdings hat die derzeitige, seit ca. 1990 gerichtlich etablierte Form des beamtenrechtlichen Konkurrentenstreits bisher offensichtlich nur in *Hessen* so bedenkliche Ausmaße angenommen. Zwar werden auch in anderen Bundesländern Planstellen für erhebliche Zeit blockiert, solange dies aber – wie derzeit – eine punktuelle Erscheinung bleibt, sind die Beeinträchtigungen als die gewöhnlichen Kosten des Rechtsstaates anzusehen. Nimmt man Art. 19 Abs. 4 GG ernst, muss der Staat die Mittel und Vorkehrungen treffen, angemessenen Rechtsschutz auch in eigenen Personalangelegenheiten zeitnah zu gewähren. Rechtspolitische Maßnahmen könnten damit – wenn überhaupt – derzeit nur im Hinblick auf die Situation in *Hessen* motiviert werden.

Die Einführung einer verschuldensunabhängigen Schadensersatzpflicht des erfolglos streitenden Bewerbers würde als Nebeneffekt zweifellos zu einem Rückgang der Anzahl konkurrentenrechtlicher Streitigkeiten führen. Art. 19 Abs. 4 GG verbietet auch nicht grds., über eine Änderung der prozessualen Risikoverteilung eine gewisse Lenkungswirkung auf die Klagebereitschaft der Grundrechtsträger zu erzielen. So ist es ein opportuner Zweck der Erhebung von Gerichtskosten, die Justiz nicht nur teilweise zu finanzieren, sondern auch vor ungerechtfertigter Inanspruchnahme zu schützen.[67] Anders als Kostenregelungen zugunsten des Staates dürfen Entschädigungsregelungen, die einem Privaten zugute kommen, jedoch nicht vordergründig auf eine politisch motivierte Lenkungswirkung abzielen, sondern müssen stets von einem materiell gerechten Interessenausgleich getragen sein. Zur Herstellung eines gerechten Interessenausgleichs im beamtenrechtlichen Konkurrentenstreit ist eine Erweiterung des § 945 ZPO aber – wie dargestellt – gerade nicht erforderlich, sondern würde vielmehr das bestehende Interessengleichgewicht stören. Eine allein durch den vermutlichen Rückgang der Anzahl beamtenrechtlicher Streitigkeiten motivierte Entschädigungsregelung verbietet sich daher.

---

65 I.d.S. wohl *Landau/Christ* (Anm. 2), die einige besonders gravierende Fälle aufzählen; ähnlich *Riecker*, Können die Gerichte das "Leistungsprinzip" durchsetzen?, in: ZBR 1997, S. 180 (182).

66 Vgl. Anm. 5.

67 *BVerfG* (Anm. 48), E 50, 217 (226); *Kopp*, Gutachten B zum 54. DJT, 1982, S. 122.

Zu überlegen ist hingegen, ob die mit der Einführung einer Schadensersatzpflicht einhergehende Dämpfung der Klagebereitschaft überhaupt im öffentlichen Interesse sein kann. Gestützt auf die Tatsache, dass letztinstanzlich nur ca. 10 % der entsprechenden Anträge erfolgreich sind, wird der klagende Konkurrent gern als Störer der dienstherrlichen Personalgewalt angesehen, der – wie der Ausgang der Verfahren angeblich zeigt – zumeist im Unrecht ist. Diese These ist jedoch von der Prämisse her zweifelhaft, und vom Ergebnis her zu einseitig.

Zunächst kann aus der Tatsache, dass ca. 90 % der Konkurrentenanträge im einstweiligen Anordnungsverfahren letztinstanzlich erfolglos sind, nicht darauf geschlossen werden, dass viele unterlegene Bewerber wegen des angeblich geringen Risikos willkürlich vor Gericht zögen. Die Zahl sagt unmittelbar nur aus, dass die Gerichte in 90 % der Fälle einen antragsbegründenden Rechtsverstoß nicht feststellen konnten. Daraus lässt sich aber gerade nicht ableiten, dass 90 % der angegriffenen Auswahlverfahren ordnungsgemäß verlaufen sind, d.h. insbes. den Anforderungen des Art. 33 Abs. 2 GG genügen. Prozessuale Beweislage[68] und materielle Rechtslage können sich nämlich gerade in auf Art. 33 Abs. 2 GG gestützten Konkurrentenverfahren erheblich unterscheiden. Die Erfolgsaussichten hängen ganz wesentlich davon ab, welche Anforderungen das entscheidende Gericht an die Glaubhaftmachung des Anordnungsanspruches stellt.

Zudem dürfte die hohe Unterliegensquote nicht zuletzt darauf zurückzuführen sein, dass trotz oder gerade wegen der mittlerweile existierenden Fülle der Rechtsprechung zu Art. 33 Abs. 2 GG große Unsicherheit darüber besteht, welche Anforderungen Art. 33 Abs. 2 GG im Detail an die Ausgestaltung staatlicher Stellenbesetzungsverfahren stellt. Der Gesetzgeber hat es einerseits bisher unterlassen, Art. 33 Abs. 2 GG durch einfachgesetzliche Normen zu präzisieren. Andererseits konnte sich bisher in vielen Detailfragen keine einheitliche Linie der Rechtsprechung herausbilden, da durch die Verlagerung des Rechtsschutzes in das einstweilige Anordnungsverfahren das jeweils zuständige OVG faktisch letztinstanzlich entscheidet. Nur wenn es im Anschluss ausnahmsweise zum Hauptverfahren kommt, kann das *BVerwG* befasst werden. Für die betroffenen Bewerber hängt der Ausgang des Verfahrens nicht unwesentlich davon ab, ob das entscheidende Gericht eine eher dienstherren- oder bewerberfreundliche Auffassung vertritt.[69]

---

68 Insbes. zur Beweislastproblematik vgl. *Günther*, Diskurs über Aspekte objektiver Beweislast in Beförderungsprozessen, in: DÖD 1994, S. 14 ff.

69 Bezeichnend dafür, wie überzogene Glaubhaftmachungsanforderungen jeden Antragsteller stoppen können, ist z.B. das Urt. des *OVG Lüneburg* v. 29.04.2002 – 2 ME 40/02 –, in dem das Gericht nicht nur die Glaubhaftmachung der Fehlerhaftigkeit der Auswahlentscheidung, sondern auch die der realistischen Möglichkeit einer für den Antragsteller positiven neuen Auswahlentscheidung verlangt, aufgehoben von *BVerfG* (Anm. 8), NVwZ 2003, S. 200.

Auf der anderen Seite ist es zu einseitig, den klagenden Konkurrenten nur als egoistischen Störer zu verstehen, der dem redlichen Dienstherrn sachgerechte Personalentscheidungen erschwert. Art. 33 Abs. 2 GG gewährt nämlich nicht nur dem Bewerber ein subjektives Recht, sondern enthält zugleich eine *staatsorganisationsrechtliche Komponente*[70]. Mit dieser sichert die Norm das *objektive* Interesse an der Verwirklichung des Leistungsprinzips in der öffentlichen Verwaltung.[71] Das *BVerwG*[72] sieht hierin sogar ihre vornehmliche Funktion. Indem der unterlegene Bewerber versucht, sein privates Interesse an der eigenen Ernennung durchzusetzen, vertritt er somit zugleich das Allgemeinwohl, da er insgesamt zur Gewährleistung beruflicher Chancengleichheit beiträgt.[73] Diese Wirkung tritt – wiederum obige Zahlen zugrunde gelegt – weniger durch die gerichtliche Entscheidung im Einzelfall als auf generalpräventiver Ebene ein. Der Dienstherr muss mit der Kontrolle seiner Auswahlentscheidung durch die Gerichte rechnen und sollte so zumindest bestrebt sein, formal unangreifbare Verfahrensweisen einzuhalten. Dass schon diese Wirkung in der Praxis dennoch häufig nicht erzielt wird, ist allgemeiner Konsens. Bewusste Verstöße gegen die von der Rechtsprechung aus Art. 33 Abs. 2 GG abgeleiteten Anforderungen an die Gestaltung staatlicher Stellenbesetzungsverfahren sind noch immer gängige Verwaltungspraxis, was unzählige Einzelbeispiele[74] belegen. Durch die Er-

---

70 *Maunz*, in: Maunz/Dürig (Anm. 49), Art. 33, Rn. 12; *Höfling*, in: BK, GG, Losebl., Stand: 12/2010, Art. 33 I-III, Rn. 54 ff.

71 *Wiese*, Zur Neuordnung des öffentlichen Dienstes, in: DVBl. 1970, S. 644 (647); *Siedentopf*, Zum Leistungsprinzip im öffentlichen Dienst, in: FS Bulling, 1990, S. 155 ff.; *Höfling* (Anm. 70); *Krüger*, Das Leistungsprinzip als Verfassungsgrundsatz, 1957.

72 Vgl. *BVerwG* (Anm. 36), NVwZ-RR 2000, S. 172 (173); *BVerwG* (Anm. 36), E 101, 112, (114 f.).

73 So ausdrücklich *Huber*, Konkurrenzschutz im Verwaltungsrecht, 1991, S. 565; *ders.*, Amtshaftungsanspruch bei Verstoß gegen Verfahrenspflichten des Dienstherrn bei der Beamtenernennung, in: JZ 1996, S. 149.

74 So sei aus der jüngsten Vergangenheit exemplarisch die Besetzung der Stelle des Präsidenten des *OLG Koblenz* zum 22.07.2007 genannt. Ein unterlegener Bewerber hatte im Laufe des einstweiligen Rechtsschutzverfahrens ausdrücklich angekündigt, im Falle seines Unterliegens vor dem *OVG* auch noch das *BVerfG* anzurufen. Dennoch händigte der damalige Justizminsister des Landes *Rheinland-Pfalz* bereits eine halbe Stunden nach Mitteilung des den Rechtsschutzantrag abweisenden Urt. des *OVG Koblenz* (Urt. v. 30.01.2009 – 10 A 10805/08 – DVBl. 2009, S. 659) dem von ihm favorisierten Bewerber die Erennungsurkunde aus. Wieder einmal wäre damit der Rechtsschutz des unterlegenen Bewerbers erfolgreich vereitelt worden, hätte das *BVerwG* (Anm. 11) den Fall nicht zum Anlass genommen, das Prinzip der Ämterstabilität für den Fall der Rechtsschutzvereitelung aufzugeben und damit die Anfechtung der Ernennung des Konkurrenten durch den übergangenen Bewerber zuzulassen.

schwerung gerichtlicher Kontrolle müsste mit einem weiteren Anstieg derartiger Verstöße gerechnet werden.

Zusammenfassend lässt sich somit feststellen, dass es gerade nicht in einem an der Durchsetzung des Art. 33 Abs. 2 GG orientierten öffentlichen Interesse sein kann, den Rechtsweg in konkurrentenrechtlichen Streitigkeiten mit zusätzlichen Risiken für die unterlegenen Bewerber zu belasten und dadurch die gerichtliche Kontrolle der Stellenbesetzungsverfahren praktisch wieder einzuschränken. Das Bestreben muss vielmehr dahin gehen, den gerichtlichen Rechtsschutz derart zu effektivieren, dass die Gerichte Verstößen gegen Art. 33 Abs. 2 GG tatsächlich wirksam begegnen.

VI. Ergebnis

Nach dem geltendem Recht haftet der unterlegene Bewerber gegenüber dem ausgewählten Konkurrenten nicht, wenn er dessen Ernennung durch den Antrag auf Erlass einer einstweiligen Verfügung verzögert. § 945 ZPO i.V.m. § 123 Abs. 3 VwGO erfasst nur den Schaden des Dienstherrn als Antragsgegner und ist auf den Schaden des ausgewählten Konkurrenten nicht auszudehnen.

Auch besteht – jedenfalls aus der Perspektive des beamtenrechtlichen Konkurrentenstreits – kein Anlass, den § 945 ZPO de lege ferenda auf notwendig beigeladende Dritte auszudehnen, denn die Risikoverteilung zwischen ausgewähltem Konkurrenten und unterlegenem Bewerber im einstweiligen Rechtsschutzverfahren ist bei näherer Betrachtung durchaus angemessen. Insbes. profitiert der ausgewählte Bewerber, wenn er schließlich doch ernannt wird, seinerseits vom Grundsatz der Ämterstabilität, der anderseits das Vorgehen des unterlegenen Konkurrenten im einstweiligen Rechtsschutzverfahren erst erforderlich gemacht hat.

Aus rechtpolitischer Sicht kann es gerade nicht erwünscht sein, die Probleme bei der Durchsetzung des Art. 33 Abs. 2 GG durch eine Dämpfung der Klagebereitschaft der unterlegenen Bewerber aus der öffentlichen Diskussion zu verdrängen. Stattdessen sollte die Erkenntnis reifen, dass es gerade die materielle Durchsetzung des Art. 33 Abs. 2 GG ist, auf die Legislative, Exekutive und Judikative im öffentlichen Interesse gemeinsam hinwirken müssen. Die Diskussion sollte sich also auf die Frage richten, welche Maßnahmen ergriffen werden können, um diesem Ziel näher zu kommen.

Aufbau und Organisation der Gerichtsbarkeit im Land Brandenburg – unter besonderer Berücksichtigung der öffentlichen Gerichtsbarkeit

Georg Kirschniok-Schmidt *

Brandenburg war bis 1990 Teil der früheren DDR und hat einen Transformationsprozess erlebt, der auch die Justiz erfasst hat. Infolge der deutschen Einheit musste auch die Justizstruktur des – neuen – Landes *Brandenburg* an die Organisation des Gerichtswesens im föderalen Verfassungsaufbau der Bundesrepublik Deutschland angepasst werden. Auch die Funktion der Justiz hat sich geändert: Sie hat nunmehr die Aufgabe, das „neue Recht" des vereinigten Deutschlands, das Verständnis von Rechtsstaat und Recht in einer modernen Demokratie mit Leben zu füllen und den Bürgern nahe zu bringen.

Neu ist auch das Richterrecht. Damit sind diejenigen Regelungen gemeint, die den Status der Richterinnen und Richter betreffen. Die Rechtsprechung ist eine eigenständige Gewalt. Die Richter sind nur Recht und Gesetz unterworfen. Ihre Unabhängigkeit ist verfassungsrechtlich gewährleistet. Das Richterrecht hat die Sicherung der persönlichen Unabhängigkeit der Richterinnen und Richter zum Ziel.

Schließlich stellen sich auch für *Brandenburg* dieselben strukturellen Fragen wie für andere Länder: Wie kann die Rechtsprechung am besten im Interesse der Bürger und des Rechtsstaates ihre Aufgaben erfüllen? Welche Rolle haben hier das Parlament und die Regierung? Vor welchen Anforderungen steht aber auch die Justiz selbst?

I. Einleitung – Organisation des Gerichtswesens

Es ist die Aufgabe des Justizministeriums des Landes *Brandenburg*, also eines Landesministeriums, die Voraussetzungen dafür zu schaffen, dass die Rechtspflege im Land *Brandenburg* ordnungsgemäß funktioniert. Diese Aufgabe muss sich an den Vorgaben der Verfassung, d.h. in erster Linie an dem GG für die Bundesrepublik Deutschland, der Verfassung des Landes *Brandenburg* und an den gesetzlichen Vorschriften orientieren.

Die Verteilung der Kompetenzen zwischen dem Bund und den 16 Ländern der Bundesrepublik Deutschland sind in Bezug auf die Gerichte klar geregelt: Das GG spricht davon, dass die rechtsprechende Gewalt durch das *BVerfG*,

---

* Der Verfasser ist Dr. iur. und als Referatsleiter im Ministerium der Justiz des *Landes Brandenburg* tätig. Der Beitrag geht zurück auf einen Vortrag, den der Verfasser im Rahmen einer Sommerschule für russische Studierende am 02.08.2010 an der Juristischen Fakultät der Universität Potsdam gehalten hat.

durch die im GG vorgesehenen Bundesgerichte und durch die Gerichte der Länder ausgeübt wird.[1] Es gibt neben dem BVerfG fünf Bundesgerichte, die an der Spitze eines Instanzenzuges stehen und damit zugleich fünf Gerichtsbarkeiten repräsentieren.[2]

Der Rechtszug führt normalerweise von den Gerichten der Länder zu einem obersten Gerichtshof des Bundes. Es ist dies

- der *BGH* für die *ordentliche* Gerichtsbarkeit, d.h. für die Zivil- und Strafsachen; das Wort „ordentlich" ist historisch zu erklären, weil die Gerichte der Zivil- und Strafgerichtsbarkeit als erste mit „ordentlichen", d.h. persönlich und sachlich unabhängigen Richtern besetzt waren;[3]
- das *BVerwG* für die *Verwaltungsgerichtsbarkeit*, d.h. für öffentlich-rechtliche Streitigkeiten, für die nicht ausnahmsweise das Verfassungsgericht oder eine andere Gerichtsbarkeit zuständig ist;
- der *BFH* für die *Finanzgerichtsbarkeit*, d.h. im Wesentlichen für Steuersachen;
- das *BAG* für die *Arbeitsgerichtsbarkeit*; d.h. für bürgerliche (zivilrechtliche) Streitigkeiten zwischen Arbeitnehmern und Arbeitgebern und für sonstige Streitigkeiten auf dem Gebiet des Arbeitsrechts;
- das *BSG* für die *Sozialgerichtsbarkeit*, d.h. für öffentlich-rechtliche Streitigkeiten auf dem Gebiet des Sozialrechts und des Sozialversicherungsrechts.

Die Länder haben jeweils für ihr Hoheitsgebiet die Gerichte erster und zweiter Instanz einzurichten. Dies sind auf dem Gebiet der ordentlichen Gerichtsbarkeit die *Amts- und Landgerichte* sowie die *Oberlandesgerichte*. Ob in erster Instanz das Amtsgericht oder das Landgericht zuständig ist, richtet sich in Zivilsachen i.d.R. nach dem Streitwert; die Streitwertgrenze liegt bei 5.000 Euro. Die Amtsgerichte haben für bestimmte Gebiete Zuständigkeiten unabhängig vom Streitwert, z.B. in Familiensachen. In Strafsachen richtet sich die Zuständigkeit – vereinfacht gesagt – nach der Bedeutung der Sache; die Einzelheiten sind im GVG festgelegt. Ist das Amtsgericht erstinstanzlich zuständig, ist i.d.R. das Landgericht Berufungsgericht. Im Übrigen ist das Oberlandesgericht für Berufungen zuständig. Hiervon gibt es wiederum zahlreiche Ausnahmen, sodass man sagen kann, dass die Zuständigkeiten und die Rechtsmittel in den zivilrechtlichen und strafrechtlichen Verfahren unübersichtlich und kompliziert geregelt sind. Derzeit wird ein Gesetzentwurf diskutiert, der zumindest vorsieht, dass alle gerichtlichen Entscheidungen eine Information darüber enthalten müssen, welches Rechtsmittel bei welchem Gericht gegen die Entscheidung eingelegt werden

---

1 Art. 92 GG.

2 Art. 95 Abs. 1 GG.

3 Vgl. *Heyde*, in: Benda/Maihofer/Vogel (Hrsg.), HbVerf., 2. Aufl. 1995, T. 2, § 33 Rn. 21.

kann. Die letzte Instanz für alle Verfahren ist der Bundesgerichtshof. Er entscheidet über die Revision. Seine Aufgabe ist vor allem die Sicherung der Rechtseinheit durch Klärung grundsätzlicher Rechtsfragen. Diese Aufgabe haben auch die anderen Bundesgerichte, die jeweils für ihr Fachgebiet in letzter Instanz entscheiden.

Im Bereich der Arbeitsgerichtsbarkeit haben die Länder *Arbeitsgerichte* und *Landesarbeitsgerichte* zu errichten.

Die drei anderen Gerichtsbarkeiten, d.h. die Verwaltungs-, die Finanz- und die Sozialgerichtsbarkeit, werden in den Ländern von den *Verwaltungsgerichten*, den *Finanzgerichten* und den *Sozialgerichten* repräsentiert. Es handelt sich hierbei sämtlich um öffentlich-rechtliche Streitigkeiten, d.h. um Streitigkeiten zwischen dem einzelnen Bürger und staatlichen Behörden; daher werden diese Gerichtsbarkeiten auch als öffentlich-rechtliche Fachgerichtsbarkeiten bezeichnet.

Zur Vervollständigung muss noch auf die *Verfassungsgerichtsbarkeit* eingegangen werden. Das Verfassungsgericht ist keine Superrevisionsinstanz, sondern allein für die Verfassungsfragen zuständig. Es entscheidet aber auch über Verfassungsbeschwerden von Bürgern z.B. gegen Urteile von Gerichten, die nach ihrer Ansicht die Grundrechte verletzen. Ergänzt wird der Grundrechtsschutz durch den *EGMR*.

In den letzten Jahren wurde verstärkt die *Frage diskutiert*, ob Deutschland nicht zu viele Gerichtsbarkeiten hat und ob es nicht sinnvoll wäre, die *Gerichtsbarkeiten zu konzentrieren* und einige Gerichtsbarkeiten zusammenzulegen. Die Vielzahl von Gerichtsbarkeiten ist für den Bürger verwirrend. Sie führt zu Zuständigkeitskonflikten; sie fördert eine Spezialisierung auch in der Rechtsprechung. Die Rechtsordnung muss jedoch als eine Gesamtheit verstanden werden; Widersprüche sind zu vermeiden.

Die Diskussion über eine Verringerung der Zahl der Gerichtsbarkeiten betrifft einerseits die ordentliche Gerichtsbarkeit und die Arbeitsgerichtsbarkeit; denn das Arbeitsrecht ist Teil des bürgerlichen Rechts und den Zivilrichtern nicht fremd. Andererseits wurde eine Zusammenlegung der Verwaltungs- und der Sozialgerichtsbarkeit gefordert, aber auch eine Zusammenlegung aller öffentlich-rechtlichen Fachgerichtsbarkeiten. Diese Gerichtsbarkeiten sind historisch entstanden, haben jedoch vieles gemeinsam. Die öffentlich-rechtlichen Gerichtsbarkeiten sind vom Konflikt zwischen dem einzelnen Bürger und der staatlichen Verwaltung geprägt. Alle öffentlich-rechtlichen Gerichtsbarkeiten haben in vergleichbarer Weise zu prüfen, ob die Verfassung und die Grundrechte gewahrt sind. Auch das Verwaltungsverfahrensrecht und die dienstlichen Pflichten der Mitarbeiter der Behörden sind für alle Sachbereiche des öffentlichen Rechts vergleichbar und unterliegen vergleichbaren Prüfungsmaßstäben. Als Vorteil einer Zusammenlegung von Gerichtsbarkeiten wird angeführt, dass Streitigkeiten über die Zuständigkeit des einen oder anderen Gerichtszweigs vermieden würden, dass die Zuständigkeitsordnung auch für den Bürger weniger verwirrend wäre. Ein wesentlicher Punkt ist jedoch folgender: Durch eine Zusammenlegung von Gerichtsbarkeiten wäre der Einsatz von Richterinnen und Richtern flexibler zu planen; die Personalsteuerung würde einfacher; Belastungsunterschiede könnten besser ausgeglichen werden. Demgegenüber ist gegenwärtig die Versetzung eines Richters oder einer Richterin von einer Gerichtsbarkeit in eine andere ein aufwändiges und schwieriges Verfahren.[4] Von den Befürwortern des jetzigen Zustandes wird der Vorteil der fünf Gerichtsbarkeiten darin gesehen, dass der rechtsuchende Bürger für jede Streitigkeit eine Gerichtsbarkeit vorfindet, die in der jeweiligen Materie besonders sachkundig ist. So ist das Sozialversicherungsrecht, aber auch das Steuerrecht in hohem Maße spezialisiert; es ist sinnvoll, wenn den spezialisierten Behörden Gerichte gegenüber stehen, die ebenfalls über ein hohes Expertenwissen verfügen. Ein weiterer Aspekt kommt hinzu: Bei den Arbeitsgerichten, den Sozialgerichten und den Finanzgerichten wirken auch ehrenamtliche Richterinnen und Richter an der Rechtsprechung mit, die mit dem jeweiligen Sachgebiet vertraut sind. Es gilt für jede Gerichtsbarkeit ein spezielles Verfahrensrecht, das den Besonderheiten des Sachgebiets Rechnung tragen soll. Bei einer Zusammenlegung von Gerichtsbarkeiten wäre es konsequent, auch diese Verfahrensordnungen zu vereinheitlichen. Die Diskussion ist nicht abgeschlossen. Im Deutschen Bundestag wurde ein Vorschlag der Länder eingebracht, um das GG in der Weise zu ändern, dass jedenfalls den Ländern mehr Gestaltungsspielraum bei der Einrichtung der Gerichte gewährt wird. Dieses Projekt wird gegenwärtig jedoch nicht aktiv betrieben.

Wenn die Länder ihre Gerichte einzurichten haben, so bedeutet dies nicht, dass sie dabei völlig frei wären. Sie müssen sich an die vorgegebene Struktur des GG halten. Sie müssen aber auch das *Gerichtsverfassungsrecht* und die *Prozessordnungen* beachten.

Es handelt sich hierbei nach der Zuständigkeitsregelung des GG um Bundesrecht.[5] Der Grund hierfür ist naheliegend: Die Einheit der Rechtsordnung verlangt einheitliche Verhältnisse in den Gerichtsstrukturen und im gerichtlichen Verfahren. Im GVG und in den Verfahrensgesetzen wird im Einzelnen bestimmt, welche Gerichte die Länder für die jeweiligen Gerichtsbarkeiten einzurichten haben und wie die Zuständigkeit dieser Gerichte bestimmt wird. So folgt aus dem GVG für die ordentliche Gerichtsbarkeit eine komplizierte Zuständigkeitsregelung für die Amtsgerichte, die Landgerichte und die Oberlandesgerichte. Die Landgerichte und die Oberlandesgerichte sind teils als erste, teils als zweite, teils sogar als dritte Instanz zuständig. Bei den übrigen Gerichtsbarkeiten

---

4 Vgl. die Begründung zum Gesetzentwurf des Bundesrates vom 24.09.2004 (BR-Drs. 544/04 <Beschl.>).

5 Art. 74 Abs. 1 Nr. 1 GG.

sind die Regelungen überschaubarer: So gibt es in der ersten Instanz jeweils Arbeitsgerichte, Verwaltungsgerichte und Sozialgerichte, in der zweiten Instanz Landesarbeitsgerichte, Oberverwaltungsgerichte (teils als Verwaltungsgerichtshöfe bezeichnete) und Landessozialgerichte. Eine Ausnahme bildet die Finanzgerichtsbarkeit. Hier hat jedes Land lediglich ein einheitliches Finanzgericht einzurichten.

Soweit im Bundesrecht keine Regelungen getroffen werden, obliegt die Einrichtung der Gerichte den Ländern. Damit sind z.B. die Fragen, welche Gerichte an welchen Standorten eingerichtet werden, aber auch die Personalausstattung und die sonstigen Haushaltsmittel Sache der Landesparlamente.

II. Die Einrichtung und die Organisation der Gerichte im Land Brandenburg

Das Land *Brandenburg* entstand am Tag der deutschen Einheit, am 03.10.1990, auf dem Boden der Deutschen Demokratischen Republik, die an diesem Tag aufhörte zu existieren. *Brandenburg* verfügte damals noch über den Gerichtsaufbau der DDR. Dieser war verhältnismäßig einfach und übersichtlich strukturiert: Es gab nur eine einzige, einheitliche Gerichtsbarkeit, die in *Kreis- und Bezirksgerichte* gegliedert war. An der Spitze stand das *Oberste Gericht.* Als Gericht der ersten Instanz gab es insgesamt ca. 200 Kreisgerichte; die 14 Bezirksgerichte fungierten als Berufungsgerichte. Das *Oberste Gericht* war kein allgemeines Revisionsgericht. Es war für bestimmte Strafsachen erstinstanzlich zuständig, es war Berufungsgericht, wenn ausnahmsweise die Bezirksgerichte für bestimmte Zivil- und Strafverfahren erstinstanzlich zuständig waren. Im Übrigen aber hatte es über das Rechtsmittel der Kassation zu entscheiden. Es handelt sich hierbei um ein Rechtsmittel, das nicht der Bürger, sondern nur der Generalstaatsanwalt oder der Präsident des Obersten Gerichts selbst einlegen konnte, wenn Zivil- oder Strafverfahren bereits rechtskräftig entschieden waren. Für den Bürger selbst war nach dem Bezirksgericht Schluss. Das Oberste Gericht hatte im allgemeinen Interesse für eine Einheitlichkeit der Rechtsprechung zu sorgen. Es hatte die Gerichte der unteren Instanzen anzuleiten und konnte sogar verbindliche Richtlinien für die Auslegung von Gesetzen erlassen.[6]

Die Kreisgerichte und die Bezirksgerichte waren für die Aufgaben der Zivilgerichtsbarkeit einschließlich der Familiensachen und für die Strafsachen zuständig, aber auch für arbeitsrechtliche Streitigkeiten. Die Arbeitsgerichte wurden 1963 aufgelöst. Verwaltungsgerichte gab es schon seit 1952 nicht mehr. In der DDR gab es nur eine *geringe Justizdichte*, weil die Rolle des Rechts und insbes. die Rolle der Justiz in der sozialistischen Gesellschaft als gering einge-

6 Vgl. hierzu §§ 37, 39 GVG (DDR).

stuft wurden. So gab es z.B. 1988 auf 100.000 Einwohner in der Bundesrepublik 29 Richter und Richterinnen, in der DDR waren es lediglich 8. Ein weiteres Zahlenbeispiel: Es gab in der gesamten DDR ca. 600 Rechtsanwälte; nach den Maßstäben der alten Bundesrepublik hätte es bei der gegebenen Einwohnerzahl[7] ca. 16.000 Rechtsanwälte gegeben.

Die Zahl der Zivil- und Strafverfahren war wesentlich niedriger. Der Gedanke der Gewaltenteilung, dass also die Justiz als eine besondere unabhängige Gewalt im Staat zu verstehen ist, die das Recht durchsetzt und auf diese Weise die Macht der Regierung und der Verwaltung beschränkt, war der DDR fremd. Es war daher nur konsequent, dass es auch keine öffentlich-rechtliche Gerichtsbarkeit gab, die sich mit Rechtsstreitigkeiten des Bürgers und der Verwaltung beschäftigt hätte. Eine Kontrolle des Verwaltungshandelns durch unabhängige Gerichte kannte die DDR nicht. Die Bürgerinnen und Bürger konnten sich mit *Eingaben* an die Verwaltung wenden und haben von dieser Möglichkeit auch Gebrauch gemacht. Es handelt sich hierbei jedoch nicht um die Gewährleistung eines Rechtsschutzes im rechtsstaatlichen Sinne; hierzu bedarf es der Einrichtung einer unabhängigen gerichtlichen Kontrolle. Am 01.07.1989 trat ein Gesetz in Kraft, mit dem ein erster Schritt in Richtung eines verwaltungsrechtlichen Rechtsschutzes erreicht wurde, da die Kreisgerichte nunmehr – wenn auch beschränkt auf wenige Verwaltungsbereiche – Verwaltungsentscheidungen auf ihre Gesetzlichkeit hin überprüfen konnten.[8] In den letzten Monaten der DDR wurde dieses Gesetz durch ein anderes Gesetz[9] abgelöst, das in Umsetzung der neuen DDR-Verfassung den Rechtsweg gegen sämtliche Akte öffentlicher Gewalt garantierte. Den Kreis- und Bezirksgerichten wurden die Aufgaben der Verwaltungsgerichtsbarkeit übertragen.

---

7 Die DDR hatte 16 Mio. Einwohner.

8 Gesetz über die Zuständigkeiten und das Verfahren der Gerichte zur Nachprüfung von Verwaltungsentscheidungen vom 14.12.1988 sowie Begleitregelungen (GBl. DDR I S. 327 ff.). Mit diesem Gesetz reagierte die DDR auf die Kritik, die innerhalb der KSZE geäußert wurde, vgl. hierzu *Bernet*, Das Problem der Gerichtsbarkeit über Verwaltungssachen in der Entwicklung der DDR, in: DÖV 1990, S. 409, 415 f.; *Benndorf/Buchheister/Sauthoff/Schaffarzik/Schwan*, Der Aufbau der Verwaltungsgerichtsbarkeit in den neuen Bundesländern, in: LKV 2010, S. 449, 451.

9 Gesetz über die Zuständigkeit und das Verfahren der Gerichte zur Nachprüfung von Verwaltungsentscheidungen vom 29.06.1990, GBl. DDR I S. 595.

1. Gerichtsorganisation

Mit dem *EinigungsV*[10] begann zunächst eine Übergangsphase; denn die Kreis- und Bezirksgerichte wurden nicht sofort aufgelöst. Sie erhielten vielmehr die Rechtsprechungsaufgaben für alle Gerichtsbarkeiten. Die Länder waren aber aufgrund des EinigungsV verpflichtet, die besonderen Gerichtsbarkeiten entsprechend den bestehenden bundesrechtlichen Regelungen einzuführen. Sie hatten hierfür einen zeitlichen Spielraum, da die personellen und sachlichen Voraussetzungen erst geschaffen werden mussten.

Bis zur Einführung der Arbeitsgerichtsbarkeit und der öffentlich-rechtlichen Gerichtsbarkeiten waren an den Kreis- und Bezirksgerichten *besondere Spruchkörper* zu bilden, die die Aufgaben der Verwaltungsgerichte, der Sozialgerichte, der Arbeitsgerichte und der Finanzgerichte wahrzunehmen hatten. Die Verklammerung mit dem überkommenen Gerichtssystem der Bundesrepublik erfolgte durch die Bundesgerichte, die an die Stelle des Obersten Gerichts der DDR traten.

Die Chance, aus Anlass des Einigungsprozesses zu versuchen, den Gerichtsaufbau zu vereinfachen oder zumindest Experimente zuzulassen, ist nicht genutzt worden. Ein wesentlicher Grund dürfte hierfür sein, dass in der damaligen Umbruchsituation keine Zeit blieb für eine Strukturdiskussion. Zwar wäre es möglich gewesen, im Beitrittsgebiet Abweichungen von der herkömmlichen Gerichtsorganisation auch auf Dauer zuzulassen. Vermutlich war man sich jedoch nicht sicher, welche Auswirkungen eine solche Entscheidung gehabt hätte. Im Vordergrund stand die rasche Durchsetzung der Rechtseinheit, und das bedeutete für die Gerichtsbarkeit eine im Wesentlichen einheitliche Struktur der Gerichtsbarkeit in allen Teilen der Bundesrepublik Deutschland.

Die neuen Länder haben die Überleitung der Gerichtsorganisation schrittweise vorgenommen. Sie war in allen Ländern – und so auch in *Brandenburg* – im Jahre 1993 abgeschlossen.

---

10 Die Grundaussagen im EinigungsV lauteten:

- *„Die Länder richten durch Gesetz die im Gerichtsverfassungsgesetz vorgesehenen Gerichte und Staatsanwaltschaften ein, sobald hierfür unter Berücksichtigung der Bedürfnisse einer geordneten Rechtspflege jeweils die personellen und sachlichen Voraussetzungen gegeben sind.“*
- *„Bis zur Errichtung selbständiger Gerichtsbarkeiten sind die Kreis- und Bezirksgerichte ... (nach bestimmten Maßgaben des Einigungsvertrages) ... auch in Angelegenheiten der Verwaltungs-, Finanz-, Arbeits- und Sozialgerichtsbarkeit zuständig.“*

Verfassungsgericht für das Land Brandenburg (Potsdam)

Brandenburgisches Oberlandesgericht (Brandenburg an der Havel)

4 Landgerichte

25 Amtsgerichte

Oberverwaltungsgericht Berlin-Brandenburg (Berlin)

3 Verwaltungsgerichte

Landessozialgericht Berlin-Brandenburg (Potsdam)

4 Sozialgerichte

Landesarbeitsgericht Berlin-Brandenburg (Berlin)

7 Arbeitsgerichte

Finanzgericht Berlin-Brandenburg (Cottbus)

Schaubild – Gerichtsaufbau Brandenburg

In *Brandenburg* gab es 1990 42 Kreisgerichte und 3 Bezirksgerichte, die zunächst bestehen blieben. 1991 wurde als erstes eine eigenständige Arbeitsgerichtsbarkeit eingerichtet.[11] 1992 folgte die Sozialgerichtsbarkeit,[12] und zum 01.01.1993 wurde eine eigenständige Verwaltungs- und Finanzgerichtsbarkeit[13] eingerichtet. Die Zahl der Kreisgerichte musste bald verringert werden; diese Gerichte waren zu klein, um effizient arbeiten zu können. Vor der Überleitung

11 Es wurden sieben Arbeitsgerichte in *Brandenburg* a. d. Havel, Cottbus, Eberswalde, Frankfurt (Oder), Neuruppin, Potsdam und Senftenberg eingerichtet. Das Landesarbeitsgericht hatte seinen Sitz in Potsdam.

12 Es wurden vier Sozialgerichte in Cottbus, Frankfurt (Oder), Neuruppin und Potsdam eingerichtet. Das Landessozialgericht hatte seinen Sitz in Potsdam.

13 Es wurden drei Verwaltungsgerichte in Cottbus, Frankfurt (Oder) und Potsdam eingerichtet. Das Oberverwaltungsgericht hatte seinen Sitz in Frankfurt (Oder). Das Finanzgericht wurde in Cottbus eingerichtet.

in die Gerichtsstruktur der alten Bundesrepublik wurden die Gerichtsbezirksgrenzen geändert, um Gerichte zu schaffen, die für die Rechtsprechungsaufgaben groß genug waren.[14] Die Kreisgerichte wurden dadurch gestärkt, dass auch die Grundbuchsachen wieder in sie integriert wurden.[15] Die Führung der Grundbücher war zu Zeiten der DDR der allgemeinen Verwaltung in den Bezirken überlassen gewesen.[16] Am 01.12.1993[17] war es dann so weit, dass aus den 42 Kreisgerichten 25 Amtsgerichte geworden waren; aus den drei Bezirksgerichten wurden Landgerichte. Ein viertes Landgericht wurde neu eingerichtet. Hinzu trat schließlich das *Brandenburgische OLG*. Es ist das oberste Gericht in Zivil- und Strafsachen auf Landesebene.

Ende 1993 wurde auch das *LVerfG* gebildet. Dieses ist neben dem BVerfG für verfassungsgerichtliche Streitigkeiten zuständig. Es können vor ihm insbes. Streitigkeiten zwischen den Verfassungsorganen des Landes ausgetragen werden. Das Gericht ist aber auch zuständig für Verfassungsbeschwerden der Bürger gegen Akte der hoheitlichen Gewalt und für Verfassungsbeschwerden der Kommunen gegen Gesetze, die ihrer Ansicht nach die kommunale Selbstverwaltung verletzen. Gerügt werden kann jedoch immer nur eine Verletzung der Landesverfassung.

2. Personal der Gerichte

Neben den organisatorischen Aufgaben stellten sich vor allem aber auch schwerwiegende personelle Aufgaben. In den Gerichten gab es im Gebiet des heutigen *Brandenburg* 290 Richterinnen und Richter. Zum Zeitpunkt der Einheit verließen ca. 40 Personen den Richterdienst sofort freiwillig. Die restlichen Richterinnen und Richter führten ihre Arbeit fort. Sie mussten sich jedoch persönlich überprüfen lassen. Dies beruhte auf einer Vorschrift des noch zu DDR-

---

14 Gesetz über die Neugliederung der Kreisgerichtsbezirke im Land *Brandenburg* vom 08.12.1992, GVBl. I S. 486.

15 Vgl. Gesetz über die Führung des Grundbuchs im Land *Brandenburg* – Brandenburgisches Grundbuchgesetz vom 17.11.1992, GVBl. I S. 482.

16 Vgl. hierzu Begründung zum Brandenburgischen Grundbuchgesetz (LT-Drs. 1/1139: Die Grundbücher wurden in den Liegenschaftsdiensten der Räte der Bezirke geführt. Es gab keine Trennung von Grundbuch- und Katasterämtern. Grundbuchsachen sind jedoch traditionell Angelegenheiten der freiwilligen Gerichtsbarkeit. Die gerichtliche Zuständigkeit beruht darauf, dass aufgrund der besonderen Bedeutung von Grundstücksangelegenheiten alle Grundbuchgeschäfte früher dem Richter, jetzt dem Rechtspfleger vorbehalten sind.).

17 Inkrafttreten des Gesetzes zur Neuordnung der ordentlichen Gerichtsbarkeit und zur Ausführung des Gerichtsverfassungsgesetzes im Land *Brandenburg* vom 14.06.1993, GVBl. I S. 198.

Zeiten verabschiedeten Richtergesetzes vom 05.07.1990.[18] Hiernach mussten sie die Gewähr dafür bieten, dass sie ihr Amt entsprechend den Grundsätzen der Verfassung ausüben. Die Prüfung der fachlichen und der moralischen und politischen Integrität war Aufgabe der Richterwahlausschüsse, die zwar noch zur Zeit der DDR eingerichtet werden sollten,[19] die jedoch erst nach dem Beitritt und nach der Entstehung der Länder ihre Arbeit aufnehmen konnten. Die Überprüfung dauerte bis Anfang Dezember 1991 und war für die Betroffenen eine psychische Belastung.

Im Ergebnis sind von den genannten 250 Richterinnen und Richtern ungefähr 120 Personen in das Richterverhältnis auf Probe übernommen worden.[20] Sie konnten jedoch erst dann auf Lebenszeit ernannt werden, wenn sie sich mindestens drei Jahre seit dem Beitritt in ihrem Richteramt bewährt hatten.

Zu dem Prozess der Überprüfung stellte seinerzeit der ehemalige Justizminister *Bräutigam*[21] fest: Die Überprüfung stand unter einem hohen Zeitdruck. Die Tätigkeit von Strafrichtern wurde daraufhin untersucht, inwieweit sie in die Verurteilung politischer Straftaten involviert waren. Auch die politische Betätigung wurde überprüft. Sie erwies sich jedoch i.d.R. als weniger bedeutend. Demgegenüber spielten Erkenntnisse über eine eventuelle inoffizielle Mitarbeit

---

18 Vgl. § 45 des Richtergesetzes (der DDR) vom 05.07.1990: Richter, die zum Zeitpunkt des Inkrafttretens des Gesetzes die Richtertätigkeit ausgeübt haben, konnten in das Richterverhältnis auf Zeit oder auf Probe berufen werden, wenn sie von ihrer Persönlichkeit her die Gewähr dafür boten, dass sie ihr Amt entsprechend den Grundsätzen der Verfassung ausübten (§ 45 Abs. 1 i.V.m § 9 Abs. 1 Richtergesetz). Dies sollten die neu eingerichteten Richterwahlausschüsse feststellen, in denen Abgeordnete und Vertreter der Richterschaft vertreten waren. Solange das Ergebnis der Prüfung noch ausstand, galten sie als zur Rechtsprechung ermächtigte Richter (§ 45 Abs. 2 Richtergesetz). Nach den Bestimmungen des EinigungsV hatten die Richterwahlausschüsse über den Fortbestand der Richterverhältnisse spätestens bis zum 15.04.1991 zu entscheiden. Diese Frist konnte jedenfalls in *Brandenburg* nicht eingehalten werden.

19 Vgl. Beschl. der Volkskammer vom 22.07.1990, GBl. DDR I S. 904, (Ordnung über die Bildung und Arbeitsweise der Richterwahlausschüsse): Die Richterwahlausschüsse hatten insbes. folgende Voraussetzungen zu prüfen:
- Treue zum freiheitlichen, demokratischen, föderativen, sozialen und ökologisch orientierten Rechtsstaat,
- moralische und politische Integrität,
- fachliche Eignung und Fortbildungsbereitschaft,
- berufsethische Eigenschaften (§ 5 Abs. 2).

20 So *Macke*, Justiz in Stadt und Land *Brandenburg* im Wandel der Jahrhunderte, 1998, S. 166 (überwiegend junge Berufsrichter, die in der Zeit von *Modrow* und *de Maiziere* eingestellt worden waren). Die Zahlenangaben differieren leicht: Nach einer anderen Quelle wurden insgesamt 141 Richter der ehemaligen DDR bestätigt und 43 abgelehnt, *Theune*, Länderreport – Brandenburg, in: LKV 1992, S. 15 (16).

21 *Bräutigam*, Der Aufbau des Rechtswesens in Brandenburg, in: NJW 1993, S. 2501.

in der Staatssicherheit eine besondere Rolle. Auch frühere dienstliche Funktionen waren von Bedeutung. Personen, die höhere Funktionen in der Justiz ausgeübt hatten, konnten nicht mit einer Übernahme rechnen. Letztlich war jedoch immer der Einzelfall entscheidend. Gegen eine Ablehnung konnten die Gerichte angerufen werden. Die Richterwahlausschüsse legten auch Wert auf den persönlichen Eindruck, den die betroffene Person bei der Anhörung machte.

Von den Personen, die sich um die Übernahme beworben haben, wurden 45 % als Richter übernommen. 35 % haben die Bewerbung zurückgenommen.[22] Für die hohe Zahl von Personen, die sich freiwillig aus dem Verfahren zurückgezogen haben, dürften nicht vorrangig politische Gründe ursächlich gewesen sein, sondern vielmehr die Unsicherheit der betroffenen Personen, ob sie den völlig anders gearteten Anforderungen an die Rechtsprechung gewachsen waren; denn sie hatten nunmehr in einer neuen Rechts- und Gesellschaftsordnung Recht zu sprechen und mussten sich zudem mit Richtern aus den westlichen Bundesländern und frisch ausgebildeten Berufsanfängern vergleichen lassen.

Zu den übernommenen 120 Personen kamen noch 10 weitere Personen hinzu, die eine Juristenausbildung in der DDR absolviert hatten, aber vorher nicht als Richter tätig waren. Diese 130 „Ost-Richter" mussten in kürzester Zeit dazu qualifiziert werden, die neu gearteten Rechtsprechungsaufgaben zu erfüllen. Dies bedeutete vor allem den Erwerb von Kenntnissen des für sie neuen materiellen Rechts und des anzuwendenden Verfahrensrechts. Es waren – insgesamt gesehen – viel zu wenig Richterinnen und Richter, um die Aufgaben zu erfüllen.

Hinzu traten die neuen *Aufgaben der öffentlich-rechtlichen Gerichtsbarkeiten*. Die Richter der DDR hätten diese Aufgaben nicht von einem Tag auf den anderen erfüllen können. Für sie waren die Rechtsgebiete des Verwaltungsrechts, des Sozialversicherungsrechts und des Steuerrechts völlig unbekannt. Gerade für diese Rechtsprechungsaufgaben war man auf die Mithilfe aus den alten Bundesländern angewiesen, bis genügend Richterinnen und Richter ausgebildet waren, um diese Aufgaben wahrnehmen zu können. Man muss sich im Übrigen vorstellen, dass sowohl die Behörden als auch die Bürger den Umgang mit dem neuen Recht erst lernen mussten. Die Behörden waren ebenso wenig auf die neuen Rechtsverhältnisse vorbereitet. Ihre Entscheidungen waren oft mängelbehaftet. Zum einen gab es häufig Verfahrensfehler: Verwaltungsentscheidungen wurden ohne Anhörung erlassen und nicht ordnungsgemäß begründet. Bei kommunalen Satzungen, die Grundlage für die Abgaben wegen der Nutzung kommunaler Einrichtungen sind, kam es immer wieder zu erheblichen Fehlern, sodass teilweise der Gesetzgeber eingreifen musste. Hinzu kamen Streitigkeiten, die selbst Folge der deutschen Einigung waren. Das Vermögensgesetz,

---

22 *Bräutigam* (Anm. 21), S. 2502; ebenso *Faupel*, Der Neuaufbau der Justiz in Brandenburg, 1992, S. 24.

das noch die DDR beschlossen hatte, war die Grundlage für die Rückerstattung enteigneter Grundstücke. Hiervon gab es jedoch zahlreiche Ausnahmen, u.a. galt das Prinzip, dass die Bodenreform und Enteignungsmaßnahmen auf besatzungsrechtlicher Grundlage unantastbar waren. Dies führte zu einer Fülle von Streitigkeiten, die auch heute noch nicht abgeschlossen sind.

Zeitweise waren bis zu 130 Richterinnen und Richter aus den westdeutschen Bundesländern in *Brandenburg* tätig, d.h. es gab zeitweise eben so viele „West-Richter" wie „Ost-Richter". Zur Sicherung der Arbeitsfähigkeit der Justiz wurde durch ein besonderes Gesetz ermöglicht, dass auch Richterinnen und Richter, die bereits das Pensionsalter erreicht hatten, bis zur Vollendung ihres 70. Lebensjahres in *Brandenburg* als Richter arbeiten konnten. Diese Regelung ermöglichte insbes. den Einsatz von „West-Richtern" in *Brandenburg*, die auch nach Erreichen der Altersgrenze aktiv bleiben wollten.

Von den aus dem Westen abgeordneten Richterinnen und Richtern blieb ein Teil[23] in *Brandenburg*. Im Übrigen aber wurden in diesen Jahren sehr viele junge Berufsanfänger eingestellt, um den steigenden Geschäftsanfall bei den Gerichten bewältigen zu können. Die Eingangszahlen gingen bei den Gerichten in diesen Jahren rapide in die Höhe.

Die „Ost-Richter" und die „West-Richter" zusammengerechnet, reichten nicht aus, um die anwachsende Zahl von Gerichtsverfahren zu bewältigen. Nach Aussage des früheren Präsidenten des *Brandenburgischen OLG* waren im Jahre 1993 ca. 550 Richter erforderlich. Es gab jedoch insgesamt nur ca. 260 Richter. Erschwerend kommt hinzu, dass die „West-Richter" nur vorübergehend abgeordnet wurden. Es gab eine ständige Fluktuation, sodass sich in den Gerichten keine stabilen Verhältnisse einstellen konnten.

Für viele Aufgaben der Gerichte, die nicht zu den eigentlichen Rechtsprechungsaufgaben gehören, fehlten die sog. *Rechtspfleger*. Es handelt sich hier um Beamte, die für die Führung der Grundbücher, für die Führung der Register, für die Gerichtskosten und die Zwangsvollstreckungsaufgaben (Zwangsversteigerung) zuständig sind. Es wurden in kürzester Zeit viele Personen zu Rechtspflegern ausgebildet; teilweise musste sich die Ausbildung auf bestimmte Bereiche beschränken (sog. Bereichsrechtspfleger). Die ordentliche Rechtspflegerausbildung dauert mehrere Jahre. Diese Zeit hatte man nicht.

Seit einigen Jahren werden *Reformen in der Gerichtsorganisation* diskutiert. *Brandenburg* ist ein Flächenland, das gerade in den äußeren Regionen an Bevölkerung verliert. Daher sieht sich die Landesregierung vor die Aufgabe gestellt, die Zahl und die Standorte der Amtsgerichte zu überprüfen. Eine wesentliche Neuerung ereignete sich vor einigen Jahren, indem *Brandenburg* und Berlin in einem *Staatsvertrag* festgelegt haben, sämtliche *Fachobergerichte* zu-

---

23 Nach *Macke* (Anm. 20), S. 167, waren es ca. 80 Personen.

sammenzulegen. Für beide Länder gibt es somit nur noch ein gemeinsames Oberverwaltungsgericht, Landessozialgericht, Landesarbeitsgericht und Finanzgericht. Die Richter und Richterinnen an diesen Gerichten urteilen über Brandenburger Fälle wie über Berliner Fälle. Sie stehen sowohl in einem Richterverhältnis zu Berlin als auch zu *Brandenburg*. Es handelt sich hier um eine sehr weitgehende Konzentration, die sich aber – nach den bisherigen Erfahrungen – bewährt hat.

III. Status der Richter, Gerichtsverfassung, Justizverwaltung

Die Verhältnisse innerhalb des einzelnen Gerichts sind in personeller Hinsicht durch das Richterrecht geprägt, in organisatorischer Hinsicht durch das (bundesrechtliche) Gerichtsverfassungsrecht.

1. Richterrecht; Grundsatz der Unabhängigkeit

Für die Rechtsverhältnisse der Richter gilt zunächst das Deutsche Richtergesetz. Dieses ist eine Bundesgesetz und enthält im Wesentlichen Rahmenvorschriften, die die Länder mit eigenen Gesetzen auszufüllen haben. Infolge einer Verfassungsreform im Jahre 2006 haben sich die Gesetzgebungskompetenzen von Bund und Ländern insoweit verschoben. Der Bund regelt künftig nur noch das sog. Statusrecht. Dies sind diejenigen Fragen, die das Wesen des Richterverhältnisses als solches betreffen. Hierzu gehören die Voraussetzungen für die Begründung des Richterverhältnisses, für Abordnungen und Versetzungen und für die Beendigung des Richterverhältnisses.

Das Bundesrecht überlässt den Ländern jedoch eine Gestaltungsfreiheit in der Frage, in welchem Verfahren Richter ernannt und befördert werden. So ist es in vielen Ländern üblich, dass sog. *Richterwahlausschüsse* über die Ernennung und die Beförderung von Richtern entscheiden. In anderen Ländern liegen diese Entscheidungen hingegen allein in der Zuständigkeit des Justizministeriums bzw. der Landesregierung. In den Richterwahlausschüssen wirken i.d.R. Abgeordnete, Vertreter der Richterschaft und auch ein Vertreter der Rechtsanwaltschaft mit. In *Brandenburg* sieht bereits die Landesverfassung einen Richterwahlausschuss vor. Er besteht zu zwei Dritteln aus Abgeordneten, im Übrigen aus Vertretern der Richterschaft und einem Vertreter der Rechtsanwaltschaft. Die Personalentscheidungen trifft der Justizminister „gemeinsam mit" dem Richterwahlausschuss. Der Minister hat im Richterwahlausschuss zwar kein Stimmrecht. Es darf jedoch keine Entscheidung gegen seinen Willen getroffen werden.

Brandenburg erließ im Jahre 1993 ein eigenes Landesgesetz, das Brandenburgische Richtergesetz. Dieses enthält unter anderem Bestimmungen zur Richterwahl, zu den Richtervertretungen und ihren Aufgaben sowie zu den Richterdienstgerichten. Das Brandenburgische Richtergesetz löste die Bestimmungen des Richtergesetzes, die noch aus der DDR-Zeit galten, ab.

Wesentlicher Grundsatz, der das gesamte Gerichtswesen und die Gerichtsorganisation durchzieht, ist der *Grundsatz der richterlichen Unabhängigkeit.* Die Justiz ist eine eigenständige Gewalt im Staat. Dies bedeutet, dass es insbes. der Exekutive (Regierung und Verwaltung) nicht gestattet ist, auf die Rechtsprechung Einfluss zu nehmen. Richterliche Unabhängigkeit gilt wiederum nur im Rahmen der Gesetze. Die Richter sind an Recht und Gesetz gebunden. Halten sie ein Gesetz für verfassungswidrig, so können sie es nicht selbst für nichtig erklären und es unbeachtet lassen. Sie müssen vielmehr das Verfahren aussetzen und eine Entscheidung des Verfassungsgerichts einholen. Bindung an das Gesetz bedeutet auch, dass es dem Gesetzgeber möglich ist, auf die Rechtsprechung zu reagieren und Gesetze entsprechend seiner politischen Willensbildung zu ändern. Das Parlament darf aber niemals auf laufende Gerichtsentscheidungen unter Verletzung der Verfahrensordnung Einfluss nehmen. Die Gesetzesbindung des Richters und die Unabhängigkeit des Richters bedingen sich gegenseitig. Sie verhalten sich komplementär zueinander; denn die Unabhängigkeit des Richters dient gerade dazu, dass der Richter sich allein dem Gesetz verpflichtet fühlt. Er soll unabhängig seine Entscheidung treffen, gerade auch dann, wenn der Staat, d.h. eine staatliche Behörde ein Interesse am Ausgang des Verfahrens hat oder sogar – wie in der öffentlichen Gerichtsbarkeit – Beteiligte des Verfahrens ist.

Die Unabhängigkeit der Richter ist kein Grundrecht. Sie ist auch kein Standesprivileg. Sie ist Voraussetzung für den verfassungsrechtlich gewährleisteten Rechtsschutz, den sog. Justizgewährungsanspruch. Dieser verlangt eine von anderen Staatsgewalten unabhängige Kontrolle und richterliche Entscheidung allein aufgrund des Gesetzes.

Die Unabhängigkeit gegenüber der Exekutive bedeutet, dass Einzelweisungen oder sonstige Einflussnahmen auf die Rechtsprechung unzulässig sind. Der Richter kann auch nicht ohne Weiteres zu einem anderen Gericht versetzt werden oder mit anderen Aufgaben betraut werden. Er erhält mit seiner Lebensanstellung ein Amt an einem bestimmten Gericht. Abordnungen und Versetzungen können nur unter sehr begrenzten Voraussetzungen erfolgen, die im Richtergesetz klar geregelt sind.

Die *Richtergesetze* sehen bestimmte Gremien der Richter vor, die bei personellen und organisatorischen Entscheidungen beteiligt werden müssen. Der Präsidialrat wird bei einem oberen Gericht für den gesamten Gerichtszweig gebildet. Er besteht aus gewählten Vertretern der Richterschaft. Er hat die Aufgabe, zu allen Personalentscheidungen Empfehlungen abzugeben. Er wird auch bei Abordnungen und Versetzungen beteiligt. In jedem einzelnen Gericht gibt es einen Richterrat, für den gesamten Gerichtszweig einen gerichtsübergreifenden Gesamtrichterrat, der in den übrigen personellen Entscheidungen sowie in organisatorischen Angelegenheiten zu beteiligen ist. Es gibt mithin ein ganzes Geflecht von Beteiligungs- und Mitbestimmungsgremien der Richterschaft, mit deren Hilfe die Richterinnen und Richter ihren Einfluss auf die Arbeitsbedingungen geltend machen können.

Letzter wichtiger Punkt in den Richtergesetzen ist die Einrichtung der Richterdienstgerichte. Alle disziplinarrechtlichen Maßnahmen – mit Ausnahme des Verweises – können nur von den Richterdienstgerichten vorgenommen werden. Der Verweis kann vor den Dienstgerichten angefochten werden.

2. Präsidium

Aus dem Grundsatz der richterlichen Unabhängigkeit folgt, dass auch bestimmte Verwaltungsentscheidungen nur eigenständig innerhalb eines Gerichts von hierzu berufenen Gremien der Richterinnen und Richter getroffen werden können. Es gibt einen Kernbestand von Verwaltungsaufgaben, die zwingend der richterlichen Selbstverwaltung unterliegen.

So darf die Exekutive keinen Einfluss auf die *Geschäftsverteilung* nehmen. Sie ist allein Aufgabe des Gerichts und wird durch das sog. Präsidium bestimmt. Das Präsidium regelt die Besetzung der Spruchkörper und verteilt die Geschäfte. Es besteht aus dem Gerichtspräsidenten und mehreren Richtern, die von der Richterschaft des Gerichts gewählt werden. Die Verfassung verlangt, dass durch eine klare Geschäftsverteilungsregelung bereits vor Einleitung eines Verfahrens fest steht, welcher Richter bzw. welcher Spruchkörper innerhalb des Gerichts für dieses Verfahren zuständig ist. Eben darin besteht der Anspruch des Einzelnen auf den *gesetzlichen Richter*. Das Präsidium hat also einen Geschäftsverteilungsplan aufzustellen, der im Einzelnen die Zuständigkeit der jeweiligen Spruchkörper des Gerichts (Abteilungen, Kammern, Senate) festlegt und auch eine Vertretungsregelung vorsieht. Geschäftsverteilungsregelungen werden üblicherweise für jedes Jahr festgelegt. Sie dürfen nicht willkürlich geändert werden. Die klare Festlegung der Zuständigkeiten stärkt die persönliche Unabhängigkeit des einzelnen Richters bzw. der einzelnen Richterin. Vor jeder Entscheidung muss das Gericht prüfen, ob es ordnungsgemäß besetzt ist. Fehler in der Besetzung sind ein Grund für die Berufung oder die Revision.

Das Präsidium des Gerichts ist ein wichtiges Selbstverwaltungsorgan. Das Präsidium hat die Aufgabe, für eine gerechte und gleichmäßige Belastung der einzelnen Spruchkörper im Gericht zu sorgen. Es ist mit dafür verantwortlich, dass die allgemeine Verfahrensdauer bei dem Gericht nicht zu lang wird, sondern den verfassungsrechtlichen Maßstäben genügt.

3. Gerichtsverwaltung (Justizverwaltung)

Zur *Gerichtsverwaltung*[24] gehört die gesamte Verwaltungstätigkeit, mit der den Gerichten die Erfüllung ihrer Aufgaben ermöglicht wird. Hierzu gehört die Bereitstellung von Gebäuden, die Einrichtung der Gerichte, die Ausstattung mit Bürotechnik, mit einer Bibliothek, die Einstellung des nichtrichterlichen Personals, die Aus- und Fortbildung, aber auch die Stellungnahme zu rechtspolitischen Vorhaben usw. Nicht zuletzt ist die Dienstaufsicht Angelegenheit der Gerichtsverwaltung. Diese Verwaltungsaufgaben werden an unterschiedlicher Stelle ausgeübt. I.d.R. sind die Präsidentinnen und Präsidenten des jeweiligen Gerichts zuständig. Sie unterstehen jedoch den Weisungen des Obergerichtspräsidenten.

An der Spitze der *Justizverwaltung* steht das Justizministerium. Das Ministerium übt die Dienstaufsicht über die Obergerichtspräsidenten in sämtlichen Verwaltungsangelegenheiten aus. In einigen Ländern gibt es hiervon Ausnahmen in Bezug auf die Fachgerichtsbarkeiten (Arbeitsgerichte im Ressort des Arbeitsministeriums, Sozialgerichte im Ressort des Sozialministeriums, in einem Fall auch Verwaltungsgerichte im Ressort des Innenministeriums). Das Justizministerium (ggf. ein anderes Fachministerium für eine bestimmte Fachgerichtsbarkeit) ist somit die letztverantwortliche Stelle für die Gerichte. Es vertritt seinerseits die Belange der Justiz in der Landesregierung. Es muss sich dafür einsetzen, dass hinreichende Haushaltsmittel zur Verfügung gestellt werden, damit die Gerichte ihre Aufgaben erfüllen können. Das Ministerium und die Landesregierung sind wiederum gegenüber dem Parlament verantwortlich dafür, dass die Rahmenbedingungen für die Tätigkeit der Gerichte zur Verfügung stehen. Die Finanzmittel für die Justiz müssen ausreichend sein, damit die Verfahren in angemessener Zeit erledigt werden können. Es gilt aber auch, die Arbeitsverhältnisse innerhalb der Gerichte ständig daraufhin zu überprüfen, ob die vorhandenen Mittel sinnvoll und ökonomisch genutzt werden. Hier kann die Auf-

---

24 Gerichtsverwaltung ist die gesamte verwaltende Tätigkeit, die der Bereitstellung der für die Gerichte unerlässlichen materiellen und personellen Voraussetzungen dient. Sie hat das Gericht als Rechtspflegeorgan zum Objekt, ist Verwaltung der Gerichte und wirkt nur innerhalb des Gerichtsaufbaus. Zur Gerichtsverwaltung können auch die herkömmlicherweise den Gerichten übertragenen Verwaltungsaufgaben gezählt werden, die einen unmittelbaren Bezug zur Rechtsprechung haben (z.B. Rechtshilfe). Die Justizverwaltung im engeren oder materiellen Sinne ist demgegenüber öffentliche Verwaltung der Gerichte mit Außenwirkung. Hierzu gehören auch Verwaltungsgeschäfte, die nicht die Gerichte selbst betreffen, sondern andere Verwaltungsaufgaben im Bereich der Justiz zum Gegenstand haben (z.B. Justizvollzug). Die Begriffe werden unterschiedlich verwendet. Die Justizverwaltung wird auch als Oberbegriff zur formellen Abgrenzung der Verwaltungsgeschäfte von der Rechtsprechung verstanden (*Kissel*, GVG, 5. Aufl. 2008, § 12, Rn. 85, 105; *Schmidt-Räntsch*, Deutsches Richtergesetz, 6. Aufl. 2009, § 4 Rn. 30).

gabe der Justizverwaltung in ein gewisses Spannungsverhältnis zum Grundsatz der richterlichen Unabhängigkeit geraten.

Die Justiz ist eine Aufgabe, für die *alle drei Staatsgewalten zuständig* sind: Den Gerichten, d.h. der *Judikative*, obliegt die eigentliche Aufgabe der Rechtsprechung. Die *Legislative* in Bund und Ländern muss für die gesetzlichen Rahmenbedingungen sorgen, die Haushaltsmittel zur Verfügung stellen und insbes. ein Verfahrensrecht schaffen, das den Gerichten die Führung und Erledigung der Verfahren erleichtert. Die Gerichts- und Justizverwaltung sind der *Exekutive* zuzuordnen. Die Exekutive hat im Rahmen der Gesetze die notwendigen materiellen und personellen Voraussetzungen für die Gerichte zu schaffen. Für diese Aufgaben ist in jedem Land das Justizministerium zuständig. Es hat die gesetzgeberischen Beratungen vorzubereiten und die Gesetze umzusetzen. Er hat zudem darauf zu achten, dass die Unabhängigkeit der Justiz gewahrt bleibt.

4. Reformüberlegungen

Die Richterschaft hegt immer wieder die Befürchtung, dass sich die Exekutive, insbes. das Justizministerium, zu stark in ihre Belange einmischen und hierdurch die Unabhängigkeit der Gerichte beeinträchtigt würde. Dies gilt insbes. auch für die Personalpolitik, z.B. für die Besetzung der Leitungsposten. Personalentscheidungen werden vom Justizministerium vorbereitet; es hat einen wesentlichen Einfluss auf sie. Auch heutzutage werden Forderungen erhoben, das gesamte System umzugestalten mit dem Zweck, die Justiz völlig aus der Regierungsverantwortung zu lösen und eine *Autonomie der Justiz* zu erreichen. Hierzu gibt es unterschiedliche Modelle und Vorschläge. Sie sehen vor, dass es faktisch kein Justizministerium mehr gibt, sondern dass sich die Gerichte durch eigenständige Gremien selbst verwalten. Es wird hierbei im Grundsatz anerkannt, dass die Justiz nach wie vor demokratisch legitimiert sein muss. Sie kann sich also nicht völlig frei vom Parlament machen. Auch richterliche Tätigkeit ist Ausübung von Staatsgewalt. Die demokratische Legitimation wird dadurch erreicht, dass die Auswahl der Richter sich auf das Volk zurückführen lässt, d.h. auf das Parlament oder auf Amtsinhaber, die durch das Parlament legitimiert sind. Es wäre verfassungswidrig, wenn allein die Richterinnen und Richter über die Einstellung von Richtern oder über die Vergabe von Leitungspositionen zu entscheiden hätten (Kooptation).

Bestärkt werden die Überlegungen einer autonomen Justiz durch einen Blick auf die europäische Ebene. In vielen europäischen Staaten scheint eine große Übereinstimmung in dem Gedanken zu bestehen, dass die Selbstverwaltung der Gerichte ein notwendiges Element zur Sicherung der richterlichen Unabhängigkeit ist. Über das Ausmaß der Verselbständigung gibt es allerdings unterschiedliche Vorstellungen. Einen besonderen Aspekt bildet in diesem Zusammenhang auch die Weisungsfreiheit der Staatsanwaltschaften. Diese sind in Deutschland

Teil der Exekutive und unterliegen gem. § 147 GVG den Weisungen der Justizministerien. Es wird gefordert, dass künftig zumindest Einzelweisungen in Bezug auf bestimmte Ermittlungsverfahren unzulässig sind.

Über die Zweckmäßigkeit dieser Überlegungen gibt es unterschiedliche Auffassungen. Gegen eine völlige Loslösung der Gerichtsverwaltung aus der Regierungsverantwortung lassen sich überzeugende Gründe anführen.[25] Durch sie würde die parlamentarische Kontrolle erheblich geschwächt. Die Justiz darf sich jedoch in einem demokratischen Gemeinwesen nicht völlig isolieren, sondern muss sich ihrer gesellschaftlichen Verantwortung stellen. Die Rückbindung exekutiver Verantwortung an das Parlament ist am ehesten durch eine Einbindung in die Regierungsverantwortung zu erreichen. Zumindest derzeit befürwortet die eindeutige Mehrheit der Justizminister in den Ländern keinen radikalen Systembruch. In Deutschland hat sich das System der Organisation der Gerichte über Jahrzehnte hinweg insgesamt bewährt. Die Verfassungsprinzipien sind eindeutig und werden geachtet. Ein dringender Änderungsbedarf ist jedenfalls nicht zu sehen. Dies schließt nicht aus, einzelne gesetzliche Regelungen, z.B. in Bezug auf die Zulässigkeit von Weisungen gegenüber der Staatsanwaltschaft zu überdenken, die Transparenz bei der Wahrnehmung der Aufgaben der Gerichtsverwaltung zu erhöhen und die Beteiligungsrechte der Richtergremien sowie des Richterwahlausschusses auszubauen.

IV. Ausblick: Die Aufgabe der Rechtsprechung

Die Aufgabe der Rechtsprechung in einem demokratischen Rechtsstaat ist klar definiert. Die Gerichte müssen dem einzelnen Bürger Rechtsschutz gewähren – in seinen privaten und wirtschaftlichen Angelegenheiten, d.h. in bürgerlichrechtlichen Streitigkeiten mit anderen Privatpersonen, in Strafverfahren, aber auch in den öffentlich-rechtlichen Streitigkeiten gegenüber staatlichen Behörden. Dieser Rechtsschutz ist nur dann effektiv, wenn er in angemessener Zeit gewährt wird. Ergeht eine Entscheidung erst mehrere Jahre nach Eingang der Klage, so ist sie für den Betroffenen häufig sinnlos geworden. Hinzu kommt: Das *Vertrauen in die Rechtsprechung* leidet erheblich, wenn der Bürger befürchten muss, dass eine gerichtliche Klärung nicht mehr in absehbarer Zeit erlangt werden kann. Er wird sein Verhalten dementsprechend danach ausrichten, er wird sich auf Verhandlungen, Vergleiche einlassen oder Strategien wählen, um gerichtliche Verfahren zu vermeiden. Fehlt es an einer funktionsfähigen Justiz, so leidet nicht nur das Vertrauen des Bürgers in den Staat, sondern auch die Rechtssicherheit. Nimmt das Vertrauen in staatliche Institutionen ab, die die

---

25 Vgl. hierzu weiterführend: *Wittreck*, Die Verwaltung der Dritten Gewalt, 2006, S. 660 ff.; *Papier*, in: F. Kirchhof/Papier/Schäfer (Hrsg.), FS Merten, 2007, S. 185 ff.; *Sennekamp*, Alle Staatsgewalt geht vom Volke aus!, in: NVwZ 2010, S. 213 ff.

Rechte des Bürgers garantieren, so nimmt letztlich die demokratische Gesellschaft insgesamt Schaden. Der Anspruch auf ein zügiges Verfahren vor den Gerichten wird in vielen *Verfassungen* angesprochen:

- In der *Landesverfassung* heißt es: „Jeder hat einen Anspruch auf ein faires und zügiges Verfahren vor einem unabhängigen und unparteiischen Gericht."[26]
- Im *GG* folgt der Anspruch auf wirkungsvollen Rechtsschutz, der sog. Justizgewährungsanspruch aus dem Rechtsstaatsprinzip. Ein besonderer Verfassungsartikel gewährleistet den Rechtsschutz gegenüber dem Staat.[27] Nach der Rechtsprechung des *BVerfG* folgt hieraus auch der Anspruch auf Rechtsschutz in angemessener Zeit.
- In der *Grundrechtecharta* der Europäischen Union wird das Recht des einzelnen Bürgers erwähnt, dass seine Sache vor einem unparteiischen Gericht in einem fairen Verfahren innerhalb angemessener Zeit verhandelt wird.[28]
- Nach der *EMRK* schließlich gehört es ebenfalls zu den Rechten des Einzelnen, dass über zivilrechtliche Ansprüche und Verpflichtungen oder eine strafrechtliche Anklage in einem fairen Verfahren innerhalb angemessener Frist verhandelt wird.[29] Der Begriff „zivilrechtlich" wird sehr weit verstanden und erfasst auch einen großen Teil öffentlich-rechtlicher Streitigkeiten, nämlich alle diejenigen, die mit vermögensrechtlichen Ansprüchen verbunden sind.

Die Verletzung des Justizgewährungsanspruchs kann nicht nur in einem gerichtlichen Verfahren selbst, sondern auch vor den Verfassungsgerichten und letztlich auch vor dem *EGMR* gerügt werden. Nach der EMRK können Entschädigungsansprüche ausgelöst werden.

In Deutschland wird vor allem die lange Verfahrensdauer verwaltungsgerichtlicher Verfahren beklagt. Lange Verfahren sind aber auch in der Sozialgerichtsbarkeit festzustellen. Die Gründe hierfür sind vielfältig. Spezifische Gründe gab es in *Brandenburg* infolge der Umstellung der Gerichtsbarkeit nach der deutschen Einigung. Diese Umstellung wurde vorübergehend auch von den Verfassungsgerichten als sachliche Rechtfertigung für eine längere Verfahrensdauer akzeptiert. Seit vielen Jahren jedoch wird auch in *Brandenburg* der allgemein zu fordernde Standard verlangt.

In diesem Zusammenhang ist auf zwei Aspekte aufmerksam zu machen:

Nach der *Rechtsprechung des EGMR* muss es in den Staaten ein wirksames Rechtsmittel geben, mit dem die lange Verfahrensdauer noch im Verfahren gerügt werden kann. In Deutschland gibt es kein gesetzlich geregeltes Rechtsmittel. Es besteht allerdings die Möglichkeit, eine Verletzung des Anspruchs auf ein

26 Art. 52 Abs. 4 S. 1 LVerfBbg.

27 Art. 19 Abs. 4 GG.

28 Art. 47 S. 2 EU-Charta.

29 Art. 6 Abs. 1 S. 1 EMRK.

faires Verfahren vor den Verfassungsgerichten zu rügen. Dieser Rechtszustand wird vom *EGMR* nicht akzeptiert. Er sieht insbes. die Verfassungsbeschwerde i.d.R. nicht als einen wirksamen Rechtsbehelf an. Eine Ausnahme gilt nur für die Strafverfahren; denn nach der Rechtsprechung des *BVerfG* kann eine unangemessene Verzögerung des Strafverfahrens Konsequenzen für die gerichtliche Entscheidung haben, indem das Verfahren eingestellt oder die Strafe gemildert wird. Ansonsten aber besteht nach Auffassung des *EGMR* in Deutschland kein wirksames Rechtsmittel.[30]

Derzeit wird ein Gesetzentwurf diskutiert, wonach ein Bürger wegen der unangemessenen Dauer eines Gerichtsverfahrens Entschädigung verlangen kann. Er muss zuvor eine sog. Verzögerungsrüge erheben. Die Entschädigung beträgt 100 Euro für jeden vollen Monat der Verzögerung. Durch ein solches Verfahren würde der EMRK Rechnung getragen. Es lassen sich aber auch andere Modelle vorstellen, wie die Erfahrungen in anderen Ländern zeigen und die z.B. eine Kombination aus unterschiedlichen Entscheidungen im Beschwerdeverfahren vorsehen. Eine reine Entschädigungslösung ändert nichts an den häufig gerichtsinternen Ursachen für eine unangemessene Verfahrensverzögerung.

Nach der *Rechtsprechung des LVerfG Bbg*, das sich immer wieder mit Verfahren von langer Dauer zu beschäftigen hatte, gilt Folgendes:[31] Das Grundrecht auf ein faires Verfahren vor Gericht in angemessener Zeit bindet den Gesetzgeber, die Regierung und das Gericht. Alle, die Verantwortung für die Justiz tragen, sind somit angesprochen. Der einzelne Richter steht in der Pflicht, durch jeden zumutbaren Einsatz die ihm zur Bearbeitung anvertrauten Verfahren in angemessener Form zu erledigen. Ist er überlastet, so muss er dies anzeigen. Innerhalb des Gerichts muss insbes. das Präsidium auf eine gleichmäßige Belastung achten. Das verantwortliche Obergericht hat dafür zu sorgen, dass die vorhandenen Richterstellen bei den unterschiedlichen Gerichten dem Arbeitsanfall entsprechend verteilt sind. Das Ministerium muss sich dafür verwenden, dass ausreichende Stellen bewilligt werden. Die Landesregierung muss im Haushaltsentwurf die ausreichende Anzahl von Stellen vorsehen; das Parlament schließlich muss ebenfalls akzeptieren, dass die Justiz nur funktionsfähig ist, wenn in ausreichender Zahl Richterstellen vorhanden sind und auch ansonsten die Gerichte angemessen ausgestattet sind.

---

30 Ein wirksames Rechtsmittel setzt voraus, dass mit ihm entweder die behauptete Verletzung des Rechts oder ihre Fortdauer verhindert oder angemessene Abhilfe für schon geschehene Konventionsverletzungen erlangt werden kann. Ein Rechtsbehelf ist im Sinne des Art. 13 EMRK wirksam, wenn der Betroffene mit ihm entweder die Entscheidung des zuständigen Gerichts beschleunigen oder angemessene Wiedergutmachung für schon eingetretene Verzögerungen erlangen kann (vgl. *EGMR*, Urt. v. 08.06.2006 – 75529/01 – Sürmeli ./. Deutschland, NJW 2006, S. 2389).

31 Vgl. *LVerfG Bbg*, Beschl. v. 20.03.2003 – 108/02 – NVwZ 2003, S. 1379.

Allerdings genießt das Grundrecht auf ein zügiges Verfahren keinen absoluten Vorrang vor anderen Grundrechten, die den Staat ebenfalls verpflichten.[32] Im Haushalt erfolgt eine Gesamtabwägung aller Belange, für die der Staat verantwortlich ist. Er darf das Grundrecht auf ein zügiges Verfahren nicht „leer laufen“ lassen.

Andererseits sind nicht allein immer mehr Richterstellen und immer mehr Haushaltsmittel gefragt. Die Verantwortung des einzelnen Richters und der einzelnen Richterin wird immer wieder auch von der Rechtsprechung selbst betont. Gerade aufgrund der persönlichen Unabhängigkeit sind die Möglichkeiten der Dienstvorgesetzten, auf die richterliche Arbeit Einfluss zu nehmen, äußerst begrenzt. An das Pflicht- und Verantwortungsbewusstsein und an die Einsatzbereitschaft der Richterinnen und Richter sind hohe Anforderungen zu stellen. Das *persönliche Engagement* des einzelnen Richters und der einzelnen Richterin für die Rechtsprechungsaufgabe bleibt daher eine wesentliche Voraussetzung der Justiz. Aufgabe der Justizverwaltung und letztlich auch des Ministeriums ist es, dieses Engagement zu fördern.

In einem permanenten Prozess werden die Möglichkeiten ausgelotet, um den heutigen Anforderungen an die Rechtsprechung Genüge zu tun. Hierzu gehören auch Überlegungen zur *Entlastung der Gerichte* von Bagatellstreitigkeiten und von überflüssigen Verwaltungsaufgaben, damit sie sich ihrer Kernaufgabe widmen können. So gibt es Überlegungen, außergerichtliche Schlichtungsverfahren für bestimmte Streitigkeiten einzuführen und für bestimmte Sachgebiete das Mittel der *Mediation* zu nutzen. Letzteres eignet sich für Konflikte, die nicht allein durch einen einzelnen Richterspruch gelöst werden können, sondern eine umfassende Erörterung der Interessen verlangen. Solche Überlegungen gelten vor allem für die ordentliche Gerichtsbarkeit. Soweit es die öffentlich-rechtlichen Gerichtsbarkeiten anbelangt, so hängt die Belastungssituation der Gerichte vor allem mit dem materiellen Recht zusammen. Hier könnte mitunter durch eine *bessere Gesetzgebung* eine Vielzahl von Verfahren vermieden werden. Gleiches gilt für ein angemessenes Verfahrensrecht, das sowohl das Verwaltungsverfahren wie das gerichtliche Verfahren einschließt. Es ist auch eine Aufgabe der Justizverwaltung, hier die richtigen Schlussfolgerungen zu ziehen

---

32 Die Aussage des *LVerfG Bbg*, das Grundrecht auf ein zügiges Verfahren stehe nicht unter einem Finanzierungsvorbehalt, Urt. v. 17.12.2009 – 30/09 – NVwZ 2010, S. 378 [379], ist insoweit fraglich. Sie verkennt, dass die Finanzmittel des Landes für alle Staatsaufgaben (z.B. Bildung, öffentliche Sicherheit) aufgebracht werden müssen. Es ist die Aufgabe des Parlaments, im Rahmen einer politischen Gesamtabwägung über den Einsatz der vorhandenen Mittel zu entscheiden. Damit obliegt ihm die Entscheidung darüber, welche Bedeutung es einem wirksamen Rechtsschutz zumisst, vgl. hierzu auch *Papier* (Anm. 25), S. 179.

und die Erkenntnisse aus der Rechtsprechung für die gesetzgeberische Arbeit zu nutzen.

Aufbau und Organisation der Gerichtsbarkeit dienen dem Zweck einer funktionsfähigen Justiz. Es müssen die Rahmenbedingungen gewährleistet werden, um den Richterinnen und Richtern ihre Rechtsprechungsaufgabe zu ermöglichen. Dies schließt eine ausreichende technische Ausstattung der Gerichte ebenso ein wie die Pflicht, die erforderlichen Stellen für das richterliche und nichtrichterliche Personal zur Verfügung zu stellen. Der Rechtsschutz ist also nicht nur eine Aufgabe der Richterinnen und Richter, sondern auch eine Aufgabe des Parlaments und der Regierung. Bei der Erfüllung dieser Aufgaben ist die Unabhängigkeit der Richter immer zu beachten. Aber auch die Justiz muss ihre gesellschaftliche Verantwortung erkennen und ihren Beitrag leisten, damit der Verfassungsauftrag erfüllt wird, dem Bürger zu angemessenen Bedingungen Rechtsschutz zu gewähren.

Das kommunale Ausländerwahlrecht für Drittstaatsangehörige in Deutschland

Oxana Syuzyukina *

Die Möglichkeit der Einführung des Kommunalwahlrechts für Ausländer wird in der Bundesrepublik Deutschland seit den siebziger Jahren diskutiert. Während in Schweden das Kommunalwahlrecht seit den siebziger Jahren Ausländern, die bestimmte Voraussetzungen erfüllen, gewährt wurde und in Finnland lebende Angehörige der skandinavischen Staaten sowohl an aktiven als auch an passiven Wahlen teilnehmen dürfen, blieb diese Frage in Deutschland zunächst bis zum Urteil des *BVerfG* vom 31.10.1990[1] offen. Allerdings wurde nach den langen politischen und wissenschaftlichen Diskussionen durch die Grundgesetzänderung zu Art. 28 I 3 GG vom 21.12.1992[2] das Wahlrecht bei Wahlen in Kreisen und Gemeinden für EU-Ausländer eingeführt, wonach sie nach Maßgabe des Rechts der EG wahlberechtigt und wählbar sind. Das kommunale Ausländerwahlrecht für Drittstaatsangehörige ist in der Bundesrepublik Deutschland nach wie vor ein Tabu. Die Debatte darüber bleibt jedoch bestehen.[3] Der folgende Beitrag stellt daher die politische und juristische Auseinandersetzung hinsichtlich der politischen Partizipation[4] von Ausländern dar, insbes. des Kommunalwahlrechts von Drittstaatsangehörigen, und untersucht die verfassungsrechtliche Problematik der Einführung eines kommunalen Ausländerwahlrechts in der Bundesrepublik Deutschland unter dem Aspekt des Volksbegriffes des Art. 20 II 2 GG einerseits und andererseits im Hinblick auf die Integration der Ausländer.

---

* Die Verfasserin ist Journalistin, hat an der Juristischen Fakultät der Universität Potsdam ein Magisterstudium erfolgreich abgeschlossen und promoviert z.Z. bei Herrn Prof. Dr. E. Klein.

1 *BVerfG*, Urt. v. 31.10.1990 – 2 BvF 2/89, u.a. (Ausländerwahlrecht bei Gemeinde- und Kreiswahlen) – E 83, 37; Urt. v. 31.10.1990 – 2 BvF 3/89 (Ausländerwahlrecht) – E 83, 60.

2 BGBl. I S. 2086.

3 S. unten III. 3. 4.

4 Als politische Partizipation werden in den Sozialwissenschaften alle Aktivitäten bezeichnet, „die die Bürger freiwillig mit dem Ziel unternehmen, Entscheidungen auf verschiedenen Ebenen des politischen Systems zu beeinflussen". So richtet sie sich konkret auf die politische Willensbildung und wird über Wahlen und Parteien vermittelt. *Kaase*, Partizipation, in: Pipers Wörterbuch zur Politik, 1985, S. 682; *Bürklin*, Integration durch Partizipation, Vortrag zu den 53. Bitburger Gesprächen, 2010, S. 2.

I. Einige Daten zur Situation von Ausländern in der Bundesrepublik

Die Einwohnerzahl in Deutschland beträgt heute rund 82,2 Mio. Davon hatten nach der Mitteilung des Statistischen Bundesamtes in den Jahren 2008 und 2009 etwa 6,7 Mio. Menschen, von denen 4,6 Mio. nicht aus den Ländern der EU stammten, keinen deutschen Pass. So beträgt der Ausländeranteil heute insgesamt 8,8 %.[5] Für den Vergleich: Im Jahr 2007 hatten von den 82,3 Mio. Einwohnern in Deutschland 15,4 Mio. Personen einen Migrationshintergrund, davon etwa 8,1 Mio. Deutsche und ca. 7,3 Mio. Ausländer. Der Ausländeranteil betrug 8,9 %. Insgesamt besaßen 47,3 % der Menschen mit Migrationshintergrund eine fremde Staatsangehörigkeit.[6] Den größten Teil der nichtdeutschen Bevölkerung machen Personen aus, die im Zuge der Anwerbung von ausländischen Arbeitskräften und des Familiennachzuges nach Deutschland gekommen oder als deren Kinder bereits hier geboren sind. Die durchschnittliche Aufenthaltsdauer dieser Drittstaatsangehörigen betrug Ende 2009 mehr als 20 Jahre und ist im europäischen Vergleich überdurchschnittlich hoch. Zwei Drittel der ausländischen Kinder und Jugendlichen sind hier geboren.

II. Die kommunale Ausländerwahl im europäischen Vergleich

Die Einführung des Kommunalwahlrechts für EU-Bürger hat auf Gemeindeebene zwei Klassen von Ausländern geschaffen: zunächst einmal solche, die ihre demokratischen Partizipationsmöglichkeiten (mit unterschiedlichen Einschränkungen beim passiven Wahlrecht) wahrnehmen können und solche, denen diese demokratischen Mitgestaltungsmöglichkeiten, je nach nationaler Gesetzgebung, gewährt oder verwehrt werden. Im Jahre 2000 gehörten zu der ersten Gruppe etwa 4,6 Mio. Personen oder 1,6 % der Wohnbevölkerung über 18 Jahren, zu der zweiten Gruppe 9 Mio. Menschen oder 3 % der erwachsenen Bevölkerung innerhalb der EU.[7] Hinsichtlich des kommunalen Ausländerwahlrechts für Drittstaatsangehörige können heutzutage ganz allgemein drei verschiedene Gruppen von Staaten in der EU unterschieden werden: sog. „Vorreiter“, „Pragmatiker“ und „Bremser“. Zu den „Vorreitern“ zählen die skandinavischen Staa-

---

5 Die Zahl der Ausländer in Deutschland auf der Basis der Bevölkerungsfortschreibung beläuft sich dagegen am Ende des Jahres 2008 insg. auf 7,1 Mio. Migrationsbericht 2008, 2010, S. 199; Statistisches Jahrbuch 2010, S. 52, abrufbar unter: www.destatis.de/jetspeed/portal/cms/Sites/destatis/Internet/DE/Navigation/Statistiken/Bevoelkerung/MigrationIntegration/AuslaendischeBevoelkerung/AuslaendischeBevoelkerung.psml.

6 Statistisches Bundesamt, in: Migrationsbericht 2008, 2010, S. 214.

7 *Bauer*, Das kommunale Ausländerwahlrecht im europäischen Vergleich, Beitrag im Rahmen der Konferenz in Bonn, 2007, S. 6, abrufbar unter: www.fes.de/wiso/pdf/integration/2008/160208/beitrag_bauer.pdf.

ten Dänemark, Schweden und Finnland sowie Irland und die Niederlande. Vorreiter war Schweden, das als erstes europäisches Land bereits 1975 allen seit mindestens 3 Jahren in Schweden lebenden volljährigen Ausländern das aktive und passive Wahlrecht nicht nur auf kommunaler Ebene, sondern auch auf regionaler Ebene gewährt hat. Dort wird das Kommunalwahlrecht mit einer dynamischen Einbürgerungspraxis kombiniert, die im europäischen Vergleich höchste Werte erreicht.[8] Im Übrigen ist Schweden das einzige Einwanderungsland in Europa, das keine Negativ-Politisierung der Einwanderungsprobleme erlebt hat, wie dies in anderen europäischen Ländern etwa Deutschland, Frankreich, Großbritannien usw. der Fall ist. Zu der zweiten Gruppe gehören Spanien, Großbritannien und Portugal. Hier ist das aktive (und z.T. auch passive) Wahlrecht auf bestimmte Personengruppen beschränkt, die entweder eine gemeinsame Geschichte oder eine gemeinsame kulturelle Tradition und Sprache haben bzw. beruht auf dem Gegenseitigkeitsprinzip. Seit kurzem haben Belgien und Luxemburg ebenfalls das kommunale Ausländerwahlrecht für Drittstaatsangehörige eingeführt. Die nächste Gruppe besteht aus den „Bremsern": Frankreich, Italien, Griechenland, Österreich und Deutschland. In diesen Ländern bleibt das Kommunalwahlrecht bislang an die Staatsangehörigkeit gekoppelt. In den Ländern mit dem höchsten Anteil von Ausländern an der Gesamtbevölkerung wie Frankreich, Österreich und Deutschland wird das kommunale Wahlrecht für Drittstaatsangehörige mit dem Hinweis auf die Möglichkeit des Staatsangehörigkeitserwerbs verwehrt. So existiert ein kommunales Wahlrecht, das weder auf bestimmte Personengruppen noch auf bestimmte Territorien des jeweiligen Staates beschränkt ist, derzeit nur in folgenden EU-Mitgliedstaaten: Belgien, Dänemark, Estland, Finnland, Irland, Luxemburg, den Niederlanden und Schweden, sowie in Norwegen und Island.[9]

III. Politische Rechte von Ausländern in der Bundesrepublik

1. Zum Begriff der politischen Rechte

Politisch sind diejenigen Rechte, die dem Einzelnen die Mitwirkung an der Ausübung der Staatsgewalt ermöglichen[10] sowie diejenigen, „die die Besetzung der

---

8 Mehr dazu: *Thränhardt*, Kommunales Wahlrecht für Ausländer, 2008, abrufbar unter: www.kommunales-wahlrecht.de/files/thraenhardt.pdf; *Marquis/Grossi*, Einwanderer – Minderheit ohne politische Rechte?, 1990, S. 18. Die Praxis hat gezeigt, dass sich die Einwanderer türkischer und griechischer Herkunft stärker an den Wahlen beteiligen als andere Einwanderergruppen.

9 *Bauer* (Anm. 7), S. 6.

10 *Ruppel*, Der Grundrechtsschutz der Ausländer im deutschen Verfassungsrecht, 1968, S. 186; *Dolde*, Die politischen Rechte der Ausländer in der Bundesrepublik, 1972, S. 23.

besonderen Organe durch Personen aus dem Volke betreffen."[11] Hierzu gehören insbes. das aktive und passive Wahlrecht nach Art. 38 Abs. 1 S. 1 GG, das Zugangsrecht zu den öffentlichen Ämtern (Art. 33 Abs. 2, 3 S. 1 GG, Art. 140 GG i.V.m. Art. 136 Abs. 2 WRV), die Wehrdienstfähigkeit (Art. 12 a Abs. 1 GG) sowie die Fähigkeit zu allen Diensten, mit denen die Ausübung von Staatsgewalt verbunden ist (im Rahmen des Art. 12 a Abs. 2, 3 und 4 sowie des Art. 12 Abs. 2 GG). Das wichtigste Mitwirkungsrecht an der Ausübung der Staatsgewalt in der modernen Demokratie ist das Wahlrecht, das gem. Art. 38 Abs. 2 GG das Recht, sowohl die Bundestagsabgeordneten zu wählen (Wahlberechtigung = aktives Wahlrecht), als auch zum Bundestagsabgeordneten gewählt zu werden (Wählbarkeit = passives Recht), umfasst.[12] Hierauf beschränkt sich der vorliegende Beitrag. Die Wahlen stellen die wichtigste Form der aktiven Teilnahme des Volkes am politischen Leben dar und sind als solche der Grundvorgang jedes demokratischen Verfassungslebens, der Grundakt demokratischer Legitimation und Fundamentalausdruck der Volkssouveränität i.S.d. Art. 20 Abs. 2 S. 1 GG.[13] In den Wahlen findet der permanente Prozess der Meinungs- und Willensbildung der Staatsbürger seinen besonderen Ausdruck. Die Wahl im demokratischen Verfassungsstaat ist sonach der Vorgang, wodurch das Volk Staatsgewalt selbst ausübt.[14] Wegen seiner grundlegenden Bedeutung für die demokratische Legitimation der Staatsgewalt stellt das Wahlrecht ein höchstpersönliches (unveräußerliches, unverzichtbares und unübertragbares) Recht dar.[15]

2. Die historische Entwicklung des Wahlrechts

Das Wahlrecht in Deutschland beruhte vor 1848 wesentlich auf ständischer Grundlage, d.h. die Territorialstaaten und das Reich hatten nur ständische Vertretungen. Die Landstände bestanden aus Adel, Klerus, Städten und Landgemeinden sowie in einigen Ausnahmefällen auch aus Bauern. Anders war dies in England, wo es seit dem 15. Jh. Wahlgesetze zur Wahl des House of Lords und des House of Commons gab. Die deutschen Verfassungen des Frühkonstitutionalismus hielten regelmäßig für Landtage und Kammern an der ständischen Gliederung fest. Dem entsprach auch Art. XIII der DBA vom 08.06.1815, des

---

11 *Stern*, Das Staatsrecht der BRD, Bd. III/1: Allgemeine Lehren der Grundrechte, 1988, S. 468.

12 *Magiera*, in: Sachs, GG-Kommentar, 5. Aufl. 2009, Art. 38, Rn. 101; *Stern* (Anm. 11), S. 468.

13 *BVerfG*, Urt. v. 19.07.1966 – 2 BvF 1/65 (Parteienfinanzierung II) – E 20, 56 (113); Beschl. v. 06.10.1970 – 2 BvL 17/68 – E 29, 154 (164f.); Urt. v. 03.03.2009 – 2 BvC 3/07, u.a. – E 123, 39 (68 ff.).

14 *Schreiber*, Handbuch des Wahlrechts zum Deutschen Bundestag, 7. Aufl. 2002, Einführung, Rn. 1.

15 *Magiera* (Anm. 12), Rn. 100.

Verfassungsvertrags des damaligen Deutschen Reiches. Allerdings lässt sich hierbei nicht von allgemeinen aktiven und passiven Wahlen sprechen, weil das Wahlrecht auf die männlichen Staatsbürger und auf den Einkommens- und Besitzzensus begrenzt war.[16]

Sieht man vom Frauenstimmrecht ab, so brachten die politischen Ereignisse der Jahre 1848/49 den entscheidenden Durchbruch in der Entwicklung zu einem demokratischen Wahlrecht. Bereits die Frankfurter Nationalversammlung (auch als Paulskirchenversammlung bekannt) kam in etwa nach einem allgemeinen und gleichen Wahlrecht in den einzelnen Staaten zustande. Grundlegend waren indessen die Reichsverfassung vom 28.03.1849 und das Reichswahlgesetz vom 12.04.1849. Das Reichswahlgesetz sah die allgemeine, gleiche, direkte und geheime Wahl der Abgeordneten des Volkshauses für drei Jahre nach absoluter Mehrheitswahl in Einerwahlkreisen vor, ist aber niemals zur Anwendung gekommen und galt nur als Vorbild für weitere Gesetze.[17] Die „endgültige Demokratisierung" des Wahlrechts erfolgte in den 60-er und 70-er Jahren. Richtungweisend hierfür war das Wahlgesetz vom 1869.[18] Es ist festzustellen, dass bereits im ersten Gesetz vom Wahlrecht der Staatsangehörigen ausgegangen wurde. Das galt auch für das Wahlgesetz für den Reichstag des Norddeutschen Bundes vom 31.03.1869, wonach jedoch nur die männlichen Reichsangehörigen wahlberechtigt waren, ebenso auch in Preußen. Für andere, darunter auch alle Frauen, war das Wahlrecht ausgeschlossen. Erst 1918 wurde das Frauenstimmrecht als Forderung der Gerechtigkeit in Deutschland realisiert. Art. 22 WRV vom 11.08.1919, in dem die parlamentarische Demokratie verankert wurde, lautete: „Die Abgeordneten werden in allgemeiner, gleicher, unmittelbarer und geheimer Wahl von den über 20 Jahre alten Männern und Frauen nach den Grundsätzen der Verhältniswahl gewählt …"[19]. Im Reichswahlgesetz vom 13.03.1924 wurde geregelt, dass zum Reichstag jeder Wahlberechtigte wählbar war, der am Wahltag 25 Jahre alt und seit mindestens einem Jahr deutscher Staatsangehöriger war. So besteht kein Zweifel daran, dass die Staatsgewalt in der Zeit der WRV vom deutschen Volk ausging. Auch bei der Beratung des GG wurde an eine politische Beteiligung der Deutschen gedacht, was die Ausgestaltung der politischen Grundrechte als Deutschenrechte bestätigt.[20]

---

16 *Stern* (Anm. 11) , S. 290 - 291; *Schreiber*, BWahlG-Kommentar, 8.Aufl. 2009, Einführung, Rn. 50.

17 *Schreiber* (Anm. 16), Einführung, Rn. 51.

18 *Stern* (Anm. 11), S. 292.

19 RGBl. S. 1383.

20 *Karpen*, Kommunalwahlrecht für Ausländer, in: NJW 1989, S. 1012, 1014.

3. Verfassungsrechtliche Grundlagen des Wahlrechts für Bundes-, Landtags- und Kommunalwahlen

Gem. Art. 20 Abs. 2 S. 1 GG darf in der Demokratie die staatliche Gewalt nur vom Volk ausgehen; sie darf keine anderen Legitimationsquellen haben. Somit ist die verfassungsgebende Gewalt des Volkes anerkannt. Nach Art. 20 Abs. 2 GG wird die Staatsgewalt vom Volk in Wahlen und Abstimmungen und durch besondere Organe der Gesetzgebung, der vollziehenden Gewalt und der Rechtsprechung ausgeübt. Eine Änderung dieser Grundsätze ist gem. Art. 79 Abs. 3 GG unzulässig. Laut dieser Vorschrift werden unter „Volk" diejenigen Staatsbürger verstanden, die nach Maßgabe des Art. 38 Abs. 2 GG wahlberechtigt sind. Das Volk ist mithin der Träger und das Subjekt der Staatsgewalt, die es in erster Linie durch die Ausübung des Wahlrechts wahrnimmt.[21] Das Wahlrecht steht formalrechtlich nur Deutschen zu.[22] Das kommt sowohl in Art. 28 und 29 GG durch den Begriff „Volk" zum Ausdruck,[23] als auch aufgrund des Zusammenhangs mit anderen Verfassungsbestimmungen (Art. 20 Abs. 2 GG)[24] und der in Art. 38 Abs. 1 GG ausdrücklich genannten Funktion der Abgeordneten als „Vertreter des ganzen Volkes."[25] Es ist daher auf eine Interpretation des Volksbegriffs des GG einzugehen.

a) Begriff des Volkes im GG

In der Diskussion um die Einführung des kommunalen Wahlrechts für Drittstaatsangehörige werden zwei Rechtsauffassungen bzgl. der Interpretation des Volkes vertreten. Nach der ersten Auffassung ist „Volk" das die staatliche Gewalt legitimierende, innehabende und selbst durch Wahlen und Abstimmungen ausübende Volk, nämlich das aus den Deutschen bestehende Staatsvolk und es umfasst nur die Staatsbürger.[26] Zum anderen wird eine abweichende Meinung vertreten, nach der für die Abgrenzung des „Volkes" die maßgebende Bedeutung der territorialen Abgrenzung der Lebens- und Schicksalsgemeinschaft auf

---

21 *Schreiber* (Anm. 16), Einführung, Rn. 10.

22 *BVerfG* (Anm. 1), E 83, 37 (50ff.); Urt. v. 30.6.2009 – 2 BvE 2/08 u.a. (Lissabon-Vertrag) – E 123, 267 (340); *Bleckmann*, Staatsrecht II - Die Grundrechte, 4. Aufl. 1997, S. 168; a.A. *Meyer*, in: Isensee/Kirchhof, HStR, Bd. III, 3. Aufl. 2005, § 46, Rn. 7.

23 *Starck*, in: BK, GG, 4. Aufl. 1999, Bd. 1, Art. 3 GG, Rn. 214; *BVerfG* (Anm. 1), E 83, 37 (51); (Anm. 1), E 83, 60 (71).

24 *Magiera* (Anm. 12), Art. 38, Rn. 100; *Degenhart*, Staatsrecht I, 25. Aufl. 2009, Rn. 3; *Schink*, Kommunalwahlrecht für Ausländer?, in: DVBl. 1988, S. 417.

25 *Starck* (Anm. 23), Art. 3, Rn. 214.

26 Diese h.M. wird vertreten insbes. von *Stern*, Das Staatsrecht der BRD, 1980, Bd. II, S. 10; *Isensee*, in: Isensee/Kirchhof, HStR, Bd. I, 2. Aufl. 1995, § 13 Rn. 113; *Magiera* (Anm. 12), Art. 38, Rn. 100.

dem Boden der Bundesrepublik Deutschland hervorgehoben wird. Danach umfasst der Begriff Volk nicht nur Deutsche, sondern auch hier für längere Zeit ansässige Ausländer.[27]

Der Volksbegriff wurde im deutschen GG in mehreren Vorschriften niedergelegt, vor allem Art. 20 Abs. 2 S. 1, 146, 116 GG und der Präambel. Die Beantwortung der Frage, welche Personen das „Volk" bilden, von welchem nach Art. 20 Abs. 2 S. 1 GG alle Staatsgewalt ausgeht, bedarf nunmehr einer Auslegung, weil diese Norm keine ausdrückliche Aussage hinsichtlich des personalen Inhalts des Volksbegriffs enthält.

aa) Aus der *Entstehungsgeschichte* des Art. 20 Abs. 2 S. 1 GG lässt sich feststellen, dass bei den Beratungen der Entwürfe des GG im Parlamentarischen Rat bzgl. der Frage, wer zum Volk gehören solle, keine ausdrücklichen Aussagen getroffen wurden. Lediglich aus der Tatsache, dass im Grundsatzausschuss des Rates über die Zugehörigkeit der demokratischen Rechte zu den Bundesangehörigen oder allen Deutschen diskutiert wurde, ist entnommen worden, dass die Mitglieder des Parlamentarischen Rates jedenfalls nicht daran gedacht hätten, anderen Personen als den Deutschen i.S.d. Art. 116 GG solche Rechte zukommen lassen zu wollen. Daraus ergibt sich, dass eine historische Auslegung zu dem Ergebnis führt, den Begriff des Volkes nach Art. 20 Abs. 2 S. 1 GG auf Deutsche zu beschränken.[28] Dagegen spräche aber die Tatsache, dass über die Frage, ob Ausländer zum Kreis der Personen des Art. 20 Abs. 2 S. 1 GG gehören sollten, niemals ausdrücklich beraten wurde, folglich dachten die Schöpfer des GG nicht an ein Ausländerwahlrecht.[29] Das Parlament hat sich wohl in keiner Zeit ausdrücklich und ausschließlich damit auseinandergesetzt, inwieweit Ausländern Wahlrechte, sei es für Bundes-, Landtags- und Kommunalwahlen, zugestanden werden sollten.[30] Folglich führt eine *historische Auslegung* dieser Norm zum Ergebnis, dass nur Deutsche i.S.d. Art. 116 GG Teile eines solchen Staatsvolkes sind, also, wer die deutsche Staatsangehörigkeit besitzt oder als Flüchtling oder Vertriebener deutscher Volkszugehörigkeit in den deutschen Grenzen vom 31.12.1937 Aufnahme gefunden hat (vgl. Art. 116 Abs. 1 GG).

bb) Nach der *systematischen Interpretation* ist ferner umstritten, ob in Art. 20 Abs. 2 S. 1 GG die Nation oder das Staatsvolk als Summe aller Staatsbürger gemeint ist. Jedenfalls ist in dieser Norm die Aktivbürgerschaft, Wahl-

---

27 *Karpen* (Anm. 20), S. 1013; *Zuleeg*, Einwanderungsland Bundesrepublik Deutschland, in: JZ 1980, S. 425; *Rittstieg*, Wahlrecht für Ausländer, 1981, S. 59.

28 *Grumann*, Die Verfassungskonformität eines kommunalen Ausländerwahlrechts ausschließlich für ausländische Unionsbürger i.S.d. Art. 8 b I EGV, Diss. 1996, S. 8, m.w.N.

29 *Bernsdorff*, Probleme der Ausländerintegration in verfassungsrechtlicher Sicht, 1. Aufl. 1986, S. 115.

30 *Grumann* (Anm. 28), a.a.O.

bürgerschaft als Teilmenge des „Volkes" i.S.d. Art. 20 Abs. 2 S. 1 GG gemeint, also alle Staatsbürger, unter Ausschluss der Wahlunmündigen und –unwürdigen sowie der Geisteskranken. In Art. 20 Abs. 2 S. 1, 2 GG ist das Demokratieprinzip als Staatsform verankert, sodass Art. 20 Abs. 2 S. 1 GG die unmittelbardemokratischen und die repräsentativ-demokratischen Elemente der gesetzlichen Demokratie erfasst. Die hier genannten Rechte der Bürger lassen sich dogmatisch zur Staatsbürgerschaft zusammenfügen und das Wahlrecht stellt dabei das herausgehobene Staatsbürgerrecht dar, denn „die Wahlen als Ausdruck des Demokratieprinzips und Volkssouveränität sind ein Recht des Staatsvolks der Bundesrepublik, das von den Deutschen gebildet wird".[31] Das ist aus dem Funktions- und Legitimationszusammenhang des Art. 38 i.V.m. Art. 20 Abs. 2 GG zu entnehmen, obwohl Art. 38 Abs. 2 GG ausdrücklich sagt, dass weder alle Deutschen i.S.v. Art. 116 Abs. 1 GG noch, dass nur Deutsche wahlberechtigt und wählbar sind.

cc) Im Zusammenhang mit der Frage nach dem Inhalt des „Volksbegriffs" in Art. 20 Abs. 2 S. 1 GG wird am häufigsten auf die Präambel und Art. 146 GG hingewiesen.[32] In S. 1 der Präambel und Art. 146 GG wird das Deutsche Volk als Träger der verfassungsgebenden Gewalt bezeichnet.[33] Hierbei ist das Volk als Gesamtvolk zu verstehen, das imstande ist, eine für das gesamte deutsche Volk geltende und vom deutschen Volk beschlossene Verfassung in ihrer Geltung abzulösen, hervorzubringen und zu tragen. So ist hier das Volk nicht naturalistisch als Wohnbevölkerung gemeint. Vielmehr handelt es sich dabei um die (Staats-) Nation,[34] also nur um die Deutschen i.S.d. Art. 116 Abs. 1 GG.

dd) Darüber hinaus werden in der Literatur[35] eine Reihe weiterer Vorschriften des GG genannt, welche einen Hinweis auf die Auslegung des Volksbegriffs in Art. 20 Abs. 2 S. 1 GG geben sollen, vor allem Art. 20 Abs. 4, 8 Abs. 1, 9 Abs. 1, 54 Abs. 1 S. 2, 56, 33 Abs. 1 und 2, 20 Abs. 1, 38 Abs. 1 S. 2, 25 und

---

31 *BVerfG* (Anm. 1), E 83, 37 (50); *Karpen* (Anm. 20), S. 1013.

32 *BVerfG* (Anm. 1), E 83, 37 (51); *Karpen* (Anm. 20), S. 1013; *Niedermeyer-Krauß*, Kommunalwahlrecht für Ausländer und Erleichterung der Einbürgerung, 1. Aufl. 1989, S. 16 ff.

33 *Huber*, in: Sachs (Anm. 12), S. 24 und Art. 146 Rn. 12.

34 *Karpen* (Anm. 20), S. 1013; *Isensee*, Abschied der Demokratie vom Demos. Ausländerwahlrecht als Identitätsfrage für Volk, Demokratie und Verfassung, in: FS Mikat, 1989, S. 705, 708; *Starck*, in: Isensee/Kirchhof, HStR, Bd. II, 2. Aufl. 1998, § 29 Rn. 30; *Grawert*, in: Isensee/Kirchhof, HStR, Bd. I, 1987, § 14 Rn. 8-17; *Schneider*, in: Isensee/Kirchhof, HStR, Bd. VII, 1992, § 158 Rn. 36-38.

35 *Niedermeyer-Krauß* (Anm. 32), S. 16 ff; *Zuleeg*, Grundrechte für Ausländer: Bewährungsprobe des Verfassungsrechts, in: DVBl., 1974, S. 341 ff.; *Grumann* (Anm. 28), S. 20, m.w.N.

1 Abs. 1 GG sowie Art. 3 Abs. 1 und 24 Abs. 1 GG, worauf aber hier nicht mehr eingegangen werden soll.

Zusammenfassend ist festzustellen, dass der Volksbegriff in Art. 20 Abs. 2 S. 1 GG eng auszulegen ist und zum Ergebnis führt, dass damit nur Deutsche i.S.d. Art. 116 Abs. 1 GG gemeint sind. Art. 20 Abs. 2 GG gilt somit zunächst nur für das Bundesvolk. In den Ländern ist davon auszugehen, dass das Landesstaatsvolk aus dem im Land wohnenden Teil des Bundesstaatsvolkes – den Deutschen – besteht, sodass die Landesvölker mit dem Bundesvolk personell teilidentisch sind.[36]

b) Die Beschränkung des Wahlrechts

Das Wahlrecht im Bund ist in Art. 38 Abs. 1 GG geregelt, das Wahlrecht in den Ländern ist hingegen aus Art. 28 Abs. 1 S. 2 GG zu entnehmen. Nach Art. 38 Abs. 1 S. 1 GG und 28 Abs. 1 S. 2 GG müssen die Vertretungskörperschaften in Bund, Ländern, Kreisen und Gemeinden in allgemeiner, unmittelbarer, freier, gleicher und geheimer Wahl gewählt werden.[37] Fraglich ist jedoch, ob das aktive Wahlrecht zum Bundestag und Landtag nur Deutschen oder auch im Bundesgebiet lebenden Ausländern, einschließlich EU-Ausländern, zusteht. Aus der wahlrechtlichen Grundsatznorm des Art. 38 GG ist nichts zu entnehmen. Offenkundig hat der Verfassungsgeber die staatsbürgerliche Natur des Wahlrechts als so selbstverständlich vorausgesetzt, dass er auf eine ausdrückliche Regelung des aktiven Wahlrechts als staatsbürgerliches Recht verzichtet hat.[38] Stattdessen hat er an anderer Stelle eine Begrenzung der Ausübung der Staatsgewalt auf das „Volk“ festgelegt,[39] sodass die Träger der grundrechtsgleichen Rechte aus Art. 38 Abs. 1 S. 1 GG nur Deutsche sind. Das allgemeine Wahlrecht steht mithin nur Deutschen zu. Nach Ansicht des *BVerfG* sind nur Deutsche wahlberechtigt, und zwar auch bei Kommunalwahlen.[40] Wie Art. 28 Abs. 1 GG verdeutlicht, handelt es sich nicht nur bei Bundestags- und Landtagswahlen, sondern auch bei Kommunalwahlen um die Wahl einer Volksvertretung. Als Volk ist ebenfalls wie in Art. 20 Abs. 2 S. 1 GG das deutsche Volk in den Ländern, Kreisen und Gemeinden gemeint.[41] Das Landtagswahlrecht fällt ausschließlich in

---

36 *Karpen* (Anm. 20), S. 1014.

37 Da der Beitrag ein anderes Ziel hat, wird auf die Darstellung der einzelnen Wahlgrundsätze verzichtet.

38 *Ruppel* (Anm. 10), S. 187.

39 *Schreiber* (Anm. 14), S. 39.

40 *BVerfG* (Anm. 1), E 83, 37 (50).

41 *BVerfG* (Anm. 1), E 83, 37 (53).

den Kompetenzbereich der Länder.[42] Jedoch sind sie gem. Art. 28 Abs. 1 S. 2 GG an die Wahlgrundsätze als objektives Recht gebunden.[43] Die Ausgestaltung des Kommunalwahlrechts ist ebenfalls den Ländern überlassen, somit ist auch die Gestaltung des Kommunalwahlrechts ausschließlich den Landesgesetzgebern vorbehalten.

c) Politische Partizipation von EU-Ausländern

Seit 1992 sind gem. Art. 28 Abs. 1 S. 3 GG bei Wahlen in Kreisen und Gemeinden auch Personen, die die Staatsangehörigkeit eines Mitgliedstaates der EG besitzen, also die sog. EU-Ausländer, nach Maßgabe des Rechts der EG wahlberechtigt und wählbar. So ist das Kommunalwahlrecht für diesen Personenkreis nicht mehr verfassungswidrig und verstößt nicht gegen Art. 79 Abs. 3 GG, denn nur das Demokratieprinzip, nicht aber dessen Ausgestaltung ist im Einzelnen verfassungsänderungsfest.[44] Die neue Regelung gewährt das aktive und passive Kommunalwahlrecht in dem in Art. 20 Abs. 2 b AEUV vorgesehenen Umfang den Personen, die keine Deutsche sind, aber die die Staatsangehörigkeit eines Mitgliedstaates der EG besitzen und ihren Wohnsitz in Deutschland haben. Das Kommunalwahlrecht für Unionsbürger wird durch eine „Unionsbürgerschaft ohne Rechtscharakter einer Staatsbürgerschaft eingeführt."[45] Im Zuge der Grundgesetzänderung wurden ferner in den Wahlgesetzen der Bundesländer Wahlvorschriften zum Wahlrecht und der Wählbarkeit der EU-Bürger auf kommunaler Ebene erlassen. Allerdings umfasst dieses Wahlrecht kein Wahlrecht zu den Landesparlamenten, auch nicht in den Stadtstaaten: Eine solche gemeinschaftliche Regelung würde nach der Vorstellung des Gesetzgebers die Frage ihrer Vereinbarkeit mit Art. 79 Abs. 3 GG aufwerfen.[46] Zudem besitzen die Unionsbürger auch das Wahlrecht zum Europaparlament (vgl. Art. 20 Abs. 2 b AEUV). Von diesem Wahlrecht können in der Bundesrepublik rund 1,5 Mio. Unionsbürger Gebrauch machen. Allerdings beteiligen sich die EU-Ausländer trotz des Besitzes des Wahlrechts deutlich seltener an den Wahlen auf Kommunal- und Kreisebene. Nach den bisherigen Untersuchungen liegt die Wahlbeteiligung der EU-Bürger lediglich zwischen 15 und 30 Prozent und somit weit unter dem Durchschnitt. Noch niedriger sind diese Quoten bei den Europa-

42 *BVerfG*, Urt. v. 11.08.1954 – 2 BvK 2/54 (Sperrklausel) – E 4, 31 (44); Beschl. v. 14.01.2008 – 2 BvR 1975/07 (5%-Sperrklausel) – DVBl. 2008, S. 236 (238).

43 *Pieroth*, in: Jarrass/Pieroth, GG, 11. Aufl. 2011, Art. 28, Rn. 6.

44 *Grumann* (Anm. 28), S. 113.

45 *Hofmann*, in: Schreiber (Anm. 16), S. 2373.

46 BT-Drs. 12/3338, S. 11.

wahlen, vermutlich auch deshalb, weil das Wahlrecht hier nur auf Antrag ausgeübt werden kann.[47]

d) Das Wahlrecht von Drittstaatsangehörigen und die politischen Diskussionen über die Einführung eines kommunalen Wahlrechts für Drittstaatsangehörige

Nach wie vor sind die Nicht-Unionsbürger, also sog. Drittstaatsangehörige, vom Wahlrecht sowohl für die Bundes- und Landtagswahlen als auch für die Kommunalwahlen ausgeschlossen. Die Frage, ob auch Drittstaatsangehörigen auf Gemeindeebene das aktive und passive Wahlrecht verliehen werden kann, bleibt umstritten.[48] Der Debatte über ein kommunales Ausländerwahlrecht[49] ist das *BVerfG* mit seinem Urteil vom 31.10.1990[50] entgegengetreten. Trotz steigenden Ausländeranteils in der Bundesrepublik hat das Gericht im Zusammenhang mit dem kommunalen Ausländerwahlrecht keinen Bedeutungswandel des Volksbegriffes festgestellt und, zum einen, die Einführung des Kommunalwahlrechts für Ausländer, bezogen auf das Landesgesetz, für verfassungswidrig gehalten.[51] Zum anderen hat es aber auch auf die Möglichkeit der Einbürgerung von Ausländern verwiesen. Seit der Verleihung des Kommunalwahlrechts für Unionsbürger wird erneut die Einführung des kommunalen Wahlrechts für Drittstaatsangehörige kontrovers diskutiert. Zwar sah das Koalitionsabkommen zwischen SPD und BÜNDNIS 90/DIE GRÜNEN von 1998 vor, das Kommunalwahlrecht für Drittstaatler einzuräumen, aber während der Regierung der Rot-Grünen Koalition (1998-2005) war jedoch nie die erforderliche Zweidrittelmehrheit in Bun-

---

47 *Bürklin* (Anm. 4), S. 6.

48 *Rittstieg*, Juniorwahlrecht für Inländer fremder Staatsangehörigkeit, in: NJW 1989, S. 1018; *Karpen* (Anm. 20), S. 1012; *Sieveking*, Kommunalwahlrecht für Drittstaatsangehörige - "kosmopolitische Phantasterei" oder Integrationsrecht für Einwanderer?, in: ZAR 2008, S. 121.

49 *Ruppel* (Anm. 10); Dolbe, Die politischen Rechte der Ausländer in der Bundesrepublik, 1972; Wölker, Zu Freiheit und Grenzen der politischen Betätigung von Ausländern, 1987; *Niedermeyer-Krauß* (Anm. 32); *Sieveking*, in: Sieveking/Barwig/Lörcher /Schumacher, Das Kommunalwahlrecht für Ausländer, 1989; *Liegmann*, Kommunales Wahlrecht für Ausländer, 1990.

50 *BVerfG* (Anm. 1), E 83, 37; (Anm. 1), E 83, 60. Das BVerfG hat 1990 im Rahmen von zwei Normenkontrollverfahren betr. die Gesetze, mit denen die Bundesländer Hamburg und Schleswig-Holstein auf lokaler Ebene ein Ausländerwahlrecht einführen wollten, entschieden, dass solche Wahlrechte mit Art. 28 Abs. 1 GG nicht vereinbar sind. Gleichzeitig betonte es, dass die Einführung eines Kommunalwahlrechts für EU-Mitglieder Gegenstand einer nach Art. 79 Abs. 3 GG zulässigen Verfassungsänderung sein könne.

51 Nach seiner Ansicht wird auch auf kommunaler Ebene die Staatsgewalt i.S.v. Art. 20 II GG ausgeübt, so auch das „Volk" nur das Staatsvolk sein könne, sodass wegen fehlender deutscher Staatsangehörigkeit die Ausländer nicht dem Staatsvolk unterliegen.

desrat und Bundestag erreicht worden, um eine entsprechende Änderung des GG vornehmen zu können. Daher wurde auf eine solche Initiative verzichtet. Im Koalitionsvertrag von CDU, CSU und SPD vom November 2005 ist lediglich ein Prüfungsauftrag enthalten.[52] Allerdings hat die Bundesregierung in der Antwort auf eine entsprechende „Kleine Anfrage" der Linksfraktion im März 2007 – wiederum unter Hinweis auf fehlende Mehrheiten für eine Verfassungsänderung – erklärt, dass auf absehbare Zeit in der Bundesrepublik kein kommunales Wahlrecht für Ausländer aus den Drittstaaten eingeführt wird. Im Ausschluss vom Kommunalwahlrecht sähe sie weder eine rechtliche Benachteiligung von Nicht-EU-Bürgern noch ein demokratisches Defizit. Ebenso wenig sei eine Verfassungsänderung deshalb geboten, weil der Durchschnittsaufenthalt aller Drittstaatsangehörigen lediglich 16,8 Jahre betrage und 21 % der Drittstaatler in Deutschland geboren seien. Das GG müsse diesem Wandel der tatsächlichen Verhältnisse nicht Rechnung tragen und den Begriff des Staatsvolkes nicht entsprechend weiter fassen.[53] Danach erneut eingebrachte Anträge auf Ausweitung des Kommunalwahlrechts auf Drittstaatler hatten ebenfalls keinen Erfolg. Im Vergleich zu den früheren Diskussionen tauchten jedoch keine neuen Argumente auf, der Versuch selbst wurde als „kosmopolitische Phantasterei" [54] kritisiert. Als jüngster Hinweis auf die Debatte über das kommunale Ausländerwahlrecht ist ferner eine Kampagne erwähnenswert, die im Jahr 2009 von den Gewerkschaften, Migrantenorganisationen und Wohlfahrtsverbänden in *Hessen* und Rheinland-Pfalz ins Leben gerufen wurde und die sich für die Einführung des Kommunalwahlrechts für alle rechtmäßig und dauerhaft in Deutschland lebenden Einwohner einsetzt.[55] Unterstützt wird diese Aktion überwiegend von den Grünen und Linken-Fraktionen im Landtag verschiedener Länder; abgelehnt wird sie von CSU und CDU.[56] Im Mai 2009 wurden erneut Anträge der Fraktionen BÜNDNIS 90/DIE GRÜNEN und DIE LINKE hinsichtlich eines kommunalen Ausländerwahlrechts im Bundestag mit dem Hinweis abgelehnt, die Staatsgewalt gehe vom Volk der deutschen Staatsangehörigen aus und das Wahlrecht sei an die Einbürgerung zu knüpfen. Teilhabe am politischen Leben

---

52 Dokumentation: Koalitionsvereinbarung von CDU, CSU und SPD zur Migrationspolitik, in: ZAR 2005, 385 ff.

53 BT-Drs. 16/4666; auch *Sieveking* (Anm. 48), S. 122.

54 Der Staatsrechtler *Isensee* in einem Interview, in: Das Parlament Nr. 44/45 vom 29.10./5.11.2007, S. 6; *Sieveking* (Anm. 48), S. 122.

55 MIGAZIN (Migration in Germany), abrufbar unter: www.migazin.de/tag/kommunal wahlrecht.

56 Auf die Einzelheiten wird hier nicht eingegangen. S. dazu: *Sieveking* (Anm. 48), S. 122; www.kommunales-wahlrecht.de, www.migazin.de/tag/kommunalwahlrecht

des Staatsvolkes setze die Integration in das Staatsvolk voraus.[57] Gegen die Einführung des Kommunalwahlrechts für alle Ausländer stimmten nicht nur CDU/CSU, sondern auch SPD und FDP. Allerdings wird die Debatte darüber fortgesetzt, obwohl das Ergebnis bislang unverändert bleibt: nur die Drittstaatsangehörigen besitzen kein Wahlrecht auf kommunaler Ebene.

IV. Rechtliche Maßstäbe für die Einführung eines kommunalen Ausländerwahlrechts

1. Notwendigkeit einer Änderung des GG und der Wahlgesetze

Unbestritten ist die Tatsache, dass es für die Einführung des kommunalen Wahlrechts zunächst einer Änderung des GG, danach der Wahlgesetze bedarf. Fraglich und umstritten ist jedoch, ob dies gegen Art. 79 Abs. 3 GG verstößt.

a) Zulässigkeit eines Kommunalwahlrechts für Drittstaatsangehörige

Neben der formellen Voraussetzungen gem. Art. 79 Abs. 2 GG für eine erforderliche Änderung des GG setzt Art. 79 Abs. 3 GG inhaltlich-materielle Schranken. So ist nach der in Art. 79 Abs. 3 GG enthaltenen sog. „Ewigkeitsgarantie" eine Änderung des GG unzulässig, sofern die in Art. 1 und 20 niedergelegten Grundsätze berührt werden.[58] Allerdings werden die Anforderungen, die Art. 79 Abs. 3 GG an das Merkmal des „Berührens" stellt, in ihrer Bedeutung als verfassungsrechtliche Hürden unterschiedlich interpretiert. Entsprechend wird die Frage, ob die Einführung eines Kommunalwahlrechts für Drittstaatsangehörige im Wege einer Verfassungsänderung mit Art. 79 Abs. 3 GG i.V.m. dem Demokratieprinzip aus Art. 20 Abs. 2 GG vereinbar ist, oder ob ein Verstoß gegen die in Art. 79 Abs. 3 GG enthaltene „Ewigkeitsgarantie" des GG vorliegt, in der Staats- und Verfassungsrechtswissenschaft äußerst kontrovers beurteilt. Nach einer Auffassung[59] verstößt die Erweiterung des kommunalen Ausländerwahlrechts nicht gegen Art. 79 Abs. 3 GG i.V.m. dem Demokratieprinzip. Nach Ansicht des *BVerfG*[60] stellt die Erweiterung der Wahlberechtigten lediglich eine Modifikation des Volksbegriffs dar, in dessen Rahmen an die Stelle der Staatsangehörigen keine andere Personengruppe trete. Demnach bedeute die Gewährung des kommunalen Wahlrechts an Drittstaatsangehörige lediglich die Modi-

---

57 Innenausschuss A-Drs. 16 (4)459 C, S. 9.

58 BVerfGE 109, 279 (310).

59 *Zuleeg*, DVBl. 1974, S. 342 (347); *Papier*, in: KritV 1987, S. 309 (314); *Birkenheier*, Wahlrecht für Ausländer, 1976, S. 116; *Pieroth* (Anm. 43) Art. 28 Rn. 8 und Art. 79 Rn. 11; *Behrend*, in: DÖV 1973, S. 376 (377); *Böckenförde*, in: Staat, Verfassung, Demokratie, S. 289 (314); *Bryde*, in: Münch/Bryde, GG, Art. 79, Rn. 40a; *Scholz*, in: Maunz-Dürig, GG, Art. 28 Rn. 41d.

60 Vgl. BVerfGE 30, 1.

fikation der konkreten Ausgestaltung, nicht aber eine Preisgabe des Demokratieprinzips. Als weiteres Argument gegen einen Verstoß wird die Einführung des Kommunalwahlrechts für EU-Ausländer angesehen. Damit sei die Einführung des Wahlrechts für Drittstaatsangehörige unbedenklich. Ferner sei mit der Einführung des Wahlrechts die Ungleichbehandlung zwischen Unionsbürgern und Drittstaatsangehörigen zu beseitigen. Nach anderer Ansicht[61] ist das Wahlrecht für Drittstaatsangehörige mit dem Demokratieprinzip nicht vereinbar. Die Ausübung der Staatsgewalt sei auf Staatsangehörige beschränkt, im Zuge der europäischen Integration sei sie auf kommunaler Ebene auch den Unionsbürgern vorbehalten (vgl. Präambel und Art. 23 GG). Der Volksbegriff des Art. 20 Abs. 2 S. 2 GG sei nicht veränderbar. Die Frage, ob auch die Einführung eines Kommunalwahlrechts für Drittstaatsangehörige im Wege einer Verfassungsänderung mit Art. 79 Abs. 3 GG vereinbar ist, hat das *BVerfG* noch nicht ausdrücklich beantwortet, sein Grundsatzurteil aus dem Jahr 1990 sei nur für EU-Ausländer zulässig.

b) Homogenitätsprinzip und seine Auswirkungen

Mit der Erweiterung des Kommunalwahlrechts für Drittstaatsangehörige wird ein Grundsatz i.S.d. Art. 20 GG modifiziert. Insofern stellt sich die Frage nach der Zulässigkeit gem. Art. 79 Abs. 3 GG unweigerlich. Dagegen ist Art. 28 Abs. 1 GG in Art. 79 Abs. 3 GG nicht unabänderlich gestellt. So könnte diese Regelung geändert werden. Dafür bedarf es nach Art. 79 Abs. 2 GG lediglich des Vorliegens einer qualifizierten Mehrheit im Bundestag und Bundesrat. Eine derartig isolierte Betrachtungsweise scheint jedoch zum einen aufgrund der Rechtssprechung unzulässig. Zum anderen hat das *BVerfG* in seinen Grundsatzurteilen[62] zwei gegensätzliche Anhaltspunkte gebracht: Einerseits wird hervorgehoben, dass Ausländer zwar zur Wohnbevölkerung gehören, aber nicht zum deutschen Volk i.S.v. Art. 20 Abs. 2 GG. Eine Ausdehnung der Staatsgewalt mittels eines Ausländerwahlrechts auf Nichtdeutsche verstieße gegen das GG. Andererseits wird nicht ausgeschlossen, dass Unionsbürgern eine derartige Möglichkeit nach europäischem Recht eingeräumt werden kann. Dies mag man bereits als eine Durchbrechung der Homogenitätsthese verstehen, selbst dann, wenn mit der EG-Kommunalwahlrichtlinie nur eine begrenzte, von den Mitgliedstaaten abgeleitete Herrschaftsbefugnis zum Ausdruck kommt.[63] Insofern ist das Homogenitätsprinzip kein überzeugendes Argument, um den Ausschluss

---

61 *Isensee* (Anm. 35), KritV 1987, S. 300 (303); *Kirchhof*, in: Isensee/Kirchhof (Anm. 34), § 19, Rn. 75; *Scholl*, in: ZAR 1989, 62 (66); *Tettinger/Schwarz*, in: v. Mangoldt/Klein/Starck, GG, Art. 28 Rn. 76; *Dreier*, in: Dreier (Hrsg.), GG-Kommentar, Bd. II., 1998, Art. 28 Rn. 81.

62 *BVerfG* (Anm. 1), E 83, 37; (Anm. 1), E 83, 60.

63 *Sieveking* (Anm. 54), ZAR 2008, S. 121 (125), m.w.N.

von Bürgern mit ausländischer Staatsangehörigkeit zu rechtfertigen. Zudem bestätigt ein Blick in die Geschichte der politischen Instrumentalisierung des Homogenitätsgedankens auch den falschen Anknüpfungspunkt dafür. Homogenität wurde von *Schmitt* in seiner Verfassungslehre von 1928 i.S. eines „spezifischen und substanziellen" Begriffs der Gleichheit angewendet und später dann i.S. rassistischer Substanz gedeutet.[64] Ferner bezweifelt *Lübbe-Wolff* das Funktionieren des Staates und der Demokratie nur unter Homogenitätsbedingungen.[65] Die Beschränkung des kommunalen Wahlrechts auf Staatsbürger, die aus der nationalistischen Ideologie stammt und die mit der Trias Staatsgebiet/Staatsgewalt/Staatsangehörigkeit in die juristische Dogmatik eingegangen ist, scheint für die gegenwärtige Situation im Einwanderungsland Deutschland und für die globale Gesellschaft des 21. Jh. nicht mehr angemessen sein. Das ist ein weiterer Grund, weshalb man das kommunale Ausländerwahlrecht für Drittstaatsangehörige ermöglichen sollte.

2. Änderung des Staatsangehörigkeitsrechts

Bereits 1990 hat das *BVerfG* darauf hingewiesen, dass das Wahlrecht durch den Erwerb der deutschen Staatsangehörigkeit erlangt werden kann. Seit der Reform des Staatsangehörigkeitsrechts haben Ausländer gem. § 10 Abs. 1 StAG bereits nach achtjährigem Aufenthalt in der Bundesrepublik einen Anspruch auf Einbürgerung. In einem Jahr werden aber nicht mehr als 100.000 Einbürgerungsanträge gestellt, im Jahr 2008 sogar lediglich 94.470. Die Gründe dafür können verschieden sein. Einer der wichtigsten ist die Befürchtung, seine Identität aufzugeben, den Kontakt zur Heimat zu verlieren bzw. zu erschweren. Aus diesem Grund wäre es denkbar, im Zuge der nächsten Reform des Staatsangehörigkeitsrechts wichtige Entscheidungen zu treffen: d.h. die Einbürgerung großzügiger gestalten und die Doppelstaatlichkeit anerkennen. Dabei sollte allerdings auf Integrationsanforderungen nicht verzichtet werden, um einen Gesellschaftsbruch zu verhindern.

V. Fazit

„Der Zusammenhang zwischen Wahlrecht und Politikgestaltung ist die Essenz der Demokratie".[66] Die politische Beteiligung ist dabei der Schlüssel zu besseren politischen Ergebnissen und zu Integration. Einwanderer auch politisch enger an Deutschland und seine Demokratie heranzubringen soll daher ein weiteres Ziel sein. Der Widerstand gegen das kommunale Ausländerwahlrecht für Drittstaats-

---

64 *Lübbe-Wolff*, Homogenes Volk – Über Homogenitätspostulate und Integration, in: ZAR 2007, S. 121 (123); *Sieveking* (Anm. 54), ZAR 2008, 121 (125)

65 *Lübbe-Wolff* (Anm. 64), S. 127.

66 *Thränhardt* (Anm. 8), S. 8.

angehörige hat zur Folge, dass sich viele Migranten in die Gesellschaft nicht integriert fühlen. Deshalb ist es nicht verwunderlich, wenn sich die Zuwanderer immer noch nicht als Deutsche definieren und sich auch nicht von der Bundesregierung vertreten fühlen[67] – und das im Unterscheid zu den europäischen Nachbarländern, die die politische Integration aktiver gestalten als Deutschland. Als Beispiel könnte man Schweden nennen, das als erstes europäisches Land seit den 70-er Jahren allen Ausländern das Wahlrecht auf kommunaler und regionaler Ebene gewährt und das Kommunalwahlrecht mit einer dynamischen Einbürgerungspraxis kombiniert. Ausländer als „Untertanen auf Zeit und Widerruf" zu betrachten, widerspricht dem demokratischen Gedanken. Es ist daher nicht nur eine gegenüber den Zuwanderern gewährte Wohltat, ihnen politische Mitwirkungsrechte zu gewähren. Vielmehr steht die Glaubwürdigkeit des Verfassungsprinzips der Demokratie auf dem Spiel, soweit auf Dauer eine Minderheit ohne Rechte in einem demokratischen Staat lebt.[68] Es fehlt dann das demokratische Wechselspiel zwischen Bevölkerung und Politik. Auch für die demokratische Qualität der kommunalen Politik hat dies vor allem in Gebieten mit hohen Ausländeranteilen gravierende Konsequenzen.[69] Einbürgerung und Kommunalwahlrecht für Ausländer sind daher zwei Wege zum selben Ziel: zur Integration der hier lebenden Ausländer.

---

67 Mehr dazu: *Thränhardt* (Anm. 8), S. 8.

68 *Zuleeg*, in: Sieveking/Barwig/Lörcher/Schumacher (Anm. 49), Das Kommunalwahlrecht für Ausländer, S. 129.

69 *Strohmeyer*, Segregation in den Städten, 2006, S. 10.

Kapitel B

Aktuelle Probleme des Öffentlichen Rechts in Russland

Die Probleme der Verwirklichung des Verfassungsmodells der örtlichen Selbstverwaltung in der Russischen Föderation

Vladimir Fadejev *

Im Beitrag werden die grundlegenden Probleme der Entwicklung der örtlichen Selbstverwaltung untersucht. Es werden Schlussfolgerungen dahingehend gezogen, dass einer der hauptsächlichen Mängel der Theorie und Praxis der örtlichen Selbstverwaltung im modernen Russland der Versuch ist, das Verfassungsmodell in seiner idealen Variante – auf einmal und vollständig – zu realisieren, ohne den tatsächlichen Sachbestand in diesem Bereich des gesellschaftlichen Lebens, die historischen Erfahrungen, die vaterländischen Traditionen und nationalen Besonderheiten der Völker Russlands zu berücksichtigen.

I. Geschichte der örtlichen Selbstverwaltung in Russland

Die örtliche Selbstverwaltung gehört zu den grundlegenden Ideen, die die demokratische Entwicklung eines modernes Staates und seiner Gesellschaft bestimmen. Die örtliche Selbstverwaltung – die Kommunaldemokratie – hat, nach dem bildlichen Ausdruck von *Tocqueville*, für die Bestätigung von Freiheit und Demokratie in der Gesellschaft dieselbe Bedeutung wie die Grundschule für die Hochschule.

Die *Idee der örtlichen Selbstverwaltung* ist vor allem eine Idee der Demokratisierung der Macht im Staat, deren Dezentralisierung in vernünftigen Grenzen die Einheit des Staates und der Gesellschaft nicht bedrohen. Das Prinzip der örtlichen Selbstverwaltung, das sukzessive und effektiv verwirklicht wird, trägt zur Harmonisierung der Beziehungen des Menschen und der Macht, der Gesellschaft und des Staates sowie zur Entwicklung der Institute der bürgerlichen Gesellschaft auf lokalem Niveau bei.

Örtliche Selbstverwaltung gehört zu den demokratischen Instituten, deren Wirksamkeit in vielem danach bestimmt wird, wie ihre „Verwurzelung in der Basis“ ausgeprägt ist, wie eng sie mit der Lebensweise der Menschen, ihren his-

---

* Der Verfasser ist Dr. iur., Professor und stellvertretender Leiter des Lehrstuhls für Staats- und Kommunalrecht der Russischen Föderation an der Staatlichen Juristischen Kutafin-Akademie Moskau.

torischen und nationalen Traditionen verbunden ist.[1] Die Selbstverwaltung hat in Russland tiefe historische Wurzeln und eine lange Geschichte. Es ist bekannt, dass der bestimmende Entwicklungsfaktor des russischen Staates die ständige Erweiterung seiner Fläche, die Erschließung neuer Bezirke sowie die Heranziehung neuer Völker und Kulturen an das Staatsleben Russlands war. Die Größe, die Entfernung der Ortschaften, eine geringe Bevölkerungsdichte sowie die Korporations- und Gemeindetraditionen der historisch entstandenen Ordnung des russischen Lebens führten dazu, dass das für Russland traditionelle System der zentralisierten Administrativverwaltung in diesem oder jenem Maße unvermeidlich durch Selbstverwaltungsinstitute ergänzt bzw. bekräftigt wurde. Die Selbstverwaltungsinstitute haben bei der Herausbildung der russischen Bürgergesellschaft eine wichtige Rolle gespielt. Die sich in den letzten Jahren im modernen Russland abzeichnende Tendenz der Machtzentralisierung und Vereinheitlichung von vielen Fragen der örtlichen Organisation der Selbstverwaltung, die im Großen und Ganzen viele objektive Ursachen hat,[2] muss keinesfalls zum Verzicht auf örtliche Selbstverwaltung, zur Einschränkung der Selbständigkeit, zur Rückkehr in den Schoß der Staatsmacht als deren Bestandteil führen. Sie erfordert auch die Entwicklung der örtlichen Selbstverwaltung als eine notwendige Bedingung für die Bildung der Institute der bürgerlichen Gesellschaft, die Entwicklung der bürgerlichen Aktivität, die Gewährleistung der Vertretung und den Schutz regionaler Interessen auf den übergeordneten Verwaltungsstufen.

Die vorrevolutionäre Erfahrung des zaristischen Russlands auf dem Gebiet der örtlichen Selbstverwaltung zeugt vor allem davon, dass die örtlichen Selbstverwaltungsorgane die örtlichen Machtorgane nicht ersetzten, sondern in vielen ihrer Tätigkeiten ergänzten. Das heutige Modell der örtlichen Selbstverwaltung sieht vor, dass der gesamte Umfang der regionalen Staatsangelegenheiten eigentlich den örtlichen Selbstverwaltungsorganen auferlegt wird. Es fragt sich allerdings, ob ein solches Herangehen an die Bestimmung der regionalen Fragen der örtlichen Selbstverwaltung unter Berücksichtigung der Schwäche der finanziell-wirtschaftlichen Basis der meisten kommunalen Gebilde in Russland gerechtfertigt ist.

Die Idee der örtlichen Selbstverwaltung beeinflusste im vorrevolutionären Russland auch die Bildung der geistigen Grundlagen und der Weltanschauungsgrundlagen der russischen Gesellschaft. Gerade örtliche Selbstverwaltungsorga-

---

1 Die historische Erfahrung lehrt: *„Je langsamer die staatlichen Behörden heranreifen, desto stärker sind sie"* (*Brice*). *„Alles Neue wächst aus den Wurzeln und ... der richtige Fortschritt ist eine ausschließlich konservative Erscheinung"* (*Iljin*).

2 Der ungewöhnlich heiße Sommer 2010 in Russland, der eine ganze Welle von Waldbränden zur Folge hatte (es sind hunderte Häuser verbrannt), hat gezeigt, dass die Trennung der Macht, d.h. verschiedene Dienste, die für die Unversehrtheit der Wälder verantwortlich sind, eine der Ursachen solcher trauriger Folgen ist.

ne und ihre Vereinigungen spielten bei der Verbreitung der Idee der Volksvertretung und der verfassungsmäßigen Regierung in der russischen Gesellschaft eine bedeutende Rolle. Aufgrund der örtlichen Selbstverwaltungsorganisationen entstanden in Russland Anfang des 20. Jh. politische Parteien – *Kadety* (konstitutionelle Demokraten) u.a.; in ihren Programmen standen die Fragen der örtlichen Selbstverwaltung an der ersten Stelle. Die Idee und die Praxis der örtlichen Selbstverwaltung waren auf solche Weise im vorrevolutionären Russland ein organischer Bestandteil des entstehenden russischen Konstitutionalismus. Die modernen politischen Parteien Russlands widmeten den Fragen der örtlichen Selbstverwaltung bis jetzt nicht viel Aufmerksamkeit. Bis jetzt zeigten sie für die Kommunalwahlen kein besonderes Interesse und unterschätzten die Tatsache, dass die verfassungsrechtliche Struktur des Staates und der Gesellschaft infolge der zentralisierten Einwirkung und des Einflusses auf die Gesellschaft nicht nur von oben, sondern auch von unten gebaut wird, indem sie sich auf die Selbstverwaltung, die Selbstorganisation der Bürger, die Unterstützung und die Entwicklung der Institute der bürgerlichen Gesellschaft auf örtlicher Ebene stützt.[3]

Nach dem Oktober 1917 wurde Kurs auf die Beseitigung der alten örtlichen Selbstverwaltungsorgane genommen: Die Idee der örtlichen Selbstverwaltung, unter der man eine gewisse Dezentralisation der Macht verstand, die Unabhängigkeit und die Selbständigkeit von örtlichen Selbstverwaltungsorganen standen mit den praktischen Aufgaben des zentralisierten Staates der proletarischen Diktatur im Widerspruch. Der Machtorganisation wurden neue Prinzipien zugrunde gelegt: neue Machtorgane wurden Strukturgliederungen des einheitlichen zentralisierten Systems der Staatsverwaltung. Zudem trugen die örtlichen Selbstverwaltungsorgane (örtliche Sowjets und ihre Vollzugskomitees) für die Lösung aller regionalen Fragen die gesetzmäßige Verantwortung. Die Auflistung der Fragen war groß und umfasste praktisch alle Sphären des regionalen Lebens. Dadurch war in vielem die Rolle des sowjetischen Staates im Voraus bestimmt:

---

3 Erst in den letzten Jahren hat die Aufmerksamkeit der politischen Parteien bzgl. der Kommunalwahlen zugenommen. So nahmen regionale und örtliche Abteilungen der politischen Parteien 2004-2005 an der Aufstellung der Kandidaten (Wahlämter) für die Organe der örtlichen Selbstverwaltung in der RF mit diverser Aktivität teil. Es wurden insgesamt 283.811 Menschen als Kandidaten der Deputierten der Vertretungsorgane der kommunalen Gebilde auf allen Ebenen aufgestellt, darunter von den politischen Parteien – 48.159 Menschen, d.h. etwa 17 %. Am 01.03.2009 hat die Anzahl der Deputierten, die bei der Wahl der Abteilungen der politischen Parteien aufgestellt wurden, in der RF mit 24.067 Kommunalverbindungen bedeutend zugenommen: „Jedinaja Rossija" – 75.021 (30,13 %), „Kommunistischeskaja partija Rossijskoj Federazii" – 3.181 (1,28 %), „Spravedlivaja Rossija" – 1.129 (0,45 %), „Liberalno-demokratischeskaja partija Rossii" – 797 (0,32 %), sonstige politische Parteien und Wahlverbindungen – 2.866 (1,15 %). Die Anzahl der gewählten Deputierten (Selbstaufstellung) betrug aber 166.005 (66,67 %).

er war der Patron, der die passive Persönlichkeit bevormundet und eine unselbständige Einstellung bei den Menschen hervorbringt, weil die örtlichen Sowjets und die Vollzugskomitees als Staatsorgane für alle Fragen zuständig waren, die ihre Lebenstätigkeit betrafen. Die örtliche Selbstverwaltung dagegen richtet sich auf die Entwicklung des schöpferischen Potentials jedes Menschen und der territorialen Selbstverwaltungskollektive, auf die Überwindung der Unselbständigkeit und erhöht die Verantwortung für den Sachbestand auf regionalem Niveau, für die Lebensweise, für den Wohlstand usw. Dies verursacht nicht nur Änderungen der Gesetzgebung bzgl. der Stellung der örtlichen Selbstverwaltungsorgane, sondern auch eine andere Weltanschauung, eine andere Psychologie der Menschen und die Entwicklung ihrer wirtschaftlichen Selbständigkeit und Aktivität.

II. Die Verfassung Russlands von 1993 und die Entwicklung der örtlichen Selbstverwaltung

Der Wendepunkt der modernen Geschichte Russlands und ihrer verfassungsmäßigen Entwicklung ist das Jahr 1993. Es ist das Jahr der Annahme der geltenden Verfassung der RF. Die Verfassung der RF, die in der Volksabstimmung am 12.12.1993 unter den komplizierten Bedingungen des revolutionären Übergangs zu politischer Freiheit und Marktwirtschaft aufgenommen wurde, hat unter die sowjetische Entwicklungsperiode des russischen Staates einen Strich gezogen. Sie hat die grundlegenden Prinzipien der Rechtsordnung der neuen (postsozialistischen) russischen demokratischen Staatlichkeit festgelegt, die Prioritäten der staatlichen Tätigkeit und den Rechtsvektor der Staats- und Gesellschaftsentwicklung bestimmt. Sie ist zu einem festen Fundament, zu einem selbsttragenden Gerüst des ganzen Rechtssystems geworden. In der Verfassung der RF sind systematisch die grundlegenden politisch-juristischen Werte festgelegt: demokratischer, föderativer, sozialer Staat, Rechtsstaat, Marktwirtschaft, unveräußerliche Rechte und Freiheiten des Menschen, Machtverteilung, Parlamentarismus, Garantie der örtlichen Selbstverwaltung, politische und ideologische Vielfalt, Anerkennung der Priorität der internationalen Rechtsnormen u.a. Es scheint, als ob endlich die notwendigen Voraussetzungen für die Bildung eines wirksamen Systems der regionalen Macht und Demokratie unter Berücksichtigung der reichen vaterländischen Erfahrungen (einschließlich positiver und negativer Seiten) und der ausländischen Praxis der Kommunaldemokratie geschaffen sind. Russlands Beitritt zum Europarat (1996) und die Ratifizierung der Europäischen Charta der kommunalen Selbstverwaltung (1998) haben dafür günstige politische Bedingungen geschaffen.

Im Zusammenhang damit bezweifelt eine Reihe von Wissenschaftlern, Politikern und Praktikern die Realität des Verfassungsmodells der örtlichen Selbstverwaltung. Es wird behauptet, dass das Modell der örtlichen Selbstverwaltung, das in der russischen Verfassung verankert ist, „superrevolutionär" und deswegen utopisch sei[4] und dass die örtliche Selbstverwaltung zu den sog. Verfassungserfindungen gehöre[5]. Als Begründung solcher Schlussfolgerungen dient am häufigsten die Bestimmung des Art. 12 der Verfassung der RF: *„Die Organe der örtlichen Selbstverwaltung gehören nicht zum System der staatlichen Machtorgane."* Das heißt, die Verfassung sondert das System der örtlichen Selbstverwaltung (System der Kommunalmacht) von der Staatsmacht organisatorisch ab. Sie betrachtet diese Systeme als zwei relativ selbstständige Bestandteile des einheitlichen Systems der öffentlichen Macht im Staat, deren allgemeine Quelle das multinationale Volk Russlands ist (Art. 3 und Art. 12 der Verfassung der RF). Man wollte vom vorherigen einheitlichen und stark zentralisierten System der örtlichen Macht zu seiner neuen Organisation auf einem „weicheren Wege" übergehen, die auf die Prinzipien der örtlichen Selbstverwaltung, der Subsidiarität und der Dezentralisierung gestützt ist. Aber der Verzicht auf das heutige Verfassungsmodell der örtlichen Selbstverwaltung und der Umbau der Kommunalmacht fügen dem Staats- und Kommunalaufbau einen ungerechtfertigten Schaden zu, führen zur Desorganisierung der Kommunalmacht, zum Verlust der Orientierungspunkte ihrer Entwicklung und Demokratisierung. Dabei besteht die Schärfe des Problems des Verhältnisses der Staatsmacht zur örtlichen Selbstverwaltung heute nicht darin, welche Natur die Kommunalmacht besitzt (ob sie eine Art der Staatsmacht oder eine gesellschaftliche Macht ist; ihre Anhänger gehen davon aus, dass die Macht im Staat nur staatlich sein kann). Die grundlegenden Probleme der örtlichen Selbstverwaltung sind mit dem Fehlen eines optimalen Mechanismus des Zusammenwirkens der Staats- und Kommunalorgane, mit der nicht ausreichenden finanziell-wirtschaftlichen Ausgestaltung der örtlichen Selbstverwaltung, mit der Unfähigkeit der Nutzung der administrativen und finanziell-wirtschaftlichen Ressourcen seitens der Organe und Beamten der örtlichen Selbstverwaltung, mit der Unentwickeltheit der gesellschaftlichen örtlichen Kontrolle und der Kontrolle von Formen der gesellschaftlichen Selbstverwaltung der Bürger verbunden. Es wirkt sich auch die Instabilität der russischen Gesetzgebung über die örtliche Selbstverwaltung aus, was vom Fehlen klarer und deutlicher Orientierungspunkte bei der Entwicklung der örtlichen Selbstverwaltung, ihrer Stellung, Befugnisse und Funktionen zeugt.

Die Verfassung der RF von 1993, die unter den Bedingungen des zerstörenden revolutionären Radikalismus angenommen wurde, war in vielem nicht die grundlegende rechtliche Beschreibung und Festlegung schon bestehender Realität, sondern ein Entwurf, ein Programm für den Aufbau eines neuen Systems der Organisation der Staatsmacht und der örtlichen Selbstverwaltung. Nach ihrer

---

4 Staat und Recht, 1997, Nr. 7, S. 34 [Государство и право. 1997. № 7. с. 34].

5 Vgl. (Anm. 4), S. 34.

Annahme stand der Gesetzgeber vor einer komplizierten Aufgabe: Auf der Grundlage der Verfassung, die für ihn zu einem eigentümlichen „magischen Kristall" geworden ist, war eine neue rechtliche Realität zu schaffen. Zur neuen rechtlichen Realität mussten vor allem die örtliche Selbstverwaltung und die ihr entsprechende Gesetzgebung werden. Denn es gab ja im Dezember 1993 praktisch keine örtliche Selbstverwaltung: Im Rahmen der im Oktober bis Dezember 1993 herausgegebenen Erlasse des Präsidenten der RF[6] begann der Umbau des Systems der Organisation der örtlichen Macht (Kommunalmacht)[7] auf der Basis des Gesetzes der RSFSR über die örtliche Selbstverwaltung (1991). Viele Bestimmungen des Gesetzes der RSFSR wurden durch die Erlasse des Präsidenten der RF als ungültig bestimmt[8], die Tätigkeit der örtlichen Sowjets wurde aufgehoben, ihre Funktionen musste bis zur Wahl der neuen Vertretungsorgane der örtlichen Selbstverwaltung die entsprechende örtliche Verwaltung ausüben[9]. Deswegen führte die Annahme der Verfassung der RF im Dezember 1993 zur Hoffnung auf die Überwindung aller Schwierigkeiten bei der Herausbildung des neuen Systems der örtlichen Selbstverwaltung (sog. Präsidentenetappe der Umgestaltung der örtlichen Selbstverwaltung). Es schien, als ob die Verfassung der RF von 1993 die unerschütterlichen Grundlagen und Prinzipien für die stabile Entwicklung der örtlichen Selbstverwaltung festgeschrieben hätte. Aber es verlief anders: es stellte sich heraus, dass der Gesetzgeber bzgl. der Entwicklung der örtlichen Selbstverwaltung keine klare Auffassung hatte. Davon zeugt vor allem die Tatsache, dass nach der Annahme der Verfassung zwei föderale Gesetze über die allgemeinen Prinzipien der Organisation der örtlichen Selbstverwaltung angenommen wurden: zuerst 1995 (dieses Gesetz ist nicht mehr gültig), und dann 2003. Die Gesetze unterscheiden sich konzeptionell so stark vonein-

---

6 Eine Reihe gesetzlicher Bestimmungen widersprach der Verfassung der RF von 1993. Darauf hat die Staatsduma der Föderalen Versammlung der RF in der Anordnung vom 10.06.1994 „Über die Sicherung des Verfassungsrechts der Bevölkerung auf örtliche Selbstverwaltung" in den normativen Rechtsakten der Subjekte der RF aufmerksam gemacht.

7 Der Übergang vom alten sowjetischen System der Machtorganisation auf lokalem Niveau hat am Ende der Perestrojka begonnen: 1990 wurde das Gesetz der UdSSR „Über die wesentlichen Grundlagen der örtlichen Selbstverwaltung und der örtlichen Haushalte in der UdSSR" [Об основных началах местного самоуправления и местного хозяйства в СССР] und 1991– Gesetz der RSFSR "Über örtliche Selbstverwaltung in der RSFSR" [О местном самоуправлении в РСФСР] angenommen.

8 Vgl. z.B.: Erlass des Präsidenten der RF vom 22.12.1993 „Über die Garantien der örtlichen Selbstverwaltung in der RF" [О гарантиях местного самоуправления в Российской Федерации].

9 Vgl. Erlass des Präsidenten der RF vom 26.10.1993 „Über die Reform der örtlichen Selbstverwaltung in der RF" [О реформе местного самоуправления в Российской Федерации].

ander, als ob sie aufgrund verschiedener Verfassungen und verschiedener Modelle der örtlichen Selbstverwaltung erlassen worden wären. Das gültige Föderale Gesetz über die allgemeinen Prinzipien der Organisation der örtlichen Selbstverwaltung aus dem Jahr 2003 weicht infolge der zahlreichen Änderungen so stark von der Ursprungsfassung ab, dass nichts anderes übrig bleibt, als die Frage nach dem Erlass eines neuen Gesetzes zur örtlichen Selbstverwaltung zu stellen. Deswegen scheint es verfrüht, davon zu sprechen, dass wir uns mit der Annahme dieses Gesetzes endlich auf dem festen und stabilen Wege der örtlichen Selbstverwaltung befinden. Es gibt dafür einige Gründe. Der Autor nennt nur einige, die seiner Meinung nach am wichtigsten sind.

Einer der Gründe wurde in allgemeinster Form vom Vorsitzenden der Kammer des Kongresses der Gemeinden und Regionen im Jahr 1995 genannt. Als der Leiter der russischen Delegation, die am Kongress mit beratender Stimme teilnahm[10], einen Vortrag über den Zustand der örtlichen Selbstverwaltung in Russland hielt, stellte der Vorsitzende der Regionenkammer des Kongresses fest: Wir haben die russische Verfassung studiert und sind zu dem Schluss gekommen, dass keine der europäischen Verfassungen solche phantastischen Bestimmungen der örtlichen Selbstverwaltung enthält. Wie werden Sie diese verwirklichen? Es ist interessant, dass dem Wesen nach dieselben Worte bei der Diskussion der Probleme der örtlichen Selbstverwaltung im Institut für Staat und Recht der Russischen Akademie der Wissenschaften 1997 ausgesprochen wurden, als einer der Teilnehmer formulierte, dass die Autoren utopischer Romane die Autoren der Verfassungsbestimmungen zur örtlichen Selbstverwaltung beneiden würden.

Auf ähnliche Gedanken bringt einen die rechtliche Position des *Verfassungsgerichts der RF*, das in seiner Entscheidung vom 30.11.2000 Nr. 15-P festgestellt hat: Die Europäische Charta der örtlichen Selbstverwaltung legt minimale Garantien der örtlichen Selbstverwaltung fest, die Verfassung der RF sowie die föderalen Gesetze setzen dagegen ein höheres Niveau der Garantie der örtlichen Selbstverwaltung fest, als es in den internationalen Verpflichtungen Russlands vorgesehen ist. Auf diese Weise rufen hohe verfassungsmäßige Anforderungen bzgl. der Selbständigkeit der örtlichen Selbstverwaltung (wozu weder die föderalen Machtorgane der RF noch die kommunalen Gebilde bereit waren) Probleme bei der Verwirklichung des Verfassungsmodells der örtlichen Selbstverwaltung hervor. Deswegen werden in der Literatur nicht zufällig die Fragen gestellt, ob dieses Modell unter den russischen Bedingungen realistisch ist, inwiefern es mit den russischen historischen Traditionen übereinstimmt und ob es nicht zu korrigieren wäre.

10 Der Autor des Artikels nahm an der russischen Delegation als Experte teil.

Bei der Beantwortung der Fragen ist Folgendes zu berücksichtigen: In Russland – und nicht nur in Russland – entsteht die Selbstverwaltung nicht über Nacht nur mittels Annahme der Verfassung oder eines Gesetzes. Wie es bereits angemerkt wurde, gab es in Russland 1993 praktisch keine örtliche Selbstverwaltung: die Verfassung der RF hat die Anforderungen zum Aufbau und zur Entwicklung der örtlichen Selbstverwaltung sowie ihre Garantien festgesetzt. Heute haben wir mehr als 24.000 kommunale Gebilde (Bezirks-, Stadt-, Landesgebilde, innerstädtische Gebilde in Moskau und Sankt Petersburg)[11] mit ihren eigenen Wahlorganen, mit Kommunaleigentum und einem Budget. Es ist eine bestimmte Entwicklung und eine Vorwärtsbewegung zu erkennen, aber in vielem sind diese doch formal und oberflächlich. Dabei bleibt die Verwurzelung der örtlichen Selbstverwaltung nach wie vor schwach. Die Idee der örtlichen Selbstverwaltung und die verfassungsmäßigen Prinzipien der örtlichen Selbstverwaltung sind noch nicht zum Lebensbedürfnis der Bevölkerung der kommunalen Gebilde geworden; sie werden von den örtlichen Instituten der bürgerlichen Gesellschaft noch nicht wahrgenommen und sind in der Tätigkeit der Selbstverwaltungsorgane und der Beamten noch nicht bestimmend. Die Verwirklichung der Vorschläge zur Korrektur der Verfassungsnormen bzgl. der örtlichen Selbstverwaltung kann nach Meinung des Verfassers allerdings nur zur Verschlechterung ihres jetzigen Zustandes führen: die verfassungsmäßigen Garantien der örtlichen Selbstverwaltung sind die Garantien ihrer zukünftigen Entwicklung und des Wachstums. Dafür braucht man eine ernsthafte und planmäßige Arbeit auf dem Gebiet der örtlichen Selbstverwaltung, die bei uns heute noch nicht auf dem entsprechenden Niveau verwirklicht wird.

Richtig ist die Meinung von *Barabashev* – einem der Begründer des Kommunalrechts im modernen Russland –, der in seiner Bewertung des ersten russischen Gesetzes über die örtliche Selbstverwaltung (1991) darauf hinwies: „Solche Gesetze sind wie die Anzüge für den Heranwachsenden. Sie werden von Generation zu Generation weitergegeben, bis sie den herangewachsenen Besitzern gut passen. Man kann natürlich den Anzug kürzen und enger machen lassen (so handelt häufig der Gesetzgeber), aber es ist dann nicht derselbe Anzug“. Etwas Ähnliches passiert in Russland mit dem Verfassungsmodell der örtlichen Selbstverwaltung. Es ist natürlich auf Wachstum ausgerichtet. Bei der Bestimmung der Wege und der Fristen für seine Verwirklichung ist konsequent davon ausgehen.

---

11 Die RF zählt 24.067 kommunale Gebilde, darunter: 19.770 Landsiedlungen (82,2 %), 1.743 Stadtsiedlungen (7,1 %), 1.812 kommunale Raione (7,6 %), 506 Stadtbezirke (2,2 %) und 236 innenstädtische Territorien der Städte mit föderaler Bedeutung (0,9 %).

III. Probleme bei der Entwicklung der örtlichen Selbstverwaltung

Was stört das Wachsen der örtlichen Selbstverwaltung? Was ist das wesentliche Problem ihrer Entwicklung? Es liegt vor allem darin, dass wir bis jetzt eigentlich über keine wissenschaftlich begründete Staatspolitik verfügen, die auf die Verwirklichung des Verfassungsmodells der örtlichen Selbstverwaltung gerichtet ist.

Wie die historische Erfahrung zeigt, spielte die Zentralmacht in Russland bei der Bildung und Erneuerung von Instituten der Selbstverwaltung sowie bei der Bestimmung ihrer Entwicklungswege immer eine führende Rolle. Obwohl ein Erlass des Präsidenten der RF vom 15.10.1999 „Über die Bestätigung der grundlegenden Bestimmungen der Staatspolitik bei der Entwicklung der örtlichen Selbstverwaltung der RF" existiert, ist er hoffnungslos veraltet und übt auf die Prozesse, die mit der Entwicklung der örtlichen Selbstverwaltung und ihrer Rechtsbasis verbunden sind, keinen Einfluss aus. Dies stellte sich schon zwei Jahre später heraus. Während der Erlass des Präsidenten der RF vom 15.10.1999 davon ausging, dass die Rechtsbasis der örtlichen Selbstverwaltung im Wesentlichen schon gebildet ist, wurde in der Präsidentenbotschaft an die Föderale Versammlung der RF 2002 im Gegensatz dazu festgestellt, dass die föderale Macht die Probleme der örtlichen Selbstverwaltung lange nicht berücksichtigt hat. Man wies darauf hin, dass die Qualität der Gesetzgebung der örtlichen Selbstverwaltung niedrig ist, dass das Föderale Gesetz über die örtliche Selbstverwaltung und die entsprechenden Akte der Subjekte der RF mit dem tatsächlichen Zustand der örtlichen Selbstverwaltung sowie untereinander wenig übereinstimmen. Auf diese Weise ging die Präsidentenbotschaft an die Föderale Versammlung (2002) schon von anderen Bewertungen des Zustandes und der Entwicklungsperspektiven der örtlichen Selbstverwaltung (im Gegensatz zum Erlass des Präsidenten der RF vom 15.10.1999) aus.

Deswegen ist ein neuer Erlass des Präsidenten der RF zur der Bestimmung der Entwicklungsstrategie der örtlichen Selbstverwaltung und der Staatspolitik in der modernen Entwicklungsetappe unseres Landes und unserer Gesellschaft notwendig. Gebraucht wird auch ein konkreter Maßnahmeplan für die Verwirklichung dieser Strategie und Politik. Die Vorstellung des Verfassers geht dahin, dass der neu gebildete Rat für die Entwicklung der örtlichen Selbstverwaltung beim Präsidenten der RF sich mit der Ausarbeitung dieser Strategie und dem Plan ihrer Verwirklichung in Zusammenarbeit mit mehreren Organen und Organisationen beschäftigt. Gleichzeitig ist ein starkes wissenschaftliches Lehr- und Informationszentrum für die örtliche Selbstverwaltung in Form einer *Kommunalakademie* notwendig. Heute beschäftigen sich zahlreiche Strukturen mit den Fragen der örtlichen Selbstverwaltung, aber es gibt kein „Flaggschiff", kein allgemein anerkanntes Untersuchungs- und Lehrzentrum für die örtliche Selbstverwaltung.

Für die Verwirklichung dieser Aufgaben muss man die Vertretung und den Schutz der Interessen der örtlichen Selbstverwaltung in den Staatsstrukturen sichern. Einen sehr wichtigen Schritt in diese Richtung tat der Präsident Russlands, *Medvedjev*. Er schlug vor, den Föderationsrat (die Oberste Kammer des russischen Parlaments) aus der Zahl der Deputierten der kommunalen Gebilde zu formieren. Regionale Vereinigungen der kommunalen Gebilde (die Räte der kommunalen Vereinigungen der Subjekte der RF) müssen nach Meinung des Autors das Recht auf Aufstellung ihrer Kandidaten für den Föderationsrat erhalten. Es wäre zudem folgerichtig, in den Bestand des Staatsrates der RF (in ihm sind die höchsten Beamten der Subjekte der RF vertreten)[12] die Vertreter der Vereinigungen der kommunalen Gebilde entsprechend einer festgesetzten Quote (z.B. je ein Vertreter aus den 8 Föderalbezirken)[13] sowie einen Vertreter des Allrussischen Kongresses der kommunalen Gebilde aufzunehmen. Man könnte in der Praxis des Staatsrates gemeinsame Sitzungen mit dem Rat für Entwicklung der örtlichen Selbstverwaltung beim Präsidenten der RF durchführen und sonstige Formen der Zusammenarbeit nutzen.

Das Fehlen eines wissenschaftlich begründeten Konzeptes für die Entwicklung der örtlichen Selbstverwaltung wirkt sich auf die Lösung der Fragen zum Verhältnis und zum Zusammenwirken der Staats- und Kommunalmacht negativ aus. Die Rede ist vor allem davon, welche Fragen örtliche Bedeutung haben und zur Kompetenz der örtlichen Selbstverwaltung gehören. Das Fehlen von wissenschaftlich begründeten Kriterien für eine solche Anerkennung führt zur Instabilität der Kompetenzen der örtlichen Selbstverwaltung. Um sich davon zu überzeugen, muss man sich nur das Föderale Gesetz zu den allgemeinen Prinzipien der Organisation der örtlichen Selbstverwaltung (2003) ansehen. Die Auflistung der *Fragen mit örtlicher Bedeutung*, die vom Föderalen Gesetz festgelegt werden, ändert sich immer wieder. Es werden Fragen eingeschlossen, die als Fragen mit örtlicher Bedeutung kaum anzuerkennen sind, denn gemäß der Verfassung der RF lösen die Organe der örtlichen Selbstverwaltung diese Fragen ja selbständig. Aber kann man von einer selbständigen Lösung bei folgenden Fragen

---

12 Der Staatsrat der RF ist das Beratungsorgan, das zur Realisierung der Befugnisse des Staatoberhaupts zu Fragen der Gewährleistung des abgestimmten Funktionierens und der Wechselwirkung der Organe der Staatsmacht geschaffen wurde. Sein Vorsitzender ist der Präsident der RF.

13 In der RF gibt es 83 Subjekte der Föderation, deren Territorien unter Berücksichtigung der geographischen Lage in 8 Föderalbezirken vereinigt sind. Sie wurden mit dem Ziel geschaffen, die dem Präsidenten der RF übertragenen verfassungsmäßigen Befugnisse zu gewährleisten, die Effektivität der Tätigkeit der föderalen Organe der Staatsmacht zu erhöhen und das System der Kontrolle der Erfüllung ihrer Entscheidungen zu vervollkommnen. In Verbindung damit wurde im Jahr 2000 das Institut der Befugnisse der Repräsentanten des Präsidenen der RF in den Regionen in das Institut der Repräsentanten in den Föderalbezirken umgebildet.

sprechen: wie Teilnahme an den Vorbeugungsmaßnahmen gegen den Terrorismus und Extremismus, Teilnahme an der Vorbeugung bzgl. außerordentlicher Situationen u.a.? Eine solche Teilnahme ist die Mitwirkung an der Ausübung der Staatsaufgaben und keinesfalls die selbständige Lösung von Fragen mit örtlicher Bedeutung durch die Organe der örtlichen Selbstverwaltung. Das Fehlen von Kriterien für die Bestimmung der Fragen mit örtlicher Bedeutung nimmt dem Begriff „Fragen mit örtlicher Bedeutung" jede juristische Klarheit.

Außerdem setzt sich die alte sowjetische Tradition des Abschiebens der Verantwortung für alle Fragen auf örtlichem Niveau auf die Organe der örtlichen Selbstverwaltung und der Einflussnahme auf den Gesetzgeber fort. Hieraus entsteht das Bestreben des Gesetzgebers, möglichst viele Fragen mit örtlicher Bedeutung, einschließlich der Fragen, die inhaltlich zu denen mit staatlicher Bedeutung gehören, der örtlichen Selbstverwaltung zuzuweisen. Dabei ist aber die Frage berechtigt: Wie weit kann man die Auflistung der Fragen mit örtlicher Bedeutung erweitern? Die meisten kommunalen Glieder sind subventioniert; sie erhalten finanzielle Hilfe aus übergeordneten Budgets, weil die eigenen Geldmittel für die Lösung aller Fragen mit örtlicher Bedeutung nicht ausreichen.

Einer der möglichen Wege zur Lösung dieser Probleme könnte eine Politik sein, die auf die Wechselbeziehung und Vereinigung der örtlichen Selbstverwaltung und der Staatsverwaltung auf lokalem Niveau gerichtet ist. Wie schon angemerkt, gründete man im zaristischen Russland Organe der örtlichen Selbstverwaltung hauptsächlich als Ergänzung zur Staatsverwaltung und nicht anstelle der Staatsverwaltung. In der Sowjetzeit wurde das einheitliche System der örtlichen Staatsorgane gebildet. Heute wird versucht, das ganze System der örtlichen Staatsmacht durch das System der örtlichen Selbstverwaltung zu ersetzen. Soll man danach streben? Lohnt es sich vielleicht, darüber nachzudenken, wie man eine engere Verbindung und Wechselbeziehung der Kommunal- und der Staatsverwaltung auf lokalem Niveau sichern kann?

In seinen Beschlüssen hat das Verfassungsgericht der RF die Gründung von örtlichen Staatsorganen mit eigenen Budgets, von Vertretungsorganen und dergleichen vorgeschlagen. Es lohnt sich, an die Einsetzung einer solchen staatlichen Leitung z.B. auf dem Niveau der Städte und der regionalen Zentren zu denken. Es entstehen hier sehr oft Konflikte zwischen den obersten Beamten der Subjekte der RF und den Stadtbürgermeistern. Die örtliche Selbstverwaltung könnte hier auf dem Niveau der städtischen Raione organisiert werden.

Es lohnt sich auch, die staatliche Leitung auf dem Niveau der Raione, den größten Territorialeinheiten der Subjekte der RF, einzuführen. Dies wäre in der Perspektive eine bestimmte Übergangsetappe zur örtlichen Selbstverwaltung auf der Ebene der Raione. Umso mehr hat sich heute das Problem der Wechselbeziehungen zwischen den Organen der Raione der örtlichen Selbstverwaltung und den Organen der örtlichen Selbstverwaltung in den Städten verschärft, die Verwaltungszentren der Raione sind. In der Staatsduma wurde am 07.07.2010 in erster Lesung ein Gesetz angenommen, das regelt, „*dass in den Statuten des örtlichen Raions und des städtischen kommunalen Gebildes, das Verwaltungszentrum des kommunalen Raions ist, vorgesehen werden kann, dass die Befugnisse der Verwaltung des städtischen kommunalen Gebildes von der örtlichen Verwaltung des kommunalen Raions ausgeübt werden. In diesem Fall wird in dem städtischen kommunalen Gebilde das örtliche Verwaltungsorgan nicht gebildet*“. Die Annahme dieses Gesetzes kann sich auf die Bildung des Systems der örtlichen Selbstverwaltung in Russland negativ auswirken, weil es das Verfassungsprinzip der Selbständigkeit der örtlichen Selbstverwaltung anzweifelt: Wie kann die Verwaltung des Raions „zwei Herren dienen“, und wenn zwischen dem Interessen der Stadt und den Interessen des Raions Widersprüche entstehen – und sie entstehen heute immer wieder – wessen Interessen wird dann die Verwaltung des Raions in diesem Konflikt schützen?

Die Probleme der Verwirklichung des Verfassungsmodells der örtlichen Selbstverwaltung sind auch mit einer der Hauptfragen unserer Staatlichkeit direkt verbunden: Welche Föderation bauen und entwickeln wir? Wird sich Russland überhaupt als Föderation entwickeln? Oder verstärken sich die Grundlagen der Einheit der Staatsorganisation? Und Russland verwandelt sich dann in einen Einheitsstaat mit autonomen Einschlüssen, was für die Sowjetperiode kennzeichnend war. Davon hängt in vielem der Umfang der Befugnisse der Subjekte der RF auf dem Gebiet der örtlichen Selbstverwaltung ab. Während das Föderale Gesetz über die allgemeinen Prinzipien der Organisation der örtlichen Selbstverwaltung aus dem Jahr 1995 von der Notwendigkeit der Anerkennung eines großen Umfangs von Befugnissen auf dem Gebiet der rechtlichen Regelung der örtlichen Selbstverwaltung ausging, löst das neue Föderale Gesetz über die allgemeinen Prinzipien der Organisation der örtlichen Selbstverwaltung aus dem Jahr 2003 diese Frage anders: Der Umfang der Befugnisse der Machtorgane der Subjekte der Föderation auf dem Gebiet der rechtlichen Regelung der örtlichen Selbstverwaltung ist infolge der Erweiterung der entsprechenden Befugnisse auf föderalem Niveau reduziert (im Rahmen der rechtlichen Festigung der allgemeinen Prinzipien der Organisation der örtlichen Selbstverwaltung). Das zeigt, dass die angegebenen Gesetze verschiedene Positionen widerspiegeln: Die optimale Lösung dieser Frage ist heute nach Auffassung des Autors der Mittelweg. Es ist zweckmäßig, die Rechte der Subjekte der RF auf dem Gebiet der rechtlichen Regelung der örtlichen Selbstverwaltung etwas zu erweitern sowie die Auflistung der föderalen Gesetze zu bestimmen, die zur Verwirklichung des Föderalen Gesetzes über die allgemeinen Prinzipien der Organisation der örtlichen Selbstverwaltung (2003) anzunehmen sind, weil die Rechtspolitik auf dem Gebiet der örtlichen Selbstverwaltung und bei der Bestimmung der Grenzen für ihre Regelung auf föderalem Niveau nicht besonders kontinuierlich und prognostizierbar ist. Sie fordert mehr Klarheit und Bestimmtheit. Man müsste auf föderalem Niveau die Frage des Verhältnisses zwischen den Begriffen „administrativ-territoriale Einrichtung der Subjekte der RF“[14] und „territoriale Organisation der örtlichen Selbstverwaltung im Subjekt der RF“[15] gesetzgeberisch regeln. Diese Frage verursacht Probleme der territorialen Organisation der Macht in den Subjekten der RF[16]. Es ist außerdem erforderlich, eine differenzierte Regelung zur Stellung der kommunalen Gebilde kontinuierlich durchzuführen. So entsteht z.B. die Frage: Warum haben die Stadt (Raionszentrum) und die Landsiedlungen gemäß dem Föderalen Gesetz über die allgemeinen Prinzipien der Organisation der örtlichen Selbstverwaltung die gleiche rechtliche Stellung und gleiche Befugnisse (Art. 14 u.a.)? In der Sowjetzeit hatte jedes Glied der örtlichen Sowjets sein eigenes Gesetz, in dem sich die Besonderheiten seiner Stellung, seiner Aufgaben und Funktionen widerspiegelten. Diese Erfahrung könnte der Gesetzgeber bei der Regelung der Stellung der kommunalen Gliederungen auch heute nutzen.

Die Idee der örtlichen Selbstverwaltung ist die *Idee der wirtschaftlichen Selbständigkeit* der selbstverwaltenden territorialen Gebilde. Aber der Versuch des föderalen Gesetzgebers, das Vermögen ausführlich aufzulisten, das als Eigentum der kommunalen Gebilde gelten darf, verursacht Probleme, die mit der Lösung der Hauptaufgabe der örtlichen Selbstverwaltung verbunden sind: Sicherung der Lebensfunktion der Bevölkerung auf ihrem Territorium, Ausübung diverser Dienstleistungen. Das Vorhandensein solch einer gesetzgeberisch festgelegten geschlossenen Auflistung stimmt mit der Idee der örtlichen Selbstverwaltung, mit ihrem Geist, ihren Aufgaben und Zielen nicht überein und begrenzt die wirtschaftliche Initiative der kommunalen Gebilde, verhindert ihre schöpferische Suche und die Lösung von Aufgaben, die mit der Entwicklung der Territorien der kommunalen Gebilde und mit der Entwicklung der Dienstleistungsbranche verbunden sind. Im Zusammenhang damit erfordern die Probleme der kommunalen Wirtschaftstätigkeit und der Entwicklung des kommunalen Wirtschaftssektors ein wissenschaftliches Verständnis und die weitere Ausarbeitung.

Man kann der Auffassung kaum zustimmen, dass die Ausübung der gesellschaftlichen Dienstleistungen durch die Kommunalbehörden und Betriebe (in

---

14 Die administrativ-territoriale Struktur ist die Einteilung des Territoriums des Subjekts der RF in administrativ-territoriale Einheiten (Raione, Städte u.a.) zwecks Organisation und Ausübung der Staatsverwaltung. Für die Fragen der administrativ-territorialen Einteilung sind die Subjekte der RF zuständig.

15 In diesem Fall handelt es sich um Territorien, in deren Grenzen die örtliche Selbstverwaltung ausgeübt wird, d.h. um Territorien der kommunalen Gebilde (Stadt- und Landsiedlungen, kommunale Raione, Stadtbezirke, kommunale innenstädtische Verbindungen der Städte mit föderaler Bedeutung – Moskau und Sankt Petersburg). Diese Fragen werden von den Subjekten der RF auf der Grundlage von Prinzipien, die im Föderalen Gesetz festgelegt sind, gelöst.

16 Die territoriale Organisation der örtlichen Selbstverwaltung kann mit der administrativ-territorialen Einteilung des Subjektes RF übereinstimmen oder nicht übereinstimmen.

der jetzigen Entwicklungsetappe der Wirtschaft, des Sozialschutzsystems sowie der örtlichen Selbstverwaltung) nur dann erfolgen kann, wenn der private Wirtschaftssektor diese Dienstleistungen aus verschiedenen Gründen nicht effektiv ausüben kann. In der gesetzgeberischen Regelung der kommunalen Wirtschaftstätigkeit zeigt sich einer der Nachteile der modernen Theorie und Praxis der örtlichen Selbstverwaltung: der Versuch, das Verfassungsmodell in seiner idealen Variante ohne Einschränkungen und fehlerlos auf einmal und vollständig zu verwirklichen und dabei den tatsächlichen Sachstand in diesem oder jenen Bereich des gesellschaftlichen Lebens, die historischen Erfahrungen, vaterländischen Traditionen und nationalen Besonderheiten der Völker Russlands nicht zu berücksichtigen. Dieser Prozess muss nicht künstlich beschleunigt werden: seine Verwirklichung erfordert die Bildung notwendiger Grundlagen und Voraussetzungen der schöpferischen Demokratie (die Haushaltstätigkeit der Bürger, ein reifes Niveau des Rechtsbewusstseins der Bevölkerung) sowie die Berücksichtigung der Vielfältigkeit der Lebensordnung Russlands, die ihre wissenschaftliche und rechtliche Begründung in der Theorie und Praxis des russischen Föderalismus und der örtlichen Selbstverwaltung findet.

Die Idee der örtlichen Selbstverwaltung wird in den *Instituten der kommunalen (örtlichen) Demokratie* verwirklicht, die nicht nur ein gesetzgeberisch festgelegtes und sorgfältig „vorgeschriebenes Verfahren und entsprechende Normen, sondern auch das Vorhandensein der notwendigen Bedingungen und Voraussetzungen braucht: Die formal verwendeten Institute der örtlichen Demokratie funktionieren blind, erzeugen eine „scheinbare Selbstverwaltung“ und einen „scheinbaren Konstitutionalismus“.[17] Deswegen ist es notwendig, dass die Teilnahme der Bürger an den örtlichen Angelegenheiten „punktförmig“, mit dem maximalen praktischen Nutzeffekt erfolgt.

So erfüllt die *öffentliche Anhörung*, an der Bürger zufällig oder bewusst teilnehmen, die sich in den Besonderheiten der Entwürfe der wichtigsten kommunalen Rechtsakte (kommunaler Budgetentwurf) schlecht auskennen, nicht ihre Rolle und ist kein wirksames Instrument der gesellschaftlichen Einwirkung auf die kommunale Leitung. Die öffentliche Anhörung kann nur dann wirksam sein, wenn sie sich in eine gesellschaftliche Expertise der Aktenentwürfe über zukünftige Projekte verwandelt, die von den zuständigen Instituten der Bürgergesellschaft und von den Organen der territorialen gesellschaftlichen Selbstverwaltung vorgenommen wird. Deswegen benötigt man eine erforderliche rechtliche Begründung und besondere Bedingungen für die Anwendung der Formen der

---

17 Der russische Konstitutionalismus ist nach Auffassung *Kutafins*, Der Russische Konstitutionalismus, Moskau 2008, S. 7, 149 [*Кутафин*, Российский конституционализм. Москва 2008. с. 7, 149] *„im großen Maße nur scheinbar“. Die Abweichung der Verfassungsprinzipien und Normen von der realen Wirklichkeit hat die konsequente Abwertung des russischen Konstitutionalismus zur Folge“.*

unmittelbaren Demokratie, die auf das Endergebnis und nicht nur auf die formale Teilnahme der Bevölkerung an dieser oder jener Kommunalhandlung gerichtet sind.

Es ist auch eine gewisse Korrektur des Konzeptes des Föderalen Gesetzes über die allgemeinen Prinzipien der Organisation der örtlichen Selbstverwaltung (2003) erforderlich: Dieses Gesetz hat den Geist des vorherigen Gesetzes über örtliche Selbstverwaltung aus dem Jahre 1995 sowie die formale (weltfremde) Auffassung von örtlicher Demokratie, von kommunaler Verwaltung und von der unbedingten Priorität der Formen der unmittelbaren Demokratie im System der örtlichen Selbstverwaltung nicht abgeschafft. Mit der Festlegung dieser Formen beginnen gerade die angeführten Gesetze, die die Organisationsstruktur der örtlichen Selbstverwaltung und die organisationsrechtlichen Methoden für ihre Realisierung festlegen. Aber den Kern der Organisationsstruktur der örtlichen Selbstverwaltung bilden die Organe der örtlichen Selbstverwaltung.

Man muss im Gesetz den Fragen bzgl. ihrer Organisation, ihrer Tätigkeit und ihrer Wechselbeziehungen mit der Bevölkerung besondere Aufmerksamkeit widmen. Die *Formen der unmittelbaren Demokratie* im System der örtlichen Selbstverwaltung müssen vor allem der Lösung der nachstehenden Aufgaben dienen:

- Bildung von zuständigen und verantwortlichen Organen der örtlichen Selbstverwaltung;
- gesellschaftliche Kontrolle der Tätigkeit der Organe und Beamten der örtlichen Selbstverwaltung, Sicherung ihrer Verantwortung vor der Bevölkerung;
- Erweiterung der Öffentlichkeit und der Offenheit in der Tätigkeit der Organe der örtlichen Selbstverwaltung, einschließlich der Verwendung moderner Informationstechnologien und
- Schaffung von Bedingungen und Voraussetzungen für die Entwicklung der Institute der Bürgergesellschaft und deren Zusammenwirken mit den kommunalen Instituten.

Die vordringlichste Aufgabe bei der Entwicklung der Kommunaldemokratie in der modernen Etappe ist die Steigerung der Qualität und Realität der Kommunalverwaltung, die von den zuständigen Organen der örtlichen Selbstverwaltung verwirklicht wird. Zudem müssen die Organe der örtlichen Selbstverwaltung die Unterstützung der Bevölkerung finden und die Entwicklung bzw. Erweiterung der verschiedensten Formen der Bürgerteilnahme an der kommunalen Tätigkeit unter Berücksichtigung des Vorhandenseins der notwendigen Bedingungen und Voraussetzungen fordern. Es sind auch Möglichkeiten zu finden, die Anforderungen aus der Europäischen Charta über „Das Recht und die tatsächliche Fähigkeit der Organe der örtlichen Selbstverwaltung“, die Fragen von örtlicher Bedeutung selbständig zu lösen (Art. 3), rechtlich adäquat in der russischen Gesetzgebung festzulegen. Gerade diese Forderung, die an die tatsächliche Fähigkeit und nicht nur an das Recht gerichtet ist, muss die Ideologie der Gesetzgebung zur örtlichen Selbstverwaltung bestimmen.

Von den Sowjets zum Parlament: Die Aufgaben der Wissenschaft und das Wesen der Umwandlung

Jekaterina Kozlova *

Im vorliegenden Beitrag werden die Besonderheiten des Parlamentarismus in der RF analysiert. Es werden die Gründe des Verzichts auf die Vertretungsorgane des Sowjetstaates sowie die Ursachen des Übergangs zum parlamentarischen System aufgezeigt. Zudem werden die Merkmale des modernen russischen Parlamentarismus im Vergleich zu den Sowjets erörtert.

I. Vorbemerkungen

Der Zusammenbruch der sozialistischen Ideale der UdSSR und der entsprechenden Postulate und Konzepte sowie der Zerfall der Sowjetunion haben die konstitutionelle Festlegung von qualitativ neuen wirtschaftlichen, politischen, sozialen, geistigen und sonstigen Prinzipien der Staats- und Gesellschaftsordnung in dem zu einem unabhängigen souveränen Staat gewordenen Russland hervorgebracht. Es ist kennzeichnend, dass in der Verfassung der RF von 1993 in der Präambel vollkommen gesetzmäßig die für alle sowjetischen Verfassungen typische Formel der Bewahrung des Erbes der Ideen und Prinzipien, die in allen vorangehenden Grundgesetzen enthalten war, nicht festgeschrieben wurde.

Im Laufe von 15 Jahren der Geltung der Verfassung wurde zum ersten Mal das vollwertige, über viele Rechtszweige verfügende Rechtssystem Russland grds. gestaltet, ohne dass das Wesen und die Funktion eines souveränen Staates nicht vorstellbar ist. Zu den wichtigsten Aufgaben der russischen Verfassungs- und Rechtswissenschaft gehört die Untersuchung der prinzipiell neuen Wesensgrenzen der traditionellen Institute und gehandhabten Begriffe sowie die Begründung solcher neuen, in Russland erstmalig anerkannten Konzepte wie Konstitutionalismus, Parlamentarismus, Gewaltenteilung, Verfassungsrechtsprechung u.a.

Zu einem der wichtigsten Maßstäbe der konstitutionell gefestigten Reformen wurden die Veränderungen, die die Sphäre der öffentlichen Macht berühren.

---

* Die Verfasserin ist Dr. iur. und Professorin am Lehrstuhl für Staats- und Kommunalrecht der RF an der Staatlichen Juristischen Kutafin-Akademie Moskau. Sie ist verdiente Wissenschaftlerin der RF.

Der Verzicht auf die Auslegung aller politischen Institute als Klasseninstitute führte zur Anerkennung gesamtdemokratischer Werte, vor allem der parlamentarischen Formen der Staatsorganisation. Die Probleme des russischen Parlamentarismus sind zum Untersuchungsgebiet von mehreren Monographien, Lehrbüchern, praktisch-wissenschaftlichen Lehrbüchern und wissenschaftlichen Artikeln geworden. Es wurde auch der Begriff „Parlamentsrecht" eingeführt. Theoretische Schlussfolgerungen zu diesen Fragen sind von wesentlichem Interesse, sie bereichern die Wissenschaft des russischen Verfassungsrechts und liegen dem weiteren Ausbau und der Vertiefung der demokratischen Grundlagen der parlamentarischen Ordnung Russlands zugrunde.

II. Gedanken zur Entwicklung des Verfassungsrechts und seiner Zweige

In diesem Artikel sollen einige Fragen angesprochen werden, die mit in der Presse erhobenen Vorschlägen verbunden und nach Auffassung der Autorin strittig sind sowie der weiteren Diskussion bedürfen. Zu diesen Problemen gehören zahlreiche Vorschläge über die Absonderung des Parlamentsrechts, des Verfassungs- und Prozessrechts sowie des Wahlrechts als selbstständige Zweige (oder Unterzweige) aus dem Gebiet des Verfassungsrechts. Unter Berücksichtigung der Vorschläge, die noch in Sowjetzeiten angesprochen wurden (*Umanskij, Lukjanova* u.a.), könnte eine Situation entstehen, dass der Zweig Verfassungsrecht durch Untergebiete bzw. durch die auf diesem Feld gewachsenen Fachgebiete ersetzt werden könnte.

Es ist positiv, dass in die Sphäre der theoretischen Untersuchungen neue Konzepte eingeschlossen werden. Aber wozu muss man alles Bewährte zerstören?

Die Fragen über das Rechtssystem im Allgemeinen und den Zweig Verfassungsrecht im Besonderen haben methodologischen Charakter und fordern ein überlegtes Herangehen. Fraglich ist, ob den Aussagen zu den genannten Problemen die Ausarbeitungen der gesamten Rechtstheorie zugrunde gelegt werden müssen oder ob man durch das fremde Territorium „spazieren gehen" kann und die Ausarbeitungen zu den Begriffen und zur Bedeutung des Rechtssystems, zu dem Begriff des Zweiges, des Unterzweiges und zu den Bedingungen, die die Notwendigkeit der Absonderung begründen, einfach ignorieren darf. Welchen Kriterien muss die Gesamtheit von Normen entsprechen, die als Unterzweig bzw. als selbstständiger Zweig abgesondert wurde? Kann man neben dem „Parlamentsrecht" das „Präsidentenrecht", das „Regierungsrecht" absondern? Wenn nicht, dann warum? Wie muss man sich das Verhältnis zwischen dem Zweig und den daraus abgesonderten Unterzweigen vorstellen? Womit wird die Linie der Absonderung begründet?

Außerdem muss man inhaltlich erklären, worin die Notwendigkeit einer solchen Absonderung besteht, ob man die Analyse der materiellen Normen von der Analyse der prozessualen Normen trennen und ob man das lebendige, organisch verbundene System des Verfassungsrechts zerreißen darf. Dies wäre sowohl für die Erforschung des allgemeinen Rechtszweiges als auch für die rechtsanwendende Tätigkeit ganz offensichtlich nicht nützlich. Solch ein Missverhältnis könnte auch das Ausbildungssystem negativ beeinflussen und zu endlosen Wiederholungen führen. Ein gutes Beispiel dafür ist der 1999 vom Soros-Fonds veröffentlichte Entwurf eines Lehrbuches für das Verfassungs- und Prozessrecht, das von *Salikov* ausgearbeitet wurde. Der Entwurf zeugt ganz offensichtlich von der Unzweckmäßigkeit einer solchen Absonderung. Hier sind solche Abschnitte vorgesehen wie Ordnung der Präsidentenwahl, Wahlordnung für die Deputierten, Ordnung der Bildung des Föderationsrats, Stadien des Gesetzgebungsprozesses usw. Eine solche Fragestellung zeugt davon, dass sie ohne Berücksichtigung der Ausgangsfrage, wovon sich die prozessualen Verhältnisse von den materiellen Verhältnissen unterscheiden, aufgestellt wurde. Eine gute Basis für Schlussfolgerungen bzgl. dieses Problems bildet nachstehende Äußerung von *Marx*: „In die Geheimnisse der Jurisprudenz Uneingeweihte begreifen schwer, wie in dem einfachsten Gerichtsprozess unerwartet Rechtsfragen auftauchen, die nicht der Natur der gegebenen Sache, sondern den Vorschriften und Formeln der Prozessordnung ihr Dasein verdanken. Die Handhabung dieser Rechtszeremonien macht den Advokaten, wie die Handhabung der Kirchenzeremonien den Brahmanen macht. Wie im Prozess der Entwicklung der Religion, so wandelt sich im Prozess der Entwicklung des Rechts die Form zum Inhalt. Was aber die Prozessordnung für die Gerichtshöfe, das ist die Tagesordnung und das Reglement für den gesetzgebenden Körper“.[1] Folgerichtig, ganz im Sinne von *Marx* entstehen die prozessualen Verhältnisse also nicht aus dem Wesen der Sache, sondern aus den Vorschriften und Formeln des Gerichtsverfahrens. Konsequenterweise muss man deshalb auch Ausarbeitungen zu den Quellen der Theorie des Prozessrechts erfassen.

Man müsste vor allem die Idee berücksichtigen bzw. theoretisch widerlegen, die mit der Absonderung des Unterzweiges des Verfassungs- und Prozessrechts direkt verbunden ist. Ihr Sinn besteht darin, dass die materiellen Normen dazu dienen, die normale Entstehung, Entwicklung und Unterbrechung von sozial bedeutsamen gesellschaftlichen Beziehungen zu regeln. Die prozessualen Normen sind für die Verwirklichung der materiellen Normen bei verschiedenen Abweichungen von der normalen Entwicklung sozial bedeutsamer gesellschaftlicher

---

1 *Маркс/Энгельс*, Соч. т. 11, с. 374.

Beziehungen bestimmt und auf deren Schutz gerichtet.[2] Einer der Unterschiede zwischen materiellen und prozessualen Rechtsverhältnissen besteht darin, dass letztlich die Subjekte von materiellen Rechtsverhältnissen keine Subjekte der prozessualen Rechtsverhältnisse sind.

Die Frage der Absonderung des Verfassungs- und Prozessrechts wurde in der Literatur schon Mitte der 70er Jahre des 20. Jh. erörtert; und es wurden Beweisgründe dagegen angeführt.[3]

Außerdem kann die Beherrschung aller Einzelheiten der umfangreichen Verfassungs- und Prozessgesetzgebung durch die Studenten nicht als Aufgabe bei der Vorbereitung der Juristen betrachtet werden (um so mehr, als sie äußerst instabil sind). Gerade auf die Detaillierung der Kenntnisse im Rahmen der einzelnen Institute, die sich im Rechtszweig (Unterrechtszweig) abgesondert haben, sind jedoch solche Vorschläge gerichtet.

Es scheint, dass bei der Genehmigung der Ausbildungsstandards mehrere Faktoren, darunter die Möglichkeit des Erwerbs dieses oder jenes Kenntnisumfangs sowie das Vorhandensein eines bestimmten Kenntnisumfangs, berücksichtigt werden. Die Qualität der Vorbereitung von Juristen hängt auf jedem Gebiet davon ab, ob sich der Fachmann im normativen Rechtsfeld gut zurechtfindet sowie die notwendigen Normen (die er in den Händen hält) richtig versteht und anwendet. Die Absonderung mehrerer Zweige und Unterzweige im Verfassungsrecht hat noch einen sichtbaren Nachteil: Es geht der Zusammenhang der in eine selbstständige Struktur abgesonderten Institute verloren. Ihr Studium ist für die tiefe Erkenntnis der Funktionen und der Bedeutung des Gebiets insgesamt und der bestehenden Systemverbindungen zwischen diversen Instituten sehr wichtig und stellt die Grundlage der Rechtskultur und des Rechtsdenkens dar.

Die Vorschläge zur Absonderung des Parlamentsrechts und sonstiger Institute in selbstständige Zweige (Unterzweige) sind vielleicht mit dem großen Umfang der normativen Rechtsregelung dieser oder jener Zweige der gesellschaftlichen Beziehungen zu erklären. Für ihr Studium reicht im Rahmen des allgemeinen Studiums des Verfassungsrechts allerdings die Zeit nicht.

Aber das Problem ist nicht mit dem Studium, sondern mit der Wissenschaft vom Verfassungsrecht verbunden, ihr Rahmen ist endlos und unbeschränkt. Die Wissenschaft verarbeitet den gesamten Umfang des Materials, das zu ihrem Fach gehört. Je umfangreicher und breiter das Objekt der wissenschaftlichen

---

2 *Lukjanova*, Prozessrecht und seine Stelle in der Rechtsstruktur, Autorref. zur Diss. zum Kand. der jurist. Wiss., Moskau 2000 [*Лукьянова*, Процессуальное право и его место в структуре права. Автореферат дис. к.ю.н., Москва 2000].

3 *Kozlova*, Die Vertretungsorgane der Staatsmacht, Moskau 1994, S. 62-67 [*Козлова*, Представительные органы государственной власти, Москва 1994, с. 62-67].

Analyse ist, desto mehr Möglichkeiten gibt es für die tiefe Durchdringung und die Feststellung von Systemverbindungen und Funktionen des Zweiges.

Dabei ist auch folgender Faktor zu berücksichtigen: Die Absonderung neuer Zweige (Unterzweige) erfordert die Erweiterung der Lehrpläne an den juristischen Hochschulen, die sowieso schon übersättigt sind. Soweit das speziell erweiterte Studium von diesen oder jenen Instituten wirklich notwendig ist, so gibt es dafür ein System von speziellen Kursen und Lehrgängen. Zudem gibt es keine Hindernisse für die Ausarbeitung der Fachfragen zum System und zu den Quellen dieses oder jenes Instituts im Rahmen der Wissenschaft des Verfassungsrechts oder spezieller Kurse. Das ist eine Voraussetzung für ein tieferes Eindringen in sein Wesen.

Mit einem Wort: Die Frage über die Absonderung der Zweige (Unterzweige) benötigt einen weiteren kollektiven Meinungsaustausch zusammen mit den Vertretern der allgemeinen Rechtstheorie.

III. Einführung des Parlamentarismus in Russland

Das Gesagte bedeutet keinesfalls die Verneinung des in Russland begonnenen Übergangs zum Parlamentarismus sowie der bedeutenden Erfolge bei seiner Stärkung. Die Verfassung sieht zweifellos den Verzicht auf das sowjetische System der Vertretung der Klassen in Person der Sowjets sowie die Anerkennung von repräsentativen und gesetzgebenden Körperschaften, die ihrem Wesen nach parlamentarisch sind, vor.

Da der Parlamentarismus in den Ländern der westlichen Demokratien schon mehr als ein Jh. existiert, ist es nicht schwer, die typischen Merkmale zu nennen, die für parlamentarische Organe charakteristisch sind. Diese Merkmale werden eigentlich in allen Publikationen zum russischen Parlamentarismus herausgearbeitet.

Als *parlamentarische Organe* sind diejenigen Organe zu bezeichnen,

- die als Organe der allgemeinen Volksvertretung auftreten und die Volkssouveränität verkörpern;
- deren Hauptfunktion die Gesetzgebung ist;
- die unter den Bedingungen des demokratischen Regimes der Gewaltenteilung funktionieren;
- die in allgemeinen Volkswahlen gewählt werden;
- die regelmäßig neu gewählt werden (i.d.R. in 4-5 Jahren);
- die ständig tätig sind;
- die öffentlich arbeiten;
- die den Deputierten einen besonderen Status gewähren (parlamentarische Immunität);
- deren Tätigkeit ausführlich ausgearbeitet und normativ festgelegt ist.

Geregelt wird nicht nur die gewöhnliche Tätigkeit und die Struktur des Organs, sondern auch die Sicherung der wesentlichen Funktionen des Organs, insbes. der repräsentativen und der gesetzgebenden Funktion.

Die Einführung des parlamentarischen Regimes (Parlamentarismus) in Russland hat in der verfassungsmäßigen Festschreibung der Merkmale der parlamentarischen Organe Ausdruck gefunden.

Der Begriff (Fachausdruck) Parlament selbst wird in der Verfassung nur einmal – im Art. 94 – verwendet. Hier ist festgelegt: *„Die Föderalversammlung – das Parlament der Russischen Föderation – ist das repräsentative und gesetzgebende Organ der Russischen Föderation".*

Die Analyse des Artikels sieht die Bestimmung des Inhalts des angewendeten Begriffs Parlament und dessen funktionale Bedeutung im vorliegenden Kontext vor. In mehreren Publikationen zu Art. 94 wird das Wort Parlament als ein Teil der Bezeichnung[4], als eine „doppelte Bezeichnung des Organs" betrachtet.

So meint *Ovsepjan*, dass in der Verfassung der RF die „doppelte" Bezeichnung Föderalversammlung – Parlament Russlands verwendet wird. Im angeführten Zitat verwendet der Autor das Wort Parlament im Unterschied zur Verfassungsformel unrechtmäßig mit Großbuchstaben.[5]

Ist eine solche Auslegung des Art. 94 der Verfassung korrekt und hat diese Frage (Kleinbuchstabe-Grossbuchstabe)[6] eine wesentliche Bedeutung für die wissenschaftliche Interpretation der Verfassung? Diese Frage muss bejaht werden. Sie ist mit der Entdeckung des Wesens des Verfassungskonzepts verbunden.

Es wird die Auffassung vertreten, dass das Wesentliche der oben angeführten Interpretation des Wortes Parlament im Art. 94 etwas Anderes sein muss. Hier gibt es keine Analogie mit der Bezeichnung, die früher für das Organ Ministerrat – Regierung der UdSSR – verwendet wurde, was die doppelte Bezeichnung des Organs bedeutete und berechtigt mit einem Grossbuchstaben geschrieben wurde. Im Art. 80 der Verfassung steht geschrieben: *„Der Präsident der RF ist das Staatsoberhaupt".* Hier gibt es keine doppelte Bezeichnung, obwohl man in der Presse auf die Bezeichnung Staatsoberhaupt mit einem Grossbuchstaben

---

4 Vgl. *Tschirkin*, Das Verfassungsrecht Russlands, Moskau 2008, S. 314 [*Чиркин*, Конституционное право России, Москва 2008, с. 314].

5 *Ovsepjan*, Herausbildung des Parlamentarismus in Russland, Rostov am Don 2000, S. 5 [*Овсепян*, Становление парламентаризма в России, Ростов-на-Дону 2000, с. 5].

6 In Russischen werden Substantive grds. klein geschrieben; nur Eigennamen, Amtsbezeichnungen der höchsten Kategorie (wie Präsident, Parlament, Duma usw.), Ehrentitel, geographische Begriffe und eine besondere Bedeutung des Wortes werden durch Großbuchstaben hervorgehoben. Nur deshalb entsteht im Russischen das hier diskutierte Problem (*Anm. der Hrsg.*).

stoßen kann.[7] Vom Standpunkt der Verfasserin aus gesehen beinhaltet der Begriff Parlament im Art. 94 eine nichtoffizielle Bezeichnung: er stellt weder eine doppelte Bezeichnung dar noch ist er ein Teil der Bezeichnung der Föderalversammlung, sondern er drückt die wesenhafte Zugehörigkeit zu den parlamentarischen Organen aus. So ist auch die Charakterisierung des Präsidenten als Staatsoberhaupt das Wesentliche, das seine Stellung bestimmt.

Zur Bestätigung der Rechtmäßigkeit einer solchen Deutung des Begriffs Parlament kann man sich auf folgende Situation berufen. Bei der Erörterung der Änderungen zu einem der Entwürfe der Verfassung der RF von 1993, die für den VI. Kongress der Volksdeputierten der RF vorbereitet wurden, ist über die Notwendigkeit der Entfernung der Worte diskutiert worden, die den Obersten Sowjet als Föderalparlament charakterisieren. Die Arbeitsgruppe hat vorgeschlagen, die Änderung abzulehnen weil es der einzige Hinweis auf die Stammzugehörigkeit des Obersten Sowjets ist, der vor allem mit den Parlamenten der ausländischen Staaten Beziehungen aufnehmen wird.

Es wird die Auffassung vertreten, dass unter der Stammcharakteristik gerade die Zugehörigkeit zu den parlamentarischen Organen und nicht die offizielle Bezeichnung des Organs zu verstehen ist.

Eine solche Deutung wird auch dadurch bestätigt, dass in demselben veröffentlichten Endentwurf der Verfassung, der vom Obersten Sowjet genehmigt wurde, die angeführten Worte unverändert gelassen wurden; allerdings wurden sie nun nicht mit Kleinbuchstaben, sondern mit Großbuchstaben geschrieben.[8]

Lenin bemerkte: „Es wäre der größte Unsinn zu glauben, dass die tiefste Revolution in der Geschichte der Menschheit, der Machtübergang von der Minderheit der Ausbeuter zur Mehrheit der Ausgebeuteten innerhalb des alten Rahmens von der alten, bürgerlichen parlamentarischen Demokratie ohne schärfste Wendungen, ohne Bildung von neuen Formen der Demokratie, von neuen Einrichtungen (die die neuen Bedingungen für ihre Anwendung verkörpern) vor sich gehen kann.“[9]

Solche Formen und Einrichtungen entstanden während der Revolution in Frankreich in Form der Pariser Kommune und in Russland in Form des Sowjets.

---

7 Es entsteht wider Willen die Frage, ob im Recht außer des allgemein anerkannten „Komma-Problems“ noch das Problem der „Groß- und Kleinbuchstaben“ existiert. Die Verf. meint, dass der Text der Verfassung ungeachtet der Auslegung der Verfassungsnormen genau nachzudrucken ist. Es ist übrigens unklar, warum die Regierungszeitung „Rossijskaja gazeta“ „Präsident der Russischen Föderation“ schreibt. Um folgerichtig zu sein, müsste man dann „Staatsduma“ schreiben.

8 „Aus der Geschichte der Entstehung der Verfassung der Russischen Föderation“ in 6 Bd., Bd. 3/2, Moskau 2008, S. 874 [„Из истории создания Конституции Российской Федерации“ в 6 томах. Том 3/2, Москва 2008, с. 874].

9 *Ленин*, П/С т. 37, с. 498-499.

In der alltäglichen Lexik wurde nicht offiziell die Bezeichnung der Föderalversammlung als Parlament und des Föderationsrates als Senat festgelegt, man spricht vom „Ober- und Unterhaus". Aber man kann kaum Schlussfolgerungen über die Anwendung alltäglicher Begriffe in der Verfassung ziehen. Welche Idee hat die Verfassung unter diesem Aspekt in den Art. 94 hineingelegt?

Es wird die Auffassung vertreten, dass die Bezeichnung der Föderalversammlung als Parlament der RF notwendig war, um den Verzicht Russlands auf sowjetische Konzepte der Volksvertretung und die Anerkennung des Parlaments als verfassungsmäßig zu festigen. Man kann sagen, dass dies eine Antithese zu *Lenins* Behauptung sein soll: „Nicht die parlamentarische Republik …, sondern die Republik der Sowjets der Deputierten der Werktätigen, der Bauern und der Soldaten …" Art. 94 setzt offiziell und normativ den Übergang von den Sowjets zum Parlament fest, was zuvor in der Auflösung aller sowjetischen Organe – des Kongresses der Volksdeputierten, des Obersten Sowjets der RF und aller örtlichen Sowjets – seinen Ausdruck gefunden hat.

IV. Unterschiede zwischen dem Konzept der Volksvertretung und dem parlamentarischen Konzept

Im Rahmen des Themas ist es wichtig, sich darüber klar zu werden, welche Merkmale das sowjetische Konzept der Volksvertretung vom modernen parlamentarischen Konzept unterscheiden. Diese Unterschiede sind radikal. In scharfer Kritik an den modernen Systemen der Volksvertretung und dem Parlamentarismus haben die Gründer der sozialistischen Theorie ihr eigenes Konzept der Volksvertretung vorgeschlagen.

Wie hat dieser „Ausgang aus dem alten Rahmen der bürgerlichen parlamentarischen Demokratie" seinen Ausdruck gefunden?

Es wird die Meinung vertreten, dass die vielfältigen Merkmale, die die Sowjetorgane von den parlamentarischen Organen unterscheiden, grds. durch zwei Eigenschaften des sowjetischen Konzepts der Volksvertretung bestimmt wurden. Sie wurden in der marxistisch-leninistischen Literatur theoretisch begründet. Hinzu kommt, dass sie mit den notwendigen juristischen Mitteln ausgerüstet wurden, die als sicherer Schutz der vollen und unbeschränkten Allmacht der kommunistischen (bolschewistischen) Partei auftraten. Die *erste Eigenschaft*, die die Sowjets und das Parlament als Organe, die die Volksmacht verkörpern, unterscheidet, besteht in der unterschiedlichen Deutung des Begriffs „Volk". Es ist der Klasseninhalt, der nur den großen ausgebeuteten Klassen, d.h. den Werktätigen und den Bürgern gegenüber verwendet wurde. Der Begriff Volk verschwand als Subjekt der Macht auf lange Zeit aus den sowjetischen Verfassungen. Die Verfassungsformeln der Sowjetzeit zu der Frage, wem die Macht gehört, änderten sich im Laufe der historischen Entwicklung, bewahrten aber immer ihr Klassenwesen. In der Verfassung der RSFSR von 1918 wurde festgelegt, dass die Macht vollständig und ausschließlich den Werktätigen sowie ihrer bevollmächtigten Vertretung – den Sowjets der Deputierten der Werktätigen, der Soldaten und der Bauern – gehört. In der Verfassung der RSFSR von 1937 steht: „die Werktätigen in den Städten und Dörfern in Person der Sowjets der Deputierten der Werktätigen; in der Verfassung der RSFSR von 1978 dagegen das Volk der RF. Aber dem Begriff Volk war in dieser Verfassung des reifen Sozialismus eine eigenartige Bedeutung gegeben.

Die Begriffe Volk und Volksstaat hatten ihre Klassengrundlage nicht verloren. Das wurde in der Präambel der Verfassung der UdSSR von 1977, in der theoretischen Literatur und in der Parteiliteratur jener Zeit deutlich unterstrichen. In der Präambel der Verfassung wurde formuliert, dass in der UdSSR „eine neue historische Menschengemeinschaft – das sowjetische Volk – gebildet wurde", die „eine sozialpolitische Gemeinschaft und eine Ideengemeinschaft der sowjetischen Gesellschaft darstellt, deren führende Kraft die Arbeitsklasse ist" und dass „die führende Rolle der Kommunistischen Partei – der Vorhut des ganzen Volkes – weiter gewachsen ist."[10]

Die Zugehörigkeit zum Volk setzte eine unbedingte, allgemeine Anerkennung der Werte des Sozialismus voraus. Diejenigen, die diese Werte nicht anerkannten, wurden als Andersdenkende oder Abtrünnige (früher: Volksfeinde) betrachtet, verfolgt und verhaftet. Sie verloren die Staatsangehörigkeit und wurden aus dem Land abgeschoben.

Der Begriff Volk, der dem Konzept der Volksvertretung zugrunde lag, hat in der Verfassung der RF von 1993 ein anderes gesamtdemokratisches Wesen gewonnen. Das Volk, d.h. alle Staatsangehörigen des Staates, unabhängig von ihrer politischen und ideologischen Gesinnung – Kommunisten und Liberale, Demokraten, Monarchisten und Anarchisten, Sozialdemokraten, Linke und Rechte – sind die vereinigende Grundlage für die Zugehörigkeit zur Heimat, zum Staat.

Es gibt leider auch heute Versuche, in den Begriff des Volkes die Merkmale der Einheit der Staatsangehörigen einzuführen, die mehrere Aspekte beinhaltet. Als Beispiel dafür kann man folgenden Volksbegriff zitieren: unter dem Begriff Volk versteht man die Staatsangehörigen der RF, die durch die Einheit der sozialen, wirtschaftlichen, politischen, geistig-kulturellen Interessen verbunden sind.[11] Es ist nicht nachvollziehbar, warum man zur sowjetischen „moralisch-politischen Einheit" zurückkehren und die Verfassungsinstitute der ideolo-

10 Präambel der Verfassung der UdSSR, 1977.

11 *Noskova*, Verfassungsrechtliche Garantien der Volksherrschaft im modernen Russland, Autorref. zur Diss. zum Kand. der jurist. Wiss., Saratov 2007, Art. 10 [*Носкова*, Конституционно-правовые гарантии народовластия в современной России. Автореферат канд. диссертации, Саратов 2007, с. 10].

gischen und politischen Vielfalt, um deren Anerkennung es dem Volk so lange ging, ignorieren soll.[12]

Die *zweite Eigenschaft*, die den Unterschied zwischen den Sowjets und den Parlamenten charakterisiert, ist eine sehr eigenartige Deutung des von ihnen verkörperten Wesens der Volksvertretung.

Das marxistische Konzept verstand unter diesem Begriff eigentlich nicht die Idee der Vertretung, sondern die Idee der Selbstverwaltung des Volkes. Davon zeugen zahlreiche Äußerungen in der marxistisch-leninistischen Theorie. *Marx* formulierte es so: „Der Zustand, in dem das Volk geleitet wird, ist durch die Selbstverwaltung des Volkes zu ersetzen. In der zukünftigen Gesellschaft, die auf dem Kollektivismus gegründet ist, wird die Volksleitung durch das Volk selbst festgelegt ...“[13] *Lenin* bezeichnete den Aufbau der Organisation des Volkes, der in der allgemeinen Bildung von Sowjets bestand, als die Organisation der gesamten Bevölkerung in Sowjets.

Es ist bezeichnend, dass die Verfassungskommission zur Vorbereitung des Verfassungsentwurfs von 1918 den Vorschlag über die Aufteilung des Sowjetsystems in die Sowjets (bestehend aus allen wahlberechtigten Einwohnern) und in die Sowjets der Deputierten (Sowdeps, die auf der Grundlage der Vertretung gebildet werden) erörtert und abgelehnt hat. Man setzte voraus, dass in den städtischen und ländlichen Einheiten, in denen die Anzahl der Bevölkerung weniger als zweitausend Menschen betrug, der Sowjet aus allen bevollmächtigten Staatsangehörigen der RF gebildet wurde. Es wurde theoretisch die Idee durchgesetzt, dass im sozialistischen Staat die Werktätigen keine Macht außer der Macht ihrer eigenen Vereinigung kennen.

Eine solche Interpretation der Sowjets führte dazu, dass die Situation, in der die Deputierten ihre Tätigkeit neben dem Hauptberuf ausübten, als rechtmäßig betrachtet wurde.

Nach *Lenins* Auffassung hat sich die Idee der Selbstverwaltung des Volkes im Leben nicht sofort umgesetzt. Auf dem VIII. Parteitag der RKP(b) im Jahr 1919 stellte er fest: „Die Sowjets, die gemäß ihrem Programm Leitungsorgane sind, sind tatsächlich Leitungsorgane für die Werktätigen, die ihre Tätigkeit durch die Vorhut des Proletariats, aber nicht durch die werktätigen Massen ausüben“. Zudem, so bemerkte *Lenin*, war diese Schicht damals sehr gering. Man glaubte, dass die Verwirklichung der Idee, die Sowjets aus Leitungsorganen für die Werktätigen in Leitungsorgane durch die Werktätigen zu verwandeln, zu den strategischen Aufgaben der KPdSU gehörte.

---

12 Das hebt natürlich das Problem der Bildung der Bürgergesellschaft nicht auf, aber dies ist ein Sonderthema.

13 *Маркс/Энгельс* (Anm. 1), Соч. т. 2, Ausg. 27, с. 350.

Ihre Errungenschaften fixierte die Partei in der Verfassung der UdSSR von 1977, der Verfassung des entwickelten Sozialismus. Man erklärte, dass sich in der UdSSR die Selbstverwaltung des Volkes herausgebildet hat. Diesem Problem waren umfangreiche Werke der Literatur gewidmet. In der Verfassung der UdSSR von 1977 wurde erstmalig formuliert, dass die Macht dem Volk gehört und dass das Volk die Macht durch die Sowjets ausübt (in den vorhergegangenen Verfassungen verwendete man die Formel „in der Person der Sowjets"). Die Sowjets wurden nach wie vor als politische Grundlage der UdSSR bezeichnet. Man legte fest, dass alle anderen Staatsorgane ihnen gegenüber rechenschaftspflichtig sind. Die Sowjets wurden als Organe betrachtet, die die Eigenschaften von staatlichen und gesellschaftlichen Organisationen in sich vereinigen, man hielt sie für die größte gesellschaftliche Organisation der Werktätigen.

Aus einer solchen Deutung des Konzepts der sowjetischen Volksvertretung konnte man eine natürliche, aber rein formale Schlussfolgerung ziehen, der zufolge das Volk die Souveränität seinen Vertretern nicht übergibt, sondern die vollständige und unbegrenzte Macht behält.

Eine interessante Charakteristik des Wesens des Konzepts der Volksvertretung hat *Simon* (1903-1961), ein ehemaliger Professor der Universität Chicago, gegeben. Unter den vier Varianten, die das Verhältnis zwischen der Volksvertretung und der Souveränität charakterisieren, hat er ein Konzept ausgewählt, das man seiner Meinung nach sehr gut mit „coach-driver" bezeichnen kann. Nach dieser Theorie, die sich, nach seinen Worten auf die Anschauungen von *Russo* stützt, sind die Volksvertreter Diener des Volkes. Das Volk beauftragt die Vertreter, die von ihm delegiert sind. Bei der Ausführung der Aufträge bleiben die Vertreter dem Volk unmittelbar untergeordnet. Die Macht gehört nicht dem Gewählten, sondern den Menschen, die der Gewählte vertritt, d.h. die Macht gehört nicht den Leitenden, sondern den Geleiteten. Da die leitende Person ein Führer ist, ist er ein Führer ohne Macht. Weil die Geleiteten faktisch über die Macht verfügen, ist diese Theorie eine Scheintheorie und wird gewöhnlich in despotischen Regimen verwendet. *Simon* hält es für unzulässig, diese Theorie als Volkssouveränität zu bezeichnen. Die Bezeichnung „coach-driver" spiegelt die Situation wider, in der der Kutscher seinen Herrn wirklich fährt, aber nur, wenn er es will und auf dem Wege, den er aufzeigt.

Nach *Simons* Auffassung hat diese Theorie auf die französische Revolution, auf die französische Demokratie in ihrer ganzen Geschichte und überhaupt auf alle demokratischen Bewegungen, die sich nach französischem Muster entwickeln, einen großen Einfluss ausgeübt.[14]

---

14 *Simon*, Sovereignity in Democracy. In defense of Sovereignty, New York 1969, S. 241-272.

Zum Schluss möchte man dem Gesetzgeber gegenüber bestimmte Ansprüche geltend machen. Oft reichen die normativ festgelegten Anhaltspunkte nicht aus, um als Grundlage für eine logische Analyse des tatsächlichen Wesens dieser oder jener Seiten des russischen Parlamentarismus zu dienen und nicht nur Früchte „der reinen Vernunft“ zu sein.

Theorie und Praxis der verfassungsgebenden Gewalt in Russland

Valentina Komarova *

Im Beitrag werden die theoretischen Grundlagen der verfassungsgebenden Gewalt, ihre Befugnisse und die Formen ihrer Ausübung untersucht. Bei der Einteilung der Macht in ursprüngliche und abgeleitete Macht wird von der Autorin die normative Festlegung der Formen ihrer Ausübung auf föderalem Niveau sowie in den Subjekten der RF untersucht. Ergebnis der Analyse ist die Schlussfolgerung der Autorin, dass die Erscheinungsformen der ursprünglichen verfassungsgebenden Gewalt die nachstehenden Rechte sein können: das Recht des Volkes auf Referendum, das Recht, das Grundgesetz durch Referendum anzunehmen und es im Wege der gesetzgeberisch festgelegten Möglichkeiten abzuändern. Als Beispiel der abgeleiteten verfassungsgebenden Gewalt kann die verfassungsgebende Versammlung dienen.

I. Einführung

Die Volkssouveränität findet ihren Ausdruck vor allem darin, dass die verfassungsgebende Gewalt dem Volk gehört. Das Volk braucht sie für die Entscheidung der grundlegenden Hauptfragen, die die gesetzgebende Macht verwirklicht.[1] Die verfassungsmäßige Festlegung der Verpflichtung der RF, die Rechte und Freiheiten des Menschen anzuerkennen, zu berücksichtigen und zu schützen, ist das Wesen der neuen verfassungsmäßigen Ordnung, in der die verfassungsgebende Gewalt dem Souverän – dem multinationalen Volk – gehört.[2] Die Unterscheidung in verfassungsgebende (konstituierende) und konstitutive Gewalt wird in der modernen Verfassungs- und Rechtswissenschaft schon lange

* Die Verfasserin ist Dr. iur. und Professorin am Lehrstuhl für Staats- und Kommunalrecht der RF an der Staatlichen Juristischen Kutafin-Akademie Moskau.

1 Vgl. *Kutafin*, Der russische Konstitutionalismus, Moskau 2008, S. 87 [*Кутафин*, Российский конституционализм, Москва 2008, с. 87].

2 Vgl. *Kabyschev*, Die Verfassung Russlands – die rechtliche Grundlage für die Modernisierung der Gesellschaft und des Staates, Verfassung der RF und moderne Gesetzgebung: Probleme der Realisierung und Entwicklungstendenzen, Internationale praktisch-wissenschaftliche Konferenz (01.-03.10.2003), Saratov 2003, S. 12 [*Кабышев*, Конституция России – правовая основа модернизации общества и государства, Конституция РФ и современное законодательство: проблемы реализации и тенденции развития: Международная научно-практическая конференция (01.-03.10.2003), Саратов, 2003. с. 12].

untersucht. Doch die Frage nach der aktiven Ausarbeitung der Theorie der verfassungsgebenden Gewalt durch das vaterländische Verfassungsrecht, die in der konstitutionellen Praxis mehrerer Staaten verfolgt wird, ist erst in letzter Zeit aktuell geworden.[3]

Die praktische Anwendung der theoretischen Konstruktionen in der russischen Rechtswirklichkeit besteht vor allem in der Notwendigkeit der Ausarbeitung und Annahme des in der Verfassung des Landes vorgesehenen Föderalen Verfassungsgesetzes über die verfassungsgebende Versammlung.

II. Theoretische Begründung der verfassungsgebenden Gewalt

Es ist anzumerken, dass die Absonderung von drei Zweigen der Gewalt traditionell ist, aber nicht die einzige Möglichkeit darstellt. Die Verfassungen einiger Länder gehen davon aus, dass es vier Gewalten gibt, so wird z.B. die Wahlmacht als vierte Gewalt bezeichnet. Die Forscher konstatieren, dass in den Verfassungsakten einiger Länder bis zu sechs selbständige Zweige der Gewalten abgesondert sind.[4] In den Kommentaren zur Verfassung der RF bezeichnet man gewöhnlich die Präsidentenmacht als selbständige, auf dem ersten Platz stehende Macht.[5]

Bei der Analyse des Problems der Aufteilung der Macht spricht *Avakjan* davon, dass in der RF Gründe dafür bestehen, mindestens zehn Zweige der Macht abzusondern (verfassungsgebende Gewalt, Volksmacht, Präsidentenmacht, Le-

---

3 *Tokarev*, Der Begriff der verfassungsgebenden Gewalt: Theoretisch-rechtliche und vergleichsrechtliche Aspekte, Material der IX. Internationalen wissenschaftlichen Konferenz (Moskau, 16.04.2009), Moskau 2009, S. 69-76 [*Токарев*, Понятие учредительной власти: теоретико-правовой и сравнительно-правовой аспекты. Материалы IX Международной научной конференции (Москва, 16 апреля 2009 г.). Москва 2009, с. 69-76]; *Teperik*, Das Konzept der Wahlmacht in Russland: Verfassungsgrundlagen der Entstehung und Entwicklungstendenzen, Die Verfassungsentwicklung Russlands, Hochschulband wissenschaftlicher Artikel, Saratov 2004, Ausg. 5, S. 49-58 [*Теперик*, Концепция избирательной власти в России: конституционные основы становления и тенденции развития, конституционное развитие России, межвузовский сборник научных статей, Саратов 2004, вып. 5., с. 49-58]; *Stanskich*, „Wahlmacht" als Zweig der Staatsmacht: zur Problemstellung, Verfassungs- und Kommunalrecht, Moskau 2004, Nr. 1, S. 16-19 [*Станских*, "Избирательная власть" как ветвь государственной власти: к постановке проблемы, Конституционное и муниципальное право, Москва 2004, № 1, с. 16-19].

4 *Kovler/Tschirkin/Judin*, Vergleichendes Verfassungsrecht, Moskau 1996, S. 429 [*Ковлер/Чиркин/Юдин*, Сравнительное конституционное право, Москва 1996, с. 429].

5 *Komarova*, Das Objekt der theoretisch-rechtlichen Untersuchung: Die Präsidentenmacht, Gesetzlichkeit, 2010, Nr. 6, S. 17 [*Комарова*, Объект теоретико-правового исследования: президентская власть. Законность, 2010 г., № 5, с.17].

gislative, Exekutive, Judikative, staatsanwaltliche Macht, Wahlmacht, Finanz- und Bankmacht, Kontrollmacht).[6]

Ein neues Herangehen an die Aufteilung der Gewalten wird im Ausland erörtert. In den Verfassungen einiger Länder werden als Zweige die Wahl-, die Kontroll- und die Bürgermacht genannt; es existiert der Begriff der verfassungsgebenden Gewalt, der mit der Verfassung verbunden ist.[7]

Im modernen Russland wurden eine Reihe Versuche unternommen, die verfassungsgebende Gewalt theoretisch zu bestimmen. Sie ist das einzige unveräußerliche, sich selbst begrenzende Recht des Volkes, den Staatsaufbau und seine einzelnen Institute zu begründen oder zu ändern; dieses Recht wird unmittelbar durch die Staatsorgane, darunter durch speziell geschaffene verfassungsgebende Organe ausgeübt.[8]

Aus dieser Bestimmung folgen zwei Hauptfragen: Die Befugnisse der verfassungsgebenden Gewalt und die Formen ihrer Ausübung.

III. Die Befugnisse der verfassungsgebenden Gewalt und die Formen ihrer Ausübung

Nach Auffassung *Kutafins* „gehört die verfassungsgebende Gewalt dem Volk, um die grundlegenden Hauptfragen zu entscheiden … gerade das Volk hat das Recht, die Verfassung anzunehmen und mit ihrer Hilfe diejenigen Grundlagen der gesellschaftlichen und staatlichen Ordnung zu schaffen, die es für sich wählt“[9]. *Baglaj* ist der Meinung, dass eine der Funktionen der verfassungsgebenden Gewalt in der Änderung der Verfassung besteht. In seinem Lehrbuch hat *Baglaj* einen Abschnitt zu den theoretischen Grundlagen der verfassungsgebenden Gewalt, die befugt ist, die Verfassung zu ändern, ausgewiesen.[10]

Mit der Entwicklung der Idee der verfassungsgebenden Gewalt entstanden in der Staatswissenschaft die Thesen über das Vorhandensein von zwei Typen der Gewalt: die ursprüngliche und die abgeleitete verfassungsgebende Gewalt.

---

6 *Avakjan*, Das Verfassungsrecht Russlands, Lehrkurs: Bd. 1, Moskau 2005, S. 356 [*Авакьян*, Конституционное право России, Учеб. курс: В 2, т. Т. 1, Москва 2005, с. 356].

7 *Alder*, Constitutional and Administrative Law, New York 2007, S. 180.

8 *Schischkina*, Die verfassungsgebende Versammlung der Russischen Föderation als Organ der verfassungsgebenden Gewalt, Diss. zum Kand. der jurist. Wiss., Jekaterinburg 2004, S. 238 [*Шишкина*, Конституционное собрание Российской Федерации как орган учредительной власти, Дис. … канд. юрид. Наук, Екатеринбург 2004, с. 238].

9 *Kutafin* (Anm. 1).

10 *Baglaj*, Das Verfassungsrecht der Russischen Föderation, 6. Aufl., Moskau 2007, S. 772 [*Баглай*, Конституционное право Российской Федерации. Учебник, 6-е изд., изм. и доп, Москва 2007, с.772].

Kutafin stellt fest, dass die verfassungsgebende Gewalt nicht unmittelbar vom Volk ausgeübt werden kann. Die verfassungsgebende Versammlung wird vom Volk beauftragt. Es ist eine Versammlung der für dieses Ziel gewählten außerordentlichen Vertreter.[11] Ohne die Zugehörigkeit der verfassungsgebenden Versammlung zur verfassungsgebenden Gewalt zu verneinen, wird dennoch der Auffassung gefolgt, dass die verfassungsgebende Gewalt nur unmittelbar vom Volk ausgeübt werden kann. Die Ausarbeitung des Grundgesetzes steht nicht in der Macht des Volkes, aber seine Annahme ist ein Akt seiner verfassungsgebenden Gewalt.

Das Recht der Staatsangehörigen Russlands auf die Leitung der Staatsangelegenheiten de-jure sorgt für ihren Einschluss in die Sphäre der Politik, es ist der juristische Ausdruck der Volkssouveränität und die Form der Ausübung ihrer verfassungsgebenden Gewalt.

Der Richter des Verfassungsgerichts der RF, *Lutschin*, konstatierte in seinem Sondervotum: „Das Volk, das die Grundlagen der Verfassungsordnung begründet hat, ist berechtigt, mit seiner unmittelbaren Macht, die in Bezug auf die Macht aller anderen Organe (wählbar und nichtwählbar) die oberste ist, diese Grundlagen jederzeit zu ändern. Deshalb ist nur das Volk berechtigt (wiederum durch Referendum) zu entscheiden, wann und zu welchen Fragen man das Referendum durchführen oder nicht durchführen kann. Das Recht auf Referendum ist ein unveräußerliches Recht des Volkes, sein wichtigstes praktisches Instrument zur Verwirklichung der Souveränität“[12].

Eine Erscheinungsform der verfassungsgebenden Gewalt kann, nach Meinung der Autorin, nicht nur das Recht des Volkes auf Annahme des Grundgesetzes durch Referendum, sondern auch auf die gesetzlich festgelegte Möglichkeit der Änderung des Grundgesetzes durch Referendum (gesetzgebendes Referendum, Verfassungsreferendum) sein.[13]

Auf föderalem Niveau ist die Annahme der Verfassung der RF durch Referendum vorgesehen, wenn ihr Entwurf durch die verfassungsgebende Versammlung zum Referendum vorgelegt wird. In den Subjekten der RF haben die Gesetzgeber die Formen der Teilnahme der Bevölkerung bei der Annahme und Änderung der Verfassung (Statut) des Subjekts erweitert. Wir sehen hier zwei Vorgehensweisen: die erste ist die Möglichkeit des Initiierens der Änderungen und der Überprüfung der Verfassung (Statut); die zweite ist die Annahme der

---

11 *Kutafin* (Anm. 1).

12 Westnik KS RF, 2003, Nr. 4, S. 44 [Вестник КС РФ, 2003, № 4., с. 44].

13 *Komarova*, Die Formen der unmittelbaren Demokratie in Russland, 2. Aufl., Moskau 2010, S. 43 [*Комарова*, Формы непосредственной демократии в России, 2-е издание, Москва 2010, с. 43].

Verfassung (Statut) des Subjekts durch Referendum.[14]

Die Möglichkeit der Überprüfung und Annahme von Änderungen des Grundgesetzes des Subjekts sowie der Annahme des Grundgesetzes durch Referendum (nicht obligatorisch, sondern fakultativ) ist in der *Republik Dagestan* vorgesehen.[15] Der Verfassungsentwurf der *Republik Dagestan* wird von der verfassungsgebenden Versammlung von zwei Dritteln der Stimmen der festgesetzten Zahl ihrer Mitglieder angenommen bzw. zum Referendum der *Republik Dagestan* vorgelegt. Die Kammer der Vertreter der *Republik Tywa* fasste innerhalb von 14 Tagen ab Datum des Eingangs des Entwurfs der neuen Verfassung der Republik den Beschluss über seine Vorlage für das Referendum.[16]

Das Referendum als eine Art der Änderung der Verfassung (Statut) der Subjekte der RF ist in der Gesetzgebung einiger Subjekte festgelegt. So können die Bestimmungen der Verfassung in der *Republik Marij El* entweder von der Staatsversammlung oder auf dem Weg der Durchführung eines demokratischen Referendums überprüft werden[17]; die Änderungen der Verfassung der *Udmurtischen Republik* werden vom Staatsrat bzw. durch Referendum der *Udmurtischen Republik* angenommen.[18] Die Änderungen im Statut des *Kemerovsker Gebiets* können durch Referendum vorgenommen werden.[19]

Eine der Erscheinungsformen der konsultativen Teilnahme des Volkes an der Ausarbeitung und Annahme des Statuts kann die Volksdiskussion sein. Sie ist nach Beschluss der gesetzgebenden Versammlung des *Wologoder Gebiets* möglich. Der Entwurf des Statuts kann ebenso wie der Entwurf des Gesetzes des Gebiets über die Änderung und Überprüfung im Gebiet durch Volksdiskussion eingebracht werden.[20] Nichtsdestoweniger ist es zweifelhaft, eine solche Maßnahme als eine Form der verfassungsgebenden Gewalt zu bezeichnen.

---

14 *Komarova*, Das Recht auf Referendum und sein Verfahren in der RF, Moskau 2007, S. 68-69 [*Комарова*, Референдумное право и процесс в Российской Федерации, Москва 2007, с. 68-69]

15 Verfassung der *Republik Dagestan* v. 10.07.2003 (i.d.F. v. 03.02.2009), „Gesetzessammlung der Republik Dagestan", 31.07.2003, Nr. 7, Art. 503, 13.02.2009, Nr. 3, Art. 74.

16 Verfassung der *Republik Tywa* v. 06.05.2001 (i.d.F. v. 10.07.2009), Tywinskaja pravda, 15.05.2001, Nr. 93, 30.07.2009.

17 Verfassung der *Republik Marij El* v. 24.06.1995 (i.d.F. v. 05.08.2008), Marijskaja pravda, 07.07.1995, Nr. 145, 14.08.2008.

18 Verfassung der *Udmurtischen Republik* v. 07.12.1994 (i.d.F. v. 09.10.2009), Izvestija Udmurtskoj Republik, Nr. 27, 21.12.2009.

19 Statut des *Kemerovsker Gebiets* v. 09.04.1997 (i.d.F. v. 28.01.2010), Kuzbass, Nr. 102, 11.06.1997.

20 Statut des *Wologodsker Gebiets* v. 18.10.2001, Nr. 716-03 (i.d.F. v. 30.11.2009), Gesetzgebung des *Wologodsker Gebiets*, September/Oktober 2001, Nr. 5, S. 25 (Datum des Redaktionsschlusses 18.01.2002), Krasnyi Sever, Nr. 140, 05.12.2009.

In der Gesetzgebung der Subjekte wird im Unterschied zum föderalen Niveau das Recht auf Initiierung von Änderungen, Überprüfung und Verbesserungen der Verfassung (Statut) des Subjekts, manchmal auch die Möglichkeit vorgesehen, den Entwurf eines neuen Grundgesetzes vorzulegen.

So können Vorschläge über Änderungen der Verfassung der *Udmurtischen Republik* mindestens 50.000 Wähler, die in der *Udmurtischen Republik* wohnhaft sind[21], über Änderungen der Verfassung der *Republik Chakassien* mindestens 5 % der wahlberechtigten Bürger der RF, die ständig bzw. hauptsächlich auf dem Territorium der *Republik Chakassien* wohnen[22], über Änderungen des Statuts der *Region Primorje* mindestens 2 % der aktiven wahlberechtigten Bürger der RF, deren Wohnort sich auf dem Territorium der *Region Primorje* befindet[23], über Änderungen des Statuts des *Gebiets Woronezh* mindestens 40.000 Unterschriften der Wähler[24], über Änderungen des Statuts des *Kemerover Gebiets* mindestens 50.000 Menschen[25] und über Änderungen und (oder) Ergänzungen des Statuts des *Murmansker Gebiets* mindestens 5 % der Bürger der RF[26] u.a.[27] unterbreiten.

Als Beispiel für ein Subjekt, in dem das Volk nicht nur die Änderung des Grundgesetzes, sondern auch den Entwurf eines neuen Grundgesetzes initiieren kann, ist das *Irkutsker Gebiet* zu nennen. Das Recht der Gesetzgebungsinitiative wird in der Gesetzgebungsversammlung des *Irkutsker Gebiets* in Form der Vorlage von Gesetzgebungsentwürfen zu Verbesserungen am Statut, von Entwürfen eines neuen Statuts, von Änderungen zu Gesetzesentwürfen zu Änderungen am

---

21 Verfassung der *Udmurtischen Republik* v. 07.12.1994 (i.d.F. v. 09.10.2009), Izvestija Udmurtskoj Respubliki, 21.12.1994, Gesetzessammlung der Udmurtischen Republik, Nr. 27, 21.12.2009.

22 Verfassung der *Republik Chakassien* v. 25.05.1995 (i.d.F. v. 13.04.2007), Westnik Chakassii, Nr. 56, 14.11.2005, Nr. 26, 19.04.2007.

23 Statut der *Region Primorje* v. 06.10.1995, Nr. 14-K3 (i.d.F. v. 02.12.2009), Ustav Primorskogo kraja, 16.10.1995, Nr. 92 (379), 04.12.2009.

24 Statut des *Gebiets Woronezh* v. 07.06.2006 (i.d.F. v. 29.12.2009), Kommuna, Nr. 87-88, 10.06.2006, Molodoj kommunar, Nr. 145, 30.12.2009.

25 Statut des *Keremovsker Gebiets* v. 09.04.1997 (i.d.F. v. 28.01.2010), Kusbass, Nr. 102, 11.06.1997.

26 Statut des *Murmansker Gebiets* v. 26.11.1997 (i.d.F. v. 25.06.2009), Informationsblatt Wedomosti Murmanskoj oblastnoj Dumy, Nr. 40, 17.05.2004, S. 85-122.

27 Statut (Grundgesetz) der *Region Altaj* v. 05.06.1995, Nr. 3-3C (i.d.F. v. 07.12.2009), Altajskaja pravda, Nr. 235, 20.10.1999; Nr. 413-414, 29.12.2009. Gesetz der *Region Altaj* v. 11.02.2002, Nr. 3-3C, Über die gesetzgebende Volksinitiative in der *Region Altaj*, Gesetzessammlung der *Region Altaj*, 2002, Nr. 70, S. 14; Statut des *Lipezker Gebiets* v. 09.04.2003, Nr. 46-03 (i.d.F. v. 15.10.2009), Informationsblatt des Lipezker regionalen Deputiertenrats, Nr. 4, 2003.

Statut und zu Entwürfen eines neuen Statuts, das in der ersten und der nachfolgenden Lesung angenommen wird, bis zur Annahme in der letzten Lesung[28] verwirklicht. Anzumerken ist aber ebenso, dass es Subjekte gibt, in denen direkte Formen der Teilnahme der Bevölkerung an der Annahme und an der Änderung der Verfassung (Statut) des Föderationssubjektes fehlen.[29]

Der Gesetzgeber legt in den Subjekten das Verfahren der Ausübung der gesetzgebenden Bürgerinitiative in den Vertretungsorganen, die Volksinitiative zur Initiierung von Referenden und die Initiative der vorfristigen Aufhebung der Befugnisse der Deputierten und der gewählten Amtsträger (auf Kommunalebene) fest.

Die Gesetzgebung der Mehrheit der Subjekte der RF hat die Norm des Föderalen Gesetzes vom 06.10.1999 „Über die allgemeinen Prinzipien der Organisation der gesetzgebenden Organe (Vertretungsorgane) und der Vollzugsorgane der Staatsmacht der Subjekte der RF" positiv aufgenommen und das Institut der Gesetzgebungsinitiative des Volkes festgelegt. So gewährt das Statut der *Altaj-Region* das Recht auf gesetzgebende Initiative den Wählern in der *Altaj-Region*, wenn deren Anzahl mindestens 1 % der Gesamtzahl der Wähler beträgt.[30]

Die Bevölkerung der *Region Krasnodar* darf die Bürgerinitiative im Namen von mindestens 10.000 Wählern mittels Einbringung der Vorschläge zur Erörterung in der gesetzgebenden Versammlung der Region ausüben.[31]

In der *Krasnojarsker Region* darf ein Entwurf als Volksinitiative der Region vorgelegt werden, falls er von mindestens 5.000 Bürgern, die auf dem Territorium der Region wohnhaft sind, unterstützt wird.[32]

In den Subjekten der RF werden die Prozeduren der Gesetzgebung in diversen Akten geregelt, in denen die direkte bzw. indirekte Teilnahme des Volkes an der Rechtsschöpfung vorgesehen ist.

---

28 Statut des *Irkutsker Gebiets* v. 17.04.2009, Nr. 1, Wedomosti ZS Irkutskoj oblasti, Nr. 9, 14.05.2009.

29 Vgl. *Komarova*, Institut der rechtsschöpferischen Volksinitiative (Begriff, Arten, Rechtsgrundlagen), Lex Russica, Moskau 2006, Nr. 4, S. 46 [*Комарова*, Институт народной правотворческой инициативы (понятие, виды, правовые основы), Lex Russica, Москва 2006, Nr. 4., с. 46].

30 Vgl. Statut (Grundgesetz) der *Region Altaj* v. 05.06.1995, Nr. 3-ZS (mit Änderungen v. 02.10.1995, 25.03.1996) (i.d.F. v. 02.09.1999, mit den Änderungen v. 05.10.2000, 06.07., 08.10., 02.11.2001, 11.12.2002), Art. 75, Gesetzessammlung der Region Altaj, Mai 1995, Nr. 10, S. 1.

31 Statut der *Region Krasnodar* v. 18.07.1997 (i.d.F. v. 21.07.2008), Kubanskije novosti, Nr. 169, 11.09.1997, Nr. 122, 24.07.2008.

32 Statut des *Krasnojarsker Gebiets* v. 05.06.2008, Nr. 5-1777, Wedomosti wysschich organov gosudarstwennoj wlasti Krasnojarskogo kraja, Nr. 29 (250), 16.06.2008.

Durch Gesetz der *Republik Mordowien* vom 21.02.2002 „Über die Rechtsakte der Republik Mordowien“[33] werden Demokratie und Öffentlichkeit („Glasnost“) bei der Ausarbeitung und der Annahme von Rechtsakten in einer Reihe mit anderen Prinzipien als die grundlegenden Prinzipien der rechtsschöpferischen Tätigkeit in der *Republik Mordowien* bezeichnet. Eine analoge Ausgestaltung der Prinzipien der Rechtsschöpfung findet man im Gesetz des *Jamal-Nenetsker autonomen Bezirks* vom 06.04.2006 „Über die Rechtsschöpfung“[34], und im Gesetz des *Orlover Gebiets* vom 15.04.2003 „Über die Rechtsschöpfung und die normativen Rechtsakte des Orlover Gebiets“.[35] Dieses Prinzip wird in unterschiedlicher Weise verwirklicht. Vor allem wird die Zahl der Initiatoren des Gesetzgebungsprozesses erweitert. Die rechtsschöpferische Volksinitiative[36] ist das Institut, das es gestattet, die Machtausübung der Vertretungsorgane durch Vorlage der Entwürfe der Normativakte unmittelbar durch das Volk zu korrigieren.

In den Subjekten der RF wurden eigene Akte angenommen, die die Beziehungen regeln, die mit der Ausübung des Bürgerrechts auf rechtsschöpferische Volksinitiative verbunden sind. Als Beispiele dafür kann man die Gesetze des *Jaroslaver Gebiets* vom 07.02.2002 „Über die Ausübung der rechtsschöpferischen Initiative“[37], des *Kaluger Gebiets* vom 03.06.1996 (i.d.F. des Gesetzes des Kaluger Gebiets vom 10.02.2003, N 184-03) „Über die rechtsschöpferische Initiative[38], des *Gebiets Woronezh* vom 27.06.2007 „Über die Ordnung der Ausübung der Bürgerinitiative im Gebiet Woronezh“[39], des *Smolensker Gebiets* vom 30.05.2007 „Über die Ordnung der gesetzgebenden Initiative durch die Bürger

---

33 Wedomosti GS RM, 2002, Nr. 15-17 (46), Art. 515.

34 Wedomosti, Staatsduma des *Jamalo-Nenetsker autonomen Bezirks*, März 2006, Nr. 3.

35 Sammlung der normativen Rechtsakte des *Orlover Gebiets*, Ausg. 31, Januar-März 2006.

36 Vgl. *Komarova*, Über die Vervollkommnung der Formen der unmittelbaren Demokratie, 4. Allrussischen wissenschaftlichen Konferenz (06.03.2009), Samara 2009 [*Комарова*, О совершенствовании форм непосредственной демократии, Материалы 4 Всероссийской научно-практической конференции 6 марта 2009, Самара 2009]; *dies.*, Wirksamkeit der Vertretungsmacht, Sammlung der Allrussischen wissenschaftlich-praktischen Konferenz zum Thema: Verfassung der Russischen Föderation, wirtschaftspolitische Prioritäten, Omsk 2010 [Эффективность представительной власти, Сборник Всероссийской научно-практической конференции "Конституция Российской Федерации: политико-экономические приоритеты", Омск 2010]; *dies.*, (Anm. 29), S. 17.

37 Gubernskije westi, Nr. 11, 15.02.2002.

38 Westj, Nr. 123, 06.06.1996, Nr. 38, 13.02.2003.

39 Gesetzessammlung des *Gebietes Woronezh*, 06.08.2007, Nr. 6 Art. 197.

der RF, die auf dem Territorium des Smolensker Gebiets wohnen"[40], des *Tambover Gebiets* vom 04.07.2007 „Über die Gesetzgebungsinitiative der Bürger in der Tambover Gebietsduma"[41], des *Tomsker Gebiets* vom 12.02.2007 „Über die gesetzgebende Volksinitiative im Tomsker Gebiet"[42] u.a. anführen. Als Beispiel für untergesetzliche Rechtsakte kann die Anordnung der *Moskauer* Stadtduma vom 30.05.2007 „Über die Registrierung der Initiativgruppe zur Ausübung des Rechts auf Gesetzgebungsinitiative der Bürger"[43] dienen.

Die Erweiterung des Rechts der Gesetzgebungsinitiative des Volkes nicht nur auf die Bevölkerung, sondern auch auf die gesellschaftlichen Organisationen, die die Interessen der Bevölkerung vertreten, ist zweifellos ein positiver Faktor.

Das Recht auf Gesetzgebungsinitiative ist in der Verfassung der *Republik Komi* der zwischenregionalen gesellschaftlichen Bewegung „Komi wojtyr"[44], in den Statuten des *Kemerovsker Gebiets* dem Rat der kommunalen Gliederungen des *Kemerovsker Gebiets*[45], in den Statuten des *Tambover Gebiets* der Gebietsvereinigung der Organisationen der Gewerkschaften zur Durchführung eingeräumt.[46]

Zu den Initiatoren des Gesetzgebungsprozesses in den Subjekten der RF gehören u.a.: der Beauftragte für Menschenrechte (im *Smolensker*, *Kemerovsker*, *Nizhegoroder Gebiet*), die Kontroll- und Rechnungskammern (im *Kirover*, *Tscheljabinsker*, *Tjumener Gebiet*), die Verfassungsgerichte (der *Republiken Sacha (Jakutien)*, *Adygeja*, *Bashkortostan*, *Burjatien*, *Inguschetien*, *Komi*, *Nordossetien-Alanien*, *Chakassien*), die Wahlkommissionen und sonstige Organe sowie Beamte.[47] Im Rahmen der Analyse ist Folgendes zu bemerken: Die Verteilung des Rechts der Gesetzgebungsinitiative auf die Machtorgane ist nicht eine Äußerung der verfassungsgebenden Gewalt, sondern der Professionalisierung des Gesetzgebungsprozesses.

---

40 Informationsblatt der Smolensker Gebietsduma und der Administration des Smolensker Gebiets, 02.06.2007, Nr. 5, T. I, S. 166.

41 Tambovskaja zhiznj, Nr. 266-271 (24127-24132), 13.07.2007.

42 Gesetzessammlung des *Tomsker Gebiets*, 28.02.2007, Nr. 2, (19).

43 Wedomosti der Moskauer Stadtduma, 08.08.2007, Nr. 7, Art. 107.

44 Verfassung der *Republik Komi* (i.d.F. v. 08.111.2007), Respublika, Nr. 207-208, 10.11.2007.

45 Statut des *Kemerovsker Gebiets* v. 09.04.1997 (i.d.F. v. 17.11.2006), Kusbass, Nr. 102, 11.06.1997.

46 Statut des *Tambover Gebiets* v. 30.11.1994 (i.d.F. v. 03.05.2007), Tambovskaja zhiznj, Nr. 233, 06.12.1994.

47 *Komarova*, Demokratisierung des Gesetzgebungsprozesses im modernen Russland, Sammelbd., Moskau 2010, S. 47 [*Комарова*, Демократизация законодательного процесса в современной России, сборник, Москва 2010, с. 47].

Zu den abgeleiteten Formen der verfassungsgebenden Gewalt gehören die Organe, die speziell für die Ausarbeitung, in einigen Fällen für die Annahme des Grundgesetzes gebildet werden.

Auf der föderalen Ebene ist das die verfassungsgebende Versammlung, deren Stellung noch nicht geregelt ist, weil das Föderale Verfassungsgesetz noch nicht angenommen wurde. Es werden bzgl. dieser Novellierung der russischen Rechtswirklichkeit verschiedene Standpunkte geäußert.[48]

Die verfassungsgebende Versammlung kann als ein föderales Vertretungsorgan der Staatsmacht mit begrenzter Gültigkeitsdauer, einem Sonderstatus und speziellen Kompetenzen betrachtet werden. Die Frage über die Vertretung ihrer Mitglieder sowie über die Notwendigkeit der Einzelvertretung der Subjekte der RF bleibt offen[49], nichts desto weniger ist vom Vertretungscharakter und von der kollegialen Verantwortung bei der Beschlussfassung unzweifelhaft auszugehen. Die Fragen der Professionalität, der Arbeitsfähigkeit und der Neutralität (Nichtengagiertheit)[50] sind wichtig und müssen maximal berücksichtigt werden, obwohl es scheint, dass sie einander ausschließen.

Auf föderalem Niveau wurden einige Entwürfe des Föderalen Verfassungsgesetzes über die verfassungsgebende Versammlung ausgearbeitet und der Staatsduma der Föderalen Versammlung der RF vorgelegt (1997: von den Deputierten der Staatsduma *Mironov* und *Lukjanov*; 1998: vom Deputierten der Staatsduma *Zwolinskij*; 2000: 1. von den Deputierten der Staatsduma *Nadezhdin, Lukjanov, Wolodin, Mizulina, Krjukov* und 2. vom Deputierten der Staatsduma *Kovalev*)[51]. Wie bekannt, ist die Initiative nicht zum logischen Abschluss gekommen; das Föderale Verfassungsgesetz über die Verfassungsversammlung gibt es bis jetzt nicht.

---

48 *Jelenin*, Die verfassungsgebende Versammlung: rechtspolitische Natur, Diss. zum Kand. der jurist. Wiss., Moskau 1998 [*Еленин*; Учредительное Собрание: политико-правовая природа; Дис. … канд. юрид. Наук; Москва 1998]; *Schischkina*, Verfassungsversammlung der RF als Organ der verfassungsgebenden Gewalt, Diss. zum Kand. der jurist. Wiss., Jekaterinburg 2004 [*Шишкина*, Конституционное собрание Российской Федерации как орган учредительной власти, Дис. … канд. юрид. Наук, Екатеринбург 2004].

49 *Schischkina*, Theoretische Grundlagen der verfassungsgebenden Gewalt und die Diskussion zum Gesetzentwurf über die verfassungsgebende Versammlung, Rossijskij juriditscheskij jurnal, 2002, Nr. 4, S. 33-36 [*Шишкина*, Теоретические основы учредительной власти и дискуссия о проекте закона о Конституционном Собрании, Российский юридический журнал, 2002, № 4, с. 33-36].

50 *Perschin*, Probleme des Staatsaufbaus, Analytisches Informationsblatt des Föderationsrates FS RF, 2002, Nr. 12 (168), S. 43-59 [*Першин*, Проблемы государственного строительства, Аналитический вестник Совета Федерации ФС РФ, 2002, № 12 (168), с. 43-59].

51 *Perschin* (Anm. 50), S. 43-59.

In den Verfassungen einiger Subjekte ist ein analoges Institut des speziell für die Ausarbeitung und Annahme der Verfassung geschaffenen Organs festgelegt. Als Beispiel dafür können die *Republik Dagestan*[52] und die *Republik Kabardino-Balkarien* dienen.

In der Verfassung der *Republik Tywa* ist vorgesehen, dass die Verfassungskommission nur das Recht zur Ausarbeitung des Entwurfs einer neuen Verfassung der Republik besitzt. Der Entwurf wird von der Vertretungskammer der Republik zum Referendum vorgelegt.[53]

Die Verfassungskommission der *Republik Chakassien* kann nach der Erörterung der Vorschläge zur Änderung der Verfassung der Republik dem Obersten Rat vorschlagen, entweder die Unveränderlichkeit der geltenden Verfassung der *Republik Chakassien* zu bestätigen oder Änderungen bzw. Ergänzungen in der Verfassung vorzunehmen.[54]

Eine verfassungsgebende Versammlung für die *Republik Marij El* wurde in der Verfassung der Republik vom 29.06.2005 nicht vorgesehen.

Die Verfassungskommission der *Republik Bashkortostan* ist ein Beratungsorgan. Es wurde mit dem Ziel der Organisation und Durchführung rechtswissenschaftlicher Expertisen und der Ausarbeitung von Vorschlägen für einen Gesetzentwurf zur Änderung und Ergänzung der Verfassung der *Republik Bashkortostans*, der dem *Kurultaj* – der Staatsversammlung der *Republik Bashkortostan* – vorgelegt werden soll, gebildet.[55]

Die Subjekte der Föderation haben in einigen Fällen die Frage der Bildung eines solchen verfassungsgebenden Organs geregelt. Die verfassungsgebende Versammlung der *Kabardino-Balkarischen Republik* besteht z.B. aus den Deputierten der Staatsduma und den karbardino-balkarischen Mitgliedern des Föderationsrates der Föderalen Versammlung der RF sowie aus den Deputierten der örtlichen Organe der Selbstverwaltung auf allen Ebenen der *Kabardino-Balkarischen Republik*.[56]

---

52 Verfassung der *Republik Dagestan* v. 10.07.2003 (i.d.F. v. 03.02.2009), Gesetzessammlung der Republik Dagestan, 31.07.2003, Nr. 7, Art. 503, 13.02.2009, Nr. 3, Art. 74.

53 Verfassung der *Republik Tywa* v. 06.05.2001 (i.d.F. 10.07.2009), Tywinskaja pravda, 15.05.2001, Nr. 93, 30.07.2009.

54 Verfassung der *Republik Chakassien* v. 25.05.1995 (i.d.F. v. 13.04.2007, Westnik Chakassii, Nr. 56, 14.11.2005, Nr. 26, 19.04.2007.

55 Gesetz der *Republik Bashkortostan* v. 28.04.2004, Nr. 76-S (i.d.F. v. 07.11.2006) über die Änderung der Verfassung der Republik Bashkortostan, Wedomosti der Staatsversammlung – *Kurultaj*, des Präsidenten und der Regierung der *Republik Bashkortostan*, 2004, Nr. 10 (184), S. 527.

56 Gesetz der *Kabardino-Balkarischen Republik* v. 10.07.1999, Nr. 26-P3 (i.d.F. v. 06.12.2003) über die Annahme und das Inkrafttreten der Änderungen der Verfassung der

Die Ordnung der Gründung und Tätigkeit der Verfassungskommission der *Republik Chakassien* wird im Gesetz der *Republik Chakassien* vom 26.03.2003 „Über die Verfassungskommission der Republik Chakassien" geregelt.[57]

Es ist anzumerken, dass die Praxis der Schaffung von Beratungs- und Koordinierungsorganen (*Republik Bashkortostan*, *Region Zabajkalje*) die Idee des verfassungsgebenden Organs verändert und aushöhlt. Die Verfassungskommission der *Republik Bashkortostan* wird als Beratungsorgan gemäß Erlass des Präsidenten der *Republik Bashkortostan* aus Vertretern der Organe der Staatsmacht der Republik Bashkortostan, der Organe der örtlichen Selbstverwaltung, der politischen Parteien und aus Vertretern der sonstigen gesellschaftlichen Vereinigungen, der Gewerkschaften und der religiösen Vereinigungen gebildet.[58]

Die Kommission zur Ausarbeitung des Entwurfs des Statuts der *Region Zabajkalje* war ein Koordinierungsorgan, das für die Ausarbeitung des Entwurfs des Statuts für die neu gebildete *Region Zabajkalje* gebildet wurde. Ihre Zusammensetzung wurde vom Gouverneur der *Region Zabajkalje*[59] genehmigt.

Neben den Organen, die beauftragt sind, das Grundgesetz auszuarbeiten und anzunehmen, zählen zu den Organen der verfassungsgebenden Gewalt die Verfassungsgerichte. Man muss der Auffassung zustimmen, dass die Interpretation (Auslegung) von universellen und hochrangigen Normen und Prinzipien – wie Verfassungsnormen und -prinzipien – dem Verfassungsgericht verfassungsgebende Macht und seinen Akten konstitutionell-attributiven Charakter verleiht.[60] Der Richter des Verfassungsgerichts der RF, *Witruk*, weist darauf hin, dass das Verfassungsgericht im bestimmten Sinn und innerhalb bestimmter Grenzen Recht schafft, indem es die Entwicklungstendenzen der Gesetzgebung bestimmt, die Präzedenzfälle für die Auslegung der Verfassung und der Gesetze schafft und die Lücken in der Verfassung füllt.[61]

Kabardino-Balkarischen Republik, Kabardino-Bakarskaja pravda, Nr. 139-140, 15.07.1999.

57 Gesetz der *Republik Chakassien*, Westnik Chakassii, Nr. 24, 04.04.2003.

58 Gesetz der *Republik Bashkortostan* v. 28.04.2004, Nr. 76-z (i.d.F. v. 07.11.2006), Zur Änderung der Verfassung der *Republik Bashkortostan*, Wedomosti der Staatsversammlung – *Kurultaj*, des Präsidenten und der Regierung von der *Republik Bashkortostan*, 2004, Nr. 10 (184), Art. 527.

59 Anordnung des Gouverneurs der *Region Zabajkalje* v. 12.05.2008, Nr. 191-R Über die Kommission für die Ausarbeitung des Entwurfs des Statuts der *Region Zabajkalje* und der Symbolik der Region Zabajkalje, Zabajkalskij rabotschij, Nr. 87, 14.05.2008.

60 *Chabrijeva*, Rechtsschutz der Verfassung, Kazan 1995, S. 28-29 [*Хабриева*, Правовая охрана Конституции, Казань 1995, с. 28-29].

61 *Witruk*, Verfassungsrechtsprechung, Moskau 1998, S. 85 [*Витрук*, Конституционное правосудие, Москва 1998, с. 85].

Diese theoretische Idee wird im *Kalingrader Gebiet* unterstützt. Dort werden die Entwürfe der Statutengesetze über die Änderung der Statuten (Grundgesetz) von der *Kaliningrader* Gebietsduma nach Erhalt der Begutachtung durch das Statutengericht des *Kalingrader Gebiets* erörtert.[62]

Zusammenfassend soll Folgendes angemerkt werden. Heute eröffnet sich für Russland eine neue Chance für die Formierung der Bürgergesellschaft – die Bürger können den Staat wirklich kontrollieren. Für die Erfüllung dieser Aufgabe ist die Entwicklung der bürgerlichen Selbstbetätigung und der Selbstverwaltung notwendig; das sind die Formen, die es den Bürgern gestatten, an der Entscheidung der vor der Gesellschaft stehenden Probleme teilzunehmen.

62 Statut (Grundgesetz) des *Kalingrader Gebiets* v. 28.12.1995 (i.d.F. v. 24.12.2009), Jantarnyj kraj, Nr. 20, 26.01.1996, Komsomolskaja pravda w Kalingrade (Anlage „Offizielles Informationsblatt"), Nr. 194, 25.12.2009.

Legitimation der regionalen Verfassungen und Statuten in der Russischen Föderation

Nadezhda Michaleva *

Im vorliegenden Beitrag wird der inhaltliche und prozessuale Aspekt der Legitimität der regionalen Grundgesetze in den verschiedenen Etappen der verfassungsmäßigen Entwicklung der Subjekte der RF (sowjetisch, postsowjetisch, modern) analysiert. Es wird gezeigt, dass legitime Grundgesetze die grundlegenden Werte der föderalen Verfassung widerspiegeln und die Organisation der öffentlichen Macht in den Regionen modellieren.

I. Begriff der Legitimität

Legitimität (lateinisch: legitimus – rechtmäßig, gesetzlich) ist eine der juristischen Eigenschaften des staatlichen Grundgesetzes, der die Herrschaft des Rechts und die Verneinung von Machtwillkür und Rechtlosigkeit der Unterstellten zugrunde liegen.

In den föderativen Staaten – Bundesrepublik Deutschland, Indien, Mexiko, Russland – sind neben dem föderalen Grundgesetz die analogen Akte der Subjekte der Föderation organischer Strukturteil des einheitlichen Systems der verfassungsrechtlichen Gesetzgebung. Gerade diese normativ-rechtlichen Akte regeln auf dem höchsten Niveau die gesellschaftlichen Beziehungen, die mit der Organisation der öffentlichen Macht und dem Rechtsstatus der Persönlichkeit verbunden sind.

Die Verfassung ist eine wesentliche Bedingung der staatlichen Einheit, der Stabilität des Soziums, der Rechtsordnung, der Gesetzlichkeit und des wirksamen Funktionierens der Institute der öffentlichen Macht.

Jede Verfassung (Statut) überschreitet den Rahmen der staatlichen Organisation. Ihre regelnde Rolle betrifft den gesamten gesellschaftlichen Organismus. Sie umfasst nicht nur die staatliche Organisation, sondern auch die nichtstaatlichen Sphären – soziale Beziehungen, Wirtschaftsordnung, kulturelles Leben, die Institute der Bürgergesellschaft und moralisch-wertmäßige Orientierungspunkte. Die Verfassungsnormen (Statutennormen der Subjekte der Föderation) üben

---

* Die Verfasserin ist Dr. iur. und Professorin am Lehrstuhl für Staats- und Kommunalrecht der Russischen Föderation an der Staatlichen Juristischen Kutafin-Akademie Moskau. Sie ist verdiente Wissenschaftlerin der RF.

einen bildenden Einfluss auf verschiedene Bereiche (staatlich-politisch, wirtschaftlich, sozial, humanitär) des gesellschaftlichen Lebens der Region aus.

In der rechtlichen Literatur wird die Kategorie Legitimität der Verfassung i.d.R. durch das Verfahren ihrer Annahme erklärt. Es gibt aber auch eine andere Seite dieser Eigenschaft – eine inhaltliche. Deswegen besteht nach Auffassung der Autorin der ursprüngliche Standpunkt darin, dass die Legitimität der föderalen und regionalen Grundgesetze über zwei Äußerungsformen verfügt: inhaltliche und prozedurale. Dieses Herangehen soll auf der Grundlage der Analyse der regionalen Verfassungen und Statuten der Subjekte der RF illustriert werden.

II. Der inhaltliche Aspekt der Legitimität der regionalen Verfassungen (Statuten)

Dieser Aspekt betrifft das Wesen der regionalen Verfassungen (Statuten), die Form der Leitung und des Staatsaufbaus, die Verfassungswerte, den Mechanismus der öffentlichen Macht und die Grenzen der Freiheit der Persönlichkeit. Die Legitimität der regionalen Grundgesetze ist durch die Legitimität der öffentlichen Macht begründet.

Der Gegenstand der Regelung der regionalen Grundgesetze ist durch die föderale Verfassung vorbestimmt. Legitime Verfassungen und Statuten der Subjekte der RF rekonstruieren die Grundwerte der föderalen Verfassung und modellieren die Organisation der öffentlichen Macht in den Subjekten (System der Staats- und Kommunalorgane, die Ordnung ihrer Bildung, die Verteilung der Befugnisse, die Verantwortung im hierarchischen System und vor den Bürgern). Der Staat (Staatsgebilde), seine Organe und die kommunale Macht dürfen die Grenzen der Verfassungsbefugnisse (Befugnisse der Statuten) nicht überschreiten.

Das Werden und die Entwicklung der Verfassungen und der Statuten der Subjekte der RF sind von der historischen Vergangenheit und der gegenwärtigen Modernisierung ihres juristischen Status bestimmt.

Man kann drei Etappen der verfassungsmäßigen Entwicklung der Subjekte der RF unterscheiden: die sowjetische, die postsowjetische und die moderne. In jeder Etappe unterschied sich die Legitimität der regionalen Grundgesetze grundsätzlich.

In der *ersten (der sowjetischen) Etappe* der Verfassungsentwicklung der RSFSR (1917-1985) wurden autonome Republiken, autonome Gebiete und autonome Bezirke (ursprünglich nationale Bezirke) als ihre Subjekte anerkannt. Am Vorabend der Perestrojka gab es in Russland 16 autonome Republiken (ASSR), 5 autonome Gebiete und 10 autonome Bezirke. Der Rechtsstatus der ASSR wurde durch die Verfassung der RSFSR und die Verfassungen der ASSR bestimmt[1]; der Rechtsstatus der autonomen Gebiete wurde zunächst durch die Statuten, die vom Kongress der Volksdeputierten der autonomen Gebiete angenommen und vom WZIK der RSFSR genehmigt wurden, dann durch Gesetze, die die Statuten ergänzt haben, bestimmt.[2]

Eine spezifische Form der Ausübung des Selbstbestimmungsrechts der nationalen Minderheiten stellen die autonomen Bezirke dar, die zuerst als nationale Bezirke bezeichnet wurden. Dieses Recht übten die zahlreichen Stammvölker (Tschuktschen, Ewenken, Korjaken, Mansi, Chanty, Eskimos u.a.) aus, die den Norden und den Fernen Osten dicht besiedelten. Gemäß der Verfassung der RSFSR von 1978 gehörten zum Bestand Russlands folgende autonome Bezirke: *Aginsker*, *Burjatsker*, *Komi-Permjatsker*, *Korjaker*, *Nenetzker Bezirk*, *die Bezirke Tajmyr* (*Dolgano-Nenetzker*) und *Chanty-Mansijsk*, der *Ewenki Bezirk* und die *Ustj-Ordynsker*, *Tschukotsker* und *Jamalo-Nenetzker Bezirke*. Ihr Rechtsstatus wurde von der Verfassung der RSFSR und von Anordnungen, die vom Obersten Sowjet der RSFSR genehmigt wurden, festgesetzt und später durch das Gesetz der RSFSR über die autonomen Bezirke vom 20.11.1980[3] festgelegt.

Die Regionen, Gebiete und Städte mit föderaler Bedeutung wurden nicht als Subjekte der RSFSR anerkannt. Sie hatten den Status höchster administrativ-territorialer Einheiten. Es existierten natürlich keine speziellen normativ-rechtlichen Akte über den Status der Regionen, Gebiete und Städte mit föderaler Bedeutung. Auf diese Weise wurden in der ersten (der sowjetischen) Etappe der Verfassungsentwicklung Russlands neben den Verfassungen der UdSSR und der RSFSR die Verfassungen der autonomen sowjetischen sozialistischen Republiken und die Statutengesetze der autonomen Gebilde angenommen. Wenn vom Standpunkt des Verfahrens die Legitimität dieser Akte entwickelt war, so war sie inhaltlich relativ. Denn sie waren ja Verfassungen des totalitären Sozialismus, durchdrungen von der unmenschlichen kommunistischen Ideologie, die vom liberal-demokratischen Ideal weit entfernt waren.

Die *postsowjetische Etappe (Perestrojka)* der Verfassungsentwicklung der Subjekte der RF (1985-1993) ist durch den Übergang vom sozialistischen Modell der Entwicklung zum liberal-demokratischen Kapitalismus, durch Schwächung der staatlichen Einheit, spontane Änderungen des Rechtsstatus der Subjekte und folglich durch eine nicht immer rechtmäßige Modernisierung ihrer Grundgesetze charakterisiert.

---

1 Vgl. Verfassung (Grundgesetz) der RSFSR, Die Verfassungen (Grundgesetze) der autonomen Sowjetischen Sozialistischen Republiken der RSFSR, Moskau 1979, S. 703.

2 Vgl. Gesetze der RSFSR v. 02.12.1981 über die Adygejsker, die Gorno-Altajsker, die Jüdischen, Karatschai-Tscherkesser und Chakassier autonomen Bezirke, Nachrichtenblatt des Obersten Sowjets der RSFSR, 1981, Nr. 49. Art. 1663-1667.

3 Nachrichtenblatt des Obersten Sowjets der RSFSR (Anm. 2), 1980, Nr. 48, Art. 1594.

Die Annahme der Deklaration über die staatliche Souveränität der RSFSR vom 12.06.1990[4] und der darauf folgende Zerfall der UdSSR haben zur Dezentralisierung der staatlichen Einheit starke Anregungen gegeben. Alle ehemaligen autonomen Republiken der RSFSR haben die Deklarationen über die staatliche Souveränität angenommen und sich als souveräne Staaten ausgerufen. Sie haben also ihren verfassungsrechtlichen Status einseitig, ohne Zustimmung der RSFSR geändert.

Vier autonome Gebiete – *Adygeja*, *Gorno-Altajsk*, *Karatschai-Tscherkessien*, *Chakassien* – wurden 1991 in Republiken der RSFSR umgebildet.[5] Ihr vorheriger Status war nur als autonomes Gebiet geschützt, das *Jüdische autonome Gebiet*. Obwohl die Umwandlung der autonomen Gebiete in Republiken aus formal-juristischer Sicht legitim war, weil die RF ihr zugestimmt hat, erwies sie sich tatsächlich als verfrüht. Die neuen Republiken waren in wirtschaftlicher und finanzieller Sicht absolut hilflos.

Am Beginn der Perestrojka verlief die verfassungsmäßige Modernisierung auf evolutionärem Wege. In die Verfassungen der Föderation und der autonomen Republiken der Sowjetperiode, die 1978 angenommen worden waren, wurden Teiländerungen und Ergänzungen aufgenommen. Später (1992 - 1993) wurden die ersten Verfassungen der Übergangsperiode angenommen, die sich auf das Föderative Gesetz vom 31.03.1992 und auf die Verfassung der RF von 1993 stützten. Es waren die Verfassungen der folgenden Republiken: *Adygeja* vom 10.03.1995, *Bashkortostan* vom 24.12.1993, Burjatien vom 22.02.1994, *Inguschetien* vom 27.02.1994, *Kalmykien* (Stepnoje Ulozhenije) vom 05.04.1994, *Komi* vom 17.02.1994, *Nordossetien-Alanien* vom 12.11.1994, *Tywa* vom 31.10.1993 und *Udmurtien* vom 07.12.1994. Vor der neuen föderalen Verfassung wurden die oppositionellen Verfassungen der *Tschetschenischen Republik* vom 12.03.1992, von *Sacha (Jakutien)* vom 04.04.1992 und *Tatarstan* vom 30.11.1992 angenommen.[6]

In den Regionen, Gebieten und Städten mit föderaler Bedeutung, in den autonomen Gebieten und in den autonomen Bezirken, die den Status von Subjekten der RF erhielten, wurden gemäß dem Föderationsvertrag vom 31.03.1992 zum ersten Mal eigene Grundgesetze angenommen.[7] Dies waren die Statuten

---

4 Nachrichtenblatt des Kongresses der Volksdeputierten der RSFSR und des Obersten Sowjets der RSFSR, 1990, Nr. 2, Art. 22.

5 Nachrichtenblatt des Kongresses der Volksdeputierten der RSFSR und des Obersten Sowjets der RSFSR (Anm. 4), 1991, Nr. 27, Art. 930-934.

6 Vgl. Die Verfassungen der Republiken der RSFSR. Sammelbd. der Dokumente, Moskau 1995 [Конституции республик в составе Российской Федерации (сборник документов), Москва 1995].

7 Vgl. Die Statuten der Regionen, Gebiete, Städte mit föderaler Bedeutung und der autonomen Gebiete sowie der autonomen Bezirke der RF, Moskau 1995; 2. Aufl. 1997;

von folgenden Gebieten: *Wologodsker* vom 14.09.1995, *Lipezker* vom 01.12. 1994, *Magadaner* vom 01.12.1996, *Orenburger* vom 19.10.1994, *Uljanovsker* vom 06.09.1996 u.a.

Wenn die Legitimität der regionalen Statuten keinen Zweifel hervorrief, so konnte man das von den republikanischen Verfassungen nicht sagen.

Praktisch alle Verfassungen der Republiken Russlands stützten sich in der Perestrojka-Periode auf die regionalen Deklarationen über die staatliche Souveränität und proklamierten sich als souveräne Staaten (Verfassung *Tatarstans* und Verfassung der *Tschetschenischen Republik* von 1992, Verfassung *Tywas* von 1993 u.a.). So proklamierte z.B. die Verfassung der *Tschetschenischen Republik Itschkerien* als gleichberechtigtes Subjekt im System der Weltgemeinschaft, das die Beziehungen mit Russland auf der Grundlage der internationalen Rechtsnormen (Präambel, Art.1, 6) aufbaut. Aber diese Ansprüche überschritten den Rahmen der staatsrechtlichen Stellung der Republik als Subjekt der Föderation. Die Verfassungen *Bashkortostans*, *Kabardino-Balkariens* und *Tatarstans* verkündeten die vertragliche Natur ihrer Staaten, obwohl der Föderationsvertrag von 1992 und die zweiseitigen Verträge, die zwischen Russland und einigen seiner Subjekte abgeschlossen wurden, keine Verfassungsdokumente waren, sondern nur Fragen bzgl. der Abgrenzung der Kompetenzen und Befugnisse von Zentrum und Region betrafen.

Unzulässige Verstöße in der regionalen Verfassungsgesetzgebung betrafen in den Jahren 1992-1993 häufig die willkürliche Umverteilung der ausschließlichen Kompetenzgegenstände und Befugnisse der RF zum Nutzen der Subjekte. So legte die Verfassung *Tatarstans* 1992 das Recht der Republik fest, ihren staatsrechtlichen Status selbst zu bestimmen (Art. 59), indem die föderale Verfassung diese Frage der Föderationskompetenz zurechnete.

Die Verfassung *Tywas* von 1993 proklamierte das Selbstbestimmungsrecht und das Recht auf Austritt aus der Föderation (Art. 1), obwohl die Verfassung Russlands das Recht auf Sezession der Subjekte nie vorsah. Dieselbe Verfassung räumte der Republik das Recht ein, Entscheidungen hinsichtlich der Fragen von Krieg und Frieden zu fassen und den Kriegszustand zu erklären (P.11 Art. 63, P.17 Art. 73). Die Verfassungen *Bashkortostans* von 1993 (Art. 67) und der *Republik Sacha (Jakutien)* von 1992 (Art. 26) sahen Militärdienstgesetze vor. Aber der Bereich der militär-strategischen Beziehungen, die Frage von Krieg und Frieden, die Gewährleistung der nationalen Sicherheit und der Verteidigungsfähigkeit waren und bleiben immer die ausschließliche Prärogative der Föderation.

Gesetz der Stadt Moskau v. 13.07.2001, Nachrichtenblatt der Moskauer Stadtduma, 2001, Nr. 8.

Alle diese sog. „Novellen" der regionalen Verfassungen aus der Anfangsperiode der Perestrojka widersprachen dem verfassungsmäßigen Modell des russischen Föderalismus, das die delegierte Souveränität eindeutig verneint. Alle Fragen, die mit der Bestimmung des Rechtsstatus der Subjekte und mit der Verteilung von Befugnissen zwischen dem föderalen Zentrum und den Regionen verbunden sind, werden unmittelbar durch die föderale Verfassung bestimmt.

Der in die Länge gezogene Prozess der Herstellung der Souveränität der Subjekte hat eine offizielle rechtliche Bewertung in den Entscheidungen des *Verfassungsgerichts der RF* erhalten[8], das die Normen der republikanischen Verfassungen über die Souveränität als rechtswidrig bezeichnet hat. Es wurde auf die Unzulässigkeit der Anwendung des Begriffs „Souveränität" im Verhältnis der Subjekte der Föderation eindeutig hingewiesen. Die Souveränität, die die Vollständigkeit, Oberhoheit, Unabhängigkeit und die Selbständigkeit der Staatsmacht auf ihrem Territorium bedeutet, stellt das notwendige qualitative Merkmal Russlands als Staat dar. Die geltende föderale Verfassung lässt keinen anderen Träger der Souveränität und keine andere Quelle der Macht außer dem multinationalen Volk Russlands zu. Das Verfassungsgericht Russlands hat die Aneignung von ausschließlichen Befugnissen seitens der Subjekte der Föderation als unzulässig anerkannt.

Der Erlass des Präsidenten der RF vom 05.10.1995 „Über Maßnahmen zur Sicherung des Zusammenwirkens der föderalen Organe der Staatsmacht mit den Organen der Staatsmacht der Subjekte der RF bei der Durchführung der verfassungsrechtlichen Reform in den Subjekten der RF" hatte für die Herstellung der Übereinstimmung der regionalen Verfassungen mit der föderalen Verfassung große Bedeutung.[9]

Auf diese Weise kann man einen bedeutenden Teil der regionalen Verfassungen in der postsowjetischen Etappe der Verfassungsentwicklung der Subjekte der RF nicht als legitim bezeichnen. Praktisch gab es in den Regionen Platz für die sog. negative Legitimität, die von den spontanen Prozessen der Herstellung der Souveränität und einem ambitionierten rechtsschöpferischen Populismus hervorgerufen wurde.

Die *dritte, die gegenwärtige Etappe* der verfassungsmäßigen Entwicklung der Subjekte der RF (1993 bis heute) ist durch die Beendigung der Legitimierung der regionalen Verfassungen (Statuten) charakterisiert. In dieser Etappe werden die Fehler der „Souveränisierung" beseitigt, wodurch die tatsächliche Hoheit des föderalen Grundgesetzes hergestellt wird. Die Verfassungen und Statuten der Subjekte stehen mit der föderalen Verfassung in Übereinstimmung.

---

8 Gesetzessammlung der RF, 2000, Nr. 25, Art. 2728; Nr. 29. Art. 2117.

9 Gesetzessammlung der RF, 1995, Nr. 41, Art. 3875.

Gegenwärtig wurde das russische Verfassungssystem, das aus der Verfassung der Föderation von 1993 und aus den regionalen Verfassungen und Statuten besteht, in eine neue Fassung gebracht. Das betrifft die Verfassungen

- der nachstehenden Republiken: *Adygeja* vom 10.03.1995 (i.d.F. vom 28.05.2010), *Altai* vom 07.06.1997 (i.d.F. vom 31.05.2010), *Bashkortostan* vom 24.12.1993 (i.d.F. vom 13.07.2009), *Burjatien* vom 22.02.1994 (i.d.F. vom 07.05.2010), *Dagestan* vom 10.07.2003 (i.d.F. vom 05.04.2010), *Inguschetien* vom 27.02.1994 (i.d.F. vom 07.09.2010), *Kabardino-Balkarien* vom 01.09.1997 (i.d.F. 26.07.2010), *Kalmykien* vom 05.04.1994 (i.d.F. vom 09.04.2010), *Karatschai-Tscherkessien* vom 05.03.1996 (i.d.F. vom 01.03.2010), *Karelien* vom 12.02.2001 (i.d.F. vom 18.08.2010), *Komi* vom 17.02.1994 (i.d.F. vom 07.05.2010), *Marij El* vom 24.06.1995 (i.d.F. vom 10.06.2010), *Mordowien* vom 21.09.1995 (i.d.F. vom 13.05.2010), *Sacha (Jakutien)* vom 04.04.1992 (i.d.F. vom 17.06.2009), *Nordossetien-Alanien* vom 12.11.1994 (i.d.F. vom 13.01.2010), *Tatarstan* vom 06.11.1992 (i.d.F. vom 30.03.2010), *Tywa* vom 06.05.2001 (i.d.F. vom 11.04.2010), *Udmurtien* vom 07.12.1994 (i.d.F. vom 04.05.2010), *Chakassien* vom 25.05.1995 (i.d.F. vom 08.06.2010), *Tschetschenin* vom 22.03.2003 (i.d.F. vom 02.09.2010), *Tschuwaschien* vom 30.11.2000 (i.d.F. vom 28.05.2010).

Der Rechtsstatus der Regionen, Gebiete und Städte mit föderaler Bedeutung sowie der autonomen Gebilde ist durch die Statuten bestimmt. Das betrifft die Statuten (Grundgesetze):

- der Regionen: *Altai* vom 05.06.1995 (i.d.F. vom 03.06.2010), *Zabajkalje* vom 17.02.2009 (i.d.F. vom 07.06.2010), *Kamtschatka* vom 04.12.2008 (i.d.F. vom 21.06.2010), *Krasnodar* vom 18.07.1997 (i.d.F. vom 09.06.2010) und vom 05.06.2008 (i.d.F. vom 10.06.2010), *Perm* vom 27.04.2007 (i.d.F. vom 29.06.2010), *Primorje* vom 06.10.1995 (i.d.F. vom 05.05.2010), *Stavropol* vom 12.10.1994 (i.d.F. vom 12.10.2010, *Chabarovsk* vom 30.11.1995 (i.d.F. vom 26.05.2010);
- der Gebiete: *Amursker* vom 13.12.1995 (i.d.F. vom 04.10.2010), *Archangelsker* vom 23.05.1995 (i.d.F. vom 04.05.2010), *Astrachansker* vom 09.04.2007 (i.d.F. 06.10.2010), *Belgoroder* vom 31.12.2003 (i.d.F. vom 11.05.2010), *Brjansker* vom 26.01.1996 (i.d.F. vom 30.04.2010), *Wladimirer* vom 14.08.2001 (i.d.F. vom 06.10.2010), *Wolgograder* vom 17.07.1996 (i.d.F. vom 12.05.2010), *Wologoder* vom 18.10.2001 (i.d.F. vom 27.05.2010), *Woronezher* vom 07.06.2006 (i.d.F. vom 02.06.2010), *Iwanower* vom 18.02.2009 (i.d.F. vom 08.10.2010), *Irkutsker* vom 17.04.2009, *Kaliningrader* vom 18.01.1996 (i.d.F. vom 19.05.2010), *Kaluger* vom 27.03.1996 (i.d.F. vom 30.09.2010), *Kemerovsker* vom 09.04.1997 (i.d.F. vom 09.06.2010), *Kirover* vom 27.03.1996 (i.d.F. vom 02.06.2010), *Kostromer* vom 24.04.2008 (i.d.F. vom 02.09.2010), *Kurganer* vom 16.12.1994 (i.d.F. vom 04. 05.2010), *Kursker* vom 02.10.2001 (i.d.F. vom 30.04.2010), *Leningrader* vom

27.10.1994 (i.d.F. vom 22.06.2010), *Lipezker* vom 09.04.2003 (i.d.F. vom 18.08.2010), *Magadaner* vom 28.12.2001 (i.d.F. vom 03.06.2010), *Moskauer* vom 05.11.1996 (i.d.F. vom 24.05.2010), *Murmansker* vom 26.11.1997 (i.d.F. vom 11.10.2010), *Nizhegoroder* vom 30.12.2005 (i.d.F. vom 04.08.2010), *Novgoroder* vom 03.09.1994 (i.d.F. vom 08.02.2010), *Novosibirsker* vom 18.04.2005 (i.d.F. vom 15.07.2010), *Omsker* vom 26.12.1995 (i.d.F. vom 02. 11.2010), *Orenburger* vom 20.11.2000 (i.d.F. vom 02.07.2010), *Orlover* vom 26.02.1996 (i.d.F. vom 08.06.2010), *Penzauer* vom 10.09.1996 (i.d.F. vom 25.07.2010), *Pskover* vom 12.04.2001 (i.d.F. vom 21.03.2010), *Rostover* vom 29.05.1996 (i.d.F. vom 04.05.2010), Rjazaner vom 18.11.2005 (i.d.F. vom 03.08.2010), *Samarer* vom 18.12.2006 (i.d.F. vom 08.06.2010), *Saratover* vom 02.06.2005 (i.d.F. vom 28.09.2010), *Sachaliner* vom 09.07.2001 (i.d.F. vom 10.06.2010), *Sverdlovsker* vom 05.12.1994 (i.d.F. vom 10.06.2010), *Smolensker* vom 15.05.2001 (i.d.F. vom 06.10.2010), *Tambover* vom 30.11.1994 (i.d.F. vom 31.05.2010), *Twerer* vom 05.11.1996 (i.d.F. vom 04.06.2010), *Tomsker* vom 26.07.1995 (i.d.F. vom 10.06.2010), *Tulsker* vom 12.11.2001 (i.d.F. vom 30.04.2010), *Tjumener* vom 15.06.1995 (i.d.F. vom 05.05.2010), *Uljanovsker* vom 19.05.2005 (i.d.F. vom 03.06.2010), *Tscheljabinsker* vom 25.05.2006 (i.d.F. vom 23.09.2010), *Jaroslavler* vom 23.05.1995 (i.d.F. vom 25.02.2009);

- der Städte mit föderaler Bedeutung: *Moskau* vom 28.06.1995 (i.d.F. vom 14.17.2010) und *Sankt Petersburg* vom 28.12.1998 (i.d.F. vom 03.06.2010);
- der autonomen Gebilde: *Jüdisches autonomes Gebiet* vom 08.10.1997 (i.d.F. vom 29.09.2010);
- der autonomen Bezirke: *Nenetzker* vom 11.09.1995 (i.d.F. vom 19.04.2010), *Chanty-Mansijsk-Jugra* vom 26.04.1995 (i.d.F. vom 10.07.2010), *Tschukotsker* vom 28.11.1997 (i.d.F. vom 14.04.2010), *Jamalo-Nenetsker* vom 27.12.1998 (i.d.F. vom 25.02.2010).[10]

Die russische Verfassung und die Verfassungen und Statuten der Föderationssubjekte stellen eine Systemeinheit dar. Die regionalen Grundgesetze sind die wichtigsten Strukturglieder des russischen nationalen Rechtssystems und ein Faktor der politischen Stabilität.

Die Verfassungsentwicklung der Föderationssubjekte kann nicht im Widerspruch zur föderalen Verfassungsgesetzgebung verlaufen. Inhaltlich sind die regionalen Verfassungen und Statuten im Vergleich zur föderalen Verfassung sekundär, weil sie die grundlegenden Prinzipien des Staatsaufbaus Russlands widerspiegeln.

10 Mit dem Text der geltenden Verfassungen und Statuten der Subjekte der RF kann man sich auf der Webseite „Regionale Gesetzgebung“ des informationsrechtlichen Systems der Informationsgesellschaft „Konsultant Plus“ bekannt machen.

Widersprüche zwischen der föderalen und den regionalen Verfassungen (Statuten) sind unzulässig. Soweit sie aber entstehen, so sind sie im parlamentarischen Konsens unter Teilnahme des Präsidenten oder des Verfassungsgerichts der RF zu lösen.

Die Prinzipien-Normen und Zielbestimmungen, die in den Verfassungen und Statuten der Subjekte der RF enthalten sind, fördern die Modellierung von sozialen Prozessen in den Regionen unter Berücksichtigung der europäischen und allrussischen konstitutionellen Standards.

Das System der Verfassungswerte beinhaltet das Programm für eine innovative Wirtschaftsentwicklung, den Aufbau des sozialen Rechtsstaates, die Überwindung der demographischen Krise und der Armut, die geistig-sittliche Entwicklung der Gesellschaft, den Kampf gegen Korruption, terroristische und andere Bedrohungen der nationalen Sicherheit.

III. Der prozessuale Aspekt der Legitimität der regionalen Verfassungen (Statuten)

Die legitime Verfassung (das Statut) ist ein lebendiger Organismus; sie fordert eine laufende Vervollkommnung, was durch die ständige Korrektur ihres (seines) Textes gewährleistet wird.

Die legitime Verfassung (Statut) verlangt Flexibilität, Anpassung an die grundlegenden Änderungen im sozial-politischen und wirtschaftlichen Bereich. Häufig ist die Erneuerung der regionalen Grundgesetze mit der Änderung der Rechtsstellung der Subjekte bzw. mit der Erneuerung der föderalen Verfassung verbunden.

Es gilt anzumerken, dass für die Annahme einer neuen Verfassung (Statut) die Speicherung der „kritischen Masse“ notwendig ist. Das ist eine solche Stufe der Entwicklung der neuen, das Objekt der verfassungsmäßigen Regelung bildenden Verhältnisse, bei der sich eine bestimmte Umwandlung ihrer Qualität vollzieht. Deswegen führt nicht jede Veränderung der Wirklichkeit zur sofortigen Annahme einer neuen regionalen Verfassung (Statut). In solchen Fällen werden die Approbation der neuen verfassungsmäßigen Beziehungen in den Akten der laufenden Gesetzgebung und die Korrektur geltender Verfassungen (Statuten), d.h. ihre Verbesserungen und Änderungen genutzt.

Mit dem Ziel der Gewährleistung der stabilen Legitimität der Verfassungen (Statuten) der RF wird für ihre Annahme und Änderung ein kompliziertes Verfahren festgesetzt.[11]

---

11 Vgl. *Michaleva*, Die Ordnung der Änderung, Überprüfung und Korrektur der regionalen Verfassungen und Statuten, Moskau 2008, S. 587-596 [*Михалева,* Порядок принятия, пересмотра и внесения поправок в региональные конституции и уставы, Lex Russica, Москва 2008, № 3, с. 587-596]; *Romanovskij*, Abänderung des Statuts (Verfassung)

Die Fragen, die mit der Annahme, Überprüfung und Änderung der Verfassungen (der Statuten) verbunden sind, spielen eine so wichtige Rolle, dass ihnen gewöhnlich ein spezielles Kapitel des regionalen Grundgesetzes gewidmet ist (z.B. Kap. 11 der Verfassung *Bashkortostans* – „Die Ordnung der Einführung von Änderungen und Ergänzungen in die Verfassung der Republik Bashkortostan", Kap. 10 der Verfassungen *Dagestans*, *Karatschajevo-Tscherkessiens* und der *Tschetschenischen Republik*, Kap. 11 der Verfassung *Inguschetiens*, Kap. 8 der Verfassung von *Marij El* „Verfassungsänderungen und die Überprüfung der Verfassung", Kap. 6 der Verfassung *Kareliens* „Sicherung der Verfassungsstabilität und die Ordnung ihrer Änderung", Kap. 9 der Verfassung *Chakassiens* „Inkrafttreten und Ordnung der Änderung der Verfassung der Republik Chakassien", Kap. 1 des Statuts des *Kurganer Gebiets* „Aufgaben des Status des Gebietes", Kap. 12.1 des Statuts *Moskaus* „Verfassungen des Statuts", Kap. 10 des Statuts des *Primorsker Bezirks* „Ordnung des Inkrafttretens des Statuts des Primorsker Bezirks und seine Änderung", Kap. 16 des Statuts des *Sverdlovsker Gebiets* „Änderungen im Statut des Sverdlovsker Gebiets" u.a.).

Falls in der Verfassung (Statut) ein entsprechendes Kapitel fehlt, so gibt es einzelne Artikel, die das Verfahren der Annahme und der Änderung des Grundgesetzes regeln (z.B. die Statuten der *Krasnojarsker Region* (Art. 56), des *Amursker Gebiets* (Art. 81), des *Archangelsker Gebiets* (Art. 2), des *Brjansker Gebiets* (Art.50), des *Lipezker Gebiets* (Art. 76), des *Pskover Gebiets* (Art. 65), des *Tambover Gebiets* (Art. 55), der Stadt *Sankt Petersburg* (Art. 76, 77) und des *Chanty-Mansijsker autonomen Bezirkes Jugra* (Art. 48, 50, 52) u.a.

In einigen Subjekten der Föderation gelten neben den Bestimmungen des Grundgesetzes spezielle Akte, die das Verfahren der Verfassungsänderungen und der Änderungen der Statuten regeln. Es sind die Gesetze *Kabardino-Balkariens* „Über die Ordnung der Annahme und das Inkrafttreten der Änderungen der Verfassung der Kabardino-Balkarischen Republik" vom 10.07.1999 Nr. 26-PS (geändert am 01.07.2010), der *Republik Marij-El* „Über die Ordnung der Annahme und das Inkrafttreten der Änderungen der Verfassung der Republik Marij El" vom 07.04.1998 Nr. 70-3 (geändert am 26.12.2007), des *Nenetzker autonomen Bezirks* „Über normative Änderungen der Akte des Nenetzker autonomen Bezirks" vom 03.02.2006 Nr. 673-03 (i.d.F. vom 25.05.2009) u.a.

Die vergleichende Analyse der regionalen Grundgesetze zeigt, dass einige Arten ihrer Annahme und Änderung möglich sind. Dabei ist zu berücksichtigen, dass die Annahme eines neuen Grundgesetzes die komplette Erneuerung seines Textes bedeutet. Der Begriff Änderung umfasst sowohl die Überprüfung einzel-

---

des Subjekts der RF. Vergleichsrechtlicher Aspekt, Staatsmacht und örtliche Selbstverwaltung, 2006, Nr. 9, S. 31-34 [*Романовский*, Изменение устава (конституции) субъекта Российской Федерации: сравнительно-правовой аспект, Государственная власть и местное самоуправление, 2006, № 9, с. 31-34].

ner Teile und der Struktur des Aktes als auch Textverbesserungen. Unter der Überprüfung der geltenden Verfassung (des Statuts) versteht man die Änderung grundlegender Teile, zu denen die Grundlagen der Verfassungsordnung, die grundlegenden Rechte und Freiheiten des Menschen und des Bürgers, die Annahme und Änderung des Grundgesetzes, einzelner Bestimmungen des Kapitels (Artikel, Punkt) sowie die Annahme einer neuer Fassung (des Statuts) gehören. Die Änderungen beschränken sich gewöhnlich auf teilweise Änderungen (Ergänzungen oder Aufhebungen) einzelner Artikel bei Bewahrung des Konzepts des entsprechenden Verfassungskapitels. Deswegen unterscheiden sich wesentlich das Verfahren der Annahme und der Überprüfung einer neuen Verfassung (Statut) von dem Verfahren der Annahme von Änderungen.

Es sind folgende Arten der Annahme oder der Überprüfung des regionalen Grundgesetzes möglich:

- durch das regionale Parlament, d.h. durch das gesetzgebende Organ der Staatsmacht des Subjekts der Föderation (Vertretungsorgan);
- durch ein Referendum: allgemeine Abstimmung der Wähler des Subjekts der Föderation;
- durch das verfassungsgebende Organ der Staatsmacht, das speziell für die Annahme bzw. Überprüfung des regionalen Grundgesetzes gebildet wurde.

Alle diese Arten sind legitim, d.h. gesetzlich, und die Frage, welche dieser Arten bevorzugt wird, ist Sache des Subjekts der Föderation.

Die erste Variante, d.h. Annahme, Änderung und Ergänzung der Verfassung (Statut) durch das regionale gesetzgebende Staatsorgan (Vertretungsorgan) wird z.B. in *Adygeja* (Art. 109 - 110 Kap. 9), *Altaj* (Art. 18), *Karelien* (P. 1 Art. 41), *Karatschajevo-Tscherkessien* (Art. 84), *Komi* (Art. 73, 102), *Sacha* (Art. 123.1), *Nordossetien-Alanien* (Art. 71) und *Tschuwaschien* (Art. 101) verwendet.

Ein analoges Vorgehen ist praktisch in allen Statuten der Regionen, Gebiete, Städte mit föderaler Bedeutung und autonomen Gliedern vorgesehen. Das sind z.B. die Statuten der *Region Primorje* (Art. 75), von *Sankt Petersburg* (P. 1 Art. 30), des *Jüdischen autonomen Gebiets* (Art. 17, 44) und des *Chanty-Mansijsker autonomen Bezirks Jugra* (P. 1 Art. 29).

Das parlamentarische Verfahren der Annahme und Überprüfung der Verfassungen (Statuten) der Subjekte der RF erfolgt unter Sonderbedingungen.

Zunächst ist der Kreis der Subjekte der gesetzgebenden Verfassungsinitiative (Statuteninitiative) begrenzt. Eine Ausnahme bilden die *Republik Komi*, das *Wladimirsker Gebiet* und eine Reihe von Subjekten der Föderation, bei denen das Recht auf die gesetzgebende Verfassungsinitiative (Statuteninitiative) allen Subjekten der gesetzgebenden Initiative ohne Beschränkung gehört.

Das Recht, den Verfassungsprozess anzustreben, d.h. an das gesetzgebende Organ der Staatsmacht (Vertretungsorgan) des Subjekts der Föderation einen Antrag zur Annahme eines neues Grundgesetzes, zur Überprüfung des geltenden Grundgesetzes bzw. zu entsprechenden Änderungen zu stellen, haben:

- das gesetzgebende Organ der Staatsmacht (Vertretungsorgan) des Subjekts der Föderation;
- das höchste kollegiale Organ der Staatsmacht (gleichzeitig das innere Leitungsorgan des Parlaments) z.B. der Staatsrat *Tatarstans*, der Rat der Staatsversammlung *Mordowiens*;
- der höchste Beamte des Subjekts der Föderation, z.B. der Präsident der Republiken *Adygeja, Bashkortostan, Burjatien, Kalmykien, Karatschai-Tscherkessien, Sacha (Jakutien), Nordossetien-Alanien, Tatarstan, Tywa, Inguschetien* und *Tschetschenien* und das Oberhaupt der Verwaltung, d.h. der Gouverneur einer Region, eines Gebiets, einer Stadt mit föderaler Bedeutung und eines autonomen Bezirkes;
- der Vorsitzende des regionalen Parlaments (Vorsitzender des Staatsrates der Republik *Komi*, des Volksparlaments (*Chural*) *Kalmykiens*, der Volksversammlung *Karatschai-Tscherkessiens*, der Duma im *Chabarovsker Gebiet*, der gesetzgebenden Versammlung des *Orenburger* und *Penzaer Gebiets*, u.a.). Im *Belgoroder Gebiet* bringt der Vorsitzende der Gebietsduma die Gesetzentwürfe über die Änderung bzw. Ergänzung des Statuts zwecks Übereinstimmung ihrer Bestimmungen mit der föderalen Gesetzgebung ein (T. 1 Art. 54);
- die ständigen Komitees und die Kommissionen des gesetzgebenden Organs der Staatsmacht (Vertretungsorgan) des Subjekts der Föderation (das ist in *Tatarstan* das Komitee der parlamentarischen Kontrolle des Staatsrats der Republik);
- eine Gruppe von Deputierten der gesetzgebenden Versammlung des Subjekts der Föderation (wenigstens 1/3 der festgelegten Zahl der Deputierten der Staatsversammlung *Bashkortostans*, des Volksparlaments [*Chural*] *Burjatiens*, der Volksversammlung *Inguschetiens*, *Karatschai-Tscherkessiens*, der gesetzgebenden Versammlung *Kareliens*, des Obersten Rats *Chakassiens*, der gesetzgebenden Versammlung der *Primorsker Region*, des *Rostover Gebiets*, 1/4 der Deputierten des Staatsrates der *Udmurtischen Republik* und der *Tomsker* Gebietsduma, 1/5 der Deputierten der Volksversammlung *Dagestans*, der *Woronezher* und *Moskauer* Gebietsduma, 1/6 der Deputierten des Staatsrates *Chase Adygeja*, wenigstens neun Deputierte des Volksparlaments [*Chural*] *Kalmykiens*, u.a.). Die verfassungsgebende Initiative (Statutenintiative) besitzen auch die Deputiertenvereinigungen des Vertretungsorgans des Subjekts der Föderation (Fraktionen, Deputiertengruppen gem. Art. 109 des Statuts [Grundgesetz] der Region Altaj). Im *Kaluger* und *Penzaer Gebiet* ist die Initiative zum Erlass eines Statuts nicht nur Gruppen, sondern auch jedem einzelnen Deputierten eingeräumt. In einigen Regionen ist festgelegt, dass jeder Deputierte des Parlaments zwecks Übereinstimmung des Statuts des Subjekts der RF mit den Anforderungen der föderalen Gesetzgebung eine solche Initiative einbringen darf (*Novosibirsker Gebiet*);

- die Regierung (Administration) des Subjekts der Föderation (In *Tywa* ist der Antrag der Regierung über die Ausarbeitung eines neues Verfassungsentwurfs mit dem *Obersten Chural* der Republik abzustimmen. In *Chakassien* hat der Vorsitzende der Regierung die gesetzgebende Verfassungsinitiative);
- die verfassungsgebende gesetzgebende (statutengebende) Volksinitiative. Mit dem Vorschlag zur Änderung der Verfassung darf in *Inguschetien* eine Gruppe der Wähler auftreten, deren Anzahl wenigstens 10.000 Wähler umfasst, in *Udmurtien* wenigstens 50.000 Wähler, wohnhaft in der Republik, in *Chakassien* wenigstens 5 % der wahlberechtigten Bürger Russlands, die ständig bzw. vorwiegend auf dem Territorium der Republik wohnen. Im *Tverer Gebiet* dürfen Vorschläge zur Änderung des Statuts wenigstens 1 % der Wähler stellen, in der *Region Primorje* wenigstens 2 %, im *Archangelsker Gebiet* wenigstens 3 %, im *Murmansker Gebiet* wenigstens 5 % der wahlberechtigten Bürger, die ständig in der Region (Gebiet) wohnen, in der *Region Altaj* und im *Archangelsker Gebiet* 300 Einwohner der Region (des Gebiets) bei Unterstützung ihrer Initiative von 1 % der Wähler, im *Orenburger Gebiet* 100.000 Wähler, im *Sverdlovsker Gebiet* mindestens 50.000 der wahlberechtigten Bürger, die im Gebiet wohnhaft sind. Im *Wologodsker Gebiet* wird die Initiative zum Erlass eines Statuts durch die Bevölkerung im Wege des Referendums realisiert. Die Bürgerinitiative der Bevölkerung ist als Grundlage der Überprüfung des Statuts im *Moskauer Gebiet* vorgesehen. In *Sankt Petersburg* dürfen die Ehrenbürger der Stadt, die russische Staatsbürger sind und auf dem Territorium *Sankt Petersburgs* wohnen, Änderungen des Statuts initiieren.

Einzelne Änderungen zu einzelnen Artikeln der Grundgesetze dürfen im Rahmen ihrer Kompetenz die nachstehenden Organe (außer die oben aufgezählten Subjekte) vorschlagen:

- die obersten Gerichtsorgane der Subjekte der Föderation;
  - die Organe der Verfassungsjustiz (das Verfassungsgericht von *Adygeja*, *Bashkortostan*, Burjatien, *Komi*, *Sacha (Jakutien)*, *Tatarstan*, das Komitee für Verfassungsaufsicht von *Nordossetien-Alanien*, der Vorsitzende des Verfassungsgerichts *Kalmykiens* und *Tywas*);
  - die obersten ordentlichen Gerichtsorgane des Subjekts der Föderation (der Oberste Gerichtshof von *Inguschetien*, *Komi*, *Sacha (Jakutien)*, *Tatarstan*, der Vorsitzende des *Lipezker Gebietsgerichts*);
  - die obersten Arbitragegerichte des Subjekts der Föderation (das Oberste Arbitragegericht von *Komi*, *Tatarstan*, *Kalmykien* und *Tywa*, der Vorsitzende des Obersten Arbitragegerichts, der Vorsitzende des Arbitragegerichts des *Lipezker* und *Rostover Gebiets*);
- der Staatsanwalt des Subjekts der RF (*Nordossetien-Alanien*, *Tatarstan*, *Tywa*, *Lipezker Gebiet*);
- die Wahlkommission des Subjekts der Föderation (im *Rostover* und *Smolensker Gebiet*);

- die Vertretungsorgane der örtlichen Selbstverwaltung von *Adygeja*, *Komi*, *Kabardino-Balkarien*, der *Stavropoler Region*, des *Orenburger Gebiets* wenigstens 1/3, des *Moskauer Gebiets* wenigstens 1/5, des *Murmansker Gebiets* wenigstens 50 %, des *Sachaliner Gebiets* 2/3 der Vertretungsorgane, im *Penzaer Gebiet* jedes Vertretungsorgan des kommunalen Gebildes. Im *Tjumener Gebiet* verfügen die Organe der Staatsmacht der autonomen Bezirke über das Recht auf die Initiative zum Erlass von Statuten;
- die republikanischen gesellschaftlichen Vereinigungen (zwischenregionale gesellschaftliche Bewegung „*Komi – wojtyr*“ der Republik *Komi*).

In den Verfassungen der Subjekte der Föderation der ersten Etappe der Verfassungsmodernisierung nutzten die gesellschaftlichen Vereinigungen *Karabardino-Balkariens* und *Tywas* das Recht der Verfassungsinitiative und in *Tatarstan* der republikanische Rat der Gewerkschaften.

Das Verfahren der Erörterung und Annahme von Verfassungen (Statuten) und von Verfassungsänderungen durch die regionalen Parlamente ist im Vergleich zur Erörterung und Annahme von einfachen Gesetzen immer kompliziert. So ist z.B. im *Altaj* eine einleitende Volkserörterung der Änderungen der Verfassung vorgesehen. In *Bashkortostan* benötigt man bei der Erörterung eines Gesetzentwurfs zu Änderungen der Verfassung die Unterstützung von 50.000 Wählern und mindestens drei Lesungen im Parlament. In *Chakassien* wird der Vorschlag zur Änderung der Verfassung im Obersten Rat der Republik gestellt und vorher von der Verfassungskommission der Republik behandelt (Art. 134 der Verfassung). Im *Novosibirsker Gebiet* wurde eine ständig tätige Arbeitsgruppe für die Änderung des Statuts, bestehend aus 20 Personen, gebildet (T. 2 Art. 66 des Statuts). Die eine Hälfte der Mitglieder dieser Gruppe wurde vom *Novosibirsker* Gebietsrat ernannt, die andere vom Gouverneur des Gebiets. Ein Gutachten der Arbeitsgruppe ist bei der Behandlung der Änderungen des Statuts obligatorisch. In *Tywa* ist der Vorschlag des *Obersten Chural* zur Ausarbeitung eines neuen Verfassungsentwurfs oder die Annahme von Änderungen der Verfassung mit der republikanischen Regierung abzustimmen. Im *Murmansker Gebiet* wird der Entwurf des Statuts der gesetzgebenden Versammlung mindestens in zwei Lesungen nach Erörterung durch die Regierung sowie in den Sitzungen der Komitees (Kommissionen) der gesetzgebenden Versammlung behandelt. In *Moskau* wird der Entwurf des Gesetzes über Änderungen im Statut nach Begutachtung durch die Stadtduma angenommen (Teil 4 Art. 79.1).

Im *Wologoder* und *Orlover Gebiet* kann der Entwurf eines Statuts ebenso wie der Entwurf des Gesetzes zur Änderung des Statuts durch Entscheidung der gesetzgebenden Versammlung nach Diskussion im Volk und im *Lipezker Gebiet* durch ein Verfassungsreferendum im Gebiet angenommen.

Im *Irkutsker Gebiet* wird die Frage zur Änderung des Statuts von der gesetzgebenden Versammlung mit Unterstützung von 2/3 der festgesetzten Zahl der Deputierten des regionalen Parlaments behandelt.

Praktisch in allen Subjekten der Föderation ist die qualifizierte Mehrheit der Stimmen der Mitglieder des gesetzgebenden Organs (Vertretungsorgan) für den positiven Beschluss hinsichtlich der Frage über die Annahme der Verfassung (Statut) bzw. der verfassungsmäßigen (statutenmäßigen) Änderungsanträge vorgesehen, das sind 2/3 der Gesamtzahl der Mitglieder des regionalen Parlaments. Dabei wird die Gesamtzahl der Mitglieder des Parlaments nicht aus der Zahl der anwesenden Deputierten, sondern aus der Verfassungsnorm (Statutennorm) berechnet. Falls im regionalen Parlament zwei Kammern vorhanden sind, erstreckt sich die Forderung der qualifizierten Mehrheit der Stimmen auf beide Kammern. In *Bashkortostan* gilt z.B. das Gesetz über die Annahme von Änderungen und Ergänzungen der Verfassung als angenommen, wenn dafür mindestens 2/3 der Gesamtzahl der Deputierten der gesetzgebenden Kammer und der Kammer der Vertreter der Staatsversammlung der Republik gestimmt haben. In *Sacha (Jakutien)* wird die neue Verfassung in der gemeinsamen Sitzung der Kammern der Staatsversammlung (*EL Tumen*) angenommen oder geändert.

In *Bashkortostan* ist Folgendes festgelegt: Falls innerhalb eines Jahres, nachdem der Vorschlag zur Änderung und Ergänzung der Verfassung eingebracht wurde, die Staatsversammlung das entsprechende Gesetz nicht annimmt, gilt der Vorschlag als abgelehnt und darf innerhalb eines Jahres nicht wieder aufgenommen werden.

Die Gesetze über die Annahme bzw. Änderung der regionalen Grundgesetze werden vom höchsten Beamten unterzeichnet.

Ganz unterschiedlich wird die Frage der Votierung von Verfassungs- (Statuten-)änderungen gelöst. So gibt es im *Archangelsker Gebiet* und in der Stadt *Moskau* das aufschiebende Veto des höchsten Beamten gegen das Gesetz zu Verfassungsänderungen, in anderen Regionen ist es nicht vorgesehen.

Das aufschiebende Veto des höchsten Beamten gegen die Verfassungsänderung kann aber vom gesetzgebenden (repräsentativen) Organ der Staatsmacht des Subjekts der Föderation überwunden werden. Wenn z.B. ein solches Gesetz vom Staatsoberhaupt *Burjatiens* abgelehnt wurde, behandelt das Parlament es noch einmal. Wenn das Gesetz bei der nochmaligen Behandlung in der früher angenommenen Fassung durch eine Mehrheit von mindestens 3/4 der Gesamtzahl der Deputierten des *Narodnyj Chural* bewilligt wird, wird es durch den Präsidenten *Burjatiens* unterzeichnet und veröffentlicht.

In *Tywa* wird das Verfassungsgesetz zu Änderungen vom Vorsitzenden der Regierung der Republik unterzeichnet.

Das Verfahren der verfassungsmäßigen Änderungen sieht eine Reihe von inhaltlichen Einschränkungen vor. In einigen Subjekten der Föderation ist unmittelbar im Grundgesetz vorbehalten, dass die Überprüfung und Änderung von Verfassungsbestimmungen (Statutenbestimmungen), die den Grundlagen der Verfassungsordnung der RF und den Normen zum Verbleib des Subjektes in der Föderation widersprechen, die einen Anschlag auf die republikanische Regierungsform darstellen, die Rechte und Freiheiten der Menschen verletzen und gegen die Unverletzlichkeit des Territoriums sowie den administrativ-territorialen Aufbau verstoßen, nicht vorgenommen werden dürfen (Art. 115 der Verfassung von *Karatschai-Tscherkessiens*).

Mit besonderen Verfahren wird die Änderung der Hauptabschnitte, die die Grundlagen der Verfassungsordnung, die Rechtsstellung der Persönlichkeit und das Verfahren für die Annahme und die Änderung der Verfassung (Statut) betreffen, ausgestaltet. So können die Bestimmungen des Abschn. I der Verfassung von *Adygeja* „Die Grundlagen der Verfassungsordnung" vom republikanischen Parlament beim Vorhandensein eines positiven Beschlusses vom Verfassungsgericht der Republik überprüft werden (P. 2 Art. 110). In *Bashkortostan* werden die Änderungsanträge der Kap. 1 und 11 des Abschn. I der Verfassung („Die Grundlagen der Verfassungsordnung in der Republik Bashkortostan" und „Die Ordnung der Änderungen der Verfassung der Republik Bashkortostan") von der Staatsversammlung nur mit der Unterstützung von 50.000 Wählern behandelt (Art. 124 der Verfassung).

In *Tatarstan* ist festgelegt, dass Art. 1, der die demokratische Natur des Staates, seine Bezeichnung und seinen Status als Subjekt der RF bestimmt, sowie der Art. 123, der das Verfahren der Änderung der Verfassung festlegt, nur gemäß dem Ergebnis des Referendums geändert werden dürfen.

Verfassungsmäßige Änderungen werden in *Marij El* in zwei Lesungen mit einer Unterbrechung von mindestens drei Monaten angenommen (Art. 108 der Verfassung).

In *Karelien* ist die Veröffentlichung der vorgelegten Änderungsvorschläge der Verfassung zur allgemeinen Bekanntmachung und Erörterung vorgesehen (Art. 74). Im *Nizhegoroder Gebiet* unterliegt der in der ersten Lesung angenommene Entwurf eines Statuts der obligatorischen Veröffentlichung in den Massenmedien sowie der Erörterung. Das gilt nicht für Änderungen, die die Übereinstimmung der Statuten mit den föderalen Gesetzen betreffen.

Im *Rjazaner Gebiet* ist das Inkrafttreten nur eines einzigen Gesetzes über Änderungen des Statuts im Laufe des Kalenderjahres zulässig. Eine Ausnahme gilt für Änderungen, die die Übereinstimmung der Statuten mit der föderalen Gesetzgebung herbeiführen.

Eine andere Möglichkeit für die Annahme und die Änderung der Verfassung (Statut) des Subjekts der Föderation ist die Volksabstimmung. Das Referendum als einzige legitime Möglichkeit der Annahme und der Änderung der Verfassung (Statut) ist sehr selten vorgesehen (Art. 112 der Verfassung *Inguschetiens*, Teil 1 Art. 143 der Verfassung *Tywas*). Vor der Annahme der neuen Verfassung der *Tschetschenischen Republik* (i.d.F. von 2010) wurde ihr Grundgesetz durch Referendum angenommen und von der speziell geschaffenen Verfassungsversammlung abgeändert.

In einigen Subjekten der Föderation sind alternative Varianten der Annahme und der Änderung von Verfassungen (Statuten) vorgesehen: durch Referendum, vom Parlament bzw. von der Verfassungsversammlung. In *Mordowien* sind z.B. zwei Varianten ihrer Annahme und Änderung vorgesehen:

- durch die Mehrheit von mindestens 2/3 der festgesetzten Zahl der Mitglieder der Staatsversammlung;
- durch das Verfassungsreferendum.

In *Tywa* werden auf dem Weg des Referendums nicht nur eine neue Verfassung, sondern auch die Änderung des Kap. 1 („Die Grundlagen der Verfassungsordnung") und 16 („Verfassungsmäßige Änderungsanträge und Überprüfung der Verfassung der Republik Tywa") angenommen.

Die Statuten der *Region Primorje* (Art. 111) und des *Tschukotsker autonomen Bezirkes* (P. 2 Art. 110) lassen ihre Änderung durch Referendum zu.

Der Weg des Referendums wird häufig für die Annahme einer neuer Verfassung sowie für die Überprüfung der geltenden Verfassung und für die Annahme eines Beschlusses zur Beendigung der Geltungsdauer der Verfassung (Art. 48 *Stepnoje Ulozhenije Kalmykiens*), aber nicht zur Einführung von teilweisen Verbesserungen in die Statuten vorgesehen.

Das dritte, nicht traditionelle Verfahren der Annahme und Überprüfung des regionalen Grundgesetzes ist mit der Bildung eines speziellen verfassungsgebenden Organs verbunden.

So darf die Volksversammlung (Parlament) in *Dagestan* (so wie es in der föderalen Verfassung festgelegt ist) die Bestimmungen der Art. 1, 2 und 10 („Die Grundlagen der Verfassungsordnung", „Die Grundlagen der Rechtsstellung des Menschen und des Bürgers" und „Verfassungsmäßige Änderungsanträge und Überprüfung der Verfassung") nicht überprüfen. Wenn dem Überprüfungsantrag der o.g. Artikel von 2/3 der festgesetzten Zahl der Deputierten der Volksversammlung zugestimmt wird, wird gemäß dem republikanischen Gesetz die Verfassungsversammlung einberufen. Sie kann einen der folgenden Beschlüsse fassen:

- die Unveränderlichkeit der Verfassung bestätigen;
- den Entwurf eines neuen Grundgesetzes ausarbeiten und ihn durch 2/3 der Gesamtzahl ihrer Mitglieder annehmen;
- den Entwurf eines neues Grundgesetzes ausarbeiten und einen Beschluss fassen, dass der Entwurf zur Abstimmung vorgelegt wird. Bei der Durchführung des republikanischen Referendums gilt die Verfassung nach Art. 103 als angenommen, falls dafür mehr als die Hälfte der Wähler stimmt (unter der Bedingung, dass an der Stimmabgabe mehr als die Hälfte der registrierten Wähler teilgenommen hat).

Die Einberufung der Verfassungsversammlung war in der *Tschetschenischen Republik* für die Annahme der Entscheidung zur Einführung von Änderungen in das Referendum oder Vorschlägen zur Prüfung einzelner Bestimmungen der

Verfassung bis zur Änderung ihrer Fassung vorgesehen. Gemäß dem Verfassungsgesetz der *Tschetschenischen Republik* „Über die Verfassungsversammlung der Tschetschenischen Republik" vom 25.07.2006 Nr. 3-RKS bestand diese aus den Deputierten der Staatsduma der Föderalen Versammlung der RF, die von der *Tschetschenischen Republik* gewählt waren, den Mitgliedern des Föderationsrates der Föderalen Versammlung der RF aus der *Tschetschenischen Republik*, den Deputierten des republikanischen Parlaments, dem Oberhaupt der Verwaltung der Städte mit republikanischer Bedeutung und der Raione der *Tschetschenischen Republik.* Zum Bestand der Verfassungsversammlung zählt je ein Vertreter jeder registrierten (republikanischen) gesellschaftlichen Organisation (jeder regionalen Abteilung der politischen Partei).

Den Vorschlag zur Änderung und Überprüfung von Verfassungsbestimmungen legten in der Verfassungsversammlung der Präsident[12] oder das Parlament der *Tschetschenischen Republik* in Form einer neuen Fassung der Verfassung oder in Form von Vorschlägen zur Überprüfung einzelner Bestimmungen der geltenden Verfassung vor. Die entsprechenden Initiativen des Präsidenten wurden in Form des Erlasses oder der Anordnung des Parlaments formuliert und in einer gemeinsamen Sitzung der Kammern angenommen.

Die Verfassungsversammlung der *Tschetschenischen Republik* wurde durch Erlass des Präsidenten einberufen. Die Sitzung der Verfassungsversammlung galt unter Anwesenheit von mindestens 3/4 des Gesamtbestandes als bevollmächtigt. Die Verfassungsversammlung fasste mit der Mehrheit von mindestens 2/3 der Stimmen der festgelegten Zahl der Mitglieder einen der folgenden zwei Beschlüsse in Form der Anordnung:

- Billigung des Vorschlags zur Änderung und (oder) Überprüfung der Verfassung und Vorlage zum Referendum der *Tschetschenischen Republik*;
- Ablehnung der vorgelegten Anträge (d.h. Beibehaltung des Textes der geltenden Verfassung).

Die Verfassungsversammlung der *Tschetschenischen Republik* war also nicht berechtigt, den Text der Verfassung der Republik zu ändern oder eine neue Verfassung anzunehmen (so wie es in der föderalen Verfassung vorgesehen ist). Sie durfte noch nicht einmal Vorschläge zu Korrekturen oder zur Überprüfung der Verfassung vornehmen. Die Entscheidung der Verfassungsversammlung der *Tschetschenischen Republik* wurde in einer öffentlichen Abstimmung angenommen.

Von der Verfassungsversammlung wurden die Verfassungen *Dagestans* vom 10.06.2003 (i.d.F. vom 05.04.2010) und *Mordowiens* vom 21.09.1995 (i.d.F. vom 10.06.2010) angenommen. Analoge Ordnungen für die Annahme

---

12 Seit 2010 übt die Funktion des Präsidenten das Oberhaupt der *Tschetschenischen Republik* aus.

und Überprüfung des Grundgesetzes gab es in *Burjatien*, *Kalmykien* und *Marij El*, die jedoch nicht mehr gelten. Heute gehören Änderungen und Ergänzungen der Verfassung *Kalmykiens* (*Stepnoje Ulozhenije*) zur ausschließlichen Befugnis der Volksversammlung (Parlament – Art. 47 der Verfassung *Kalmykiens*), in *Burjatien* des *Narodnyj Churals* (Art. 110 der Verfassung *Burjatiens*), in *Marij El* der Staatsversammlung (P. „a“ Art. 73, Art. 108 der Verfassung von *Marij El*).

Die Erfahrungen im Bereich der Regelung der Tätigkeit der Verfassungsversammlungen in den Republiken haben für die Ausarbeitung des Entwurfs des Föderalen Verfassungsgesetzes über die Verfassungsversammlung der RF eine große Bedeutung. In den vorgelegten Gesetzentwürfen wird vorgeschlagen, in die Verfassungsversammlung der RF 100 Vertreter der Staatsduma, des Föderationsrates und des Verfassungsgerichts Russlands, 100 Bürger, die vom Präsidenten der RF ernannt werden, und höchste Beamte aufzunehmen. Unter Berücksichtigung dessen, dass für die Vorbereitung des Entwurfs einer neuen föderalen Verfassung und der regionalen Verfassungen (Statuten) Fachkenntnisse im Bereich der Rechtswissenschaft erforderlich sind, wird es für notwendig erachtet, dass ein wesentlicher Teil der Mitglieder der Verfassungsversammlung der RF und der regionalen Verfassungsversammlungen eine juristische Hochschulausbildung besitzt.

Die Erfahrung anderer Länder unterstreicht, dass direkte Wahlen in die Verfassungsversammlung aufgrund des allgemeinen, gleichen und direkten Wahlrechts zweckmäßig sind. So wurde die Verfassung der USA von 1787 vom allgemein gewählten Verfassungskonvent angenommen und dann von den Konventen der elf Staaten gebilligt. In Italien wurde 1946 die verfassungsgebende Versammlung gewählt, die die Verfassung vorbereitet und Ende 1947 angenommen hat.

Das Föderale Verfassungsgesetz der RF muss die rechtliche Stellung der Verfassungsversammlung festlegen: ihren Mitgliederbestand, die Ordnung ihrer Bildung, ihre innere Struktur, ihre Tätigkeit, ihre Befugnisse, das Verfahren der materiell-technischen und der organisatorischen Sicherstellung. Die Arbeitsdauer der Verfassungsversammlung der RF darf anderthalb Jahre nicht überschreiten; ihr Mitgliederbestand soll 150 Mitglieder in der Föderation und 50 Mitglieder in den Regionen umfassen. Im anderen Falle ginge die Arbeitsfähigkeit des verfassungsgebenden Organs verloren.

Die einzelnen Artikel der Verfassungen (Statuten) der Subjekte der RF werden in einer vereinfachten Ordnung abgeändert. So unterliegt die Änderung der Bezeichnung eines Raions und einer Stadt mit republikanischer Bedeutung oder die Abschaffung der neuen Bezeichnung einer administrativ-territorialen Einheit in *Dagestan* in Ergänzung von Art. 57 der Verfassung (unter Aufhebung des Artikels) einem Erlass des Staatsoberhaupts der Republik. Auf gleiche Weise werden Korrekturen in den Text der Verfassung eingetragen, soweit die Änderungen in Übereinstimmung mit dem föderalen Gesetz und dem Gesetz *Dagestans* über die Bezeichnung der Organe der Staatsmacht und der Beamten stehen. Die Anerkennung einzelner Bestimmungen der Verfassung *Dagestans*, die nicht mit der Verfassung der RF in Übereinstimmung stehen und nicht gelten und anwendbar sind, erfolgt durch das zuständige Gericht (Art. 105).

Unmittelbares Fundament für Änderungen der Verfassungen (Statuten) der Subjekte der RF sind:

- die Änderung und Überprüfung der föderalen Verfassung;
- die Annahme neuer föderaler Gesetze, die Kompetenzgegenstände der Föderation und ihrer Subjekte betreffen;
- die Anordnungen des Verfassungsgerichts Russlands über die Anerkennung einzelner Bestimmungen der regionalen Grundgesetze, die mit der Verfassung der RF im Widerspruch stehen;
- die Änderung der verfassungsmäßigen Stellung des Subjekts der RF (z.B. Umwandlung einer Autonomie in eine Republik; Vereinigung von zwei oder mehreren aneinander grenzenden Subjekten der RF; die Aufnahme eines ausländischen Staates oder seines Teils in die RF).

Es ist ersichtlich, dass die regionalen Verfassungen (Statuten) die Vielfältigkeit der Varianten des Verfahrens ihrer Annahme, Änderung und Ergänzung widerspiegeln. Aber in allen Fällen ist dieses Verfahren sorgfältig ausgearbeitet und beinhaltet einen Mechanismus des Schutzes des Grundgesetzes gegen voluntaristische Änderungen. Die Kompliziertheit der Annahme und der Änderung von Verfassungsvorschriften sichert die Stabilität der Grundgesetze und des ganzen Systems der regionalen Gesetzgebung.

Auf diese Weise kann man *schlussfolgern*, dass in der RF die notwendigen Voraussetzungen für die Harmonisierung der föderalen und regionalen Verfassungsgesetzgebung (Statutengesetzgebung) sowie für die Gewährleistung ihrer Stabilität und Legitimität geschaffen worden sind. Das entspricht den Interessen des multinationalen Russlands, aller hier lebenden Völker, gewährleistet die höchste juristische Kraft der föderalen Verfassung, ihre unmittelbare Wirkung auf dem ganzen Territorium Russlands, garantiert sowohl die Interessen der Föderation und ihrer Subjekte – der Republiken, Regionen, Gebiete, Städte mit föderaler Bedeutung und Autonomien – als auch der Bürger Russlands und dient dem Aufbau eines Rechtsstaates.

Kritisches Nachdenken über aktuelle Tendenzen der Verfassungsgerichtsbarkeit in Russland

Svetlana Narutto *

Im Artikel werden die positiven Erfahrungen in der 19-jährigen Tätigkeit des Verfassungsgerichts der RF sowie einige aktuelle gesetzgeberische Neuerungen analysiert, die die Ordnung der Bildung des Verfassungsgerichts, seine Verhältnisse zu den sonstigen Machtorganen und die Stellung der Richter betreffen. Diese Fragen erregen Zweifel und führen zu Diskussionen in juristischen Kreisen. Es werden die Probleme der Systematisierung der Rechtspositionen, der Rechtsstellung des Verfassungsgerichts der RF, der Verwirklichung seiner Entscheidungen durch die Gerichte und sonstigen Rechtsanwender erläutert.

I. Das Verfassungsgericht der RF als rechtsstaatliche Institution

Das Verfassungsgericht Russlands ist ein verhältnismäßig junges staatliches Institut. Es wurde am 30.10.1991 gegründet; an diesem Tag haben die Richter ihre erste Arbeitsberatung durchgeführt. In der Staatsentwicklung Russlands existierte zur Sowjetzeit ein solches Organ nicht, weil die Verfassung nicht als ein geltender Akt, den die Machtorgane (einschließlich der Gerichte) anwenden, sondern als ein politisches Dokument betrachtet wurde, das die Fassade des Staatsgebäudes schmückt.

Die Tätigkeit des Verfassungsgerichts der RF hat sowohl die ausländischen als auch die wenigen, aber kennzeichnenden Erfahrungen des Komitees für Verfassungsaufsicht der UdSSR in sich aufgenommen und gezeigt, dass die wirksamste Art der Lösung von staatlichen Streitigkeiten und Konflikten zwischen der Staatsmacht und den Menschen die kompetente und unabhängige verfassungsmäßige Rechtsprechung ist. Eine der Tendenzen der modernen Gesetzgebung und der Rechtsanwendungspraxis stellt die Erweiterung des Umfangs der Gerichtstätigkeit, darunter der Gerichtskontrolle der Rechtmäßigkeit von Beschlüssen und Handlungen der Beamten, der Staats- und der Selbstverwaltungsorgane dar. Die Gerichtsstatistik der letzten Jahre zeugt davon, dass sich die Anzahl der Anrufungen des Gerichts ständig erhöht hat. Einerseits widerspiegelt dies die soziale Aktivität der Bürger, andererseits die negativen Erscheinungen,

---

* Die Verfasserin ist Dr. iur. und Professorin am Lehrstuhl für Staats- und Kommunalrecht der Russischen Föderation an der Staatlichen Juristischen Kutafin-Akademie Moskau.

die Fehler und Mängel in der Arbeit der Machtorgane und die Unvollkommenheit der Gesetzgebung.

In den letzten Jahren hat das Verfassungsgericht viel geleistet. Heute wird dieses Organ der Verfassungskontrolle als ein wirksames Mittel zum Schutz der öffentlichen Interessen wahrgenommen. Jährlich werden über 15.000 (Klagen) Beschwerden an das Verfassungsgericht gerichtet, mehr als 99 % davon sind Klagen der Bürger. Ungeachtet dessen, dass es eine ziemlich ansehnliche Auflistung der hauptsächlichen Rechte und Freiheiten sowie ihrer Garantien in der Verfassung der RF gibt, werden in der Wirklichkeit die Verfassungsnormen häufig nicht befolgt, die Rechtsanwender verfälschen den verfassungsmäßigen Sinn von gesetzlichen Bestimmungen und sie verletzen die Rechte und Freiheiten des Menschen und des Bürgers. Die Zahl von Verfassungsklagen hat sich erheblich vergrößert: im Jahr 2007: 16.612, 2008: 16.592, 2009: 20.629 Klagen. Bis 2004 legten die Bürger Klage vorwiegend gegen zivilrechtliche, zivilprozessuale sowie strafrechtliche und strafprozessuale Normen ein. Mit der Annahme des Föderalen Gesetzes Nr. 122-FZ im Jahr 2004 „Über die Einführung von Änderungen in die Gesetzgebungsakte der RF und über die Ungültigkeit einiger Gesetzgebungsakte der RF“ aufgrund der Annahme der Föderalen Gesetze „Über die Einführung von Änderungen und Ergänzungen des Föderalen Gesetzes „Über die allgemeinen Prinzipien der Organisation der Gesetzgebungs- (Vertretungs-) und Vollzugsorgane der Staatsmacht der Subjekte der RF“ und „Über die allgemeinen Prinzipien der Organisation der örtlichen Selbstverwaltung in der RF“, im Volk als „Gesetz über die Ummünzung von Vergünstigungen“ bezeichnet, hat sich die Anzahl der verfassungsmäßigen Klagen, die mit dem sozialen Schutz der Bürger verbunden sind, vergrößert.

Im Jahr 2008 war der größte Teil der Anrufungen des Verfassungsgerichts mit Fragen des Zivilrechts und des Zivilprozesses (25.158 Klagen), des Strafrechts und Strafprozesses (23.366) sowie des Sozialschutzes (16.063) verbunden.

Die interessantesten Verfahren, die aufgrund von Bürgerklagen im Jahr 2009 behandelt wurden, waren die Rechtsstreitigkeiten über die Verlängerung des Moratoriums zur Anwendung der Todesstrafe[1], über das Arbeitslosengeld

1 Entsch. des VerfG RF v. 19.11.2009 Nr. 1344-O-R über die Erläuterung des Pkt. 5 des Resolutivteils der Anordnung des Verfassungsgerichts v. 02.02.1999 Nr. 3-P hinsichtlich der Überprüfung der Verfassungsmäßigkeit der Bestimmungen des Art. 41 und des 3. T., Art. 42 des Strafprozessgesetzbuches der RSFSR, Pkt. 1 und 2 der Anordnung des Obersten Rats der RF v. 16.07.1993 „Über das Inkrafttreten des Gesetzes der RF“, „Über den Änderungs- bzw. Ergänzungsantrag des Gesetzes der RSFSR“, „Über die Gerichtsstruktur in der RSFSR“, des Strafprozessgesetzbuches der RSFSR, des Strafgesetzbuches der RSFSR und des Gesetzbuches der RSFSR über administrative Rechtsverletzungen, Gesetzessammlung der RF, 2009, Nr. 48, Art. 5867.

und die Rente von Personen, die bei Privatunternehmern auf der Grundlage eines Arbeitsvertrages tätig waren[2], über die Rente der Kinder von Militärpersonen, die an ausländischen Hochschulen studieren[3], sowie über das Recht der Partei, einzelne Kandidaten aus der von ihren vorgelegten Kandidatenlisten auszuschließen[4]. Im selben Jahr hat das Gericht die Annahme der Gerichtsentscheidung über die Anerkennung der Geschäftsunfähigkeit eines Bürgers wegen des Fehlens seiner persönlichen Anwesenheit als verfassungswidrig anerkannt.[5]

Das Jahr 2010 ist durch Aufsehen erregende Rechtsstreitigkeiten zur Prüfung der Bestimmungen des Zivilprozessgesetzbuches und des Arbitrageprozessgesetzbuches charakterisiert, die mit dem Aufsichtsverfahren und der Revision verbunden sind.[6] Das Verfassungsgericht hat das Recht des Obersten Ar-

---

2 Anordnung des Verfassungsgerichts der RF v. 22.10.2009 Nr. 15-P hinsichtlich der Überprüfung der Verfassungsmäßigkeit v. Pkt. 1 Art. 30, Pkt. 2 Art. 32, Pkt. 1 Art. 33 und Pkt. 1 Art. 34 des Gesetzes der RF „Über den Beschäftigungsgrad der Bevölkerung in der RF“ im Zusammenhang mit den Klagen von *Belogurova*, *Ivanova*, *Klimova* und *Molodzov*, Gesetzessammlung der RF, 2009, Nr. 44, Art. 5260.

3 Anordnung des Verfassungsgerichts der RF v. 27.11.2009 Nr. 18-P hinsichtlich der Überprüfung der Verfassungsmäßigkeit von Pkt. „a“, T. 3, Art. 29 des Gesetzes der RF „Über die Rentenversorgung von Personen, die im Militärdienst, im Dienst der Organe für innere Angelegenheiten, im staatlichen Brandschutzdienst, im Dienst der Organe für die Umsatzkontrolle von Drogenmitteln und Psychochemikalien, in den Behörden und Organen des Strafvollzugssystems tätig waren und ihrer Familien“, von Pkt. 3 Art. 57 des Gesetzes der RF „Über die Ausbildung“ und von Unterpkt. 1 Pkt. 2 Art. 9 des Föderalen Gesetzes „Über die Arbeitsrenten in der RF“ im Zusammenhang mit der Klage von *Lappa*, Gesetzessammlung der RF, 2009, Nr. 49 (T. II), Art. 6041.

4 Anordnung des Verfassungsgerichts der RF v. 09.11.2009 Nr. 16-P hinsichtlich der Überprüfung der Verfassungsmäßigkeit von Pkt. 32 Art. 38 der Föderalen Gesetzes „Über die grundlegenden Garantien der Wahl- und Referendumsrechte der Bürger in der RF“, Unterpkt. „k“ Pkt. 2 Art. 21 des Föderalen Gesetzes „Über politische Parteien“, T. 3 Art. 30 des Gesetzes der Region Krasnodar „Über die Deputiertenwahlen der gesetzgebenden Versammlung in der Region Krasnodar“ und T. 1 Art. 259 des Zivilprozessgesetzbuches der RF im Zusammenhang mit der Klage von *Izmajlov*, Gesetzessammlung der RF, 2009, Nr. 47, Art. 5709.

5 Anordnung des Verfassungsgerichts der RF v. 27.02.2009 Nr. 4-P hinsichtlich der Überprüfung der Verfassungsmäßigkeit der Bestimmungen der Art. 37, 52, 135, 222, 284, 286 und 379.1 des Zivilprozessgesetzbuches der RF und T. 4 Art. 28 des Gesetzes der RF „Über psychiatrische Hilfe und Garantien der Bürgerrechte während dieser Hilfeleistung“ im Zusammenhang mit den Klagen von *Gudkova*, *Schtukaturov* und *Jaschina*, Gesetzessammlung der RF, 2009, Nr. 11, Art. 1367.

6 Vgl. Anordnung des Verfassungsgerichts der RF v. 21.01.2010 Nr. 1-P hinsichtlich der Überprüfung der Verfassungsmäßigkeit der Bestimmungen von T. 4 Art. 170, Pkt. 1 Art. 311 und T. 1 Art. 312 des Arbitrageprozessgesetzbuches der RF im Zusammenhang mit den Klagen der geschlossenen Aktiengesellschaft „Proizvodstvennoje objedinenije Bereg“, der offenen Aktiengesellschaften „Karbolit“, „Zavod“, „Mikroprovod“ und

bitragegerichts der RF auf Revision der in Kraft getretenen Gerichtentscheidung im Falle der Nichtübereinstimmung des Beschlusses mit der vom Obersten Arbitragegericht geübten Praxis anerkannt. Es wurde als konstitutionelle Praxis des Eindringens von Präzedenzfällen in das Gerichtssystem bezeichnet. Schicksalhaft wurde für das russische Gerichtssystem die Anordnung, in der das Verfassungsgericht darauf hinwies, dass nicht nur die *Konvention* zum Schutz der *Menschenrechte* und Grundfreiheiten, sondern auch die Beschlüsse des *EGMR* Bestandteile des russischen Rechtssystems sind.[7] Ein großer Teil aller Anrufungen entfällt auf Fragen des Strafrechts und des Strafprozesses. Bei der Verhandlung einer dieser Angelegenheiten hat das Verfassungsgericht Normen als verfassungswidrig anerkannt, die es erlauben, jemanden wegen der Bewertung der Kosten von nach Russland importierten Waren zur Verantwortung zu ziehen, weil hier nicht nur vom Warenwert ausgegangen wird, sondern vom Marktpreis analoger Waren in Russland.[8]

Die Tätigkeit des Verfassungsgerichts der RF zum Schutz der Rechte der Bürger wird von der juristischen Gemeinschaft hoch bewertet. Die Vereinigung der Juristen Russlands und der Moskauer Klub der Juristen haben das Verfassungsgericht im Jahr 2009 als „Femida"-Preisträger für die unerschütterliche Befolgung der Verfassungsprinzipien der RF auf dem Gebiet der Rechte und Freiheiten des Menschen und des Bürgers anerkannt. Der Präsident der RF bemerkte in seiner Rede zu Ehren des zehnjährigen Jubiläums des Verfassungsgerichts der RF: *„Unser Verfassungsgericht wurde bedingungslos in die Konferenz der europäischen Verfassungsgerichte aufgenommen. Dies war nur möglich, weil es auf dem Niveau dieser internationalen Organisation funktioniert"*[9], was zweifellos die demokratische Orientierung der russischen Verfassungskontrolle charakterisiert.

„Nautschno-proizvodstvennoje predprijatije „Respirator", Rossijskaja gazeta v. 10.02.2010 u.a.

7 Anordnung des Verfassungsgerichts der RF v. 26.02.2010 Nr. 4-P hinsichtlich der Überprüfung der Verfassungsmäßigkeit von T. 2 Art. 392 des Zivilprozessgesetzbuches der RF im Zusammenhang mit den Klagen von *Doroschka*, *Kota* und *Fedotova*, Gesetzessammlung der RF, 2010, Nr. 11, Art. 1255.

8 Anordnung des Verfassungsgerichts der RF v. 13.07.2010 Nr. 15-P hinsichtlich der Überprüfung der Verfassungsmäßigkeit der Bestimmungen von T. 1 Art. 188 des Strafgesetzbuches der RF, von T. 4 Art. 4.5, T. 1 Art. 16.2 und T. 2 Art. 27.11 des Gesetzes der RF über administrative Rechtsverletzungen im Zusammenhang mit Klagen von *Batalov*, *Valujeva*, *Ganijeva*, *Krasnaja* und *Epov*. Rossijskaja gazeta v. 23.07.2010.

9 Zum 10-jährigen Jubiläum des Verfassungsgerichts der RF, Gosudarstvo i pravo, 2002, Nr. 4, S. 5 [К 10-летию Конституционного Суда Российской Федерации, Государство и право, 2002, № 4, с. 5].

II. Ausgewählte Probleme der Tätigkeit des Verfassungsgerichts der RF

Die Tätigkeit des Verfassungsgerichts ist natürlich nicht fehlerfrei, denn es gibt immer Menschen, die mit seinen Entscheidungen nicht einverstanden sind, die die Vorgehensweise bei der Behandlung der Fälle, die Beschlussfassung sowie die Ordnung der Bildung des Gerichts und sein Verhältnis zu anderen Zweigen der Staatsmacht kritisieren.

1. Die Gewährleistung der Unabhängigkeit des Verfassungsgerichts

So ruft die Gewährleitung der Unabhängigkeit des Gerichts Missbilligung hervor. Das Verfassungsgericht ist zweifellos „transparent" für die Gesellschaft und die Verteilung der Rechtssachen unter den Richtern erfolgt auf demokratische Weise – nicht durch voluntaristische Entscheidung des Vorsitzenden, sondern öffentlich in der Plenarsitzung des Gerichts. Aber die Wahlordnung seines Vorsitzenden und seiner Stellvertreter hat sich grundlegend geändert. Zukünftig wird der Vorsitzende nicht wie bisher von den Richtern des Verfassungsgerichts, sondern vom Föderationsrat (bestehend aus den vom Präsidenten der RF vorgeschlagenen Kandidaten) gewählt. Das Argument für die Änderung der Gesetzgebung, die vom Präsidenten initiiert wurde, lautet, wenn die Vorsitzenden des Obersten Gerichtshofs und des Obersten Arbitragegerichts vom Föderationsrat ernannt werden, so ist der Vorsitzende des Verfassungsgerichts auch vom Föderationsrat zu ernennen. Warum dürfen nicht umgekehrt die Vorsitzenden der sonstigen höchsten Gerichtsinstanzen vom Gerichtskorps in geheimer Abstimmung gewählt werden? Allerdings sind innere Wahlen demokratischer und für den Präsidenten weniger vorher bestimmbar.

Die Analyse der letzten Entscheidungen des Gerichts zeigt, dass der Einbau des Gerichts in die Machtvertikale begonnen hat. Es verliert zudem die Positionen eines unabhängigen Organs. Der deutliche Nachweis dessen ist die Anerkennung der Verfassungspraxis, dass den Leitern der Subjekte der RF die Befugnis erteilt wird, keine zusätzlichen Geldmittel an einen Militärflieger – einen Helden der Sowjetunion – auszuzahlen, nur weil dieser in Amerika wohnt. Es gibt zudem heute kaum mehr als zwanzig lebende Helden der Sowjetunion.

Der Umzug des Verfassungsgerichts nach Sankt Petersburg und die Änderung der Wahlordnung zur Wahl des Vorsitzenden sind Neuerungen, die eindeutig nicht auf die Verstärkung der Unabhängigkeit des Gerichts und auf die Erhöhung seines Ansehens gerichtet sind. Das Gericht neigt häufig, wenn es in Konflikten zwischen dem Menschen und der Macht, zwischen dem Bürger und dem Staat ein vernünftiges Gleichgewicht finden soll, dazu sich auf die Seite des Staates zu schlagen, was zumindest nicht überzeugend ist.

Berühmt sind die Fälle von zwei Richtern des Verfassungsgerichts, die mit der Kritik an der Unabhängigkeit des Gerichts verbunden sind. Richter *Jaroslavtsev*, der am Verfassungsgericht ungefähr 15 Jahre tätig war, hat am

31.08.2009 im Interview für die spanische Zeitung „El Pais" erklärt, dass „sich die Gerichtsmacht in Russland während der Präsidentschaft von *Putin* und seinem Nachfolger *Medvedjev* in ein Instrument verwandelt hat, das der Vollzugsmacht dient", „die gesetzgebenden Organe sind gelähmt", „das Zentrum der Beschlussfassung befindet sich in der Administration des Präsidenten", „die Verstärkung des Autoritarismus führt zur noch größeren Abhängigkeit der Richter". Es sind für die Richter zwar die Unabhängigkeit ihrer Beschlüsse sowie ihr Wohlstand gesichert, aber wenn die Rede von heikleren Fragen ist, „herrscht Konformismus, um die Macht nicht zu verärgern", bemerkte *Jaroslavtsev*. „Ich fühle mich wie zwischen den Ruinen der Rechtsprechung", gab der Richter gegenüber der spanischen Zeitung zu. Die am vorangegangenen Tag angenommene Entscheidung des Verfassungsgerichts über die Abweisung der Verhandlung hinsichtlich der Klage der Journalistin *Morarj* kritisierte er scharf. Der Föderale Sicherheitsdienst hatte ihre Einreise nach Russland verboten. *Jaroslavtsev* erklärte, dass „dies eine Profanierung der Rechtsprechung ist", die bedeutet, dass „die Sicherheitsorgane alles machen dürfen, aber „den Gerichten nichts anderes übrig bleibt, als ihre Entscheidungen zu bekräftigen". Dieses Interview erschien mit dem Titel „In Russland herrschen die Sicherheitsorgane wie in den Sowjetzeiten"[10].

Das Handeln von *Jaroslavtsev* wurde zum Streitgegenstand in der Plenarsitzung des Verfassungsgerichts, in der man ihm die Verletzung der Gerichtsethik und die Schmälerung des Ansehens des Gerichts vorwarf. Der Richter war gezwungen, eine Selbstablehnung zu beantragen, die der Richterrat der RF akzeptiert hat. Die Situation bzgl. des Interviews von *Jaroslavtsev* und seine öffentliche Missbilligung hatten die Äußerungen des Richters *Kononov* zur Folge. Er ist durch seine Sondervoten, seine Kritik an Beschlüssen des Verfassungsgerichts und an dem Verlust der Unabhängigkeit des Gerichts („sie fehlt bei jedem Richter und auf allen Ebenen") bekannt.[11] Die Stellungnahme von *Kononov* über *Jaroslavtsev*, den „man in unserer Plenarsitzung nach den besten Traditionen ‚verprügelt hat'", wurde in der Zeitung „Sobesednik" mit dem Titel „Es gibt keine unabhängigen Richter in Russland" veröffentlicht. *Kononov* kritisierte den angenommenen Gesetzentwurf des Präsidenten (die Wahl des Vorsitzenden des Verfassungsgerichts, seiner Stellvertreter und der Richter, die durch eine Ernennung ersetzt wurde) sowie die Gerichtsbeschlüsse bzgl. *Morarj* und *Chodorkovskij*. Danach schlug das Gericht vor, sein Entlassungsgesuch freiwillig einzureichen, um ihm nicht im Disziplinarverfahren seine Befugnisse entziehen zu müssen.

---

10 www.inosmi.ru/russia/20090901/252151.html.

11 Vgl. Richter *Kononov*, Es gibt in Russland keine unabhängigen Richter, Sobesednik v. 23.11.2009 [Судья *Кононов*, Независимых судей в России нет, Собеседник, 2009, 23.11.].

Kononov hat am 01.01.2010 seine Richterstelle auf eigenen Wunsch verlassen. Er hat sich aller weiteren Kommentare enthalten.

2. Prozessuale Aspekte der Tätigkeit des Verfassungsgerichts

Einige prozessuale Aspekte in der Tätigkeit des Verfassungsgerichts rufen Erstaunen hervor. Dabei geht es vor allem um die Unterzeichnung einer angenommenen Gerichtsentscheidung durch abwesende Richter. So wurden am 22.04.2010 160 Entscheidungen vom Verfassungsgericht angenommen. Dies geschah, obwohl drei von neun Richtern, darunter der Vorsitzende, abwesend waren. Auf der offiziellen Webseite des Verfassungsgerichts steht, dass an diesem Tag die Richter *Bondar* und *Kleandrov* sowie der Vorsitzende der Gerichtssitzung *Zorjkin* zu einem offiziellen Besuch in der Ukraine weilten. Sie konnten folglich an der Verhandlung über die Klagen nicht teilnehmen. Aber es störte die abwesenden Richter und den Vorsitzenden nicht, in der Entscheidung angegeben zu sein und sie zu unterschreiben.[12] Außerdem: Hätte das Gericht für jeden der 160 Fälle nur 5 Minuten aufgewandt, so hätte es 8 Stunden pausenlos arbeiten müssen. So sieht es zumindest formal aus.

Das nächste Problem betrifft die Änderung der Rechtspositionen des Verfassungsgerichts. Ein solches Recht ist im Art. 72 des Föderalen Verfassungsgesetzes „Über das Verfassungsgericht der RF“ vorgesehen. Es wird in einem besonderen Verfahren ausgeübt: die in der Entscheidung (angenommen von einer der Kammern) widergespiegelte Position darf nur durch die Plenarsitzung des Gerichts abgeändert werden. Dafür gab es keine Präzedenzfälle, obwohl Positionen z.B. hinsichtlich der örtlichen Selbstverwaltung, der Wahlen der Leiter der Subjekte der RF u.a. abgeändert wurden. Ein solches Herangehen nennt man „evolutive Auslegung der Verfassung“, was prinzipiell keine Widersprüche hervorruft. Aber sie muss, erstens, ordnungsgemäß erfolgen, zweitens, durch neue Lebensumstände und nicht durch den politischen Willen des Präsidenten und seiner Administration hervorgerufen werden.

Die Frage zum Tabu für die Überprüfung von Bürgerklagen gegen Erlasse des Präsidenten verdient ebenfalls Kritik. Wie bekannt, ist die Verfassungsbeschwerde nur hinsichtlich eines Gesetzes zulässig (T. 4 Art. 125 der Verfassung). Zugleich interpretiert heute das Verfassungsgericht den Begriff Gesetz weit. Dieser Begriff umfasst nicht nur föderale bzw. regionale Gesetze, sondern auch die Anordnungen der Staatsduma betreffend die Amnestie, die Anordnungen der Regierung und einige andere untergesetzliche Bestimmungen. Das Gericht lässt Klagen unter der Bedingung zu, dass die rechtliche Regelung der Regierung unmittelbar durch Vorschriften des Gesetzes bedingt ist.

---

12 Vgl. Das Verfassungsgericht der RF nimmt sich am EGMR ein schlechtes Beispiel, und zwar ..., sutyajnik.ru/news/2010/08/1627.html.

Was die Erlasse des Präsidenten der RF betrifft, so lässt das Verfassungsgericht eine Beschwerde der Bürger tatsächlich nicht zu, obwohl es diese direkt nicht verbietet, aber Ursachen findet, um die Annahme der Klage zur Verhandlung zu verhindern.

Die nächste Frage ist mit dem Problem des „vereinfachten Prozesses" verbunden, wenn statt einer Anordnung letztlich eine Entscheidung ergeht, die die Betrachtung der Sache beendet. Nicht zufällig wurde oben der Erlass einer solchen großen Anzahl von Entscheidungen an einem Tag berücksichtigt. Der Vorsitzende des Verfassungsgerichts, *Zorjkin*, bemerkte im Interview, dass durch Maßgabe des Gerichts eine „Bank von Rechtspositionen" zu bedeutenden Fragen der russischen Gesetzgebung eingerichtet wurde. Diese Positionen werden häufig mit dem Ziel der Verfahrensökonomie sowie der Schnelligkeit der verfassungsmäßigen Rechtsprechung auf die Lösung schwieriger und gleichartiger Fragen ausgedehnt. Zu diesem Zweck hat die Praxis der verfassungsmäßigen Rechtsprechung, gestützt auf das föderale Verfassungsgesetz, das Phänomen der ablehnenden Entscheidung mit positivem Inhalt entwickelt, das sind Entscheidungen zum Wesen (zum Inhalt) mit Hilfe der Erstreckung früher ausgearbeiteter Positionen auf diese.[13]

Der Erlass einer Anordnung verpflichtet das Gericht im Zusammenhang damit zu einem öffentlichen Verfahren in Anwesenheit des Antragstellers, der Vertreter der Parteien, von Experten, Fachleuten, Medien-Vertretern. Bei dem Erlass eines Beschlusses ist dies nicht notwendig. Das Gericht kann dabei feststellen, dass das Gesetz mit der Verfassung übereinstimmt, aber nur in der vom Gericht vorgenommenen Interpretation und nicht in der Interpretation, die in der rechtsanwendbaren Praxis entstanden ist. Einerseits vereinfacht das Gericht das Verfahren, indem es die öffentliche Verhandlung minimiert und analoge Fälle wiederholt nicht betrachtet. Andererseits erkennen einige Gerichte die Entscheidungen des Verfassungsgerichts nicht an und berufen sich auf das Fehlen entsprechender Gesetzesnormen.

Im Jahr 2010 wurde diese Frage von den Vorsitzenden der drei höchsten Gerichtsinstanzen öffentlich erörtert. Es wurde von *Zorjkin* der Vorschlag über die offizielle Legalisierung des Verzichts auf öffentliche Verhandlungen bei „offenkundigen Sachen" (das sind analoge Sachen, zu denen das Gericht bereits Entscheidungen gefasst hat) unterbreitet.[14] Aber es ist unklar, wer und nach welchen Merkmalen die Offenkundigkeit der Sache bestimmt wird (berichterstattender Richter, Richterkollegium, Sekretariat?) und ob der Antragsteller die öffentliche

---

13 Internet-Interview mit *Zorjkin*, dem Vorsitzenden des Verfassungsgerichts der RF, Vorläufige Tätigkeitsergebnisse des Verfassungsgerichts kurz vor dem 15-jährigen Jubiläum: subscribe.ru/archive/economics.news.consinterview/200604/17155215.html.

14 Das Verfassungsgericht könnte auf die öffentliche Verhandlung bei „offensichtlichen Sachen" verzichten, www.garant.ru/news/249022/?subscribe_new_ogv.

Verhandlung seiner Angelegenheit verlangen darf, falls die Richter seine Sache als offenkundig betrachtet haben. Sicher ist es nicht zielgerichtet, auf die verfasste Praxis zu verzichten, aber es ist notwendig, das Verfahren zu vervollkommnen. Wenn der Antragsteller auf der öffentlichen Verhandlung besteht, muss das Gericht seiner Bitte auf jeden Fall nachkommen. In der Literatur wird dazu die Meinung geäußert, man brauche in einer solchen Situation das Einverständnis beider.[15] Es wird die Ansicht vertreten, dass die andere Seite, vertreten durch die Staatsmacht (Staatsduma, Föderationsrat, Präsident), an der öffentlichen Verhandlung gar nicht interessiert ist, zumindest wenn sich das Gericht nicht auf ihrer Seite befindet.

Und es gibt noch einen Aspekt, der die Spezifik der Entscheidungen betrifft, das Gericht ist nicht verpflichtet, sie offiziell zu veröffentlichen, obwohl die sog. Entscheidungen mit positivem Inhalt heute veröffentlicht werden.

3. Systematisierung der Rechtspositionen des Verfassungsgerichts

Eine besondere Frage, die tangiert ist, ist die Systematisierung der Positionen des Verfassungsgerichts. Mit der wachsenden Zahl der vom Verfassungsgericht gefassten Entscheidungen und der formulierten Rechtspositionen entsteht die Notwendigkeit ihrer Kontrolle und Systematisierung. Mit diesem Ziel wurde im Jahr 2002 der Beschluss über die Schaffung der „Datenbank Rechtspositionen des Verfassungsgerichts der RF" unter Anwendung der modernen Informationstechnologien gefasst. In die Datenbank werden – nach Rubriken geordnet – nicht nur die Urteile zur Widerspiegelung der Rechtspositionen, sondern auch die das Urteil begründenden Argumente eingegeben. Wenn ein und dieselbe Rechtsposition verschiedene Probleme berührt, werden im Verzeichnis die entsprechenden Hinweise in einigen Rubriken angegeben. Wenn eine Rechtsposition eine frühere Position bestätigt bzw. erweitert, schließt sie sich der früheren Position einfach an. Die Suche nach den Rechtspositionen erfolgt sowohl nach den Angaben des Beschlusses als auch nach den Schlüsselwörtern, die sich in der Konstruktion der Rechtsposition unmittelbar finden und ihren Hauptgegenstand bezeichnen. Möglich ist auch eine Suche nach dem alphabetischen Sachregister. Die Datenbank ist zugleich für die interne Anwendung durch Richter und Mitarbeiter des Verfassungsgerichts der RF geeignet. Seit 2008 wurden die Rechtspositionen in chronologischer Ordnung im Journal des Verfassungsgerichts veröffentlicht.[16] Auch Wissenschaftler verallgemeinern und systematisieren die Rechtspositio-

---

15 Das Gericht ist rasch, aber verfassungsmäßig, „Kommersant" v. 07.06.2010.

16 Vgl. *Strashun/Suchinina*, Über die Datenbank „Die Rechtspositionen des Verfassungsgerichts der RF", Zeitschrift für Verfassungsrechtsprechung, 2008, Nr. 1, S. 30-35 [*Страшун/Сухинина*, О базе данных „Правовые позиции Конституционного Суда Российской Федерации", Журнал конституционного правосудия, 2008, № 1, с. 30-35].

nen, so z.B. *Lazarev*, *Nesmejanova* u.a.[17] Es erweist sich als zweckmäßig, die Systematisierung der Positionen des Verfassungsgerichts und des *EGMR* in den ordentlichen Gerichten und in den Arbitragegerichten durchzuführen. Im Obersten Gerichtshof und im Obersten Arbitragegericht sind die entsprechenden Unterabteilungen zu gründen. In 16 Subjekten der RF existieren außerdem eigene Verfassungsgerichte, ihre Rechtspositionen bedürfen ebenfalls der Systematisierung und das nicht nur auf regionalem Niveau.

4. Probleme der Erfüllung der Entscheidungen des Verfassungsgerichts

Die RF hat Fortschritte gemacht; sie hat ihre Gesetzgebung tiefgreifend geändert und mit den europäischen und sonstigen internationalen Normen in Übereinstimmung gebracht. Hinzu kommt, dass die Gerichtspraxis verbessert wurde. Gleichzeitig erweisen sich die vorgenommenen Bemühungen (gesetzschöpferische, organisatorische, finanzielle u.a) als vergeblich, wenn die Entscheidungen der Gerichtsmacht nicht erfüllt werden. Dies zeigt die Schwäche des Staates, die Nichtachtung des Gerichts und die Gleichgültigkeit dem Gesetz gegenüber. Sehr markant hat sich zu diesem Thema der Präsident Russlands, *Medvedjev*, auf dem VII. Allrussischen Kongress der Richter am 02.12.2008 geäußert. Er hat das Problem der Erfüllung der Gerichtsentscheidungen als das wichtigste und leider ewig erörterte Thema bezeichnet. Ungeachtet dessen, dass dem Dienst der Gerichtsvollzieher Befugnisse und Ressourcen zugeteilt wurden, gibt es bis jetzt keine globalen Verbesserungen ihrer Tätigkeit. Laut Statistik wird jede zweite Entscheidung der Gerichte nicht erfüllt, das betrifft sowohl die Entscheidungen der ordentlichen Gerichte als auch die der Arbitragegerichte. Gerade deswegen sind viele russische Bürger gezwungen, sich an den *EGMR* zu wenden. Ungefähr 30 % aller „russischen“ Angelegenheiten betreffen das Recht auf ein faires Gerichtsverfahren.

Geradezu paradox und unzulässig vom Standpunkt eines Rechtsstaates ist die Situation, die mit der Nichterfüllung der Entscheidungen des Verfassungsgerichts der RF verbunden ist. Es gilt anzumerken, dass man sogar auf wissenschaftlichem Niveau zuweilen eine Art Begründung einer solchen Situation finden kann. Es handelt sich um die Nichtintegration des Stadiums der Erfüllung der Entscheidungen in die Stadien des Verfassungsprozesses.[18] Es entsteht auf

---

17 *Lazarev*, Die Rechtspositionen des Verfassungsgerichts Russlands, Moskau 2008 [*Лазарев,* Правовые позиции Конституционного Суда России, Москва 2008]; *Nesmejanova*, Die Gerichtspraxis des Verfassungsgerichts der RF mit den Erläuterungen, Moskau 2007 [*Несмеянова,* Судебная практика Конституционного Суда Российской Федерации с комментариями, Москва 2007].

18 Vgl. z.B. *Mazurov*, Kommentar zum Föderalen Verfassungsgesetz „Über das Verfassungsgericht der RF“ (artikelweise), Moskau 2006, S. 120 [*Мазуров,* Комментарий к Федеральному конституционному закону „О Конституционном Суде Российской Федерации“ (постатейный), Москва 2006, с. 120].

solche Weise schon auf diesem Niveau ein Missverhältnis zwischen der Gerichtstätigkeit und ihrem Ergebnis. Das Fällen einer Gerichtsentscheidung ist nicht das Endziel der Rechtsprechung, zu deren Zweck menschliche, finanzielle und sonstige Ressourcen ausgegeben werden. Das Ergebnis der Gerichtstätigkeit, die man als effektiv bezeichnen kann, besteht in der Erfüllung dessen, was das Gericht als gerecht, vernünftig und gesetzlich anerkannt hat. Es ist wie die Behandlung beim Arzt; es geht nicht um die Arznei-Einnahme, sondern um die Genesung. Die Auslegungspraxis des *EGMR* betrachtet schon lange die Verwirklichung der Gerichtsentscheidung als einen Bestandteil der Gerichtsverhandlung. Der russische Präsident als fachmännischer Jurist, meint zu Recht, dass „jede Entscheidung des Verfassungsgerichts als einer besonderen Gerichtsinstanz vollständig verwirklicht werden muss", indem er unterstreicht, dass hinter jeder, sogar jeder winzig kleinen Nichterfüllung die Interessen einer Vielzahl von Menschen stehen. „Unsere Aufgabe besteht darin, danach zu streben, dass sich alle Entscheidungen des Verfassungsgerichts in den Akten der Vollzugsmacht bzw. in den Gesetzesberichtigungen verkörpern".[19]

Das genannte Problem besteht praktisch schon seit Beginn der Tätigkeit des Verfassungsgerichts. 2001 merkte das Gericht an, dass „die Nichterfüllung der Entscheidungen des Verfassungsgerichts durch die Machtorgane und ihre Beamten Hindernisse für die Hoheit und unmittelbare Wirkung der Verfassung der RF auf dem gesamten Territorium Russlands, für die Ausübung der Grundlagen der verfassungsmäßigen Ordnung sowie die Befugnisse der föderalen Organe der Staatsmacht schafft, was die Anwendung von Maßnahmen der strafrechtlichen Verantwortlichkeit begründet, die in Art. 315 des Strafgesetzbuches der RF vorgesehen sind".[20] Aber man hat bisher keinen der Schuldigen zur strafrechtlichen Verantwortung gezogen. Es gibt auch keine Informationen über die disziplinarische Verantwortlichkeit. Interessant ist, dass einige Vertreter der Strafrechtswissenschaft sogar der Meinung sind, dass die Erfüllung der Akte des Verfassungsgerichts vom Strafrecht überhaupt nicht gewährleistet werde.[21]

---

19 www.gazeta.ru/politics/2010/01/21_kz_3314613.shtml.

20 Die Entsch. des VerfG RF v. 19.04.2001 Nr. 65-O bzgl. des Gesuchs des bevollmächtigten Vertreters des Präsidenten der RF im föderalen *Bezirk Priwolzhje* um offizielle Erläuterung der Entsch. des VerfG RF v. 27.06.2000 gem. der Anfrage einer Gruppe von Deputierten der Staatsduma hinsichtlich der Überprüfung der Übereinstimmung einzelner Verfassungsbestimmungen der Republiken *Adygeja*, *Bashkortostan*, *Inguschetien*, *Komi*, *Nordossetien – Alanien* und *Tatarstan* mit der Verfassung der RF, Gesetzessammlung der RF, 2001, Nr. 20, Art. 2059.

21 Vgl. z.B. *Druzin*, Verhinderung der Erfüllung der Akte der Gerichte, Uljanovsk 2001, S. 18 [*Друзин,* Воспрепятствование исполнению судебного акта, Ульяновск 2001, с. 18]; *Galachova* (Hrsg.), Strafrechtliche Verantwortlichkeit für Justizdelikte, Moskau 2003, S. 231 [Под ред. *Галаховой*, Уголовная ответственность за преступления против правосудия, Москва 2003, с. 231].

Manchmal erkennt das Verfassungsgericht die umstrittenen Normen in seiner Interpretation als nicht im Widerspruch zur Verfassung stehend an, schlägt aber der Föderalen Versammlung der RF vor, Änderungen der Gesetzgebung vorzunehmen. In einigen Gerichtsanordnungen gibt es Vorschriften, die nicht die Regierung, sondern die Föderale Versammlung beauftragen, die notwendigen Änderungen in den Normativakten vorzunehmen. Gemäß der Anordnung des Verfassungsgerichts der RF vom 28.02.2006 Nr. 2-P hinsichtlich der Prüfung der Verfassungsmäßigkeit einzelner Bestimmungen des Föderalen Gesetzes „Über Telekommunikation" aufgrund der Anfrage der Duma des Korjaksker autonomen Bezirks sollte das umstrittene Gesetz, was mit der gesetzgeberischen Festlegung nicht übereinstimmt, von der Föderalen Versammlung geändert werden, die diese Verpflichtung der Regierung der RF zugewiesen hat.

Manchmal legt das Verfassungsgericht praktischer Weise die Ordnung und den Termin für die Erfüllung seiner Entscheidungen fest. In der Entscheidung vom 19. 06.2002 Nr. 11-P „Tschernobyl" hat das Verfassungsgericht die gesetzlichen Bestimmungen hinsichtlich der Begrenzung der maximalen Geldsumme (10.000 Rubel) für den Schadenersatz, der aus dem Lohn für die Tschernobyl-Invaliden und im Todesfall für ihre arbeitsunfähigen Familienmitglieder berechnet wurde, als verfassungswidrig anerkannt und darauf hingewiesen: „Die Regierung der RF muss zur Erfüllung der vorliegenden Anordnung innerhalb der Frist von spätestens drei Monaten den Entwurf eines entsprechenden föderalen Gesetzes der Staatsduma vorlegen. Die Staatsduma muss den Entwurf nach einer außerordentlichen Ordnung behandeln.[22]

Die Gesetzgebung hat den Mechanismus der Verantwortlichkeit der Regierung der RF für eine nicht rechtzeitige Vorlage eines Gesetzentwurfs in der Staatsduma nicht bestimmt. Nicht zufällig wandte sich die Staatsduma 2005 an die Regierung der RF mit einer parlamentarischen Anfrage, die die Annahme von Regierungsmaßnahmen zur Einführung von Änderungen der Gesetzgebung zur Erfüllung der Entscheidungen des Verfassungsgerichts betraf. In der Anfrage wurde aufgezeigt, dass zehn Anordnungen des Verfassungsgerichts, in deren Resolutionsteil auf die Notwendigkeit der Änderung der Gesetzgebung hingewie-

22 Anordnung des Verfassungsgerichts der RF v. 19.06.2002 Nr. 11-P hinsichtlich der Überprüfung der Verfassungsmäßigkeit der Bestimmungen des Gesetzes der RF v. 18.06.1992 „Zum Sozialschutz der Bürger, die infolge der Tschernobyl-Katastrophe bestrahlt wurden" (i.d.F. v. 24.11.1995 und v. 12.02.2001), der Föderalen Gesetze v. 12.02.2001 zur Änderung- bzw. Ergänzung des Gesetzes der RF „Zum Sozialschutz der Bürger, die infolge der Tschernobyl-Katastrophe bestrahlt wurden" und v. 19.06.2000 „Zum minimalen Arbeitslohn" sowie v. 07.08.2000 „Zur Feststellung von Stipendien und sozialen Auszahlungen in der RF" im Zusammenhang mit Anfragen des Obersten Gerichtshofs der RF und des Oktabrskij Kreisgerichtes der Stadt *Krasnodar* sowie von Klagen der Bürger und gesellschaftlichen Tschernobyl-Organisationen, Gesetzessammlung der RF, 2002, Nr. 27, Art. 2779.

sen wurde, nicht erfüllt worden sind. Die angeführten Gerichtsanordnungen waren im Zeitraum von 1997 bis 2005 angenommen worden.[23] Einige Entscheidungen wurden also acht Jahre lang nicht erfüllt, einzelne Entscheidungen sind bis heute nicht erfüllt worden.[24]

So wurde durch die Gesetzgebung die Reihenfolge und die Proportionalität der Lohn- und Steuerauszahlung der kaufmännischen Organisationen nicht rechtzeitig bestimmt[25]. Der Mechanismus des Zusammenwirkens zwischen den Notar-Kammern und den Justizorganen[26] und der Mechanismus der Verwirklichung des Rechts der Einwohner von Tschernobyl bzgl. der Versicherungsbeträge, die in Art. 28 des Gesetzes der RF „Über den sozialen Schutz der infolge der

---

23 www.parlcom.ru/index.php?p=Lzc=&id=3021.

24 Es sind vor allem die Vorschriften nicht erfüllt, die im Pkt. 3 der Anordnung des Verfassungsgerichts der RF v. 27.01.2004 Nr. 1-P angegeben sind: „Die Föderale Versammlung hat das Föderale Verfassungsgesetz anzunehmen, in dem die Befugnisse des Obersten Gerichtshofs der RF zur Verhandlung bzgl. der Anfechtung normativer Rechtsakte der Regierung der RF festgelegt werden, deren Überprüfung nicht zur ausschließenden Kompetenz des Verfassungsgerichts der RF gehört.
Sie hat auch zu regeln, wie die Überprüfung der Gesetzlichkeit normativer Rechtsakte durch ordentliche Gerichte gem. den Anforderungen der Verfassung der RF und der Rechtsstellung des Verfassungsgerichts der RF gesichert wird.
Ein anderes Beispiel ist mit der unvollständigen Erfüllung des Pkt. 6 der Anordnung des Verfassungsgerichts der RF v. 31.07.1995 Nr. 10-P über die Festlegung von Garantien zum Schutz der Opfer nationaler bewaffneter Konflikte verknüpft.
Und noch ein Beispiel: Gem. Pkt. 2 der Anordnung des Verfassungsgerichts der RF v. 16.05.2000 Nr. 8-P war es dem föderalen Gesetzgeber vorgeschrieben, die Höhe und die Ordnung der Auszahlung einer vernünftigen und angemessenen Entschädigung für Schuldner vorzusehen, die sich im Konkurs befinden, sowie den Mechanismus zur Realisierung der Beschlüsse föderaler Staatsorgane auszuarbeiten, die zur Steigerung von Budgetausgaben auf verschiedenen Ebenen führen. Der einheitliche Mechanismus für die Realisierung der Beschlüsse der föderalen Organe der Staatsmacht, der zur Steigerung von Budgetausgaben auf verschiedenen Ebenen (die Budgets der Subjekte der RF, der kommunalen Gebilde) führt, ist bis jetzt noch nicht ausgearbeitet, was die Praxis der Realisierung des berühmten „Gesetzes über die Ummünzung von Vergünstigungen" (Föderales Gesetz v. 22.08.2004 Nr. 122-FZ) und eine Reihe von nachfolgenden Anordnungen und Bestimmungen des Verfassungsgerichts der RF bildhaft bestätigen.

25 Die Anordnung des Verfassungsgerichts der RF v. 23.121997 Nr. 21-P hinsichtlich der Überprüfung der Verfassungsmäßigkeit von Pkt. 2, Art. 855 des Zivilgesetzbuchs der RF und T. 6, Art. 15 des Gesetzes der RF „Über die Grundlagen des Steuersystems in der RF" im Zusammenhang mit der Anfrage des Präsidiums des Obersten Gerichtshofs der RF, Gesetzessammlung der RF, 1997, Nr. 52, Art. 5930.

26 Die Anordnung des Verfassungsgerichts der RF v. 19.05.1998 Nr. 15-P hinsichtlich der Überprüfung der Verfassungsmäßigkeit der Art. 2, 12, 17, 24 und 34 der Grundlagen der Gesetzgebung der RF über das Notariat, Gesetzessammlung der RF, 1998, Nr. 22, Art. 2491.

Tschernobyl-Katastrophe bestrahlten Bürger" vorgesehen war, wurden nicht festgelegt; die Grundlagen und die Reihenfolge des Schadenersatzes bei Schäden, die infolge rechtswidriger Handlungen (oder Untätigkeit) des Gerichts (des Richters) verursacht werden, sind nicht geregelt.[27] Auch die Frage der Kompetenz und der Gerichtszuständigkeit solcher Fälle wurde nicht gelöst. Es wurden zudem die Gerichtsentscheidungen bzgl. der Änderung der Ordnung der Vorverhandlung in der Gerichtssitzung nicht berücksichtigt (Art. 234 Strafprozessgesetzbuch der RF), die die Befugnisse des Obersten Gerichtshofs bzgl. der Behandlung von Fällen der Anfechtung normativer Rechtsakte der Regierung der RF betreffen, deren Überprüfung nicht zur außerordentlichen Kompetenz des Verfassungsgerichts gehört. Es wurde die Rechtslücke in der Regelung der Tätigkeit nicht staatlicher Lotsen-Organisationen nicht beseitigt. Auch die Verantwortlichkeit für die Verletzung der durch die Budgetgesetzgebung festgelegten Ordnung der Betreuung der Budgetkonten sowie für die garantierte minimale Ausgleichsumme im Falle der vorfristigen Kündigung des Arbeitsvertrages durch den Leiter der Organisation, die ohne sein Verschulden erfolgte, wurde nicht bestimmt. Man erfüllte lange Zeit die Entscheidung des Verfassungsgerichts nicht, die die gesetzgeberische Regelung folgender Fragen vorschrieb: Berücksichtigung der pädagogischen Tätigkeit in Kindereinrichtungen, der Heiltätigkeit bzw. sonstiger Tätigkeiten in Einrichtungen des Gesundheitswesens sowie der schöpferischen Tätigkeit in Theatern und Theater- und Bühnenorganisationen als Dienstzeit im Rahmen einer beruflichen Tätigkeit, die das Recht auf vorfristige Rente für diese Personen einräumt, sowie Berücksichtigung des Zeitraumes, in dem sie diese Tätigkeit in den angegebenen Einrichtungen ausgeübt wurde.

Im Juli 2007 hat der Vorsitzende des Verfassungsgerichts ein Schreiben im Zusammenhang mit der Nichterfüllung von 25 Entscheidungen des Verfassungsgerichts an die Staatsduma gesandt.[28]

Es wird darauf aufmerksam gemacht, dass die Initiierung eines Gesetzentwurfs zur Verwirklichung der Entscheidungen des Verfassungsgerichts nicht seine baldige Annahme bedeutet, weil es praktisch unmöglich ist, der Staatsduma eine Frist für die Annahme eines Gesetzes vorzugeben. Im Juli 2007 schickte der Vorsitzende des Verfassungsgerichts der RF ein Schreiben bzgl. der Nichterfüllung von 25 Gerichtsentscheidungen, darunter die Entscheidung über die Aufsicht im Zivilprozess, an die Staatsduma.[29]

---

27 Die Anordnung des Verfassungsgerichts der RF v. 25.01.2001 Nr. 1-P hinsichtlich der Überprüfung der Verfassungsmäßigkeit der Bestimmung von Pkt. 2, Art. 1070 des Zivilgesetzbuches der RF im Zusammenhang mit Klagen von *Bogdanov*, *Zernov*, *Kaljanov* und *Truchanov*, Gesetzessammlung der RF, 2001, Nr. 7, Art. 700.

28 www.ksrf.ru/press/smi/msg.asp?id=655.

29 www.ksrf.ru/press/smi/msg.asp?id=655.

Manchmal werden anstelle der Ausarbeitung eines neuen Gesetzentwurfs behördliche Akte angenommen. Der Richter des Verfassungsgerichts der RF, *Bondarj*, führt ein solches Beispiel an. Der Steuerdienst der 90-er Jahre erfüllte scheinbar die Anordnung des Gerichts vom 17.12.1996 über die föderalen Organe der Steuerpolizei, indem er eine Vorschrift für die innere Anwendung veröffentlichte, in der die Entscheidung des Verfassungsgerichts durch „geniale" Auslegung in ihr Gegenteil verkehrt wurde. Und diese Instruktionen stehen für die Steuerbeamten leider höher als die Verfassung. Es wird also seitens der Organe der Vollzugsmacht versucht, die Entscheidungen des Verfassungsgerichts in bestimmten Teilen zu desavouieren, was durch die Annahme einer untergesetzlichen Bestimmung verwirklicht wird, die der Entscheidung des Verfassungsgerichts widerspricht.[30]

In der Sphäre der Erfüllung von Entscheidungen des Verfassungsgerichts der RF gibt es auch andere Probleme, z.B. die Weitergeltung (tatsächliche Anwendung) von untergesetzlichen Bestimmungen ungeachtet dessen, dass die Bestimmungen in föderalen Gesetzen mit analogem Inhalt als verfassungswidrig anerkannt wurden, aber auch die Nichterstreckung von Rechtspositionen des Verfassungsgerichts der RF hinsichtlich konkreter Rechtsnormen auf Bestimmungen anderer Normativakte analogen Inhalts seitens der Staats- und Kommunalorgane.[31]

Eines der markantesten Beispiele des Ignorierens der Entscheidungen des Verfassungsgerichts[32] ist die fortgesetzte Praxis der Miliz der allgemeinen Fest-

---

30 Deputierte der Staatsduma haben elf vergessene Beschlüsse des Verfassungsgerichts entdeckt, Rossijskaja gazeta v. 27.07.2005.

31 Ausführlicher *Mitjukov*, Erfüllung der Akte des Verfassungsgerichts der RF und der Verfassungsgerichte (Statutengerichte) der Föderationssubjekte, Rossijskaja justizija, 2001, Nr. 6 [*Митюков*, Исполнение актов Конституционного Суда РФ и конституционных (уставных) судов субъектов Федерации, Российская юстиция, 2001, № 6]; *ders.*, u.a. (Hrsg), Probleme der Erfüllung der Beschlüsse des Verfassungsgerichts der RF durch die föderalen Staatsorgane und der Staatsorgane der Subjekte der RF, Moskau 2001 [Под ред. Митюкова и др., Проблемы исполнения федеральными органами государственной власти и органами государственной власти субъектов Российской Федерации решений Конституционного Суда Российской Федерации, Москва 2001].

32 Entsch. des VerfG RF v. 17.07.2007 Nr. 573-O-O über die Ablehnung der Annahme zur Entscheidung einer Klage des Bevollmächtigten für Menschenrechte in der RF bzgl. der Verletzung der Verfassungsrechte von *Schaklein* in Pkt. 9, Art. 2 des Föderalgesetzes „Über Versammlungen, Meetings, Demonstrationen, Aufzüge und Pikette" und Pkt. 7, Art. 36 des Bodengesetzbuches der RF, Rossijskaja gazeta, v. 25.07.2007; Entsch. des VerfG RF v. 02.04.2009 Nr. 484-O-P gem. der Klage von *Laschmankin*, *Schadrin* und *Schimovolos* hinsichtlich der Verletzung ihrer Verfassungsrechte in T. 5, Art. 5 des Föderalen Gesetzes „Über Versammlungen, Meetings, Demonstrationen, Aufzüge und Pikette", Rechtsauskunftssystem „Garant".

nahme von Bürgern, die sich am Ort der Durchführung nicht genehmigter Straßenaktionen befinden.[33]

Die Frage der Verwirklichung der Entscheidungen der russischen Gerichte wurde sogar in der Botschaft des Präsidenten an die Föderale Versammlung vom 05.11.2008 gestellt: „Die Verwirklichung der Gerichtsentscheidungen ist immer noch ein großes Problem. Sie ist ein Problem aller Gerichte, einschließlich des Verfassungsgerichts".[34]

Es ist klar, dass die Verwirklichung der Entscheidungen des Verfassungsgerichts nicht nur vom adäquaten Handeln aller Staatsorgane, Beamten, Richter, sondern auch der einfachen Juristen und von deren Rechtbewusstsein abhängt. Die „Konstitutionalisierung"[35] des Bewusstseins verläuft jedoch äußerst langsam. Die Verwirklichung der Gerichtsentscheidungen wird in Russland traditionsgemäß als ein Einzelstadium verstanden, das mit der Gerichtsverhandlung nicht verbunden ist und für das die Organe der Vollzugsmacht zuständig sind.

Das Paradox besteht darin, dass heute nicht nur die Vollzugsmacht und die Gesetzgebung die Anweisungen des Gerichts über die Änderung der Gesetzgebung bzw. über das Füllen von Rechtslücken übergehen. Auch die Richter gestatten es sich, darauf zu verzichten, einen Fall in Übereinstimmung mit den Entscheidungen des Verfassungsgerichts zu prüfen und zu überprüfen. Häufig überprüfen die Gerichte die Gerichtsakte nicht und übergehen zudem die Entscheidungen des Verfassungsgerichts, in denen festgelegt wurde, dass die umstrittenen Normen zwar nicht als verfassungswidrig betrachtet werden, aber festgelegt wird, dass diese Normen gemäß dem verfassungsrechtlichen Sinn, der vom Verfassungsgericht der RF festgestellt wurde, angewendet werden müssen. Ein Beispiel aus der Praxis des Arbitragegerichts im *Sverdlovsker Gebiet* ist charakteristisch dafür. Trotz der Rechtsposition des Verfassungsgerichts in der Anordnung vom 30.06.2006 Nr. 8-P und in der Entscheidung vom 07.12.2006 Nr. 542-O über die Unzulässigkeit des Ignorierens der Willensäußerung des Selbstverwaltungsorgans bei der Übergabe des Vermögens aus Kommunaleigentum in Eigentum des Subjekts der RF oder in föderales Eigentum haben die Arbitragegerichte bei der Verhandlung des Streits zwischen den Selbstverwaltungsorganen der Stadt Jekaterinenburg und den Staatsorganen des *Sverdlovsker Gebiets* auf die Überprüfung der vorherigen Entscheidung verzichtet, die neue Umstände eröffnet hat (so wie die Entscheidung des Verfassungsgerichts) und so ein Kindersanatorium nicht als Objekt des Kommunaleigentums anerkannt. In der Entscheidung des Arbitragegerichts des *Sverdlovsker Gebiets* vom

33 Wlast Nr. 16, 2010.

34 Rossijskaja gazeta v. 06.11.2008.

35 Der Begriff wurde vom Vorsitzenden des Verfassungsgerichts der RF, *Zorjkin*, geprägt. Vgl. Text und Realität, Rossijskaja gazeta v. 12.12.2006.

06.04.2007 wurde festgestellt, dass eine solche Art der Entscheidung des Verfassungsgerichts nicht als unumstößlicher und ausreichender Grund für eine erneute Überprüfung der Sache nach neu erwiesenen Umständen qualifiziert werden kann, weil durch sie ganz verschiedene Fragen gelöst werden können, sie keine endgültige Entscheidung zur Sache beinhaltet und nicht von allen in der Verhandlung teilnehmenden Richtern des Verfassungsgerichts der RF unterschrieben und im Namen der RF gefasst worden ist.[36] Es ist offensichtlich, dass solche Überlegungen der Arbitrage-Richter in einer wissenschaftlichen Konferenz Platz haben, aber nicht in einem Gerichtsakt eines der wichtigsten Gerichte des Landes.

Das Verfassungsgericht erläuterte mehrfach speziell solchen verständnislosen Richtern, dass der Art. 79 des Gesetzes die Revision der Entscheidungen der Gerichte und sonstiger Organe verlangt, die auf Akten basieren, die als verfassungswidrig betrachtet wurden. Diese Vorschrift kann auch auf rechtsanwendende Entscheidungen ausgedehnt werden, die sich auf Akte stützen, die, ungeachtet dessen, dass sie infolge der Lösung der Sache im verfassungsmäßigen Gerichtsverfahren als verfassungsmäßig anerkannt sind, im Zuge der Anwendung der bestimmten Sache durch das ordentliche Gericht bzw. durch das Arbitragegericht eine neue Interpretation bekommen haben, die von ihrem verfassungsrechtlichen Sinn abweicht. Solche rechtsanwendenden Entscheidungen unterliegen auch der ordnungsgemäßen Überprüfung. Etwas Anderes könnte bedeuten, dass das ordentliche Gericht bzw. das Arbitragegericht die Akte neu, anders (als das Verfassungsgericht) auslegen und somit das verfassungsmäßige Gerichtsverfahren unterlaufen können.[37] Das Verfassungsgericht hat darauf hingewiesen, dass „die Arbitragegerichte verpflichtet sind, die Sache nach den neu eröffneten Umständen (vorgesehen im Pkt. 6 Art. 311 Arbitrageprozessgesetzbuch der RF, in der Interpretation des Verfassungsgerichts, angegeben in der Bestimmung vom 27.05.2004 Nr. 211-O) zu überprüfen …; die Arbitragegerichte sind nicht berechtigt, die Gesetzlichkeit und die Stichhaltigkeit der Entscheidungen zu bewerten, die vom Verfassungsgericht der RF angenommen werden. Die Arbitragegerichte sind folglich nicht berechtigt, die Entscheidungen des Verfassungsgerichts der RF und die in ihnen enthaltenen Vorschriften nicht zu verwirklichen.[38]

---

36 Vgl. die Entsch. des Arbitragegerichtes des Sverdlovsker Gebiets v. 06.04.2007.

37 Anordnung des Verfassungsgerichts der RF v. 17.03.2009 Nr. 5-P hinsichtlich der Überprüfung der Verfassungsmäßigkeit von Abs. 4 und 5, Pkt. 10 Art. 89 des Steuergesetzbuches der RF im Zusammenhang mit der Klage der GmbH „Warm", Rossijskaja gazeta v. 01.04.2009.

38 Entsch. des VerfG RF v. 01.11.2007 Nr. 827-O-P, Moskau, gem. dem Gesuch des Stadtoberhaupts der Stadt Jekaterinenburg um offizielle Erläuterung der Entsch. des VerfG RF v. 07.12.2006 Nr. 542-O gem. der Anfrage der gesetzgebenden Versammlung der Republik Kareliens bzgl. der Überprüfung der Verfassungsmäßigkeit des T. 11 Art. 154 des

Im Jahr 2008 hat das Verfassungsgericht der RF das Ersuchen der Offenen Aktiengesellschaft „Chakasenergo“ bzgl. der Erläuterung einiger Bestimmungen der Anordnung des Verfassungsgerichts der RF vom 05.02.2007 Nr. 2-P zur Prüfung der Verfassungsmäßigkeit der Art. 16, 20, 112, 336, 376, 377, 380, 381, 382, 383, 387, 388 und 389 des Zivilprozessgesetzbuches der RF i.V.m. der Anfrage des Kabinetts der Minister der Republik Tatarstan, den Klagen der Offenen Aktiengesellschaften „Nizhnekamskneftechim“ und „Chakasenergo“ und den Klagen einiger Bürger zur Verhandlung angenommen.

Dieser Antrag wurde aufgrund der Abweisung seitens des Präsidiums des Obersten Gerichtshofs der RF eingebracht, die früheren Entscheidungen bzgl. der Antragsteller zu überprüfen.

Gemäß der Anordnung des Präsidiums des Obersten Gerichtshofs der RF vom 20.06.2007 Nr. 8 PW07[39] wurde die Überprüfung der Anordnung vom Präsidium des Obersten Gerichtshofs der RF vom 20.11.2005 bzgl. neu erwiesenen Umständen mit folgendem Verweis verweigert: *„Die Bestimmungen der Anordnung des Verfassungsgerichts der RF vom 05.02.2007 konnten objektiv zum Zeitpunkt des Einbringens der Sache weder durch den Stellvertretenden Vorsitzenden des Obersten Gerichtshofs der RF noch bei der Verhandlung durch das Präsidium des Obersten Gerichtshofs der RF vom 30.11.2005 berücksichtigt werden. Im Zusammenhang damit sind die Einwendungen bzgl. neu erwiesener Umstände zur Überprüfung der Anordnung des Präsidiums des Obersten Gerichtshofs vom 30.11.2005 als nicht überzeugend anzuerkennen.“* Die höchste Gerichtsinstanz hat sich also geweigert, die Entscheidung des Verfassungsgerichts der RF zu verwirklichen.

Wie der Richter des Verfassungsgerichts der RF i.R. und der jetzige Präsident *Kabardino-Balkariens*, *Ebzejev*, bemerkte, verwenden einige Richter der ordentlichen Gerichte und der Arbitragegerichte „verfeinerte Methoden der Rechtsverdrehung“ und halten es für möglich, die Entscheidungen des Verfassungsgerichts der RF und dadurch die Verfassung selbst zu übergehen.[40]

Föderalen Gesetzes v. 22.08.2004 Nr. 122-FZ „Über Änderungen der Gesetzgebungsakte der RF und die Anerkennung der Ungültigkeit einiger Gesetzgebungsakte der RF“ im Zusammenhang mit der Annahme des Föderalen Gesetzes „Zu Änderungen und Ergänzungen im Föderalen Gesetz über die allgemeinen Prinzipien der Organisation der Gesetzgebungs-(Vertretungs-) und Vollzugsorgane der Staatsmacht der Subjekte der RF und zu den allgemeinen Prinzipien der Organisation der örtlichen Selbstverwaltung in der RF“ sowie der Klage des Stadtoberhaupts der Stadt Jekaterinenburg hinsichtlich Verletzung des Verfassungsrechts auf örtliche Selbstverwaltung durch dieselben gesetzlichen Bestimmungen, Rossijskaja gazeta v. 12.01.2008.

39 www.supcourt.ru/card/CASES.php?CASE_ID=19588743&DELO_ID=8000000.

40 Die Rede von *Ebzejev* auf der 1000. feierlichen Sitzung der Staatsduma der Föderalen Versammlung am 23.05.2008, Journal konstituzionnogo pravosudija 2008, Nr. 3, S. 2 [Выступление *Эбзеева* на 1000-м торжественном заседании Государственной Думы

Auch heute trifft man nicht selten auf die Meinung, dass eine Entscheidung des Verfassungsgerichts der RF oder des *EGMR* nicht als neu eröffneter Umstand bewertet werden darf, weil zu einem solchen Umstand „nicht das Recht, sondern die Tatsachen gehören, die dem Gericht im Moment der Beschlussfassung nicht bekannt waren". Aber warum rechneten dann die Gerichte lange Zeit die geänderte Praxis des Obersten Gerichtshofs der RF bzgl. der Anwendung des Föderalen Gesetzes „Über die Renten in der Russischen Föderation" den neu eröffneten Umständen zu? So lange, bis der *EuGH* am 17.12.2007 die Entscheidung zur Sache „*Rjabov* und andere gegen Russland" von 155 „privilegierten" Pensionären des Moskauer Gebiets, deren Rentenzuschläge für schwere Arbeitsbedingungen in den Jahren 2007-2008 von den Gerichten mit der Begründung neuer Umstände abgeschafft worden waren, nicht angenommen hatte.

Das Verfassungsgericht hat den ordentlichen Richtern in der Anordnung vom 26.02.2010 Nr. 4-P betr. die Sache zur Prüfung der Verfassungsmäßigkeit des T. 2, Art. 392 des Zivilprozessgesetzbuches der RF erklärt, sie seien verpflichtet, Zivilsachen aufgrund der Entscheidungen des *EGMR* zur Überprüfung anzunehmen. Mit dem Ziel der einheitlichen (im Rahmen des Zivilgerichtsverfahrens) und erforderlichen rechtlichen Regelung hat das Verfassungsgericht dem föderalen Gesetzgeber vorgeschrieben, entsprechende Änderungen im Zivilprozessgesetzbuch vorzunehmen, was dieser auch erledigt hat.

Die Entscheidungen des Verfassungsgerichts werden auch auf strafrechtlichem Gebiet nicht erfüllt. Obwohl das Gericht dazu aufforderte, bei der Verlängerung der Haftfrist (unabhängig vom Stadium des Gerichtsverfahrens) die obligatorische Teilnahme des Rechtsanwalts und des Beschuldigten zu gewährleisten, wird diese Norm häufig nicht erfüllt und das Verfahren wird formal vorgenommen – und das seit vielen Jahren.[41]

Ein solches Verhalten der Richter zu den Akten des Verfassungsbewahrers wird als Nichtachtung der höchsten Rechtsakte des Landes betrachtet und zerstört die Grundlagen der russischen Staatlichkeit.

Федерального Собрания 23 мая 2008 г, Журнал конституционного правосудия, 2008, № 3, с. 2].

41 Vgl. *Michajlov*, Das Verfassungsgericht ist bereit, die Verhandlung der Sachen zu beschleunigen, Rossijskaja gazeta v. 29.01.2010 [*Михайлов,* Конституционный Суд готов ускорить процедуру рассмотрения дел, Российская газета, 2010, 29 января].

Das Verhältnis der Begriffe Verfassungsrecht und Staatsrecht im Kontext des Westens und Russlands

Roman Romashov *

Der Artikel befasst sich mit der Analyse der Begrifflichkeit und der Struktur des Staatsrechts als Wissenschaft und Studiendisziplin. Es wird eine vergleichende Analyse des Herangehens an das Wesen und den Inhalt des vorliegenden Rechtszweiges im Kontext der verfassungsrechtlichen Traditionen Russlands und des Westens durchgeführt, das institutionelle Modell des Systems des Staatsrechts (des Verfassungsrechts) konstruiert und seinen Platz im System der modernen russischen Rechtswissenschaft geklärt.

In der modernen russischen Rechtswissenschaft werden die Begriffe Verfassungsrecht und Staatsrecht identisch wahrgenommen, und als auswechselbar gebraucht.[1] Der Autor hält das für ein fehlerhaftes Herangehen, das sich allein auf die nationale rechtliche Tradition stützt. Im Folgenden wird versucht, die Besonderheiten der traditionellen Vorstellungen zum Staats- und Verfassungsrecht unter den Bedingungen der rechtlichen Familien Kontinentaleuropas und Großbritanniens zu zeigen und zu beweisen, dass die rechtliche Tradition Russlands gerade zum *Staats*recht gravitiert.

I. Die europäische (romanisch-germanische) Tradition

Für das kontinentaleuropäische Recht ist die Determination des Rechts und des Staates kennzeichnend. Das Recht ist der zum Gesetz erhobene Wille des Staates. Das Öffentliche Recht, das sich als System der nationalen Gesetzgebung darstellt, hat die unbedingte Priorität im Verhältnis zum Privatrecht, dessen

* Der Verfasser ist Dr. iur., Professor und Direktor des Juristischen Instituts beim Ministerium der Justiz der Russischen Föderation in Samara. Er ist verdienter Wissenschaftler der RF.

1 So meinen die Autoren des Lehrbuchs *Kutafin* (Hrsg.), Das staatliche Recht der Russischen Föderation, Moskau 1996 [*Кутафин* (Под ред), Государственное право Российской Федерации, Москва 1996], dass in den letzten Jahren der Name des vorliegenden Zweigs (das Staatsrecht – Anm. des Verf.) und der gleichnamigen Wissenschaft oft mit dem Terminus Verfassungsrecht bezeichnet wurde. Eine solche Veränderung wird i.d.R. mit dem neuen Herangehen an die Charakteristik des Gegenstandes und der Institute des Zweiges sowie den theoretischen Problemen der Wissenschaft nicht verbunden. So sind die Begriffe Staatsrecht und Verfassungsrecht identisch. Es ist zu beachten, dass es sich um die Identität von Staats- und Verfassungsrecht handelt, seit die Verfassung von 1993 gilt. Russland wurde offiziell als Rechtsstaat bezeichnet.

Normen die Beziehungen zwischen den Kooperationen und den Individuen regeln. Dabei präsentiert sich das Privatrecht als normatives Massiv, das vom Öffentlichen Recht abgeleitet ist und nach seiner sozial-juristischen Bedeutsamkeit sekundär ist.

In der europäischen Rechtstradition stellt das Staatsrecht die Sphäre des Öffentlichen Rechts dar, in deren Rahmen Rechtsnormen zusammengefasst sind, die den Staatsaufbau und die Formen der Staatsgewalt bestimmen und die Rechtsverhältnisse zwischen dem Staatsapparat, den gesellschaftlichen Organisationen und den Individuen reglementieren. Als Staatsrecht bezeichnet man auch die Wissenschaft, die diese Gesamtheit der öffentlichen Normen und ihre Beziehungen untereinander untersucht.

Als Wissenschaft wird das Staatsrecht in die Lehre über den Staatsaufbau (droit constitutionnel, Verfassungsrecht) und die Lehre über die staatliche Verwaltung (droit administratif, Verwaltungsrecht) eingeteilt. Der Umfang der Letzteren ist in Frankreich und Deutschland unterschiedlich. In Frankreich wird unter *droit administratif* nicht nur der Aufbau der Verwaltungsorgane und ihr Funktionieren, sondern auch die Gesamtheit der juristischen Normen, die für das Verhältnis zwischen der Verwaltung und den Bürgern bedeutsam sind, verstanden. In Deutschland stellt das Verwaltungsrecht traditionell die Lehre über die Organisation der Verwaltungsorgane dar und geht in den Bestand des Staatsrechts ein, aber die Fragen der Methoden der Verwaltung und der Arten der Verwirklichung der Ziele des Staates gehören zum Gegenstand einer besonderen Disziplin – *dem* Polizeirecht (Polizeiwissenschaft). In der europäischen Tradition entstand so die Vorstellung über das staatliche Recht als das normativ-rechtliche Massiv, in dem öffentlich-rechtliche Normen (das Öffentliche Recht ist das Staatsrecht[2]) zusammengefasst sind, die den Staatsaufbau, die Organisation des Staatsapparates, die Wechselwirkung des Staatsapparates mit der Gesellschaft und der Persönlichkeit regeln. I.d.S. ist die Verfassung das Produkt der Staatstätigkeit – das Staatsgesetz, das mit anderen juristischen Formen den Mechanismus der staatlich-rechtlichen Regulierung bildet und in die Organik des Staates integriert wird.

Die Grundlagen der englischen Verfassungstradition werden im Werk von *Dicey* „Die Grundlagen des Staatsrechts Englands. Einführung in das Studium der Englischen Verfassung“ dargestellt.

Im seinem Buch führt *Dicey* eine tiefgründige Analyse der rechtlichen Hauptideen der englischen Verfassung, der Verfassungsprinzipien, der Gesetze

---

2 *Duguit*, Das Verfassungsrecht. Die allgemeine Staatstheorie, in: Die Anthologie des weltweiten rechtlichen Gedankens, Bd. III. Europa. Amerika: XVII.-XX. Jh., Moskau 1999, S. 593 [*Дюги*, Конституционное право. в кн. Общая теория государства, Антология мировой правовой мысли, В 5 т. Т. III: Европа, Америка: XVII-XX вв., Мысль, Москва 1999, с. 593].

und der Abkommen durch. Einer der Hauptgedanken des Autors besteht darin, dass der Staat die Rechtsordnung gewährleisten soll (außerdem ist der Staat selbst die von der Verfassung bestimmte Rechtsordnung – constitutional state, state of law). Was die englische Verfassung und die Quellen des Verfassungsrechts in England angeht, bestimmt *Dicey* zwei Arten von Normen. „Eine Reihe von Normen stellen die Gesetze im strengen Sinn des Wortes dar, denn ... sie stützen sich auf den gerichtlichen Schutz; diese Normen bilden „das Verfassungsrecht" im eigentlichen Sinn des Wortes und können als Gesetze der Verfassung bezeichnet werden. Die andere Reihe von Normen besteht aus Abkommen, Begriffen, Bräuchen, die eigentlich keine Gesetze sind, weil sie des gerichtlichen Schutzes nicht bedürfen. Dieser Teil des Verfassungsrechts kann als „Vereinbarungen der Verfassung oder als Verfassungsmoral bezeichnet werden". [3]

Die Struktur des englischen Verfassungsrechts wird durch zwei grundlegende Prinzipien bestimmt: die Hoheit des Parlaments und die Herrschaft des Rechts. Dabei treten als sozial-juristische Werte zwei grundlegende Verfassungskategorien auf: das staatliche Gesetz (das Statut) und das Recht des Bürgers. Gerade durch die Identität des Gesetzesrechts und des Zivilrechts kann man erklären, dass die Teilung des Rechts in Öffentliches Recht und Privatrecht für die englische Rechtstradition nicht kennzeichnend ist. Was das Verhältnis o.g. Prinzipien angeht, ist es erforderlich, anzumerken, dass die Realisierung des Prinzips der Herrschaft des Rechts durch die Hoheit des Parlaments in der Sphäre der Entscheidung allgemeiner Fragen, von denen der Schutz und die Entwicklung des Staates als des einheitlichen sozial-politischen Systems (Gewährleistung der Staatssicherheit, Durchführung der Fiskalpolitik, Kampf gegen die Kriminalität u.a.) abhängen, beschränkt wird. Die Herrschaft des Rechts bedeutet zugleich, dass der Mensch sich als primäre rechtliche Substation (primärer rechtlicher Faktor) präsentiert, dessen Existenz keine Folge der Äußerung des staatlichen Willens ist. Die persönliche Freiheit und das Privateigentum stellen natürliche Rechte dar, in deren Beziehung der Staat (repräsentiert durch das Parlament) als das rechtsordnende, rechtsschützende, rechtsbeschränkende, keinesfalls aber als das rechtsbildende Subjekt auftritt. Daraus resultiert, dass das Prinzip der Herrschaft des Rechts in Bezug auf das Prinzip der Machtvollkommenheit des Parlaments primär ist.

So gesehen ist für die englische Verfassungstradition der Parallelismus des parlamentarischen Verfassungsrechts charakteristisch (in Bezug auf die europäi-

3 *Dicey*, Grundlagen des englischen Staatsrechts. Eine Einführung in das Studium der Englischen Verfassung, in: Die Anthologie des weltweiten rechtlichen Gedankens (Anm. 2), S. 486 [*Дайси*, Основы государственного права Англии. Введение в изучение Английской конституции. В кн. Антология мировой правовой мысли (Anm. 2), с. 486.]

sche Tradition – „staatlich"). Das parlamentarische Verfassungsrecht bestimmt den Staatsaufbau, dessen Grundlage das Prinzip der Hoheit des Parlaments und das verfassungsrechtliche Bürgerrecht ist, das die Wechselwirkung zwischen Staat und Persönlichkeit bestimmt. Die Wechselwirkung zwischen Staat und Persönlichkeit ist ihrerseits auf dem Prinzip der Herrschaft des Rechts begründet (genauer gesagt, die Herrschaft des Rechts des Bürgers). Dabei verwirklicht sich die Wechselwirkung der genannten verfassungsrechtlichen Systeme und die Lösung der entstehenden normativen Kollisionen aufgrund des Prinzips der Hoheit des Gerichts. In England wird die Idee der Gleichheit vor dem Gesetz oder der allgemeinen Unterordnung aller Klassen unter das Gesetz, die von den gewöhnlichen Gerichten angewendet wird, bis zu den letzten Grenzen durchgeführt. Jeder Beamte, vom ersten Minister bis zum einfachen Steuerbeamten unterliegt wie jeder andere Bürger der Verantwortung für Handlungen, die vom Gesetz nicht gerechtfertigt werden.[4]

Zusammenfassend kann festgestellt werden: Der Konstitutionalismus in seiner modernen Ausprägung ist das Produkt der westlichen Rechtskultur. Dabei trägt die Ausprägung des Konstitutionalismus und der Verfassung im Rahmen der zwei grundlegenden Rechtsfamilien des Westens – die romano-germanische und die Rechtsfamilie des Common Law – mehrdeutigen Charakter. Für die romano-germanische Rechtsfamilie ist die Verfassung als normativer Rechtsakt (die geschriebene Verfassung) kennzeichnend. Die Verfassung, die vom Staat erlassen und als Instrument der Verwirklichung der Staatsgewalt betrachtet wird, ist das Mittel der Legalisierung sowohl der Staatsgewalt selbst als auch der von ihr angenommenen Verwaltungsentscheidungen. I.d.S. betrachtet man das staatliche Recht als die normative Gesamtheit, die die Normen des Öffentlichen Rechts (des Verfassungsrechts, des Verwaltungsrechts, des Polizeirechts) umfasst. Das Verfassungsrecht ist vom Staatsrecht abgeleitet und verhält sich zu diesem vom Standpunkt des Rechtssystems wie ein Zweig zu dem Zweig-(Fach-)massiv. „Der Staat monopolisiert nach seiner Bestimmung die Macht des Zwangs, die in einem Land existiert, mit deren Hilfe er die Sanktion des Rechts gewährleisten kann, die der Staat gegenüber jeder Person – mit Ausnahme des Staates – anwenden kann. Alle Bestimmungen des Öffentlichen Rechts, die Verpflichtungen für den Staat enthalten, können durch Zwang nicht direkt sanktioniert sein, weil der Staat als ‚Herr des Zwangs' diesen nicht gegen sich selbst einsetzen kann. Es folgt daraus, dass die Bestimmungen des Verfassungsrechts … der direkten Sanktionierung entzogen sind" (*d.h., die Realisierung der Verfassung hängt im Endeffekt vom Staat ab* – Anm. des Verf.*)*.[5]

---

4 *Dicey* (Anm. 3), S. 487.

5 *Duguit* (Anm. 2), S. 593.

Die Rechtsfamilie des Common Law basiert auf der Vorstellung vom Recht als Einheit von „zwei Gegensätzen“: das parlamentarische Recht und das bürgerliche Recht. Das parlamentarische Recht erhält seinen äußeren Ausdruck in den Normativakten des Parlaments – den Statuten. Dabei ist zu beachten, dass das Parlament von den englischen Konstitutionalisten sowohl in der konkreten Form der Benennung des staatlichen Organs als auch als auch in der verallgemeinerten Form betrachtet wird. Im zweiten Fall stellt sich das Parlament als Ausdrucksform der obersten Staatsgewalt dar, die zwei parlamentarische Kammern (house of lords und house of commons) und den König vereinigt. Ein solches Verständnis erlaubt es, zwei theoretische Konzeptionen zu harmonisieren: die nationale Souveränität und die göttliche Natur der Königsmacht, was für die Begründung der Einheit der Staatsmacht und ihre Legitimität erforderlich ist (einerseits ist das Parlament ein Organ, das die Macht im Namen des Volkes ausübt (rational-rechtliche Legitimität), andererseits herrscht der König aus Gottes Gnadentum (die charismatische und traditionelle Legitimität) und symbolisiert die Treue der nationalen Traditionen sowohl in der politisch-rechtlichen als auch in der religiös-ethischen Sphäre der gesellschaftlichen Lebenstätigkeit. Das bürgerliche Recht stellt die Gesamtheit der angeborenen Rechte und Freiheiten der Bürger dar, die unabhängig von der Anerkennung des Staates existieren und durch Verfassungsabkommen (Bräuche) und durch die Rechtspflege gewährleistet werden.

In der englischen Verfassungstradition ist die Verfassung nicht nur der Text des normativen Rechtsaktes (des Gesetzes/Statuts). Sie umfasst die Gesamtheit der verschiedenen Quellen wie Verfassungsakte, Verfassungsbräuche und Verfassungsrechte. Als vereinigende Faktoren treten dabei die Verfassungstradition und die Verfassungsdoktrin auf, in deren Rahmen die harmonische Vereinigung der zwei entgegen gesetzten Prinzipien der Hoheit des Parlaments und der Herrschaft des Rechts gewährleistet wird.

In Bezug auf die Rechtsfamilie des Common Law kann man formulieren, dass der Begriff des Verfassungsrechts breiter ist als der Begriff des Staatsrechts. Er schließt in sich die Vorstellungen von der Struktur der staatlichen Organe sowie von der Ordnung der Rechtsetzung und Rechtsanwendung in der Sphäre des statuarischen Rechts ein. Auf diese Weise vereinigt das Verfassungsrecht zwei äquivalente normative Gemeinsamkeiten: das statuarische Recht und das bürgerliche Recht. Als grundlegender Garant der Verfassung tritt das Gericht auf, das sich in seiner Tätigkeit nach den Verfassungsnormen richtet und Entscheidungen unter den Bedingungen des Parteienprozesses trifft.

II. Die russische Tradition

Die Betrachtung des Problems der Entstehung der einheimischen Tradition des Staatsrechts muss zielgerichtet mit der Analyse der sozial-rechtlichen Natur des russischen Konstitutionalismus beginnen.

Eigentlich gab es keine Verfassung im formell-juristischen Sinne im Russischen Reich. Wenn wir also über den Konstitutionalismus in Bezug auf das monarchistische Russland sprechen, sind vor allem die Ausgangsvorstellungen (die Quellen) zu berücksichtigen, die den wissenschaftlich-theoretischen Vorstellungen, den Regierungsvorlagen, den öffentlichen Ansichten über die Verfassung als die besondere Form des Staatsaufbaus, des Mechanismus der rechtlichen Regelung und der Beschränkung der Staatsmacht, des Mittels der Gewährleistung und des Schutzes der Rechte und der berechtigten Interessen der Bürger zugrunde gelegt sind. Für die weiteren Überlegungen wird vorgeschlagen, von folgenden Hypothesen auszugehen:

Erstens ist der russische Konstitutionalismus die Gesamtheit (dabei systemlos genug) der theoretischen Modelle von Verfassungsakten, deren Ziele von der planmäßig-rechtlichen Beschränkung der Macht des Imperators bis hin zu den kardinalen Umgestaltungen der Form der Leitung und des Staatsaufbaus variieren, die den Übergang des Landes von der unitären Monarchie zur Bundesrepublik vorsehen. Die Verfassung war in Bezug auf die nationale rechtliche Tradition der Faktor, der die progressiven Änderungen in der ausgeprägten Ordnung der Beziehungen zwischen dem Staat und der Gesellschaft herbeiführt. Jedoch wurde die rechtliche Tradition nicht berücksichtigt, in deren Rahmen ein skeptisches Verhältnis zu den formalisierten Quellen des positiven Rechts auf allen Niveaustufen der sozialen Organisation bestand.

Zweitens war der Initiator und der Hauptträger aller Programme zur Umgestaltung der Verfassung in Russland nicht die Bourgeoisie – wie im Westen – sondern der Staat, der durch die oberste Bürokratie und unmittelbar durch den Monarchen repräsentiert wurde. *Puzdratsch* beschreibt in der Monographie „Geschichte des russischen Konstitutionalismus im IX.-XX. Jh.“ den Bestand der Partei der Anhänger der Verfassungsreform im Laufe der Herrschaft von Alexander II.: „Die Partei entstand hauptsächlich aus zwei Quellen. Das ist die Plejade der sachkundigen, fleißigen, der Sache ergebenen und von der bitteren Vaterlandsliebe begeisterten jungen Beamten-Liberalen, … und die alte Bürokratie, das sind Menschen, die – vielleicht – auf ihre Chance lebenslang warteten. Die Erinnerungen an die Ideale der Jugend, die politische Voraussicht und die Lebensweisheit, der Realismus der Einschätzung der Situation und der Pragmatismus zwangen sie, sich der Partei der Reformatoren anzuschließen … Die ‚farbigste' Person dieser Gruppe war der Monarch selbst … er hatte genug Mut und politische Vernunft, um ein Initiator des Prozesses der Umgestaltungen zu werden“.[6] Die anregende Hauptkraft, die die Macht zwang, an die Möglichkeit der Annahme einer Verfassung in Russland zu denken, war die Angst vor

6 *Puzdratsch*, Geschichte des russischen Konstitutionalismus im IX.-XX. Jh., Moskau 2004, S. 405-406 [*Пуздрач*, История российского конституционализма IX-XX веков, Москва 2004, с. 405-406].

der vorläufig unsichtbaren Kraft, dem Volk, das sich von Zeit zu Zeit aufregte und rebellierte, jetzt aber infolge der traditionellen zaristischen Erwartungen des Guten vom neuen Monarchen sich auf die positive Veränderung der Lage vorbereitete.[7]

Drittens wurden von den russischen Konstitutionalisten die Wertvorstellungen, die den westeuropäischen Verfassungsprojekten zugrunde gelegt waren, mit von „der Primärquelle" unterschiedlichem Inhalt angefüllt. Solche Schlüsselbegriffe wie natürliche Rechte und Freiheiten des Menschen und des Bürgers, Rechtsstaat, Gewaltenteilung, Verantwortung des Staates und der Persönlichkeit werden in Russland anders verstanden als im Westen. So wie das Verständnis der Ursprünglichkeit der persönlichen Freiheit und des Privateigentums in Bezug auf die öffentliche (staatliche) Gewalt für die westliche Verfassungstradition in allen Etappen ihrer Entwicklung charakteristisch ist, so war in Russland zu allen Zeiten gerade die Staatsgewalt ein Hauptinstrument der Errichtung der Maßstäbe der Verhaltensfreiheit der Staatsangehörigen, nicht der Bürger, der Festlegung der Regimes des Besitzes und der Nutzung des Eigentums. Dadurch gab es in Russland niemals Privateigentum in einem natürlich-rechtlichen (vom Staat unabhängigen) Sinne.

Viertens wurde die Verfassung im Rahmen der einheimischen Rechtstradition anders als im Westen betrachtet. Wenn im Westen der natürliche Lauf der politischen Geschichte den Übergang vom Staat („kingdom") zum "constitutional state, state of law", diktierte, blieb Russland bis zur Revolution 1917 vorzugsweise das Land mit feudalen Verhältnissen, die für den Staat charakteristisch waren. Es scheint, das Streben nach der „eigenen" Verfassung war in hohem Maße dadurch bedingt, den europäischen Ländern ähnlich und „nicht weniger kulturell" zu sein. Das zeigte sich sowohl im Kopieren der französischen Mode und der Nutzung des Französischen als „salonfähigem" Verständnismittel unter den Vertretern der Elite als auch in „der Umbenennung" des Zaren Russlands in den allrussischen Imperator (1721), was eigentlich die Selbstverkündigung Russlands als europäisches Reich und seine Selbstidentifizierung als ein Land mit europäischer Kultur bedeutete.

Zusammenfassend kann die Schlussfolgerung gezogen werden, dass für die juristische Doktrin des russischen Konstitutionalismus ihre eigene mit dem Kontext des Westens nicht übereinstimmende Wahrnehmung und Interpretation der Ideen über das Verhältnis der Gesellschaft und des Staates im politischen System des Imperiums, über die Stelle und die Rolle der Persönlichkeit im staatlichen Mechanismus, über das Verhältnis von Recht und Gesetz usw. kennzeichnend ist. Das politische Ideal des russischen Konstitutionalismus ist der allmähliche Übergang vom Absolutismus zur Verfassungsmonarchie. Die Vertreter

---

7 *Puzdratsch* (Anm. 6), S. 405-406.

dieser Richtung legten besondere Bedeutung auf die Erhöhung der politischen Kultur der Gesellschaft, was ihre Aufmerksamkeit für die Analyse der rechtlichen Natur der neuen politischen Formen erklärt, die im Verlauf von Reformen und Revolutionen entstehen. Ein Gegenstand der Analyse war die Frage nach den sozialen Kräften des Landes, die die demokratischen Umgestaltungen durchführen oder unterstützen können. Beim Fehlen des dritten Standes im westlichen Verständnis existierte nur die Möglichkeit, die mehr oder die weniger ständigen Allianzen der liberalen Intelligenz mit der progressiven Bürokratie zu unterstützen.

Die juristische Wahrnehmung des Konstitutionalismus in Russland begann eigentlich im ersten Viertel des 19. Jh.[8] Gerade in dieser Periode wurden die theoretisch-rechtlichen Modelle des einheimischen Konstitutionalismus entwickelt, die (im veränderten Zustand) bis zur Oktoberrevolution 1917 existierten.[9] Es ist erforderlich hervorzuheben, dass die Vertreter des einheimischen politisch-rechtlichen Denkens das Problem der Konstitutionalisierung des russischen Staates und der Gesellschaft in zwei unterschiedlichen Modellen sahen: dem evolutionären und dem revolutionären. Das Kriterium dieser Gliederung bestand dabei im Instrumentarium und in den Zielstellungen der Verfassungsreformen. Im ersten Fall handelte es sich um die Selbstbeschränkung der obersten Macht durch Einsetzung einer oktroyierten Verfassung. Dabei war der Herrscher nicht nur der wichtigste Garant der Verfassung, sondern auch im vollen Sinn des Wortes der die Lebenskraft des Konstitutionalismus bestimmende Faktor. Es hing nur von ihm ab, ob die ihm rechenschaftspflichtige, in der Praxis vom bürokratischen Apparat wahrgenommene Macht die Verfassungsbeschränkungen und die Verfassungsverbote beachtete oder vernachlässigte. In der Wirklichkeit wurde das vorliegende Modell auf die Rationalisierung des Verwaltungssystems des monarchistischen Staates zurückgeführt, das aufgrund der Gesetze galt. Diese Gesetze wurden im Namen des Staates beschlossen und durch den Staat gewährleistet. I.d.S. stellte der *Evolutionskonstitutionalismus* die Form der Verfassungslegitimation des traditionellen monarchistischen Regimes dar. Ein Hauptziel des Evolutionskonstitutionalismus ist die Selbstvervollkommnung der monarchistischen Staatlichkeit.

---

8 *Kasanzev*, Zur Frage des Regierungskonstitutionalismus in Russland am Anfang des 19. Jh., Verfassung der UdSSR und die Kritik des bürgerlichen Konstitutionalismus, Leningrad 1985, S. 190 [*Казанцев*, К вопросу о „правительственном конституционализме" в России в начале XIX века, Конституция СССР и критика буржуазного конституционализма, Ленинград 1985, с. 190].

9 *Medushevskiy*, Demokratie und Totalitarismus: Der russische Konstitutionalismus in der vergleichenden Perspektive, Moskau 1999, S. 342 [*Медушевский*, Демократия и тоталитаризм: российский конституционализм в сравнительной перспективе. Москва 1997, с. 342].

Der zweite Typ des Konstitutionalismus, der *Revulutionskonstitutionalismus*, gründete auf der Idee der radikalen Veränderung der Form der Staatsleitung und dem Übergang Russlands von der Monarchie zur Republik. Nach der vorliegenden Konzeption war das Prinzip der Negation der Nachfolge im Laufe der politisch-rechtlichen Entwicklung und der Bestätigung der Möglichkeit gründlicher Veränderungen im existierenden System nicht durch die allmähliche Verbesserung, sondern durch die Durchführung radikaler Umgestaltungen, vorzugsweise gewaltsamen Charakters bestimmt.

Eine prinzipielle Besonderheit aller russischen Verfassungsprojekte besteht darin, dass sie aus der Annahme über die soziale Differenzierung der russischen Gesellschaft auf die adelige (die Aristokratie) und die einfache Abstammung (das Volk) rekurrierten. Die dabei deklarierte „Liebe zum russischen Volk – dem Träger des russischen Geistes“ war bei den Vertretern der lenkenden Kreise und der Oppositionsintelligenz mit der Vorstellung über „ihr“ Volk als ungebildet und faul, das nur die Peitsche verstand und den sorgsamen, aber strengen Wirt brauchte, verknüpft.[10] So bestand der Hauptunterschied des Evolutionskonstitutionalismus zum Revolutionskonstitutionalismus nicht im Inhalt der Verfassungsprojekte, sondern in den Methoden der Realisierung der Umgestaltung der Verfassung. Auf jeden Fall waren es Reformen, die von „oben“ verwirklicht wurden und sich in ihrer Realisierung auf den Willen der Regierungskreise stützten. „Dem russischen Volk ist jedes Streben nach dem Staat fremd – schrieb *Aksakov* –: „wäre es ein bisschen anders, würde es eine Verfassung in Russland“ schon lange geben. Das staatliche Joch, das die Ansichten des Volkes zu den Verhältnissen der Macht zerstört, entwickelt einerseits die sklavischen Instinkte und andererseits die politische Herrschsucht (Machtliebe). Die Regierung und das Volk verstehen einander nicht ...”.[11]

Es entwickelte sich eine eigenartige Situation: Die Staatsgewalt versuchte, beliebige Erscheinungsformen der Freisinnigkeit (Freigeisterei) zu unterdrücken und zu gleicher Zeit präsentierte sie sich als Initiator der Demokratisierung des politisch-rechtlichen Systems. Das Volk und die Staatsgewalt betrachteten sich einander als isolierte soziale Gebilde, deren Beziehungen sich nach dem System der sich beiderseitig ausschließenden Vektoren „Liebe - Verachtung“ entwickelten.[12] Darum hatte *erstens* der Prozess der Bewegung zur Verfassung einseitigen Charakter und verwirklichte sich auf Initiative „der Oberen“, und war *zweitens*

---

10 *Puzdratsch* (Anm. 6), S. 405.

11 Nach dem Buch: *Tschernjaev*, Mystik, Ideale und Poesie der russischen Autokratie, Moskau 1998, S. 295 [*Черняев*, Мистика, идеалы и поэзия русского самодержавия, Москва 1998, с. 295].

12 Verachtung – negativer emotionaler Zustand, der die Abweichung von lebenswichtigen Positionen und Auffassungen sowie vom Verhalten des Subjekts durch analoge Kategorien, die dem Objekt des Gefühls eigen sind, zum Ausdruck bringt.

inkonsequent und innerlich widersprüchlich. Die Gewalt fürchtete sich vor blinder und schonungsloser Empörung, die von der schweren Lage der Volksmassen hervorgerufen wurde, und auch vor der Verstärkung der revolutionären Bewegung unter dem Einfluss der das patriarchalische Denken der russischen Gesellschaft widerlegenden liberalen Ideen.

Gleichzeitig mit der Bildung der russischen Verfassungsdoktrin verwirklichte sich der Prozess der begrifflichen und institutionellen Entwicklung des Staatsrechts als Wissenschaft und Studiendisziplin. Ein schwerwiegendes Hindernis bei der Herausbildung des Staatsrechts als selbständige Richtung im System des positiven Rechts des Russischen Reichs war die autokratische Macht, denn jede ihrer rechtlichen Regulierungen (genauer gesagt, die Versuche, solche Regulierungen zu schaffen) wurde als das Streben nach Beschränkung des Regimes des Absolutismus betrachtet. Die öffentliche Erörterung (oder kritische Analyse) der Probleme, die mit den Besonderheiten der Strukturierung und dem Funktionieren der Staatsgewalt verbunden waren, wurde auch nicht begrüßt – weder die schriftlichen Werke noch die in den Universitätslehrstühlen diskutierten Fragen. Im Laufe des Entstehens der russischen Verfassungsdoktrin bildete sich das staatlich-rechtliche Wissen aus den Kommentaren zu den nach ihrem Inhalt „armen" Staatsgesetzen und den nicht systematisierten Normen staatlich-rechtlichen Charakters, die in Russland erschienen. Nach dem Zitat von *Hessen* gibt es, *„... solange, bis der Monarch über sich sagen kann: ‚Ich bin der Staat', keine Staatsrechtswissenschaft und auch keinen Platz für sie*"[13].

Die neue Wissenschaft über den Staatsaufbau und die Lage der Staatsangehörigen konnte sich entweder durch vorsichtig eingeführte, in den wissenschaftlichen Umlauf gebrachte Kenntnisse über ausländische Rechtsnormen und Ideen entwickeln oder sich als historische, abstrakt-theoretische Richtung ausprägen, die vom positiven Recht losgelöst wurde.

Was die Quellen des einheimischen staatlichen Rechts angeht, so ist hervorzuheben, dass russische Staatswissenschaftler die ausländischen (vorzugsweise deutschen) Erfahrungen als die primäre Grundlage ihrer Überlegungen verwendeten. „Die russischen Gelehrten, die aus den westlichen Schulen stammten, verlegten ohne besondere Überlegungen und Vorbehalte die westliche Theorie des europäischen Staates auf den russischen Boden und dadurch erhielten die Prinzipien dieser Theorie eine normative Bedeutung. Darum ist die russische Staatswissenschaft in den Werken ihrer populären Vertreter als eine Politik der

---

13 *Hessen*, Studien zur Geschichte der Wissenschaft des Staatsrechts, Nachrichten des St. Petersburger Polytechnischen Instituts. Bd. 16. SPb., 1911, S. 206 [*Гессен*, Очерки истории науки государственного права, Известия Санкт-Петербургского Политехнического института, т. 16., Санкт-Петербургск 1911, с. 206].

Europäisierung des russischen Staates dargestellt".[14] Im Unterschied zur westeuropäischen Verfassungstradition, die sich in ihrer Entwicklung auf die aktive Bourgeoisie stützte, (sowohl in der ökonomischen als auch in der politischen Bedeutung), die mittels der Verfassung und der Verfassungsgesetzgebung den staatlichen Absolutismus zu beschränken versuchte, entwickelte der russische Konstitutionalismus unter den Bedingungen des Fehlens der Zivilgesellschaft im Laufe seiner Geschichte einen regierungsfreundlichen Charakter und wurde nicht als gewaltbeschränkender, sondern als machtbestimmender, machtgeordneter Faktor betrachtet. Dabei übte der Staat, der in den öffentlichen Beziehungen als der bürokratische, vom Imperator geleitete Apparat auftrat, Druck auf das Recht als Sammlung der juristischen Normen aus und „strangulierte" das Gesetz, das ganz „dem höchsten Willen" unterstellt wurde. Wie schon früher angemerkt, wurde die Reform der Verfassung in Russland zu allen Zeiten „von oben" eingeleitet und war in ihren Hauptrichtungen auf die Bedürfnisse der Vertreter der herrschenden Elite orientiert. Unter den Bedingungen des monarchisch-bürokratischen Absolutismus wurde die Annahme der Verfassung mit der Polemik verknüpft, ob der Imperator dem Volk die Verfassung „schenken" sollte (die Befreiung von der Leibeigenschaft war ebenfalls „geschenkt"), denn das russische Volk war noch nicht bereit „nach der Verfassung zu leben". Selbstverständlich handelte es sich um keine „äußerliche" (formell-juristische) Beschränkung der Staatsgewalt von Seiten der Verfassung (oder irgendeines anderen Gesetzes). Die „Konstitutionalisierung" der Monarchie wurde bei solchem Herangehen auf die freiwillige Selbstbeschränkung der imperatorischen Macht begrenzt, die vom Monarchen bestimmt wurde und ganz von seinem Willen abhing.

Die sozialistische Revolution 1917 führte zu kardinalen Veränderungen in der Form des russischen Staates (aus dem Russischen Reich ist die Russische Sowjetische Föderative Sozialistische Republik hervorgegangen), aber tatsächlich änderte sich nichts im Wesen des Staates, insbes. in den Beziehungen *Staat-Gesellschaft-Recht*. Außerdem haben die Bolschewiki (die Kommunisten) bis zur logischen Vollendung drei grundlegende Komponenten der nationalen Ideologie des russischen Staates eingeführt: Volkstümlichkeit, Macht, orthodoxe Religion (in diesem Fall hat nicht der konfessionelle, sondern der politische Aspekt der orthodoxen Religion Bedeutung, denn im Russischen Reich wurde die Zugehörigkeit zur russischen Nation nicht nach der Nationalität, sondern nach der orthodoxen Konfession bestimmt). Die Volkstümlichkeit wurde vor allem unter dem Gesichtspunkt der Idealisierung der öffentlichen Anfänge der sozialen Be-

14 *Aleksejev*, Die Staatstheorie. Theoretische Staatswissenschaft. Der Staatsaufbau. Das staatliche Ideal, Paris 1931, S. 13-14 [*Алексеев*, Теория государства. Теоретическое государствоведение. Государственное устройство. Государственный идеал, Париж 1931, с. 13-14].

ziehungen und ihrer Entgegensetzung zur Selbstsucht als Streben nach der Gewährleistung der Priorität der privaten Interessen im Verhältnis zu den öffentlichen Interessen des Staates und der Gesellschaft verstanden. Sie kam im sowjetischen Staat als Verbot des Privateigentums und der gesetzgeberischen Festschreibung des sozialistischen (staatlichen und kolchos-kooperativen) Eigentums zum Ausdruck. Die Macht änderte sich fast nicht, denn „der imperalistische Geist" des russischen Staates ist sowohl auf dem Gebiet der Geopolitik als auch auf dem Gebiet der Strukturierung der Staatsmacht erhalten geblieben. Was die Ideologie der orthodoxen Religion angeht, so wurde sie durch die atheistische, aber nicht weniger orthodoxe und dogmatische kommunistische (sowjetische) Ideologie ausgewechselt. Nach den grundlegenden Dogmen war sie der Ideologie der russisch-orthodoxen Kirche ähnlich. Dementsprechend löste das multinationale „russisch-sowjetische" Volk das multinationale „russisch-orthodoxe" Volk ab.

Die Annahme der sowjetischen Verfassungen bedeutete nicht, dass im Land ein Regime des realen Konstitutionalismus gebildet wurde, wie dies in den Ländern der westlichen Demokratie mit der Verfassungskontrolle über die Tätigkeit der staatlichen Bürokratie und mit der konstitutionell-rechtlichen Begrenzung der Beamten als Vertreter der Staatsmacht geschah. Alle Verfassungen der sowjetischen Periode wurden gerade als staatliche Verfassungen angenommen und konnten den Staat nicht beschränken. Deshalb studierte man sie im Rahmen des wissenschaftlichen Zweiges und der Studiendisziplin „Staatsrecht der UdSSR".[15] Was die planmäßigen Aspekte der Strukturierung und des Funktionierens des Staatsapparates, der Formen und Methoden der Wechselwirkung des Staates, der Gesellschaft und der Individuen angeht, so wurden diese Fragen in der sowjetischen Rechtswissenschaft im Rahmen des Verwaltungsrechts studiert.

Der Zerfall der UdSSR stellte den Beginn der nächsten „Übergangsperiode" der russischen Geschichte dar, in deren Rahmen der Staat als „die Vertikale der Staatsmacht" wahrgenommen wurde, was für Russland die traditionelle Auffassung ist. Zugleich wurde die Verbindlichkeit der Prinzipien, Werte und Ideale der westlichen Verfassungsdoktrin deklariert. Dieser Widerspruch hat zum Entstehen des nach seinem juristisch-politischen Wesen zweifachen „Staatsrechts (des Verfassungsrechts)" oder umgekehrt „des Verfassungsrechts (des Staatsrechts)" geführt, das in der Praxis dem Staat (dem Apparat der staatlichen Büro-

---

15 *Baglaj*, Das Verfassungsrecht der Russischen Föderation, Lehrbuch für die Hochschulen, Moskau 2006, S. 9 [*Баглай*, Конституционное право Российской Федерации: Учебник для вузов, Москва 2006, с. 9] bemerkt, dass nach 1917 der Name „Staatsrecht" wegen der unwichtigen und formalen Rolle der sozialistischen Verfassungen und der totalen Verstaatlichung des öffentlichen Lebens stärker verbreitet war.

kratie) rechenschaftspflichtig bleibt, obwohl die Oberhoheit der Verfassung in allen Sphären des öffentlichen und politischen Lebens deklariert wurde.

Nach Meinung von *Bogdanova* spiegelt die gegenwärtige Situation in der russischen Rechtswissenschaft die Realitätsveränderungen und die Veränderungen in der Wahrnehmung der rechtlichen Werte wider. Das führt zu Veränderungen der Akzente im Verständnis des Gegenstandes sowie zur grundlegenden Benennung der zu untersuchenden Zweige und der Wissenschaft. „Wenn die Hauptrolle in den Wechselbeziehungen des Staates und des Rechts früher dem Staat gehörte, konnte der Zweig nicht anders als „Staatsrecht" bezeichnet werden. Heute herrscht die Idee des Rechtsstaates, die die Unterordnung des Staates unter das Recht, die Hoheit der Verfassung und des Gesetzes beinhaltet; und der Name „Verfassungsrecht" spiegelt den Gegenstand des vorliegenden Zweiges genauer wider und orientiert ihn auf die Rechtsverhältnisse, die mit der Organisation der Macht verbunden sind und auf die Festlegung von Regeln für den Staat. Die Wissenschaft des Verfassungsrechts betrachtet vor allem die rechtliche Seite des Staatsaufbaus und der Einrichtung der Gesellschaft und untersucht sowohl die politischen, sozial-ökonomischen und anderen Faktoren als auch die Voraussetzungen, die den normativen Inhalt des Zweiges beeinflussen und in einer Reihe von Fällen vorherbestimmen".[16] Es macht keinen Sinn, mit dem ausgesprochenen Standpunkt zu streiten, denn er zeigt die für das einheimische Rechtsdenken traditionelle Position auf, in deren Rahmen das „normativistische" Herangehen an das Rechtsverständnis im Allgemeinen und an das Staatsrecht (Verfassungsrecht) im Besonderen dominiert.[17]

---

16 *Bogdanova*, Neues Herangehen an die Charakteristik der Wissenschaft des Verfassungsrechs in der heutigen Etappe, in: Manschin/Safonov (Hrsg.) Aktuelle Probleme der Rechtswissenschaft., Kursk 1998, S. 15 [*Богданова*, Новые подходы к характеристике науки конституционного права на современном этапе, в кн.: Актуальные проблемы юридической науки. Отв. ред. Маньшин/Сафонов, Курск 1998, с. 15].

17 So gibt *Baglaj*, eine der anerkannten Autoritäten auf dem Gebiet des einheimischen Verfassungsrechts, folgende Definition: „Das Verfassungsrecht ist die Gesamtheit der Rechtsnormen, die die Hauptrechte und die Freiheiten des Menschen schützen und mit diesem Ziel ein bestimmtes System der Staatsmacht begründen". *Baglaj* (Anm. 15), S. 3. Diese Bestimmung zeugt vom Streben nach der Trennung des Verfassungsrechts vom Staat, was vor allem als Versuch erklärt werden kann, die Menschenrechte in den Vordergrund der wertmäßigen Pyramide des Zweiges zu stellen. Wenn diese Konstruktion jedoch analysiert würde, so würden ernste Fehler aufgedeckt. Vor allem: Normen (einschließlich verfassungsrechtliche) können nichts schützen. Die Anwendung des Verfassungsrechts ist das Prärogativ des Staates durch das System der Staatsorgane und der Beamten, die staatliche Kompetenzen inne haben. Es ist sinnlos zu sagen, dass die Normen „das System der Staatsmacht" begründen können. Auf normative Weise werden die Ordnung der Bildung von Staatsstrukturen und die Kompetenzen bestimmt, aber man kann kaum sagen, dass die Macht „von den Normen" begründet wird. Schließlich scheint die

Als Hauptargument der Umbenennung des Staatsrechts in Verfassungsrecht wird angeführt, dass Russland im Text der geltenden Verfassung als Rechtsstaat bezeichnet wird. In der Verfassung der UdSSR von 1936 wurden das Recht der Bürger auf die persönliche Unantastbarkeit (Art. 127), das Recht auf Hausfrieden und das Briefgeheimnis (Art. 128) sowie eine Reihe von anderen wichtigen Rechten und Freiheiten festgeschrieben. Aber das schließt nicht die Möglichkeit aus, den sowjetischen Staat als ein totalitäres Regime zu charakterisieren, in dessen Rahmen sich die politischen Repressalien in Form der staatlichen Verfolgung „der Feinde des Volkes" verwirklichten.

Die Verfassung der UdSSR von 1977 enthält die Charakteristik des Staates als Willensäußerung der Interessen der Arbeiter, Bauern und der Intelligenz, aller arbeitenden Nationen und der Völkerschaften des Landes. Darüber hinaus wurde in der Verfassung, wenn auch mittelbar, das Prinzip der Beschränkung des Staates durch das Gesetz und das Gericht festgelegt. Art. 57 regelt die Achtung der Persönlichkeit, den Schutz der Rechte und der Freiheiten der Bürger als Pflicht aller staatlichen Organe, der gesellschaftlichen Organisationen und der Beamten. Art. 58 lautet: „Die Bürger der UdSSR haben das Recht der Beschwerde gegen Handlungen der Beamten, der staatlichen und gesellschaftlichen Organe. Die Beschwerden sollen in den durch das Gesetz bestimmten Fristen eingelegt werden. Die Handlungen der Beamten, die mit Gesetzesverletzungen, mit der Überschreitung ihrer Befugnisse und mit der Beeinträchtigung der Rechte der Bürger verknüpft sind, können in der vom Gesetz bestimmten Ordnung vor Gericht angefochten werden. Die Bürger der UdSSR haben das Recht auf Schadensersatz wegen ungesetzlicher Handlungen der staatlichen und der gesellschaftlichen Organisationen sowie der Beamten bei der Erfüllung ihrer Berufspflichten". Allerdings werden diese Artikel in der gegenwärtigen Periode nur als deklarativ, d.h. der tatsächlichen Rechtskraft entzogen, betrachtet. So blieben nach Auffassung von *Avrutin*, „... die Verfassung der UdSSR und die Verfassung der RSFSR Verfassungen des totalitären Staates bei äußerlichem Demokratismus, denn in ihren Artikeln findet die unmittelbare Teilnahme des Volkes an der Verwirklichung der Staatsfunktionen, die demokratische Ordnung der Bildung der gerichtlichen oder gesetzgebenden Organe, der prozessuale Mechanismus des Rechtsschutzes der Bürger, die Bildung und Teilnahme an der staatlich-politischen Tätigkeit der öffentlichen Vereinigungen, z.B. der Gewerkschaften, ihre juristische Festschreibung. Die *reale* Freiheit der Persönlichkeit, das ausgebildete öffentliche Bewusstsein, das nicht nur auf der Überzeugung vom Nutzen der Institute der Macht und der staatlichen Gesetze aufgebaut ist, sondern auch auf der Möglichkeit der Gewährleistung der sozialen Gerechtigkeit

---

Verengung des Gegenstandes des Verfassungsrechts ausschließlich auf die Gewährleistung der Menschenrechte unbegründet, denn der Staat tritt sowohl als Garant dieser Rechte als auch das Mittel ihrer Beschränkung gleichzeitig auf.

und des Schutzes der grundlegenden Interessen mittels der Handlungen und Maßnahmen der Behörden, die auf den Normen des Rechts basieren, die Bindung des Staates und der Gesellschaft an das Recht und das Gesetz, die Achtung der Bürger und der Beamten vor den im Staat geltenden Gesetzgebungsakten wurden von der politischen Macht zwar demagogisch proklamiert, aber tatsächlich nicht anerkannt.[18] Einer solchen Einschätzung der sozial-juristischen Natur der sowjetischen Verfassungen muss man zustimmen, und es entsteht die Frage, ob sich etwas im heutigen Russland geändert hat. Über den globalen rechtlichen Nihilismus spricht selbst der Präsident, für den es kein Geheimnis ist, dass der bürokratische Apparat die Staatsmacht nach wie vor verkörpert und gegenüber dem multinationalen Volk Russlands eher als der Herr, denn als der Diener auftritt.[19] Die Begünstigungen und Privilegien der heutigen Beamten lassen sich allerdings mit der Lage der partei-wirtschaftlichen Nomenklatur der sowjetischen Periode nicht messen. Diese und viele andere Faktoren gestatten es, sich zur Idealisierung und Fetischisierung des Verfassungstextes skeptisch zu verhalten. Die Verkündung des im Umfang geringen Dokuments, das unter instabilen und widersprüchlich bewerteten Umständen beschlossen wurde, kann keine schnellen qualitativen Veränderungen des Massenbewusstsein sowie die sofortige Bildung neuer politisch-rechtlicher Konstruktionen, zur Folge haben (zu diesen Konstruktionen zählen die auf Verfassungsniveau gefestigten Institute des Rechtsstaates, der Gewalteinteilung und der Gleichheit der Eigentumsformen).

Im heutigen Russland lassen sich merkwürdigerweise zwei Gegensätze vereinigen. Einerseits wird die vorrevolutionäre „Reichsvergangenheit" idealisiert und mythologisiert, andererseits zeigen sich dieselben Prozesse auch in Bezug auf die sowjetische Vergangenheit. In der Tat, die Vertreter der Wissenschaft und die breite wissenschaftliche Öffentlichkeit erkennen Massenrepressalien in der Sowjetunion an und verurteilen sie. Gleichzeitig treten sie auf das Bestimmteste gegen die Qualifikation des kommunistischen politischen Regimes als nicht legal auf. Die Logik ist im Prinzip klar: Das den Faschismus besiegt und Europa befreit habende Staatsregime, (was das „undankbare" Europa in letzter Zeit aus irgendeinem Grunde vergisst[20]) kann nicht rechtswidrig sein, denn es ist

---

18 *Avrutin*, Staat und Recht: Theorie und Praxis. Moskau 2009, S. 485-488 [*Аврутин*, Государство и право: теория и практика, Москва 2009, с. 485-488].

19 Der Autor als normaler Einwohner von St. Petersburg bekommt diesen Eindruck jedes Mal, wenn in seiner Stadt diese oder jene Veranstaltung unter Teilnahme „der ersten Person des Staates" stattfindet.

20 Außerdem, werden Versuche unternommen, das Naziregime Hitlers und das kommunistische Regime Stalins zu vergleichen. So wird in einer der Resolutionen der Parlamentarischen Versammlung der OSZE formuliert, dass *„im 20. Jh. die europäischen Länder zwei mächtige totalitäre Regimes, das Nazi- und das Stalinregime, erdulden mussten, die den Genozid, den Verstoß gegen Rechte und Freiheiten des Menschen, Militärverbrechen*

das Regime, das den großen Sieg des großen Staates im großen Krieg gewährleistet hat, d.h. das Regime der Sieger, die – wie bekannt – dem Gericht nicht unterliegen. Daraus ergibt sich, dass man die juristische Verantwortung einzelnen Personen (den Organisatoren und Vollziehern der Repressalien, die später nicht selten selbst Opfer geworden sind) auferlegt, aber den Staat darf man nicht als rechtswidrig anerkennen.[21] Zum anderen kann man nicht verstehen, auf welche Weise man unter den Umständen eines sozial-politischen Systems den sog. heutigen russischen Staat mit zwei vergangenen Systemen – dem monarchistischen und dem sowjetischen – koordinieren kann. Dies ist vom Gesichtspunkt der abstrakten Logik unmöglich[22], denn es handelt sich um feindselige politische Systeme, das eine von ihnen (das sowjetische) hat seinerzeit das andere (das monarchistische) zerstört. In der Praxis kann man aber verschiedene, auch logisch unvereinbare Elemente vereinigen. Beispiele eines solchen Eklektizismus sind auf dem Gebiet der Staatssymbolik des heutigen Russlands die Vereinigung der Reichflagge und des Reichswappens (das Wappen enthält alle Attribute der persönlichen Macht des Staatsoberhauptes – die kaiserliche Krone, das Zepter, den Reichsapfel) mit der kommunistischen Hymne (sie war nur unbedeutenden „kosmetischen" Korrekturen ausgesetzt), und auf dem Gebiet der Staatspolitik die Kombination der kapitalistischen Wirtschaft mit den sozialistischen (administrativen) Methoden der Verwaltung.

Zusammenfassend kann formuliert werden: Die Analyse der russischen politisch-rechtlichen Tradition zeugt davon, dass Russland in allen Etappen seiner Geschichte der Staat war und bleibt, in dem alle normativ-rechtlichen Akte – auch die Verfassung – Produkte der Staatstätigkeit sind, die durch das Streben bedeutender autoritärer Kräfte hin zur Demokratie in Russland bedingt sind[23]

---

und Verbrechen gegen die Menschheit verübten". Das Europarlament hat empfohlen, am 23. August (den Tag der Unterzeichnung des Paktes „Molotow-Ribbentrop" – Anm. des Verf.) einen gesamteuropäischen Gedenktag der Opfer des Stalinismus und des Nazismus einzuführen. S. slon.ru/blogs/solomonov/post/73363/.

21 Die Einschätzung des Regimes als nicht legal schließt seine Charakteristik als legal (legalisiert) und legitim (vom Volk übernommen und unterstützt) nicht aus. In solchem Verständnis sind die diktatorischen Regime von *Hitler*, *Mussolini* und *Stalin* als rechtswidrig zu betrachten, obwohl während „ihrer Blüte" sowohl die Regime als auch ihre „Führer" von den Massen „vergöttert" wurden und sich als legale Subjekte des nationalen und internationalen Rechts dargestellten.

22 In diesem Fall ist mit der abstrakten (klassischen) Logik zu formulieren, dass der Verfasser „den ausgeschlossenen Dritten" meint, dessen Wesen darin besteht, dass für eine beliebige Aussage mindestens die Aussage selbst oder ihr Gegenteil gelten muss: Eine dritte Möglichkeit, also dass lediglich etwas Mittleres gilt, das weder die Aussage ist, noch ihr Gegenteil, sondern irgendwo dazwischen liegt, kann es nicht geben.

23 *Aranovskij*, Das Staatsrecht der ausländischen Staaten. Moskau 2000, S. 3 [*Арановский*, Государственное право зарубежных стран, Москва 2000, с. 3].

(nach Auffassung des Autors dieselben autoritären Kräfte) und die als Hauptziele die Gewährleistung und den Schutz des öffentlichen (gesamtstaatlichen) Interesses haben.

Im Gegensatz zum westlichen Konstitutionalismus, dessen Grundlage die liberalen Werte sind, und der als Instrument der rechtlichen Beschränkung und der Gewalteinteilung betrachtet wird, kann der russische Konstitutionalismus als *etatistischer* oder *Regierungskonstitutionalismus* charakterisiert werden. Dabei kann die Aufgabe, die mit der formalen (gesetzgebenden) Regelung des Staates und der Staatsgewalt verbunden ist, als Hauptaufgabe bezeichnet werden, die mittels des einheimischen Konstitutionalismus gelöst wird. I.d.S. kann man von Regierungskonstitutionalismus sowohl in Bezug auf die Epochen von *Iwan dem Schrecklichen*, *Peter dem Grossen* (der als Begründer des Rechtsstaates in Russland im russischen Verständnis des Terminus betrachtet werden kann, denn er ist der Schöpfer „des Regelungstaates") und *Stalin* als auch von den heutigen „Herrschern Russlands" sprechen.

Für den Autor ist es ohne Zweifel so, dass sich der russische Staat in allen Etappen seiner Geschichte über das Recht erhebt und das Recht (die Verfassung, das Gesetz) als dienendes und flexibles Instrument nutzt. So kann die heute geltende Verfassung leicht geändert werden. Davon zeugt die Erfahrung hinsichtlich der Zusätze über die Verlängerung der Amtszeit des Präsidenten Russlands und der Abgeordneten der Staatsduma der Föderalen Versammlung der RF. Nach Auffassung von *Starilov*, mit der der Autor übereinstimmt, sind die gegebenen Verfassungszusätze nur aus politischen Gründen ins Leben gerufen worden; ihre Realisierung forderte die Äußerung eines festen politischen Willens. Wenn die Annahme von Verfassungsänderungen (zu verschiedenen Fragen, Anlässen und Gründen) ein gemeinsames Interesse der politischen Macht und des Verwaltungssystems ist, so können sie schnell und resultativ verwirklicht werden.[24] „Das beweist, allerdings hypothetisch, die Tatsache, dass die Verfassung, obwohl sie von der politischen Klasse (Gruppen der Elite u.a.) angenommen und geändert wird, eine reale politische bzw. Staatsmacht im Lande hat".[25]

---

24 *Starilov*, Korrektur der Verfassung: Die administrative "Logistik" der Eintragung der Korrekturen ins Grundgesetz, in: Starilov (Hrsg), Juristische Zettel: Wissenschaftliche Werke, Ausg. 25, Die Demokratie und das rechtliche System Russlands: Vorteile, Errungenschaften und Widersprüche, Woronesh 2009, S. 239 [*Старилов*, Корректировка Конституции: административная „логистика" внесения поправок в основной закон, в кн.: Старилова, Юридические записки: сб. науч. трудов. Вып. 22: Демократия и правовая система России: преимущества, достижения и противоречия, Воронеж 2009, с. 239].

25 *Starilov*, Die Realisierung der Verfassung: Von „der Erläuterung" zur Revision, in: Srashewski (Hrsg), Persönlichkeit, Gelehrter, Lehrer: Zum Andenken an Professor Wiktor Stepanowitscha Osnowin, Woronesh 2008, S. 411 [*Старилов*, Реализация Конституции: От „комментирования" к пересмотру, Под ред. Т.Д. Зражевской:

Daraus ergibt sich, dass das Staatsrecht in Russland nicht „zu Ende gedacht ist“, und die mechanische Umbenennung der Wissenschaft, der Studiendisziplin und des Zweiges der rechtlichen Regulierung in Verfassungsrecht keine ernsten Veränderungen weder nach der Form noch nach dem Inhalt hervorgebracht hat. Diese Schlussfolgerung ist nicht als negativ zu betrachten. Nach Meinung des Verfassers gestattet es der Erhalt der nationalen Tradition des Staatsrechts, vom rechtlichen Mythos „der Tatsache der Schaffung eines *neuen Verfassungsrechts in Russland* (Kursivschrift vom Verf.)“[26] zur juristischen Realität überzugehen, unter deren Bedingungen gerade der Staat die Ziele und die Aufgaben der wichtigsten Sphären der gesamtstaatlichen Tätigkeit, darunter die Sphäre der Verfassungsentwicklung bestimmt (nicht das abstrakte multinationale russische Volk, das faktisch von der Macht distanziert ist und nicht als *Subjekt* der Annahme von Entscheidungen der Macht und der Realisierung der staatlichen Maßnahmen, sondern als *Objekt* der Verwaltungseinwirkung auftritt). *Kutafin* meint, dass „die schon viele Jahre geführte Diskussion über den Umfang der Beziehungen, die den Gegenstand des Verfassungsrechts bilden, grundlos ist, weil ihr Umfang nicht vom Aufspüren dieser oder anderer Besonderheiten der Beziehungen, die den Gegenstand des Verfassungsrechts bilden, sondern … vom Willen des Staates abhängt, der diesen Beziehungen den grundlegenden Charakter verlieh“.[27] Unter den Bedingungen einer solcher Realität entsteht die Notwendigkeit der Umdeutung des Begriffs und des Systems des Staatsrechts.

Es wird folgende Definition vorgeschlagen: Das Staatsrecht ist die Gesamtheit der untereinander verbundenen Rechtsnormen und der Institute, die die Grundlagen des Staatsaufbaus bestimmen, die Formen und die Arten der Organisation und der Funktionen der Organe der Staatsmacht festlegen und die Prozesse der Rechtsetzung und der Verwirklichung der Gesetze modellieren sowie die Ordnung der Wechselwirkung zwischen dem Staat, der Gesellschaft und der Persönlichkeit reglementieren.

Lässt man sich von dieser Definition leiten, dann kann man das System des Staatsrechts auf folgende Weise darstellen:

- Der *allgemeine Teil* schließt drei Gruppen von spezialisierten Normen (Ziele, Prinzipien, Definitionen) ein: die Staatswissenschaft (Staatsdogmatik), die legalistische Theorie (Gesetzgebungstheorie) und die Verfassungsdoktrin.
- Der *besondere Teil* gliedert sich in materiell-rechtliche und prozessual-rechtlichen Blöcke, die Verhaltensnormen umfassen. Zum materiellen Recht ge-

---

Личность. Ученый. Учитель: Памяти профессора Виктора Степановича Основина, Воронеж 2008, с. 411].

26 *Baglaj* (Anm. 15), S. 1.

27 *Kutafin*, Der Gegenstand des Verfassungsrechts, Moskau 2001, S. 26 [*Кутафин*, Предмет конституционного права, Москва 2001, с. 26].

hören das Verfassungsrecht[28], das Verwaltungsrecht[29], das Schutzrecht[30]. Zum Prozessrecht gehören das Verfassungs-[31], Verwaltungs- und Strafprozessrecht.

Das Verfassungsrecht nimmt den wichtigsten Platz im Fachsystem des Staatsrechts ein und hat einen wichtigen Einfluss auf andere Systeme des Öffentlichen Rechts und des Privatrechts.

Daraus folgt, dass das Staatsrecht die Bedeutung „eines Meta-Zweiges" besitzt, der den zentralen Platz im System des modernen russischen Rechts einnimmt. Das Verfassungsrecht und der Verfassungsprozess sind als von der staatlichen Tätigkeit abgeleitete Richtungen der Erkenntnis, der Ausbildung und der rechtlichen Regulierung zu betrachten. *Witruk* spricht einen dem Sinn nach ähnlichen, aber der Form nach entgegen gesetzten Standpunkt aus: Die Spitze (das Fundament, der Kern) des russischen Rechts ist das *Verfassungsrecht,* das öffentlich-rechtliche Natur besitzt und „*Überzweigcharakter*" hat. Das Verfassungsrecht schließt die Normen der Verfassung der RF, der Verfassungen und der Statuten der Subjekte der RF in der Auslegung der Verfassungsgerichts und der Statutengerichte der Subjekte der RF ein. Das Öffentliche Recht besteht nach seiner Struktur aus dem *Staatsrecht* und dem *Kommunalrecht*. Das Staatsrecht schließt in seine Struktur das Parlamentsrecht, das Verwaltungsrecht, das Gerichtsrecht, das Strafrecht als das Recht der disziplinären, administrativen und der strafrechtlichen Ver-

---

28 Den Gegenstand des Verfassungsrechts bilden die Normen, die die geltende Verfassung Russlands charakterisieren und ihrem System entsprechend strukturiert sind. In solchem Verständnis stellt das Verfassungsrecht den qualifizierten Kommentar des Textes der Verfassung dar.

29 Z.Z. vereinigt das Verwaltungsrecht drei große und selbständige (vom Gesichtspunkt des Gegenstandes der rechtlichen Regulierung gesehen) Teilsektoren: das Recht der Organisation der Staatsgewalt und des Staatsdienstes – das bürokratische Recht; das Recht des administrativen Delikts; das Verwaltungsprozessrecht. In Bezug auf den besonderen Teil des Staatsrechts betrachtet der Verfasser das Verwaltungsrecht als "das Recht der Organisation der Staatsgewalt und des staatlichen Dienstes", d.h. eigentlich als Gesamtheit der geregelten Rechtsnormen, die die Ordnung der Organisation und das Funktionieren der Organe der Staatsgewalt und der Beamten, ihren Kompetenzbereich und ihre Verantwortung reglementieren.

30 Das Schutzrecht umfasst seinerseits „das Recht des administrativen Delikts" und „das Strafrecht". In Analogie zum Strafrecht stellt „das Recht des administrativen Delikts" die Gesamtheit der Rechtsnormen dar, die die Bestände der administrativen Rechtsverletzungen umfassen und sowohl die Arten als auch das Maß der administrativen Verantwortung festlegen.

31 Das Verfassungsprozessrecht vereinigt die Rechtsnormen, die die Ordnung der Annahme, der Erläuterung und der Veränderung der Verfassung, die feststellenden Regeln der Organisation und des Funktionierens des Verfassungsgerichts der RF reglementieren und die Prozeduren der „geraden" Anwendung der Verfassung Russlands bestimmen.

antwortlichkeit ein.[32] Daraus folgt, dass das Verfassungsrecht ein „öffentlich-rechtliches" Gebilde ist, und sich zugleich wegen seines „Überzweigcharakters" über das Öffentliche Recht erhebt, das aus dem Staats- und Kommunalrecht besteht. Seinerseits ist das Verfassungsrecht auf die Auslegungsakte der Verfassungs- und statutengemäßen Gerichte angewiesen, was nach Auffassung des Autors zur Verengung des Gegenstandes dieses Zweiges führt. Außerdem ist es unverständlich, auf welche Weise das Verfassungsrecht die Öffentlichkeit erlangt, wenn es überstaatlichen Charakter besitzt. Es scheint, dass sich in der dargestellten Position wertmäßig-orientierende und organisatorische Aspekte vermischen. Wenn die Rede von der Verfassung als dem Text ist, in dem wertmäßige Anordnungen und Zielorientierungen zur Entwicklung des Staates und der Gesellschaft enthalten sind, so erhebt sie sich über die staatliche Organisation, weil sie durch ihre Parameter (Formen der staatlichen Leitung, administrativ-territorialer Aufbau, politisches Regime) Aufgaben vorgibt und die Richtungen der perspektivischen Entwicklung bestimmt. Im Zusammenhang damit ist die Verfassung, obwohl sie das Produkt der offiziellen Rechtsschöpfung darstellt, ein Ergebnis der Tätigkeit einer begrenzten Zahl von Menschen (der Gelehrten und der Beamten), die dem Staat in der konkreten historischen Etappe vorstehen, und – so gesehen – die Erwartungen und Schlussfolgerungen nicht der gesamten Gesellschaft, sondern eines äußerst geringen Gesellschaftsanteils widerspiegeln. Auf diese Weise ist die Verfassung nicht fähig, als Mittel der rechtlichen Begrenzung des Staates aufzutreten.

Das bedeutet keine Herabsetzung der Bedeutung des Verfassungsrechts und der Verfassung selbst, sondern trägt zu einer realistischeren Bewertung ihres Platzes und ihrer Rolle im politisch-rechtlichen System des heutigen Russlands bei. Das Verfassungsrecht bestimmt den Verfassungscharakter des heutigen russischen Staates und ist ein rechtliches Mittel, das die Konstitutionalisierung des Staatsaufbaus und die Konstitutionalität der staatlichen Tätigkeit gewährleistet.

Der Staat ist einerseits ein Schöpfer der Verfassung, andererseits ist er ihr Garant. In diesem Fall, stellt der Staat im Rahmen der nationalen rechtlichen Tradition den bürokratischen Apparat dar – die Organisation der staatlichen Angestellten, die in ihrer Tätigkeit vom Staatsoberhaupt (dem Präsidenten) abhängen. Von Letzterem hängt es ab, wie die nachfolgenden Vertreter der Staatsgewalt und der Gesellschaft die Verfassung einhalten. Die letzten Ereignisse, die mit den auf Anregung des Präsidenten Russlands verwirklichten Veränderungen des Textes der geltenden Verfassung verbunden sind, zeugen davon, dass das Begreifen der Bedeutung der Verfassung und das Gefühl ihrer Achtung von der Seite der herrschenden Elite keine wesentlichen Veränderungen im Vergleich zu

---

32 *Witruk*, Die Verfassungsrechtspflege. Das Gerichtsverfassungsrecht und der Prozess, Moskau 2005, S. 29 [*Витрук*, Конституционное правосудие. Судебно-конституционное право и процесс, Москва 2005, с. 29].

den vorangehenden Perioden der einheimischen Verfassungsgeschichte erfahren haben. Die Verfassung wird[33] als der normativ-rechtliche Akt betrachtet, dessen Veränderung (teilweise oder vollständig) technische Schwierigkeiten bereitet. Also ist es noch nicht so weit, vorzeitig von Russland als über einen vom Verfassungsgesetz beschränkten Staat zu sprechen. Die Diskussion, ob das Staatsrecht in Verfassungsrecht umgeformt wurde, ist sinnlos. Die einfache Veränderung des Namens des Rechtzweiges beeinflusste (kann nicht beeinflussen) weder sein Wesen noch seinen Inhalt. Die Konstitutionalisten, von denen die meisten konsequente Etatisten sind, konnten ihre Position aufrechterhalten.

33 Für das gegenwärtige Russland bleibt „die politische (aber keine verfassungsrechtliche – Anm. des Verf.) Selbstidentifizierung des Staates" primär. Die Ursprünglichkeit der politischen Selbstidentifizierung des Staates in Bezug auf seine juristische Identifizierung infolge verschiedener Gründe (der Wunsch, in den Augen der weltweiten Gesellschaft würdig auszusehen, die beherrschende Ideologie, die Besonderheiten des historischen Momentes) führt dazu, dass in den Verfassungen sowohl die utopisch-abstrakten Bestimmungen, die für alle sowjetischen Verfassungen seit der Verfassung der RSFSR von 1918 bis zur Verfassung der UdSSR von 1977 kennzeichnend waren, als auch die Bestimmungen, die „für das Wachstum" formuliert wurden, was für die geltende Verfassung Russlands kennzeichnend ist, enthalten sind. Der Unterschied zwischen diesen Bestimmungen besteht darin, dass die utopischen Verfassungsideen niemals realisiert werden können, aber die „für das Wachstum" formulierten verwirklicht werden, wenn die notwendigen Ressourcen, unter denen der politische Wille und das bürgerliche Einverständnis eine bemerkenswerte Rolle spielen, vorhanden sind. Jedoch spiegeln sich sowohl diese als auch die anderen Bestimmungen im nationalen Rechtssystem als Gesamtheit der Gesetzgebung wider. Die rechtliche Ideologie und die rechtliche Praxis treten gleichzeitig in zwei „Erscheinungsformen" auf: als Stimuli oder Garantien der Entwicklung, auch als Barrieren auf dem Weg der wertmäßigen Umorientierung des Staates". Vgl. Avrutin (Anm. 18), S. 485-488.

Rechtsvergleichende Analyse des nationalen Freizügigkeitsrechts der Russischen Föderation und der Bundesrepublik Deutschland

Olga Gulina *

Der folgende Beitrag stellt einen Versuch dar, die auf europäischer und universeller Ebene verbrieften Standards der Freizügigkeit mit den nationalen Bedingungen in Russland und Deutschland zu vergleichen und zu konturieren. Die Untersuchung bedarf zunächst einer systematischen Bestandsaufnahme der Begrifflichkeiten und des inhaltlichen Umfangs der Freizügigkeit im Licht der nationalen Gesetzgebung und der Rechtsprechung.

I. Geschichte

Das Recht auf Freizügigkeit hat eine lange Geschichte und spielt eine große Rolle. Die Freizügigkeit ist als ein wesentlicher Ausschnitt des allgemeinen Persönlichkeitsrechts im gegenwärtigen Rechtssystem beider Länder geschützt. *„Gewähr und Beachtung des Freizügigkeitsgrundrechts als Freiheit, seines Weges zu gehen, kennzeichnen den demokratischen Verfassungsstaat westlicher Prägung und ... sind Ausdruck des Strebens nach individueller Selbstbestimmung für den eigenen Lebenskreis."*[1] In der weiteren Perspektive fördert die Freizügigkeit die Kommunikation zwischen Völkern, Kulturen und Menschen.[2]

Freizügigkeit ist das Recht, sich frei zu bewegen; unabhängig davon ist die Realisierbarkeit, Wohnung und Beruf am neuen Ort zu finden.[3] Gleichzeitig ist die Freizügigkeit die Voraussetzung für die effektive Ausübung anderer Grundrechte: Familienverhältnis, Berufswahl, Eigentum.[4]

---

* Die Verfasserin ist Kand. der jurist. Wiss., Dr. iur. und Dozentin am Juristischen Institut beim Ministerium der Justiz der Russischen Föderation in Samara.

1 *Kunig*, in: v. Münch/Kunig, GG, Bd. I, 4. Auf. 1992, Art. 11 Rn. 1.

2 *Pernice*, Zur Finalität Europas, in: www.whi-berlin.de/documents/whipaper0605.pdf (Abruf: 21.10.2010).

3 *BVerfG*, Urt. v. 16.01.1957 – 1 BvR 253/56 (Elfes) – E 6, 32 (35); dazu: *Hofmann*, in: Schmidt-Bleibtreu/Hofmann/Hopfauf, GG, 11. Aufl. 2007, Art. 11 Rn. 7; *Durner*, in: Maunz-Dürig, GG, Stand: 2010, Art. 11 Rn. 92 ff.

4 *Randelzhofer*, in: Dolzer (Hsrg.), BK, Bd. 2, Stand: 3/1991, Art. 11 Rn. 9.

Schon vor der Gründung der Bundesrepublik konnten sich Bürger des Deutschen Reichs auf die uneingeschränkte Erwerbstätigkeit in allen Reichsländern berufen. Die Pflicht jedes Reichslandes, des anderen Untertanen geistig und weltlich durch sein Fürstentum, seine Landschaften, Grafschaften, Herrschaften, Obrigkeit und sein Gebiet frei, sicher und ungehindert wandern, ziehen und werben zu lassen, ist im § 1 des Landfriedens vom 1548, dem Augsburger Reichsabschied von 1555 und im Tübinger Vertrag vom 1514 festgeschrieben worden.[5] Anfang des 19. Jh. wurde bei den Beratungen der Bundesverfassung ausführlich diskutiert, welche Rechte den Deutschen „unverbrüchlich einzuräumen sind". Hierzu zählen für *A. Humboldt* die Freizügigkeit, die gesetzmäßige Freiheit und die freie Wahl der Ausbildungsstätte.[6] Im Jahr 1867 trat das Freizügigkeitsgesetz zur Gewährleistung der Freizügigkeit[7] im Kaiserreich in Kraft. Später wurde Freizügigkeit im Art. 111 S. 1 WRV[8]. In der Gegenwart wird die Freizügigkeit des Individuums durch Art. 11 GG gewährleistet.

Entgegen der Geschichte europäischer Länder, einschließlich des Deutschen Reichs, bestand die Leibeigenschaft in Russland (die Beschränkung der Eigentums- und persönlichen Rechte der Bauern, im einzelnen das Verbot der Bewegungsfreiheit der Bauern u.a.) bis zur Reform des *Zaren Alexander II.* von 1861.[9] Außerdem waren im Russischen Imperium die nicht russischen Bevölkerungsgruppen in der Berufswahl, in der Bewegungsfreiheit (z.B. Juden), und der Siedlung (Katholiken) beschränkt.[10] Die Verordnung über die Aufenthaltsgenehmigungen von 1893 und das Statut über die Pässe vom 1895 führten die Beschränkungen auch für die besondere Bevölkerungskategorien (Kaufmänner, Handwerksleute usw.) ein.[11] Zur gleichen Zeit entwickelte sich das System der

---

5 *Randelzhofer* (Anm. 4), Einleitung zum Art. 11 Rn. 4.

6 *Treichel* (Bearb.), Die Entstehung des Deutschen Bundes 1813-1815, Bd. 1, 2000, S. 536.

7 Freizügigkeitsgesetz v. 01.11.1867, BGBl. S. 55; *Kröger*, Grundrechtsentwicklung in Deutschland – von ihren Anfängen bis zur Gegenwart, 1998, S. 39 ff.

8 Art. 111 S. 1 WRV lautet:
„Alle Deutschen genießen Freizügigkeit im ganzen Reich. Jeder hat das Recht, sich an einem beliebigen Orte des Reiches aufzuhalten und niederzulassen, Grundstücke zu erwerben und jeden Nahrungszweig zu betreiben".

9 Am 19.02.1861 hat *Zar Alexander II.* das Manifest von der Aufhebung der Leibeigenschaft und das Statut über die Bauern, die aus der Leibeigenschaft hinausgehen, aus 17 Gesetzgebungsakten bestehend, unterschrieben.

10 *Tschistjakov*, Die vaterländische Gesetzgebung im 11.-20. Jh., T. II: 20. Jh., Moskau 1999, S. 46 [*Чистяков*, Отечественное законодательство XI-XX веков. Ч. II.: XX век, Москва 1999, с. 46].

11 *Spektor*, Das Pass-Visum-Regime: seine rechtliche Regelung, Journal des russischen Rechts 2001, Nr. 3, S. 27 [*Спектор*, Паспортно-визовый режим: правовое

Erlaubnisse des Ministeriums des Inneren bzgl. der Ein- und Ausfahrt aus dem Russischen Imperium.[12]

Die Periode von der Oktoberrevolution im Jahr 1917 bis zur Perestrojka im Jahr 1991 war eine Zeit der Stagnation des Freizügigkeitsrechts. So enthielt die Gesetzgebung feste Beschränkungen der Bewegungsfreiheit, z.B. hatten von 1932 bis 1958 die Bauern (Kolchosniki) keine Pässe und konnten ihren Wohnsitz nicht frei regeln.[13] In der Sowjetunion waren Lebensbedingungen und Berufschancen in Kolchos sehr niedrig. Um die Migration und die freie Bewegung der Bauern zu vermeiden, haben staatliche Behörden in der Sowjetunion Pässe deshalb nur an die Einwohner der Städte vergeben.

Alle sowjetischen Verfassungen von 1924, 1936 und 1977 enthielten keine Elemente des Freizügigkeitsrechts, deshalb waren die Anwendung der o.g. Rechte und ihre Gewährleistung auch schwach entwickelt. In der Vergangenheit waren die Beschränkungen und die Verbote der Bewegungsfreiheit mit einer ganzen Reihe sowjetischer Regimebedingungen, einschließlich des Passsystems der UdSSR und der Meldepflicht (Propiska) verbunden. In vielen großen Städten wie *Moskau*, *St. Petersburg*, u.a., konnten die Eltern, die in anderen Städten und Dörfern wohnten, nur dann zu ihren Kindern ziehen und sich danach dort anmelden, wenn sie keine anderen Kinder hatten, mit denen sie zusammenleben konnten. Um die Kriminalität in großen Städten zu vermeiden, existierten Beschränkungen der Freizügigkeit für Personen mit Vorstrafen. So waren etwa Personen, die aus den Strafanstalten entlassen worden waren, in der Auswahl des Wohnortes rechtlos.

In der UdSSR haben die staatlichen Behörden verschiedene einschränkende Maßnahmen wie Zwangsübersiedlungen der Tataren, Deportation von missliebigen Bevölkerungsgruppen wie z.B. der ethnischen Deutschen am Ende des Krieges, Passverweigerung und Vertreibungen der Bevölkerungsgruppen (sowie die sog. Meldepflicht [Propiska] durchgeführt. Dabei ist es erforderlich anzumerken, dass erstens die genannten Beschränkungen des Freizügigkeitrechts nicht vom Gesetz reguliert wurden, und zweitens diese Akte, die die Bewe-

---

регулирование, Журнал российского права, 2001, № 3, с. 27].

12 Vgl. Scharipov, Organisationsrechtliche Grundlagen der Tätigkeit des OWIR MWD, Autorref. zur Diss. zum Kand. der jurist. Wiss., Moskau 1992, S. 5 [*Шарипов*, Организационно-правовые основы деятельности ОВИР МВД, Автореф. дисс. ... канд. юрид. наук, Москва 1992, с. 5]; Chobotov, Organisationsrechtliche Grundlagen der Entwicklung des Passsystems der RSFSR (1917-1980), Autorref. zur Diss. zum Kand. der jurist. Wiss., Moskau 1983, S. 11 [*Хоботов*, Организационно-правовые основы развития паспортной системы РСФСР (1917-1980), Автореф. дисс. ... канд. юрид. наук, Москва 1983, с. 11].

13 *Kozlova*, Verfassungsrecht Russlands, 3. Aufl., Moskau 2004, S. 213 f. [*Козлова*, Конституционное право, 3-е изд., перераб. и доп., Москва 2004, с. 213, 214].

gungsfreiheit der Bürger, ihre Meldepflicht und Passregelung geordnet haben, nie offiziell veröffentlicht wurden. Z.B. trat der wichtigste Akt über das Passsystem in der UdSSR durch Verordnung des Ministerrates der UdSSR vom 28.08.1974 in Kraft.[14]

Im Jahr 1993 trat das Gesetz über die Rechte der Bürger der RF, sich frei zu bewegen und sich Wohnort- und Aufenthaltsort frei zu wählen, in Kraft.[15] Gem. Art. 3 des Gesetzes ist der Erlaubnischarakter der Meldepflicht (Propiska) nach der Registrierung ersetzt; und es wird festgestellt, dass die Registrierung kein Grund von Beschränkungen der Rechte und Freiheiten der Bürger sei kann.

In der gegenwärtigen Zeit bildet die Grundlage des Freizügigkeitsrechts die Verfassung der RF von 1993 (Art. 27 Abs. 1, 2 i.V.m. Art. 15 Abs. 4). Zunächst erklärt Art. 15 Abs. 4 der Verfassung, dass die allgemein anerkannten Prinzipien und Normen des Völkerrechts und die völkerrechtlichen Verträge der RF Bestandteil des russischen Rechtssystems sind.[16] Legt ein völkerrechtlicher Vertrag der RF andere Regeln fest als die gesetzlich vorgesehenen, so werden die Regeln des völkerrechtlichen Vertrages angewandt. Demzufolge soll die Verteilung der Gesetzgebungskompetenz einerseits zur Einheitlichkeit der Gesetzgebung führen und andererseits eine Berücksichtigung nationaler Bedingungen ermöglichen.

Entsprechend werden folgende Arten der Regelung des Freizügigkeitsrechts unterschieden:

- die allgemein anerkannten Prinzipien und Normen des Völkerrechts und die völkerrechtlichen Verträge der RF;[17]
- die russische Verfassung;
- die föderalen Gesetze wie das Gesetz über die Rechtsstellung ausländischer Bürger in der RF,[18] das Gesetz über die Aus- und Einreise auf das Territorium

---

14 *Dmitrieva* (Hrsg.), Verfassung der Russischen Föderation: Lehrkommentar, Moskau 2009, S. 114 [Отв. ред. *Дмитриева*, Конституция Российской Федерации: доктринальный комментарий, Москва 2009, с. 114]; *Lasareva* (Hrsg.), Kommentar zur Verfassung der Russischen Föderation, Moskau 2009 [Под общ. ред. *Лазарева*, Комментарий к Конституции Российской Федерации, Москва 2009].

15 Föderales Gesetz Nr. 5242-I v. 25.06.1993.

16 Der Beschl. des Verfassungsgerichts v. 26.02.2010 Nr. 4-P stellt fest, dass die Urteile des EGMR ein Grund der Revision vor den nationalen Gerichten Russlands sind, Beschl. des VerfG v. 02.02.1998 Nr. 4-P, Rn. 2 ff.; www.gpvu.ru/document.asp?did=174 (Abruf: 21.06.2010).

17 Entsch. des Obersten Gerichtshofs v. 10.10.2003 „Über die Anwendung der allgemein anerkannten Prinzipien und Normen des Völkerrechts und die völkerrechtlichen Verträge der Russischen Föderation durch die ordentlichen Gerichte", in: BVS RF 2003, Nr. 12, S. 3 ff. Vgl. Entsch. des Obersten Gerichtshof v. 24.02.2005.

18 Föderales Gesetz der RF Nr. 115-FZ v. 27.07.2002, in: Gesetzessammlung der RF 2002,

der RF,[19] das Gesetz über Berücksichtigung der Migration der ausländischen Bürger und der Staatenlosen in der RF[20] u.a.;

- die Anordnungen und Erlasse des Präsidenten der RF, z.B. Anordnung einer Änderung des Gesetzes über die Ein- und Ausreise (durch das Gesetz 65-FZ vom 13.05.2008 wurde der Präsident der RF ermächtigt, die Voraussetzungen der Aus- und Einreise für Ausländer und Staatenlose in der Russischen Föderation abweichend von den gesetzlichen Bestimmungen durch die Ukaze zu regeln[21]);
- die Normativakte der föderalen Ministerien und der Behörden;
- die Entscheidungen des *VerfG* und des *Obersten Gerichts Russlands.*

Abschließend ist festzustellen, dass Deutschland und Russland unterschiedliche geschichtliche Traditionen und Bedingungen des Freizügigkeitsrechts in der nationalen Gesetzgebung haben. Deutschland verfügt über rechtliche Vorschriften des Freizügigkeitsrechts in der Gesetzgebung und in der Rechtsanwendungspraxis seit der WRV. Im Fall Russlands ist festzustellen, dass der Verfassungsstandard und die Gesetze seit der Zeit des Russischen Imperiums und in der Sowjetunion in der Praxis häufig nicht beachtet wurden.

II. Begriff der Freizügigkeit und Elemente des Freizügigkeitsrechts

Der Begriff der Freizügigkeit ist im deutschen Grundgesetz nicht definiert, demzufolge gewinnt die Auslegung des Begriffs *„besonderen Stellwert"* und *„erschwert seine Anwendung durch eine nicht einheitliche Verwendung im juristischen Bereich"*[22]. Ansatzpunkt für eine inhaltliche Begriffstimmung der Freizügigkeit i.S.d. Art. 11 GG ist die Definition des *BVerfG*. Danach beinhaltet Freizügigkeit *„das Recht, an jedem Ort innerhalb des Bundesgebietes Aufenthalt und Wohnsitz zu nehmen, auch zu diesem Zweck in das Bundesgebiet einzurei-*

Nr. 30, S. 3032.

19 Föderales Gesetz der RF Nr. 114-FZ v. 15.08.1996 mit Änderungen durch Gesetz v. 09.02.2009, in: Gesetzessammlung der RF 1996, Nr. 34, S. 4029.

20 Föderales Gesetz Nr. 109-FZ v. 18.07.2006 mit Änderungen durch Gesetz Nr. 199-FZ v. 19.07.2009.

21 Gesetzessammlung der RF, 2008, Nr. 20, S. 2250.

22 *Randelzhofer* (Anm. 4), Art. 11 Rn. 16; vgl. *Merten*, Der Inhalt des Freizügigkeitsrechts, 1970, S. 15.

sen“[23]. Hierzu gehört die Freizügigkeit zwischen und innerhalb der Länder, Gemeinden,[24] *„von Land zu Land, von Gemeinde zu Gemeinde*“[25].

Der Begriff Wohnsitz etabliert sich durch Rückgriff auf § 7 BGB[26]. Das ist der Ort (i.S. einer politischen Gemeinde[27]), an dem sich eine Person ständig niederlässt (faktisches Element), in der Absicht, ihn zum Mittelpunkt ihrer wirtschaftlichen und gesellschaftlichen Tätigkeit zu machen (subjektives Element).

Die innerstaatlich garantierte Freizügigkeit gem. Art. 11 GG beruht in ihrem prinzipiellen Verständnis auf der Abgrenzung zu anderen Staaten. Insoweit ergeben sich in personaler und sachlicher Hinsicht unterschiedliche Einzelrechte aus der Freizügigkeit i.S.d. Gemeinschaftsrechts und aus dem einzelstaatlichen Grundrecht auf Freizügigkeit. Deshalb hat die Freizügigkeit nach EU-Recht einen anderen Regelungsmaßstab als Freizügigkeit nach nationalem Recht.[28]

Die Freizügigkeit gehört zu den Grundfreiheiten der EU, um die Beseitigung der Hindernisse für den freien Personen-, Dienstleistungs- und Kapitalverkehr zwischen den Mitgliedstaaten zu erreichen. Nach Meinung von *Seidel*[29] umfasst das Recht auf Freizügigkeit i.S.d. EU-Rechts mehrere Freiheiten wie die Freizügigkeit der Arbeitsnehmer, die Niederlassungsfreiheit für selbständige Gewerbetreibende, Freiberufler und Gesellschaften, die Freiheit des Dienstleistungsverkehrs usw. Demzufolge deckt sich der europäische Begriff der „Freizügigkeit“ nicht nur nicht mit dem des innerstaatlichen Rechts, sondern ist zweckgebunden nur auf die erwerbswirtschaftliche Komponente ausgerichtet.

Die russische Verfassung definiert im Art. 27 das Freizügigkeitsrecht als das Recht, sich rechtmäßig auf dem Territorium der RF aufzuhalten, das Recht, sich

---

23 *BVerfG*, Beschl. v. 07.05.1953 – 1 BvL 104/52 (Notaufnahmegesetz) – E 2, 266 (273); vgl. auch Beschl. v. 23.07.1958 – 1 BvL 1/52 – E 8, 95 (97 ff.); Beschl. v. 25.01.1977 – 1 BvR 210/74, u.a. – E 43, 211.

24 *BVerfG*, Urt. v. 17.03.2004 – 1 BvR 1266/00 (Spätaussiedler) – E 110, 177 (190 f.); dazu *Hesse*, Grundzüge des Verfassungsrechts der Bundesrepublik Deutschland, 1995, § 12 Abs. 1.

25 *BVerfG* (Anm. 23), E 8, 95 (97).

26 § 7 BGB definiert:
(1) Wer sich an einem Orte ständig niederlässt, begründet an diesem Orte seinen Wohnsitz.
(2) Der Wohnsitz kann gleichzeitig an mehreren Orten bestehen.
(3) Der Wohnsitz wird aufgehoben, wenn die Niederlassung mit dem Willen aufgehoben wird, sie aufzugeben.

27 *OLG München*, Beschl. v. 03.04.1990 – BReg 1 a Z 70/89 – NJW-RR 1990, S. 1033.

28 *Hofmann* (Anm. 3), Art. 11 Rn. 2; *Krüger*, in: Sachs, GG, 5. Aufl. 2009, Art. 11 Rn. 9.

29 *Seidel*, Handbuch der Grund- und Menschenrechte auf staatlicher, europäischer und universeller Ebene, 1996, S. 211.

frei zu bewegen, seinen Aufenthalts- und Wohnort zu wählen und freie Ein- und Ausreise zu gewährleisten.

Wichtig ist es festzustellen, dass Art. 11 GG das Freizügigkeitsrecht enger als Art. 27 russische Verfassung fasst. Art. 11 GG umfasst nicht die Ausreise und Auswanderung aus dem Bundesgebiet.

III. Der Grundrechtstatbestand der Freizügigkeit

Freizügigkeit bedeutet das Recht, ungehindert durch die deutsche Staatsgewalt an jedem Ort des Bundesgebietes Aufenthalt und Wohnsitz zu nehmen und erfasst vier Elemente:

- Freiheit des Wegzugs bezeichnet das Recht, „den bisherigen Wohn- bzw. Aufenthaltsort mit dem Ziel seiner Veränderung verlassen zu dürfen", d.h. „Freizügigkeit setzt körperliche Bewegungsfreiheit voraus";
- Freiheit des Zuzugs bedeutet das Recht, „jeden Ort des Bundesgebietes aufzusuchen und sich dort aufhalten zu dürfen";
- der freie Zug erfasst „Ortswechsel vom Wegzugs- zum Zuzugsort";[30]
- das Recht, Eigentum und Vermögen bei Inanspruchnahme der Freizügigkeit mitnehmen zu können.[31]

Deshalb setzt die Offenheit mindestens zwei rechtliche Systeme voraus: dasjenige des Wegzugs und dasjenige des Zuzugs, ggf. auch dasjenige des Durchzugs.[32]

Nach Auffassung von *Giegerich*[33] impliziert das Freizügigkeitsrecht auf deutscher Ebene folgende Aspekte:

1. *Fortbewegungsfreiheit* begründet die Freiheit, zu beliebigen Zwecken wirtschaftlicher oder nicht wirtschaftlicher Art durch das Territorium zu reisen. Zur Fortbewegungsfreiheit gehört kein „Grundrecht auf Mobilität", keine freie Wahl des Verkehrsmittels, es schützt allenfalls davor, dass der Staat die Fortbewegungsmöglichkeit insgesamt oder die Erreichbarkeit bestimmter Zielorte unzumutbar erschwert und den Grundrechtsträgern damit die unerlässlichen Voraussetzungen für einen Ortswechsel nimmt.[34]
2. *Negative Einreisefreiheit* wird in Deutschland als *„Rückruf von Staatsangehörigen aus gefährlichen Gebieten oder allgemein in Krisenzeiten"*[35] verstan-

30 *Gusy*, in: v. Mangoldt/Klein/Starck, GG, Bd. 2, 6. Aufl. 2010, Art. 11 Rn. 25-32.

31 *Hailbronner*, HStR, 2. Aufl. 2000, § 131 Rn. 35.

32 *Gusy* (Anm. 30), Art. 11 Rn. 24-27.

33 *Giegerich*, Freizügigkeit, in: Grote/Marauhn (Hrsg.): Konkordanzkommentar zum europäischen und deutschen Grundrechtsschutz – EMRK/GG, 2006, Kap. 26 Rn. 38 ff.

34 *BVerfG*, Beschl. v. 06.06.1989 – 1 BvR 921/85 (Reiten im Walde) – E 80, 137 (150).

35 *Merten*, Zur Verfassungsmäßigkeit eines Rückrufgesetzes, in: MDR 1964, S. 806 ff.

den und *„zumeist insgesamt bei Art. 11 GG angesiedelt, ohne dass dabei nach den einzelnen Komponenten des Rechtsbündels differenziert würde“*[36].

3. *Negative Ausreisefreiheit* ist das Recht, im Inland zu verbleiben und nicht ausgewiesen zu werden. Schutz vor Auslieferung gem. Art. 16 Abs. 2 GG ist auch ein Element der Freizügigkeit, das *„im Grundgesetz verboten ist und Ausnahmen nur unter engen und vom BVerfG streng überprüften Ausnahmen zulässt“*[37].

Die positive Ausreisefreiheit fällt nach bisheriger h.M. unter Art. 2 Abs. 1 GG. In Deutschland gelten entsprechende Vorschriften seit dem Ersten Weltkrieg. Der Gesetzgeber geht von der Annahme aus, dass er die Ausreisefreiheit in Art. 11 Abs. 1 GG nicht garantiert. Bei dieser Sachlage konnte sich das *BVerfG* bisher nicht dazu durchringen, das Recht auf freie Ausreise in die von Art. 11 GG garantierte Freizügigkeit einzubeziehen. Dennoch entbehrt die Ausreisefreiheit als Ausfluss der allgemeinen Handlungsfreiheit nicht eines angemessenen grundrechtlichen Schutzes (Art. 2 Abs. 1 GG).[38] Gegenwärtig hat sich durch das Gemeinschaftsrecht die Interpretation des Art. 11 GG jedoch geändert. Auch das Recht auf Ausreise ins Unionsgebiet muss danach aus Art. 11 GG folgen.

In der russischen wissenschaftlichen Literatur wird das Freizügigkeitrecht als ein Bestandteil der freien Selbstbestimmung der Individuen dargestellt[39] und mit der Selbstbestimmung der Persönlichkeit eng verbunden.[40] *Limonova* und *Barchatova* unterscheiden das Freizügigkeitsrecht innerhalb der RF, es umfasst die Bewegungsfreiheit und freie Auswahl des Wohnsitzes und des Aufenthaltsortes und außerdem des Landes, einschließlich das Recht auf freie Ein- und Aus-

---

36 *Randelzhofer* (Anm. 4), Art. 11 Rn. 55 f.

37 *BVerfG*, Beschl. v. 13.10.1970 – 1 BvR 226/70 – E 29, 183. Hierzu: das unentziehbare Recht zum Aufenthalt im Staate setzte sich zunehmend gegen die Landesverweisung und Auslieferung von Inländern durch, in: *Ziekow*, Über Freizügigkeit und Aufenthalt. Paradigmatische Überlegungen zum grundrechtlichen Freiheitsschutz in historischer und verfassungsrechtlicher Perspektive, 1997, S. 213.

38 *Eppig*, Grundrechte, 4. Aufl. 2010, S. 328.

39 *Solotschenko*, Die verfasssungsrechtliche Konzeption des Inhalts der persönlichen Rechte und Freihheiten in der Russischen Föderation, Autorref. zur Diss. zum Kand. der jurist. Wiss., Rostov am Don 2004, S. 20 [*Солонченко*, Конституционно-правовая концепция содержания личных прав и свобод в Российской Федерации, Автореф. дис. ... канд. юрид. наук, Ростов-на-Дону 2004, с. 20].

40 *Rostovtschikova*, Die Fortbewegungsfreiheit und die Wahl des Wohnortes und die Garantien ihrer Gewährleistung und ihres Schutzes in Russland, Autorref. zur Diss. zum Kand. der jurist. Wiss., Wolgograd 2001, S. 8 [*Ростовщикова*, Свобода передвижения и выбор места жительства и гарантии ее обеспечения и защиты в России, Автореф. дис. ... канд. юрид. наук, Волгоград 2001, с. 8].

reise.[41] Nach Auffassung von *Maklakov*, *Tiunov*, *Baglaj*, *Avakjan*, *Besuglov* und *Soldatov* erfasst Art. 27 der russischen Verfassung fünf rechtliche Elemente:
- das Recht auf Bewegungsfreiheit;
- Recht auf freie Auswahl des Wohnortes;
- das Recht auf freie Auswahl des Aufenthaltsortes;
- das Recht auf freie Ausreise aus dem Land;
- das Recht auf ungehinderte Rückkehr in das Land als Bürger der RF.[42]

Der Gesetzgeber hat ein kompliziertes Modell des Freizügigkeitsrechts gewählt. Es gibt kein einziges Gesetz, das alle Elemente der Freizügigkeit umfasst. So wird das Recht auf Bewegungsfreiheit, auf freie Auswahl des Wohn- und Aufenthaltsortes durch das Gesetz über die Bewegungsfreiheit und auf freie Auswahl des Wohn- und Aufenthaltsortes geregelt. Das Recht auf die freie Ausreise aus dem Land und auf die ungehinderte Rückkehr ins Land als Bürger der RF ist durch das Gesetz über die Ein- und Ausreise auf das und aus dem Territorium der RF geordnet. Heute wird die Idee eines Migrationkodexes oder eines Gesetzes, das alle Fragen der Zuwanderung und des Aufenthaltes innerhalb und außerhalb der RF regeln kann, stark diskutiert.[43]

Aus der Sicht des *VerfG Russlands* ist das Freizügigkeitrecht, insbes. das Recht auf die freie Wahl des Wohnortes, ein Teil der Selbstbestimmung der Persönlichkeit. Es erfasst drei rechtliche Möglichkeiten im Rahmen des Freizügigkeitsrechts:
- das Recht, sich frei auf dem Territorium der RF zu bewegen,

41 Wörterbuch zu den Rechten des Menschen: grundlegende Begriffe und Institute, Moskau 2006, S. 200 ff., S. 218 f. [Словарь-справочник по правам человека: основные понятия и институты, Москва 2006, с. 200-203, 218-219]; *Limonova*, Das Recht der Bürger auf Freizügigkeit, Wahl des Aufenthaltes und der Wohnung, Moskau 2001, S. 9 [*Лимонова*, Право граждан на свободу передвижения, выбор места пребывания и жительства, Москва 2001, с. 9]; *Barchatova*, Kommentar zur Verfassung der Russischen Föderation, Moskau 2010 [*Бархатова*, Комментарий к Конституции Российской Федерации, Москва 2010].

42 *Maklakova* (Hrsg.), Verfassungsrecht, Wörterbuch, Moskau 2001, S. 440 [*Маклакова*, Конституционное право. Словарь, Москва 2001, с. 440]; *Tiunov*, Verfassungsrechte und Freiheiten des Menschen und Bürgers in der Russischen Föderation, Moskau 2005, S. 70-79 [*Тиунов*, Конституционные права и свободы человека и гражданина в Российской Федерации, Москва 2005, с. 70-79]; *Baglaj*, Verfassungsrecht der Russischen Föderation, Moskau 1999, S. 187-195 [*Баглай*, Конституционное право Российской Федерации, Москва 1999, с. 187-195]; *Avakjan*, Verfassungsrecht Russlands, T. 1, Moskau 2006, S. 601-605 [*Авакьян*, Конституционное право России, Т. 1, Москва 2006, с. 601-605]; *Bezlugov/Soldatov*, Verfassungsrecht Russlands, T. 1, Moskau 2001, S. 463-466 [*Безуглов/Солдатов*, Конституционное право России, Т. 1, Москва 2001, с. 463-466].

43 Entwurf des Föderalen Gesetzes über staatliche Migrationspolitik in der RF v. 2009.

- das Recht, sich rechtmäßig auf dem Territorium der RF aufzuhalten,
- das Recht auf Ein- und Ausreise.

Die o.g. einzelnen Rechte haben eigene Schutzobjekte und dienen verschiedenen menschlichen Interessen und können demzufolge separat realisiert werden.[44]

Abschließend folgt aus der Freizügigkeit in der deutschen wissenschaftlichen Literatur nicht nur das positive Recht der Verlegung des Wohnortes, einschließlich den Ort zu wechseln und sich frei zu bewegen (positive Freizügigkeit),[45] sondern auch die negative Freizügigkeit oder das sog. Bleiberecht, das das Recht umfasst einen (anderen) Ort nicht aufsuchen zu müssen, also am Ort bleiben zu können,[46] das sog. Recht auf Heimat.[47] Die positive und negative Komponente des Rechts auf Freizügigkeit ist unterschiedlichen Verfassungsbestimmungen zugewiesen. Denn anders als die Bleibefreiheit kann das Recht zum Verlassen des Bundesgebietes, d.h. die Auswanderung oder Ausreise aus Art. 11 GG nicht entnommen werden,[48] was allerdings mit den europarechtlichen Vorgaben nicht mehr in Übereinstimmung steht.

Die Sicht des russischen Gesetzgebers und des Verfassungsgerichts sind sehr ähnlich. Aber im Unterschied zur deutschen Lehre wird keine negative und positive Freizügigkeit anerkannt. Auch eine detaillierte Lehre der Elemente des Freizügigkeitsrechts existiert in Russland noch nicht. Die Hauptgründe dafür sind bis heute der Einfluss der ehemaligen sowjetischen Pass- und Milizsysteme, die kein Freizügigkeitsrecht erfasst haben und mangelnde Traditionen der Bürger der RF, ihre Rechte und Freiheiten stärker zu fassen.

IV. Grundrechtsträger

Das Recht auf Freizügigkeit steht in der BRD allen Deutschen zu. Ausländer sind keine Träger des Freizügigkeitsrechts. Die *Freizügigkeit eines Ausländers*

---

44 Beschl. des VerfG RF v. 04.04.1996, Nr. 9-P, in: Rossijskaya gazeta v. 17.04.1996; vgl. *Arutunyan/Baglaj*, Verfassungsrecht, Moskau 2006, S. 425; *Golovistikova/Grudzyna*, Rechte des Menschen, Moskau 2006, S. 135-137 [*Головистикова/Грудцына*, Права человека, Москва 2006, с. 135-137].

45 *Merten*, Negative Grundrechte, in: Handbuch der Grundrechte in Deutschland und Europa – HGR, Bd. II, § 42 Rn. 162.

46 *Kunig* (Anm. 1), Art. 11 Rn. 18 ff.

47 *Giegerich* (Anm. 33), Kap. 26 Rn. 58; *Silagi*, in: Gorning, Das Recht auf Heimat, 2006, S. 77 ff.; *Pernice*, in: Dreier, GG, Bd. 1, 2. Aufl. 2008, Art. 11 Rn. 10; *Eisert*, Das Menschenrecht auf Heimat in der Landesverfassung von Baden-Württemberg, 1991, S. 113 ff.

48 *BVerfG* (Anm. 23), E 2, 266 (273); *BVerwG*, Urt. v. 09.02.1956 – I C 155.54 – E 3, 130 (132); dazu *Merten* (Anm. 45), § 42 Rn. 165.

ergibt sich aus Art. 2 Abs. 1 GG[49]. Das *BVerfG* legt fest, dass *„ein Ausländer das Recht, sich an einem Ort ständig niederzulassen und ihn zum Schwerpunkt seiner Lebensverhältnisse zu machen, nicht aus dem auf Deutsche beschränkten Freizügigkeitsgrundrecht, sondern allein aus Art. 2 Abs. 1 GG in dem dort gezogenen Rahmen herleiten kann, insbes. in den Schranken der verfassungsmäßigen Ordnung"*[50]. Im Unterschied zu Art. 11 GG ist Art. 17 LVerf Bbg nicht auf Deutsche beschränkt, sondern als Menschenrecht[51] ausgestaltet und ermöglicht in grundgesetzkonformer Weise, dass sich auch Ausländer gegenüber der Landesstaatsgewalt auf das Grundrecht berufen können.[52]

Träger des Grundrechts auf Freizügigkeit sind alle natürlichen Personen. Ob auch juristische Personen geschützt werden, ist angesichts des personal ausgerichteten Charakters der Bestimmung zweifelhaft.[53] Die entgegen gesetzte Meinung bezieht inländische juristische Personen des Privatrechts mit ein.[54] Die Grundrechtsberechtigung juristischer Personen wird aus. Art. 19 Abs. 3 GG begründet[55] und erfasst das Recht inländischer juristischer Personen, ihren Sitz im Inland frei zu wählen bzw. zu verlegen[56]. Zum Träger des Freizügigkeitsgrundrechts gehören auch Minderjährige, wie die Erwähnung des Jugendschutzes in Art. 11 Abs. 2 GG erkennen lässt.[57] EU-Bürger sind in Einreise, Aufenthalt, Wohnsitz, Freizügigkeit der Arbeitsnehmer, der Ausbildungsstätte sowie Freiheit der Niederlassung Inländern gleichgestellt.[58]

Nach Auffassung des russischen Gesetzgebers ist das Freizügigkeitsrecht ein Jedermann-Recht. Deshalb sind alle natürlichen Personen Grundrechtsträger des Freizügigkeitsrechts, unabhängig von ihrem Status – Bürger der RF oder anderer Staaten sowie Staatenlose. Gemäß dem föderalen Gesetz über die Rechtsstellung ausländischer Bürger in der RF und dem Gesetz über die Berücksichtigung der

---

49 *BVerfG*, Beschl. 12.05.1987 – 2 BvR 1226/83 (Familiennachzug) – E 76, 1 (47); Urt. v. 10.03.1981 – 1 BvR 92/71 (Gondelbahn) – E 56, 254 (258).

50 *BVerfG*, Beschl. v. 18.07.1973 – 1 BvR 23/73 – Juris, Rn. 1.; vgl. Beschl. v. 03.07.2001 – 2 BvR 1022/01 – Juris, Rn. 1; E 35, 382 (399).

51 Alle Menschen haben das Recht auf Freizügigkeit. Art. 17 Abs. 1 LVerfBbg.

52 *Ernst*, in: Lieber/Iwers/Ernst, Kommentar zur Verfassung des Landes Brandenburg, 2003, S. 78.

53 *Ernst* (Anm. 52), S. 78 f.; dazu *Jarass*, in: Jarass/Pieroth, GG, 10. Aufl. 2009, Art. 11 Rn. 6.

54 *Durner* (Anm. 3), Art. 11 Rn. 3, 42; *Pernice* (Anm. 47), Art. 11 Rn. 17 ff.

55 *Gusy* (Anm. 30), Art. 11 Rn. 44 ff.

56 Dazu *Randelzhofer* (Anm. 4), Art. 11 Rn. 65; *Durner* (Anm. 3), Art. 11 Rn. 42.

57 Hierzu: *Giegerich* (Anm. 33), Kap. 26 Rn. 70; *Durner* (Anm. 3), Art. 11 Rn. 3; *Gusy*, (Anm. 30), Art. 11 Rn. 43 ff.

58 *Badura*, Staatsrecht, 4. Aufl. 2010, Rn. 90 ff.

Migration der ausländischen Bürger und Staatenloser in der RF genießt jeder Ausländer, der sich rechtmäßig in der RF aufhält, Freizügigkeit auf dem Territorium der RF. Ein Genehmigungsverfahren kann für spezifische Fälle eingeführt werden (z.B. Grenzgebiet, Sperrgebiet, Zonen, in denen antiterroristische Operationen erfolgen usw.).

Eine besondere Regelung gilt auch für ausländische Touristen auf Fährschiffen, die sich danach bis 72 Stunden ohne Visum auf dem Territorium der RF aufhalten dürfen.[59] Es gibt eine Ausnahme für das Recht auf freie Einreise in die RF. Das Recht gilt nur für russische Bürger gem. Art. 27 Abs. 2 S. 2 der russischen Verfassung.

Im Beschluss des *VerfG* Nr. 545-O-O vom 19.05.2009 (*Morarj*)[60] wird festgestellt, dass unabhängig vom Status des Beschwerdeführers (Staatsangehörige *Moldaviens*, die in der RF studierte und in der RF arbeitet; Familienangehöriger, der Bürger der RF ist) die Einreise in die RF i.S. des Art. 27 Abs. 1 des Föderalen Gesetzes über die Ein- und Ausreise wegen der Sicherheit der staatlichen und öffentlichen Rechtsordnung, und/oder der Gesundheit der Bevölkerung u.a. eingeschränkt sein kann, und dass das Recht auf freie Einreise in die RF nur für die Bürger der RF grenzenlos gewährleistet wird.

In der modernen russischen Verfassungsdoktrin gibt es keine einheitliche Auffassung darüber, ob sich der in Art. 35 der russischen Verfassung verwendete Begriff „Jeder" auch auf juristische Personen, oder nur auf Bürger der RF, ausländische Bürger und Staatenlose erstreckt.[61] Nach Meinung des Gesetzgebers Russlands sind juristische Personen keine Grundrechtsträger. Auch die meisten Wissenschaftler sind der Auffassung, dass der 2. Abschnitt des GG RF „Rechte und Freiheiten des Menschen und Bürgers" keine verfassungsmäßigen Rechte für juristische Personen garantiert. Im Beschluss des Höchsten Schiedsgerichtes der RF Nr. K4-H-7/2648 wird festgestellt, dass die Klage einer juristischen Person abgewiesen wird, weil die Anwendung des Art. 54 des 2. Kap. (Rechte und Freiheiten des Menschen und Bürgers) der russischen Verfassung keine Anwendung auf juristische Personen findet. Die entgegen gesetzte Meinung vertritt das Oberste Gericht der RF im Urt. Nr. GKPI09-1764 vom

---

59 Mit der Änderung des Gesetzes über Ein- und Ausreise durch das Gesetz Nr. 237-FZ v. 03.12.2008, in: Gesetzessammlung der RF 2008, Nr. 49, S. 5735.

60 *Natalia Morarj* ist eine moldauische Journalistin, die für die Zeitschrift „The New Times" über Politik recherchiert und schreibt. Ihr wurde mehrfach die Wiedereinreise nach Russland verweigert. Sie hat gegen den Föderalen Migrationdienst und den Föderalen Sicherheitsdienst geklagt, aber die Gerichte (das Gericht des Meshanskij Bezirks und das Staatliche Gericht Moskau) haben ihre Klagen abgewiesen, in: Einreise ist verboten, Rossijskaya gazeta Nr. 142 v. 04.08.2009.

61 *Topornin, u.a.* (Hrsg.), GG Russlands, Kommentar, Moskau 1994, S. 202-203. Die Gegenmeinung vertritt *Kuzmin*, Rechtspersonen als Grundsrechtsträger, Moskau 2007.

17.02.2010[62], in dem es festlegt, dass die Gesetze im Bereich des Migrationrechts den Begriff des juristischen Personen in der gleichen Bedeutung wie die Zivilgesetzgebung verwenden müssen, d.h. keine Beschränkung der Grundrechtsfähigkeit möglich ist.

Nach Auffassung der Autorin wird diese Diskussion in den nächsten Jahren zu einem Ergebnis geführt werden. Russland hat viel dafür getan, sich als ein freies demokratisches Land auf europäischer und universeller Ebene vorzustellen. Zweifellos gehört dazu die Anerkennung der Freizügigkeit natürlicher und juristischer Personen, Waren und Leistungen. Aus dieser Sicht wird durch die Rechtsanwendungspraxis auch die Freizügigkeit von juristischen Personen geschützt.

Abschließend ist festzustellen: Der deutsche Gesetzgeber bezeichnet die Freizügigkeit als Deutschen- Grundrecht und garantiert es ausdrücklich allen Deutschen i.S.d. Art. 116 Abs. 1 GG und EU-Bürgern gemäß FreizügG/EU. Der russische Gesetzgeber bezeichnet das Freizügigkeitsrecht als Jedermann-Recht. Daraus ergibt sich, dass alle natürlichen Personen Träger des Rechts sind. Entgegen der deutschen Rechtsprechung und des GG verfügen juristische Personen des Privatrechts i.S.d. russischen Verfassung bisher über keine partielle Grundrechtsfähigkeit und sie können sich in ihrem Tätigkeitsbereich nicht auf Grundrechte berufen.

Auf europäischer Ebene wird das Recht auf Freizügigkeit im 4. Zusatzprotokoll zur Europäischen Konvention als Jedermann-Recht bezeichnet, d.h. Staatsbürger, Ausländer und Staatenlose, die „sich rechtmäßig im Hoheitsgebiet eines Mitgliedstaates aufhalten“ sind Träger des Freizügigkeitsrechts. Diese Formulierung des Rechts und der Rechtsträger im Rahmen des Europarates ist der russischen Verfassung sehr ähnlich.

V. Einschränkungen

Das Recht auf Freizügigkeit auf der nationalen Ebene Russlands und Deutschlands ist kein absolutes Recht und kann aus verschiedenen Gründen eingeschränkt werden.

1. Einschränkungen der Freizügigkeit in der deutschen Verfassung

Nach Art. 11 Abs. 2 GG kann das Freizügigkeitsrecht nur durch Gesetz und nur für bestimmte Fälle eingeschränkt werden. Diese sind:

- *Fehlende Sicherung des Lebensunterhaltes*: Sie ist gegeben, wenn nach Alter, Beruf und Gesundheit nicht zu erwarten sei, dass der Zuziehende sich den notwendigen Lebensbedarf selbst verdient vermag, sofern ihm Arbeit nicht

---

62 Die offizielle Web-Seite des Obersten Gerichts der RF, in: www.supcourt.ru (Abruf: 29.10.2010).

durch behördliche Maßnahmen unmöglich gemacht wird.[63] Z.B. ist aufgrund der Blindheit eines Arbeitnehmers, der zu 100% erwerbsgemindert ist, dieser nicht freizügigkeitsberechtigt und hält sich auch nicht zu einer Arbeitssuche im Bundesgebiet auf. Entsprechende Anwendung findet der § 5 Abs. 5 FreizügG/EU, wenn der Betroffene nie freizügigkeitsberechtigt i.S.d. § 2 Abs. 1 FreizügG/EU gewesen ist.[64]

- *Innerer Notstand*: Er stellt eine Gefährdung des Bestandes der Bundesrepublik Deutschland in ihrer freiheitlichen demokratischen Grundordnung oder ihrer Sicherheit durch innere Vorgänge, Revolten, illegale politische Streiks, Terrorismus usw. dar. Die Gefährdung kann auch für ein einzelnes Bundesland bestehen.[65]
- *Seuchen, Naturkatastrophen, schwere Unglücksfälle*: Die Seuchengefahr bezieht sich auf die Verhütung schwerer übertragbarer Krankheiten für Menschen und Tiere. Als sonstige schwere Unglücksfälle werden Katastrophen technischen Ursprungs sowie Verminung eines Geländes, Altlasten aus früheren Umweltschäden, Unfälle mit schwerer Umweltbelastung beschrieben.[66]
- *Schutz der Jugend vor Verwahrlosung*: Sie umfasst nicht das gesamte elterliche und staatliche Aufenthaltsbestimmungsrecht im Rahmen ihres allgemeinen Erziehungsrechts.[67]
- *Vorbeugung strafbarer Handlungen.*
- *Einschränkungen zur Verteidigung und zum Schutz der Zivilbevölkerung* gem. Art. 17a GG.

2. Einschränkungen der Freizügigkeit in der russischen Verfassung der RF

Der russische Gesetzgeber hat keine Einschränkung der Freizügigkeit im Art. 27 der russischen Verfassung[68] vorgenommen. Er regelt die Beschränkungsmöglichkeiten im Art. 55 Abs. 3[69] und im Fall des Ausnahmezustandes auf dem gesamten Territorium der RF im Art. 56 Abs. 1.[70]

---

63 *BVerwG*, Urt. v. 05.02.1958 – V C 324.56 – E 6, 173 (175).

64 *VG Osnabrück*, Urt. v. 19.04.2010 – 5 A 63/09 – Juris, Rn. 34, 38.

65 *Schade*, GG mit Kommentierung, 5. Aufl. 2000, Art. 91, S. 146.

66 *Gusy* (Anm. 30), Art. 11 Rn. 59.

67 *Randelzhofer* (Anm. 4), Art. 11 Rn. 164; *Gusy* (Anm. 30), Art. 11 Rn. 61.

68 Art. 27 der russischen Verfassung lautet:
(1) Jeder, der sich rechtmäßig auf dem Territorium der Russischen Föderation aufhält, hat das Recht, sich frei zu bewegen und seinen Aufenthalts- und Wohnort zu wählen.
(2) Jeder kann frei aus der Russischen Föderation ausreisen. Der Bürger der Russischen Föderation hat das Recht, ungehindert in die Russische Föderation zurückzukehren.

69 Art. 55 Abs. 3 der russischen Verfassung lautet:
Die Rechte und Freiheiten des Menschen und Bürgers können durch Bundesgesetz nur in dem Maße eingeschränkt werden, wie dies zum Schutz der Grundlagen der Verfassungs-

Darüber hinaus gibt es auch andere Gesetze, die mögliche Einschränkungen des Freizügigkeitsrechts regeln. Das Antiterrorgesetz trat am 06.03.2006 in Kraft und räumt dem Föderalen Sicherheitsdienst weitreichende Befugnisse auf dem Gebiet der Antiterrormaßnahmen, einschließlich Einschränkungen der Grundrechte, ein. Die Änderung des Gesetzes über die Rechtsstellung von Ausländern vom 15.01.2007 ermächtigt die russische Regierung, die genehmigte Aufenthaltsdauer von Ausländern im Interesse der nationalen Sicherheit und des Arbeitsmarktes zu verkürzen oder zu verlängern.

Art. 55 Abs. 3 legt fest, dass die Rechte und Freiheiten des Menschen und Bürgers durch föderales Gesetz nur in dem Maße eingeschränkt werden können, wie dies zum Schutz der Grundlagen der Verfassungsordnung, der Moral, der Gesundheit, der Rechte und gesetzlichen Interessen anderer sowie zur Gewährleistung der Landesverteidigung und Staatssicherheit notwendig ist.

Gem. Art. 56 können unter den Bedingungen des Ausnahmezustandes zur Gewährleistung der Sicherheit der Bürger und zum Schutz der Verfassungsordnung in Übereinstimmung mit einem Bundesverfassungsgesetz einzelne Beschränkungen der Rechte und Freiheiten unter Angabe ihrer Grenzen und ihrer Geltungsfrist festgelegt werden.

Art. 55 Abs. 3 sieht in folgenden Fällen die Beschränkung des Freizügigkeitsrechts von Bürgern der RF, Ausländern und Staatenlosen bzgl. der Bewegungsfreiheit, der Wahl des Aufenthaltsortes und des Wohnsitzes innerhalb Russlands vor:

- in den Grenzzonen;
- in den geschlossenen Militärstädten;
- in den geschlossenen administrativ-territorialen Territorien;
- in den Zonen ökologischen Notstands;
- in Territorien und Orten, in denen eine Gefahr des Verbreitens infektiöser und nicht infektiöser Massenerkrankungen sowie der Vergiftung der Bevölkerung vorliegen kann und deshalb besondere Bedingungen des Aufenthaltesregimes der Bevölkerung und ihrer wirtschaftlichen Tätigkeit eingeführt werden müssen;
- in Territorien, in denen der Ausnahmezustand oder der Kriegszustand herrscht.

---

ordnung, der Moral, der Gesundheit, der Rechte und gesetzlichen Interessen anderer sowie zur Gewährleistung der Landesverteidigung und Staatssicherheit notwendig ist.

70 Art. 56 Abs. 1 der russischen Verfassung lautet:
Unter den Bedingungen des Ausnahmezustandes können zur Gewährleistung der Sicherheit der Bürger und zum Schutz der Verfassungsordnung in Übereinstimmung mit einem Bundesverfassungsgesetz einzelne Beschränkungen der Rechte und Freiheiten unter Angabe ihrer Grenzen und ihrer Geltungsfrist festgelegt werden.

VI. Rechtsanwendungsfälle

In diesem Abschnitt des Artikels werden verschiedene Aspekte der Einschränkungen der Freizügigkeit beschrieben, die in der Rechtsprechung der Verfassungsgerichte Russlands und Deutschlands als Leitentscheidungen in Bezug auf das Grundrecht der Freizügigkeit ergangen sind. Dazu werden Einschränkungen des untersuchten Rechts bzgl. spezieller Gruppen in der deutschen und russischen Rechtsanwendungspraxis berücksichtigt.

1. Rechtsprechung zur Freizügigkeit in der RF

a) Das Recht auf Freizügigkeit und auf Auswahl des Wohnraums für Personen, die zu Bewährungsstrafen i.S.d. Strafgesetzes Russlands verurteilt sind

Die Kläger sind eine russische Staatsangehörige, die zu zwei Jahren Bewährungsstrafe verurteilt ist, und ein russischer Staatsangehöriger, der zu zehn Jahren verurteilt ist und dessen Strafe danach für die Zeit von zwei Jahren, zehn Monaten und sechs Tagen als Bewährungsstrafe befristet wurde. Die Kläger sind verpflichtet, in der Zeit der Bewährungsstrafe ihren Wohn- und Aufenthaltsort sowie ihren Arbeitsplatz nicht ohne Erlaubnis des bevollmächtigten staatlichen Organs zu wechseln und keine administrativen Rechtsverletzungen zu begehen. Nach Auffassung der Kläger sind diese rechtlichen Regelungen eine Beschränkung ihrer Bewegungsfreiheit, insbes. des Verbots auf freie Ausreise aus der RF, um im Ausland Urlaub zu machen, und/oder Verwandte zu besuchen.

Im Beschluss des *VerfG* Nr. 19-P vom 08.12.2009 wird festgestellt, dass die Beschränkung des Rechts auf freie Ausreise aus der RF im Bezug auf Personen, die zur Bewährungsstrafe verurteilt sind, verfassungskonform ist.

Am 01.02.2008 trat das Gesetz Nr. 229-FS[71] in Kraft, es regelt die Bedingungen und die Ordnung der zwangsweisen Erfüllung der gerichtlichen Akte und die Beschränkung des Rechts auf freie Ausreise der Bürger aus der RF im Falle der Nichterfüllung einer Verpflichtung, die einem Bürger vom Gericht auferlegt ist, z.B. Zahlung von Unterhaltsbeiträgen, u.a.

b) Personen, die psycho-neurologische Hilfe i.S. des Gesetzes der RF über die psychiatrische Hilfe und die Garantien der Rechte der Bürger bei ihrer Leistung brauchen

Die Kläger sind russische Staatsangehörige, denen im Rahmen einer Gerichtsverhandlung Geschäftsunfähigkeit zuerkannt wurde. Niemand von den Klägern wurde zur gerichtlichen Verhandlung eingeladen. Niemandem war der Termin

71 Gesetzessammlung der RF v. 08.10.2007, Nr. 41, Pos. 4849.

des Gerichtsverfahrens und die Entscheidung, mit der sie ihre Geschäftsunfähigkeit verloren haben, bekannt. Einer der Kläger ist ins psychiatrische Krankenhaus eingewiesen worden. Die Kläger behaupten einen Verstoß gegen das Recht auf gerichtlichen Schutz und das Recht auf Freizügigkeit.

Gemäß Gesetz über die psychiatrische Hilfe und die Garantien der Rechte der Bürger bei ihrer Leistung[72] erfolgt die Entlassung aus einer psycho-neurologischen Einrichtung der Sozialfürsorge oder einer Sonderschule auf persönlichen Antrag des Betroffenen, wenn von einer Ärztekommission festgestellt wurde, dass der Betroffene aufgrund seines Gesundheitszustands in der Lage ist, selbständig und allein zu wohnen. Liegt keine positive Stellungnahme der Kommission vor, durch die der Betroffene gezwungen ist, in einer solchen Einrichtung zu leben, wird er dadurch in seinem Recht auf Freizügigkeit und seinem Recht auf Wohnraum beeinträchtigt.

Im Urteil des *VerfG* vom 27.02.2009[73] wird festgestellt, dass eine Zwangseinweisung in ein psychiatrisches Krankenhaus eine unbedingte Beschränkung der Freiheit ist, die nur aufgrund eines gerichtlichen Urteils möglich ist. Um die daraus folgende Konfliktsituation zwischen dem geschäftsunfähigen Menschen und seinem Vormund (Vertreter) zukünftig zu vermeiden, steht dieser Beschränkung das Recht auf gerichtliche Beschwerde entgegen. Es ist unzulässig, die Freiheit geschäftsunfähiger Menschen sowie das Recht auf den gerichtlichen Schutz durch Gesetz zu beschränken.

c) Die Registrierung oder sog. Registrazia von ausländischen Bürgern, Staatenlosen und russischen Bürgern am Wohn- oder Aufenthaltsort in der RF i.V.m. dem Freizügigkeitsrecht

Am 18.06.2006 erging das Gesetz über Beeinträchtigungen der Migration ausländischer Bürger und Staatenloser in der RF[74], es regelt die Registrierung von Einwanderern am Wohn- oder Aufenthaltsort innerhalb von drei Tagen durch die Einwanderungsbehörde (früher durch die Innenbehörde) und die Meldepflicht. Die gleiche Regelung gilt für die Bürger Russlands nach Art. 3 des Gesetzes über die Bewegungsfreiheit und die freie Wahl des Wohn- und Aufenthaltsortes innerhalb der RF.[75] Jeder Bürger der RF ist verpflichtet, sich am Wohn- oder Aufenthaltsort innerhalb der RF zu registrieren (sog. Registrazia).

---

72 Gesetzessammlung der RF v. 01.05.1995, Nr. 18, Pos. 1665.

73 Am 27.03.2008 hat das EGMR im Urt. Stukatorov vs. Russland einen Verstoß gegen die Grundrechte aus Art. 5 Abs. 1, Art. 5 Abs. 4 EMRK festgestellt, in: EGMR, 44009/05 v. 27.03.2008.

74 Das Föderale Gesetz v. 18.07.2006 trat am 15.01.2007 in Kraft.

75 Föderales Gesetz Nr. 127-FZ v. 02.11.2004 mit den Änderungen v. 18.07.2006 (Nr. 121-FZ) und v. 25.12.2008 (Nr. 281-FZ), in: Rossijskaya gazeta, Nr. 152, v. 10.08.1993.

Im Beschluss vom 04.04.1996 Nr. 9-P betont das *VerfG*, dass die Registrierung der Bürger der RF nach dem Wohnort oder/und Aufenthaltsort eine zulässige Beschränkung des Rechts auf freie Auswahl des Wohnortes ist. Dies resultiert daraus, dass das angegebene Recht keinen absoluten Charakter hat. Demzufolge soll seine Verwirklichung keinen Verstoß der Rechte und der Freiheiten anderer Personen mit sich bringen. Im Beschluss des *VerfG* vom 02.02.1998 N 4-P wird weiterhin erklärt, dass nach den Regeln der Regierung der RF vom 17.07.1995 Nr. 713[76] die Registrierung des russischen Bürgers kein Recht, sondern eine Pflicht ist. Gleichzeitig sollen staatliche Behörden die anderen Rechte und Freiheiten, die die Verfassung der RF umfasst, unhängig von der Registrierung den Bürgern garantieren.[77]

Das Gesetz führt das System der Registrierung im Zusammenhang mit der Versorgung zum Wohl der Gesellschaft, der Realisierung der Rechte und der Freiheiten der russischen Bürger sowie der Erfüllung der Pflichten vor anderen Bürgern, dem Staat und der Gesellschaft ein.

d) Ausreise und Passverfahren durch neue gesetzliche Regelung in Russland

Durch Änderung des Gesetzes über die Aus- und Einreise in die RF[78] können die Bürger der RF die Ausstellung eines neuen Reisepasses nur persönlich beantragen, ohne dass gleichzeitig der gültige Pass eingezogen wird. Die bisherige Regelung hatte dazu geführt, dass während der Ausstellung eines neuen Reisepasses eine freie Ausreise der Bürger der RF grds. nicht möglich war.[79]

Die Klägerin hat im Jahr 2009 gegen das Ministerium des Inneren der RF geklagt. Sie besitzt die doppelte Staatsangehörigkeit. Sie ist Bürgerin der USA und der RF und hat unbefristeten Aufenthalt in den USA. Nach der Regelung der Anordnung über das wichtigste Dokument der Bürger der RF Nr. 232 vom 13.03.1997[80] sind alle Bürger der RF, die das 20. und das 45. Lebensjahr erreicht haben, verpflichtet, ihren inländischen Pass umzutauschen. Das Gericht

---

76 Regeln über Registrierung und Registrierungsberücksichtigung nach dem Aufenthalts- und Wohnort innerhalb der RF und Verzeichniss der Beamten, die für die Registrierung verantwortlich sind, in: Gesetzessammlung der RF, 1995, Nr. 30, S. 2939; 1996, Nr. 18, S. 2144; 1997, Nr. 8, S. 952; Nr. 11, S. 1328; 1998, Nr. 6, S. 783; 2000, Nr. 13, S. 1370; 2002, Nr. 34, S. 3294; 2004, Nr. 52 (T. 2), S. 5493.

77 Beschl. des VerfG RF v. 02.02.1998 Nr. 4-P, Rn. 2 ff., www.gpvu.ru/document.asp?did=174 (Abruf: 21.06.2010).

78 Föderales Gesetz der RF Nr. 114-FZ v. 15.08.1996

79 Gesetzessammlung der RF, 2009, Nr. 52, S. 6407.

80 Die Anordnung über das wichtigste Dokument der Bürger der RF Nr. 232 v. 13.03.1997 trat durch Erlass des Präsidenten der RF in Kraft. Das Verfahren der Ausgabe, des Ersatzes, der Erfüllung des Passinhalts des Bürgers der RF auf dem Territorium der RF regelt der Beschluss des Innenministeriums Russlands Nr. 339 v. 07.12.2009.

hat festgestellt, dass die Ausgabe, der Ersatz und Austausch des Passes nur bei persönlicher Anwesenheit möglich ist. Die Aus- und Abgabe des Passes durch Anwälte und/oder andere gesetzliche Vertreter ist nicht zugelassen. Diese Regelung wird als verfassungskonform angesehen.

Entsprechend einer weiteren Änderung des Gesetzes können die Bürger der RF ab dem 01.03.2010 einen elektronischen Pass mit der Gültigkeitsdauer von zehn Jahren (im Vergleich zu fünf Jahren bei dem herkömmlichen Pass) auch nur persönlich beantragen.[81]

2. Rechtsprechung zur Freizügigkeit in der Bundesrepublik

a) Grundrecht auf Freizügigkeit für alle Deutschen – BVerfGE 2, 266 ff.

Diese frühe Leitentscheidung des *BVerfG* zur Freizügigkeit regelt, dass das Grundrecht auf Freizügigkeit alle Deutschen haben, auch Deutsche in der SBZ und aus Ostberlin. Das *BVerfG* leitet diese Auslegung des Art. 11 GG aus der Entstehungsgeschichte ab, nach der der Parlamentarische Rat die Vorschrift bewusst auf alle Deutschen ausgedehnt hat. Damit ist unterstrichen worden, dass die Rechtsstellung der Deutschen, die sich in der SBZ befanden, insoweit keine grds. andere als die der Deutschen im Bundesgebiet ist. Inhalt des Grundrechts ist nicht nur die Freizügigkeit *im* Bundesgebiet, sondern auch die Freizügigkeit, *in* das Bundesgebiet zu gelangen.[82]

b) Ausreisefreiheit als Element der Freizügigkeit – BVerfGE 6, 32 ff. – Elfes

In der sog. *Elfes*-Entscheidung entwickelt das *BVerfG* die bis heute herrschende Auffassung, dass die Ausreisefreiheit aus der Bundesrepublik sich nicht aus Art. 11 GG ergibt. Die Ausreisefreiheit ist als Ausfluss der allgemeinen Handlungsfreiheit durch Art. 2 Abs. 1 GG innerhalb der Schranken der verfassungsmäßigen Ordnung gewährleistet.

c) Das Recht auf Freizügigkeit und auf Wahl des Wohnraums für (Spät-) Aussiedler, die im Rahmen des Übersiedlungsprogramms nach Deutschland gekommen sind – BVerfGE 110, 141 ff.

Übersiedler und Spätaussiedler sind Deutsche i.S.d. Art. 116 GG; deshalb haben sie einen Anspruch auf die deutsche Staatsangehörigkeit und Freizügigkeit.

Durch das Wohnortzuweisungsgesetz[83] lagen Einschränkungen der Freizügigkeit für Aussiedler aus der ehemaligen UdSSR und für Übersiedler aus der ehemaligen DDR vor. Im Jahr 1996 ist das Wohnortzuweisungsgesetz geändert

---

81 Gesetzessammlung der RF, 2009, Nr. 52, S. 6413.

82 *BVerfG*, Beschl. v. 18.03.1953 – 1 BvL 11/51 – E 2, 202 (273).

83 Gesetz über die Festlegung eines vorläufigen Wohnortes für Spätaussiedler v. 15.07.1989, BGBI 2005, S. 2472. (seit 31.12.2009 außer Kraft).

worden. Danach erhalten Ausländer nur an dem Ort, der ihnen zugewiesen wurde, Leistungen nach dem Bundessozialhilfegesetz und dem Arbeitsförderungsgesetz. Die Freizügigkeit der o.g. Personen wurde insoweit eingeschränkt, als der Wohnort für drei Jahre gesetzlich festgelegt wurde, wobei die Wirkung der Zuweisung für den einzelnen Aussiedler in jedem Fall spätestens nach zwei Jahren endet. Zudem wurde das Gesetz in seiner Laufzeit befristet, um damit verfassungsrechtlichen Bedenken zu begegnen.[84]

Art. 11 Abs. 2 GG ermöglicht es dem Gesetzgeber, das Grundrecht auf Freizügigkeit aus Art. 11 Abs. 1 GG zu beschränken, wenn unterstützungsbedürftige Personen in anhaltend großer Zahl in die Bundesrepublik Deutschland einreisen und Bund, Ländern und Gemeinden daraus erhebliche Lasten der Unterbringung, Unterstützung und Eingliederung erwachsen. Gleichzeitig ist es mit Art. 11 Abs. 1 GG vereinbar, dass Spätaussiedler, die an einem anderen als dem ihnen zugewiesenen Ort ständigen Aufenthalt nehmen, grds. keine Hilfe zum Lebensunterhalt nach dem Bundessozialhilfegesetz erhalten.[85] Diese Einschränkungen wurden stark diskutiert.[86] Sie sind durch die Rechtsprechung des *BVerfG*[87] verfassungskonform geworden.

VII. Fazit

Abschließend ist festzustellen, dass die Freizügigkeit auf nationaler Ebene in Deutschland und Russland mit unterschiedlicher Intensität gewährleistet wird.

1. Im Verfassungsrecht des modernen Russlands hat die Aufdeckung und Beseitigung von historisch bedingten Defiziten der Rechtssetzungs- und Rechtsanwendungspraxis im Bereich des Freizügigkeitrechts eine große Bedeutung. Dabei sind Rechtssetzungs- und Rechtsanwendungsmängel der Freizügigkeit in einigen Fällen als eine Verletzung des Grundrechts anzusehen, so z.B. die gegenwärtige Regelung der Freizügigkeit des Individuums durch Normativakte der russischen Regierung und/oder des Präsidenten.
2. Nach den Regelungen in der Verfassung Deutschlands und Russlands sind Ausländer und Inländer Träger des Rechts auf Freizügigkeit aus unterschiedlichen rechtlichen Gründen. In Deutschland erfolgt der entsprechende Grundrechtsschutz für Ausländer durch Art. 2 Abs. 1 GG und für Deutsche sowie EU-Bürger durch Art. 11 Abs. 1 GG. Inländische juristische Personen des

84 BT-Drs. 13/8850, S. 3.

85 *BVerfG* (Anm. 24), E 110, 177 (191); vgl. *BVerfG*, Urt. v. 17.02.2010 – 1 BvR 529/09 – NVwZ 2010, S. 1022; *OVG Bremen*, Beschl. v. 24.11.2008 – S 2 B 558/08, ua. – Juris.

86 *Silagi*, Art. 11 und § 3 WoZuG – zur Festschreibung der Einschränkung der Freizügigkeit im Wohnortzuweisungsgesetz durch das BVerfG, in: ZAR 2004, S. 225 (228).

87 *BVerfG* (Anm. 23), E 2, 266 (278 f.); (Anm. 24), E 110, 177 (190 f.); Beschl. v. 31.08.2005 – 1 BvR 700/05 (Treuhändervergütung) – NJW 2005, S. 3132.

Privatrechts in Deutschland sind nach Maßgabe von Art. 19 Abs. 3 GG Träger des Grundrechts aus Art. 11 GG. Die Anwendung der Art. 2, 3 des 4. ZP zur EMRK richtet sich nicht nur auf natürliche, sondern auch auf juristische Personen.[88]

3. Demgegenüber gehen die russische Verfassung und Art. 2 Abs. 1 des Internationalen Pakts über bürgerliche und politische Rechte davon aus, dass die Freizügigkeit nur natürlichen Personen, d.h. Individuen zur Verfügung steht.[89]
4. In der russischen Verfassung wird das Recht auf Freizügigkeit als Jedermann-Recht geregelt. D.h. auf das Recht auf Freizügigkeit auf nationaler Ebene Russlands können sich nicht nur Staatsangehörige, sondern auch Ausländer berufen. Nur das Recht auf Einreise ist auf Staatsangehörige begrenzt, weil *„es im Prinzip eine Angelegenheit des Staates ist, darüber zu entscheiden, ob und unter welchen Voraussetzungen er (Ausländer) in sein Territorium einreisen lässt“*[90].
5. Die Gesetzgebung Russlands und Deutschlands verleiht dem Freizügigkeitsrecht keinen absoluten Charakter und bestätigt, dass aufgrund der Erfüllung solcher Aufgaben der Staaten wie Bekämpfung der Kriminalität, Schutz der Bevölkerung vor unkontrollierbarer Migration, Gefährdung des Bestandes des Staates und der freiheitlichen demokratischen Grundordnung oder Sicherheit vor inneren Vorgängen wie Revolten, illegalen politischen Streiks, Terrorismus usw., das Recht auf Freizügigkeit auf der nationalen Ebene eingeschränkt werden kann.
6. Der russische Gesetzgeber hat die Palette der Einschränkungen des Freizügigkeitsrechts im Vergleich zu Deutschland erweitert. Die Analyse der geltenden Gesetzgebung und der normativ-rechtlichen Regulierung der Einschränkungen zeugt von der Unvollkommenheit (Fehlerhaftigkeit) der staatlichen Versorgung mit Rechten und Freiheiten in der betrachteten Sphäre, einschließlich auf dem Gebiet der vernünftigen, rechtlichen Beschränkung der gegebenen Rechte.
7. Es gibt viele Beispiele, die bestätigen, dass die Anwendung des Freizügigkeitsrechts und seine Gewährleistung in der russischen Gesellschaft bzgl. spezieller Gruppen, so Personen, die zu Bewährungsstrafen i.S.d. Strafgeset-

---

88 Gem. Art. 1 i.V.m. Art. 34 EMRK stehen die in der Konvention und ihren Protokollen verbürgten Rechte grds. auch in- und ausländischen nichtsstaatlichen Organisationen und Personengruppen zu, in: Korinek/Holoubek (Hrsg.): Österreichisches Bundesverfassungsrecht, Bd. III, 4. ZPEMRK, 1999, Art. 2 Rn. 23.

89 *Nowak*, UN Covenant on Civil and Political Rights – CCPR Commentary, 2. ed. 2005, Art. 2 Rn. 23 ff.

90 Allgemeine Bemerkung zur Allgemeinen Erklärung der Menschenrechte 15/27, Rn. 15.

zes Russlands verurteilt worden sind und/oder Personen, die psycho-neurologische Hilfe brauchen, bisher schwach entwickelt ist.

8. Es ist dafür Sorge zu tragen, dass die russischen Gesetze und die Rechtsprechung der Gerichte die europarechtlichen Vorgaben für das Freizügigkeitsrecht ideenreich und modifiziert umsetzen.
9. Mit Interesse wird zudem verfolgt, ob das Recht auf Freizügigkeit in der deutschen Rechtsanwendungspraxis i.S.d. europäischen und universellen Standards als Jedermann-Recht ausgestaltet wird. Modell dafür könnte das Recht auf Freizügigkeit in der Verfassung des *Landes Brandenburg* sein. Darüber hinaus muss das Freizügigkeitsrecht in Deutschland auch i.S.d. europäischen Regelung so ausgelegt werden, dass es die Ausreise aus dem Bundesgebiet umfasst.